国家社科基金
后期资助项目

幸福经济学导论

Introduction to Happiness Economics

陈惠雄　蒲德祥　著

中国社会科学出版社

图书在版编目（CIP）数据

幸福经济学导论/陈惠雄，蒲德祥著.—北京：中国社会科学出版社，2020.10
ISBN 978-7-5203-7435-4

Ⅰ.①幸… Ⅱ.①陈… ②蒲… Ⅲ.①经济学—概论 Ⅳ.①F0

中国版本图书馆 CIP 数据核字（2020）第 208366 号

出 版 人	赵剑英
责任编辑	刘晓红
责任校对	周晓东
责任印制	王　超
出　　版	中国社会科学出版社
社　　址	北京鼓楼西大街甲 158 号
邮　　编	100720
网　　址	http://www.csspw.cn
发 行 部	010-84083685
门 市 部	010-84029450
经　　销	新华书店及其他书店
印　　刷	北京君升印刷有限公司
装　　订	廊坊市广阳区广增装订厂
版　　次	2020 年 10 月第 1 版
印　　次	2020 年 10 月第 1 次印刷
开　　本	710×1000　1/16
印　　张	27
字　　数	484 千字
定　　价	139.00 元

凡购买中国社会科学出版社图书，如有质量问题请与本社营销中心联系调换
电话：010-84083683
版权所有　侵权必究

国家社科基金后期资助项目
出 版 说 明

后期资助项目是国家社科基金设立的一类重要项目，旨在鼓励广大社科研究者潜心治学，支持基础研究多出优秀成果。它是经过严格评审，从接近完成的科研成果中遴选立项的。为扩大后期资助项目的影响，更好地推动学术发展，促进成果转化，全国哲学社会科学工作办公室按照"统一设计、统一标识、统一版式、形成系列"的总体要求，组织出版国家社科基金后期资助项目成果。

全国哲学社会科学工作办公室

坚持为幸福做点事

（序）

我执迷于快乐幸福理论研究，已然40载，尽吾一生。

1980年，中国经济理论界进行了一场关于社会主义生产目的问题的大讨论。由于政治经济学教科书上一直把社会主义生产目的与资本主义生产目的严格区分开来，并以此作为社会主义经济制度的重要标志。而彼时又把社会主义生产目的问题拿来重新讨论，以明辨经济发展的曲直得失。这就不能不对"目的"这一范畴做更加深入的哲学思考，即在经济目的之外的"人本身的目的"问题。当年，我就是这样的思考者之一。

彼时，高考制度刚刚恢复，读书杂乱，方向似有还无，文史哲经皆入我目。从对生产目的的思考开始，联系到各种人类行为的目的，我觉悟到，目的是一个具有层次—结构—系统的概念，有终极目的、中间目的、具体目的，以致人们的任一有意识行动，都受一定目的支配。这样，生产目的讨论仅限于经济学范围恐怕就难以达到"目的一般"，解释人类行为路径的理论思维就易生偏狭。于是，我依着由个别而一般、由具体而抽象的归纳思维逻辑，把生产目的问题的讨论抽象、上升到哲学维度进行思考与解释，一路穷追到人类行为的终极目的。在经过反复思考综合，并将形形色色的行为目的进行对立统一整合后，最终使我对生产目的问题的思考形成一个哲学性的结论：人类发生的一切行为，其最终目的都是实现各自的快乐满足，都是人们精神上"舍苦求乐"的结果。

在国内，快乐幸福问题的研究迟迟不彰，经济学中则一般被视为异端。国内经济学界囿经济学研究于经济——GDP（国内生产总值）的学问逻辑，绝不轻言快乐幸福。自叹之余，学者们均不屑弱弱一问：GDP增长是为了什么？哪怕有人敢于这么一问，发展之途可能就不会迷离幸福之道如此之远！雾霾或可减轻三成。于光远先生以80高龄著成《吃喝玩——生活与经济》一书，呐喊发展经济与改善生活皆在于众生之"乐"。于老先生声嘶力竭，却也无奈于GDP拜物教现实。大梦谁先觉？2002年，美国心理学家丹尼尔·卡尼曼因研究快乐心理学而荣获诺贝尔经济学奖。因为事发突然,国内经济学界对此不置可否,如梦初醒,不知所云,忐忑中给幸福问题的经济学研究留下一丝空隙。而卡尼曼的"回到边沁"一文,则或多或少把经济学理论视野带回到了那个古典经济学起源的元初时代。

回顾幸福研究的学术历程。1988年,《快乐论》一书由西南财经大学出版社出版,1999年出版《人本经济学原理》。前一本是关于快乐幸福的带哲学思辨的理论书稿,后一本是以人的快乐幸福为本而构建的经济学理论。然而,边沁主义的最大幸福思想在国内外几乎都被转化为最大GDP发展原则。一些地方追求GDP而不是GNH(国民幸福总值),几乎是不顾一切、不择手段的,只是程度轻重、手段各异、时间先后、显示不同而已。GDP中心主义的发展后果实际上并不理想,严重的生态破坏、巨大的贫富差距与幸福指数随人均收入增长而下降的情形,颠覆了国民财富等于国民幸福的古典主义假说与梦想。收入增长了,人们却并不幸福。于是,"收入—幸福"悖论提出来了。

我们需要认真地重新审视经济发展与人的幸福的关系问题。2003年,我申请了浙江省哲学社会科学重点课题:"浙江不同人群快乐指数与我省和谐社会模式发展研究",这差不多是国内最早关于以幸福指数来衡量、解释与检验经济发展成效的政府项目。《人民日报》等多家媒体报道了此成果。不是说课题本身有多少创新性,而是说明政府、媒体、理论界一起开始重视经济增长的国民幸福成效这个事情了。

随着关注幸福的人增多,幸福研究由终极目的理论思辨转向"你究竟有多幸福"的实证性研究并为之构建一套衡量幸福的指标体系,幸福指数研究自此在国内应运而生。当然,"您究竟有多幸福"的调查,不是今天才开始的。在国际心理学、社会学界的幸福调查已经进行了半个多世纪。只不过,彼时关于幸福指数调查的问题比较简单,结构也相对单一。

1974年美国南加利福尼亚大学著名人口经济学家伊斯特林提出"幸福悖论",他是最早对主观快乐进行理论研究的当代经济学家;1976年美国斯坦福大学经济学家西托夫斯基出版了其最负盛名的《无快乐的经济》一书。经济学研究介入的结果是极大地丰富了幸福研究的实证路径与客观性思维,并直接指向收入与幸福的关系验证。20世纪末,荷兰的《幸福研究》(Journal of Happiness Studies)杂志创刊;21世纪初,《牛津幸福手册》问世,这些事项极大丰富了幸福研究的理论交流与实证分析。

近20年来,国际上关于经济与幸福关系问题研究的专门论著逐渐丰富。与此同时，各国政府对经济与幸福问题的研究也日趋重视。2008年，法国总统萨科奇组织斯蒂格里茨、阿马蒂亚·森等20多位经济学家进行"以幸福测度经济进步"的国家项目研究；2010年，英国首相卡梅伦下令在英国实施GNH（国民幸福总值）核算计划。由此，如何为幸福经济学建立一套基础性的理论体系，在此基础上深化幸福经济理论研究，成为一项需要解决的重要学科任务。本书正是在这样的理论背景与现实需求下完成的。

显然，幸福经济学是以作为手段的经济发展与作为目的的人类幸福之间的关系为研究对象的新兴经济学分支学科。本书通过对幸福经济学的学科渊源、经济在幸福整体框架中的位置等问题研究，明确了幸福经济学的研究对象、目标任务、研究方法、学科体系等基本理论问题，为幸福经济学建立起一个基础性的学科理论框架。

本书通过对经济与幸福的基础理论关系研究，阐明作为工具价值的国内生产总值（GDP）增长与作为终极价值的国民幸福（GNH）之间的内生逻辑关系；通过阐释代表性思想家的幸福学说，拓宽幸福经济学的研究视野和幸福经济思想的历史纵深；通过系统阐述经济—幸福关系的核心理论机理、幸福基本原理和幸福主要特性，为幸福经济学建立稳定的原理基础；通过运用主体客观性、对象客观性、类近似性以及"最大化"原理，为经济学中的幸福计量与经济—幸福关系研究建立重要的计量原理分析基础；通过解析幸福的层序结构解释了人类主要经济过程与幸福之间的耦合联系，并着重对财富—幸福悖论进行比较全面的实证分析；通过阐述幸福的非经济影响因素及其实证分析，使经济在人类幸福框架中的位置更加清晰，书的理论结构也更加完整。最后，在幸福经济理论原理与实证分析基础上，进行幸福导向的公共政策研究，建立起幸福经济学的比较完整的理论体系。

全书共九章，融合多学科幸福学说并与经济学原理相融合，解决了长期以来经济学只从某个侧面研究幸福问题的理论局限，建立了幸福经济学比较宽厚、扎实的学科理论基础。本书把幸福思想、幸福原理、幸福计量、经济与幸福关系、幸福悖论、幸福导向的公共政策等有机结合起来，为幸福经济学成为一门经济学新兴分支学科建立了一个比较完整的原理基础与学科体系，在国际幸福经济学界具有原创性的学术价值与基础理论意义。

当然，关于本书的理论要领，还存在以下几个值得商榷的理论节点：科斯把所有局限条件归纳在"成本"之中，本书则把所有成本支出归结到人的生命成本自身，认为经济发展、生态保护的成本与收益终将回应到人类自身的苦乐；贝克尔用统一的经济学分析方法解释人类行为，本书则用统一的人类行为原则——幸福原则解释经济学；阿马蒂亚·森主张以死亡率作为社会经济发展成败的指标，本书同其观点，并运用寿命指数与幸福指数进行了对应性研究，以解决幸福指数主观性在人自身生命存在的客观实在性基础问题。在本书中，一切经济现象都可以抽象为人类自身的生命现象，对立统一于人类自身的两条单一性规则——生命的有限性约束与有限生命对于快乐幸福的无限追求，支配着人类的全部经济活动。

　　1932年，宏观经济学家凯恩斯发出预言：经济问题有望在一百年内得到解决。可见，展望未来，经济问题不是人类的永恒问题。……那么，人类的永恒问题是什么呢？是幸福！经济对幸福的贡献是众所周知的，缺乏的是对经济在人类幸福整体框架中的位置的理解，理解幸福的其他来源，以及经济发展如何能够更好地为人类幸福服务。

陈惠雄
2020年8月于杭州

目 录

第一章 经济学与人类幸福：一个导论性叙述 ······ 1
- 第一节 幸福是人类行为的终极目的 ······ 3
- 第二节 经济学为什么要研究幸福 ······ 6
- 第三节 经济在幸福框架中的位置 ······ 10
- 第四节 主观幸福感的客观实在性基础 ······ 14
- 第五节 幸福的价值衡量与人的全面发展 ······ 18

第二章 幸福经济学的研究对象与学科体系 ······ 24
- 第一节 学科渊源与研究演化 ······ 25
- 第二节 研究对象与研究目标 ······ 34
- 第三节 研究方法与学科体系 ······ 37
- 第四节 理论难点与学科发展向度 ······ 42

第三章 幸福学理论的多学科研究演化 ······ 50
- 第一节 哲学中的幸福学说 ······ 51
- 第二节 心理学中的幸福理论 ······ 61
- 第三节 经济学中的幸福思想 ······ 65
- 第四节 "多巴胺"与其他学科中的幸福研究 ······ 74
- 第五节 幸福概念的多学科演绎与现代发展 ······ 78

第四章 幸福原理 ······ 84
- 第一节 欲望、偏好、效用与幸福 ······ 85
- 第二节 幸福的一般属性讨论 ······ 104
- 第三节 幸福视野中的经济人假说 ······ 115

第五章　幸福计量：理论与方法 ……… 149

- 第一节　幸福指数研究概述 ……… 150
- 第二节　幸福计量原理 ……… 190
- 第三节　幸福测量方法 ……… 195
- 第四节　主客观结合的幸福指标体系与实证研究 ……… 212

第六章　经济与幸福 ……… 243

- 第一节　分工、幸福与国民经济部门演化 ……… 244
- 第二节　消费与幸福 ……… 251
- 第三节　公平、效率与幸福 ……… 263
- 第四节　可持续发展与人类幸福 ……… 272
- 第五节　有限生命成本约束条件下的幸福最大化 ……… 277

第七章　财富—幸福悖论 ……… 285

- 第一节　关于财富的两个视角 ……… 286
- 第二节　财富与幸福关系的一般性讨论 ……… 290
- 第三节　财富—幸福悖论的理论解释 ……… 296
- 第四节　收入与幸福关系实证研究 ……… 312

第八章　幸福与行为问题的广义视角 ……… 327

- 第一节　幸福的非经济基因的理论性分析 ……… 328
- 第二节　经验分析：非经济基因幸福计量函数 ……… 342

第九章　幸福经济学的公共政策含义 ……… 365

- 第一节　幸福导向的政府绩效目标与评价机制 ……… 365
- 第二节　资源承载力与和谐生产制度 ……… 375
- 第三节　生命成本与可持续消费政策 ……… 382
- 第四节　面向幸福的分配公平政策 ……… 392
- 第五节　代际幸福均衡与生态治理政策演化 ……… 400

参考文献 ……… 408

后　记 ……… 423

第一章 经济学与人类幸福：一个导论性叙述

【本章导读】 幸福是人类行为的终极目的，而且原本就是经济学的核心命题。自亚当·斯密开始，把国民财富与国民幸福相混同，认为只要财富增长，幸福自然纷至。这一《国富论》思想导致马歇尔以后的经济学家逐渐忘却了经济发展的终极目的是国民幸福这一终极真谛与根本逻辑。直至 GDP（国内生产总值）中心论思想在经济理论与实践中近乎压倒一切。

事实上，财富增长是导致幸福感提升的工具价值或手段之一，人类幸福才是经济发展的终极价值或终极目的。经济发展、资源配置与利用等所有关键经济问题的解决，最终都要看是否有利于"最大多数人的最大幸福"目标的实现。假如"经济有增长，幸福无提高"，这种增长不是无意义也起码是极其缺乏意义的。假如不明白经济的核心问题归根结底是人们的幸福问题，经济增长只是实现幸福的众多工具手段之一，就会迷失经济增长、发展转型、资源配置与利用的根本价值方向，并在遇到经济增长、财富分配与环境损害等矛盾时，缺乏根本性的科学取舍原则。近年来，体验经济学提出的基于快乐的"体验效用"对基于稀缺的"决策效用"的终极目的意义，不仅指明了经济发展的终极价值方向，同时也有助于经济学更好发挥为人类谋福祉、实现以人为本科学发展的功能。如果经济学脱离幸福的终极价值命题，可能最终会导致它不知所终！

为此，本章将就建立幸福经济学学科及其经济学与人类幸福的相关关系问题进行导论性叙述，就其中的相关核心问题进行释疑，以便读者能够对本书的理论思维、框架结构及经济学观点有个基础性了解。这些问题主要包括：人类行为的终极目的是什么？经济学为什么要研究幸福并以幸福为终极目的？经济与幸福的关系以及经济在幸福中具有怎样的位置？作为主观的快乐与幸福感"因何可以"与"如何能够"成为经济学的核心范畴？幸福的可测量性与测不准问题？以及幸福与人的全面发展的关系、幸福经济学与快乐产业发展的关系等。

依据边沁乃至古希腊以来形成的惯例，本书将幸福与快乐概念在同等意义上使用，并根据快乐与幸福在心理测量与汉语使用中显示的某些习惯性偏好与差异，在不同地方并行或互换使用幸福与快乐概念。

最近20年，经济与快乐、幸福与经济学、经济与幸福、幸福经济学等为题的研究在国内外出现得越来越频繁。①② 这里，笔者还不敢把幸福经济学称为一门经济学分支学科，这正是本书力图解决的问题之一。一方面，幸福理论在国内外确乎日益受到重视，甚至被认为是其他社会科学的"母学"、理论基础与实践指南。③ 另一方面，幸福对于中国经济学而言仍然是个近乎陌生的话题，国内经济学界对幸福（重新）进入经济学的态度褒贬不一，尤其是对是否需要有幸福（快乐）经济学的质疑与争议更大。④ 这些质疑对当下的中国乃至国际经济学的发展显然是必要的。真理，只有在理论质疑与反复的实践中才能辨明。

幸福之于国内经济学研究一直不被重视。直到2002年10月，美国普林斯顿大学心理学和经济学家丹尼尔·卡尼曼（Daniel Kahneman）因研究快乐心理学（Hedonic Psychology）等经济行为心理问题而荣获诺贝尔经济学奖，人们才开始重新审视人类经济行为的终极价值问题，并随着收入—幸福悖论研究的实证分析数据陆续出世，而逐渐重视起来。

事实上，这是一个不得不告诉的人类行为的永恒真理与终极目的——幸福——除非有一天人类的基因变异得没有苦乐情感；这是经济学研究人类行为的一个永恒主题——幸福——否则，经济学研究的财富增长最终将不知所终！

在本书开始时，有必要对相关问题进行探讨性释疑与说明，以厘清幸福与经济学研究关系的理论问题。本章着重讨论与解答幸福经济学（亦作快乐经济学）"因何可以"与"如何能够"成立的几个核心理论问题。辨析这些问题对我们理解经济学与人类幸福的关系，经济学的理论本源和人类经济社会发展的终极价值目标，幸福经济学学科体系构建，乃至形成幸福导向的经济社会发展政策与政府善治目标，都具有重大的理论与实践

---

① 马克·安尼尔斯基：《幸福经济学：创造真实财富》，社会科学文献出版社2010年版，第1页。
② 王艳萍：《幸福经济学研究新进展》，《经济学动态》2017年第10期。
③ 陈湘舸、姚月红：《论幸福学在社会科学中的"母学"地位》，《甘肃社会科学》2009年第4期。
④ 顾海兵：《我对快乐经济学的不同看法》，《光明日报》2007年6月19日。

意义。

把经济发展与人类幸福结合起来并将其置入经济学的问题视域，这是一件重要事情。因为，它把当下与未来世界发展面临的两大核心问题"经济发展与人类幸福"维系了起来。快乐与幸福是人类社会发展的永恒问题，而长期以来的经济发展却偏离了这个目标。南辕北辙的非理性发展、盲目的 GDP 崇拜、极端放纵的金融机会主义已经造成了极其巨大而高昂的民生福祉牺牲代价！由于目前国内外还没有建立起一个幸福经济学理论体系并使之成为一门独立的经济学分支学科，国内外经济学者中对此仍然存在诸多疑虑。这种疑虑有些是来自对经济问题的人类行为本源不够透解，有些则是来自对经济集团利益的狭义辩护。因此，本书有必要对涉及幸福经济学的相关问题进行导论性叙述与解答，介绍相关的幸福经济学背景知识，减少读者对此的疑虑，增加人们阅读本书的幸福感与对相关理论需求的满足。

第一节 幸福是人类行为的终极目的

人类行为有没有终极目的？幸福是不是人类行为的终极目的？乃至经济学要不要关心人类行为的终极目的？这些是幸福经济学首先需要回答的问题。

幸福（happiness，subjective well-being）与快乐（hedonic，pleasure，happiness）是在人的心身一体性基础上、以人与对象的物质存在与消耗为基础又产生与超然于这种物质之上的愉悦的心理感受或精神体验。[①] 表面上看，人类行为大多表现为对各种物质对象与现实利益的追求。如食物、住房、汽车、金钱等。然而，在这些物质形式追求的背后，人类行为在本质上无一不是对于精神快乐的需要和追求。人们之所以喜好金钱、住房、食物、名誉等，只因为它们能够给人带来快乐满足或者是产生主观幸福感。可口的饭菜带来味觉的快乐，美妙的音乐带来听觉的快乐，幽雅的居所带来安全与舒逸感的快乐，科研成果带来创造欲的满足。人类的所有有意识行为在终极本质上均表现为对精神快乐的追求与痛苦的避免或减轻，

[①] 快乐与幸福这种主观感受包含的精神对物质的确定不移的依存关系，既表明了幸福的主观性具有不可推翻的客观物质基础，也是人们追求快乐与幸福为什么会表现为追求物质的重要原因。快乐与幸福产生的这种属性有助于加深我们对现代物质主义行为导向原因的理解，并为幸福导向的经济发展辨明方向。

物质对象是达到这些快乐满足的途径、载体与手段，快乐与幸福才是贯通所有人类行为的终极目的。正如亚里士多德所言，幸福是生命的意义和目的，是人类生存的终极目标。[1] 或者说，"追求快乐、避免痛苦是人的本性。不论我们对快乐如何理解，我们所追求的都是我们认为快乐的东西，而不是与之相反"。[2]

古希腊以来，欧洲哲学中一直有关于快乐与幸福的本体论思想研究，以探究与辨明人类行为的终极目的是什么的问题。快乐幸福几乎成为欧洲思想大家的基本选题。从古希腊的赫拉克利特、柏拉图、伊壁鸠鲁到中世纪的洛克、爱尔维修、边沁、费尔巴哈、傅立叶、欧文、罗素，直至现代的马斯洛、马尔库塞、西托夫斯基等，从未间断过对快乐幸福思想的研究与传播。伊壁鸠鲁认为，人生来就有谋求幸福的欲望，这种欲望是他一切行为的基本原因。伊壁鸠鲁的这一认识代表了后来诸多欧洲思想大家的共同的人生观与社会价值观。

从目的论哲学讲，人们做不同的事情就有不同的具体目的或目标。根据对立统一原理，在人类各种彼此独立且可能看似相互对立的行为目的（比如求生与寻死的对立）中间，存在一个能够统一所有具体目的、支配所有人类行为的目的一般。因为，从"人"或者"类的人"角度，必有共同性；而从目的的角度说，一旦达到最高的抽象，"人的目的"定然是统一、共同的。无所不包的人类行为的具体（特殊）目的，都接受着一个统一（一般）目的的支配，从而使个体行为能够趋于一致，避免分裂。也只有这个统一目的即人类行为目的一般（我们称为终极目的）才反映着人类需要与行为的共同本质。这个人类行为的目的一般或者叫终极目的就是作为人类行为元驱动力的"趋乐避苦"原则或者叫快乐原则。[3] 伊壁鸠鲁认为，人一降生就有趋乐避苦的天性。这种与生俱来且持续存在的感觉与要求，使追求快乐成为人类的共同本性。人类之所以会产生趋乐避苦的欲望，只因为快乐是带来利益（对身心有好处）的活动的表现，痛苦是带来伤害的活动的表现，这些活动的利害或是相对于个人或种的整个组织器官而言，或是相对于其中的某一部分而言。因而，追求快乐的欲望归根结底是人生命本身的需要。[4]

从心理形成机制上讲，人类行为都是以人的各种生物官能欲望的存在

---

[1] 泰勒·本—沙哈尔：《幸福的方法》，当代中国出版社2007年版，第31页。
[2] 郑雪等：《幸福心理学》，暨南大学出版社2004年版，第2页。
[3] 陈惠雄：《快乐论》，西南财经大学出版社1988年版，第19页。
[4] 周辅成：《西方伦理学名著选辑》（上卷），商务印书馆1964年版，第103页。

为基础，而将客观外部世界带入人脑中的应答。① 这种生物官能欲望是人的"本能"，一个更加适合替代本能的现代词汇叫"内驱力"。脑中枢根据传入信号与自身各种欲望满足情况产生需要或排斥的内驱力行为。② 因此，人类的各种行为实际上都是对以中枢兴奋为生理基础的精神快乐或趋乐避苦需要的追求。现代脑波测试与核磁共振技术已经证明了这一理论机理的科学性，同时也证明了人类心身一体性基础上的脑物质机能的快乐与痛苦的客观性。

因此，人类行为有其终极目的、共同目的或者叫目的一般，这个终极目的就是快乐、幸福或者以正负向形式表达出来的"趋乐避苦"。人们的一切行为最终都是为了实现各自具有偏好结构的快乐满足。无所不包的人类行为皆在一定的精神快乐需要支配下产生，皆为实现一定的快乐需要满足而展开。③ 在英国经济学家理查·莱亚德（Richard Layard）看来，快乐是最终目的是毫无疑义、"不证自明"的。④ 或者如同美国哈佛大学幸福公开课讲师本—沙哈尔（Tal Ben–Shahar）所说，生活本身的目的就是获得幸福，追求幸福让众生殊途同归。⑤

宋承先教授晚年一再强调指出，人的三大本能性欲望——官能欲、物质欲、追逐欲是人类行为的根本动力，是经济学研究的出发点。⑥ 他认为，必须从人类行为的欲望本源来解释经济与社会现象。宋承先教授的这一经济学思想为进一步揭示人类欲望的内核——快乐、幸福感以及为幸福经济学的构建提供了某些思维方法。马歇尔认为，经济学家也像别人一样，必须关心人类的最终目的，并考虑各种满足的实际价值的差异。因此，人类行为不仅有其共同的终极目的，而且经济学同样要关心人类行为的终极目的问题。对此，边沁、马歇尔、卡尼曼、黄有光、莱亚德、Bruno S. Frey 等均采取了一致认同的态度，体验经济学则直接把快乐置于经济学的核心地位并以快乐心理学为支持手段展开其经济学理论研究。

---

① 威廉·戴维斯：《幸福乌托邦：科学如何测量和控制人们的快乐》，新华出版社 2016 年版，第 143 页。
② 提勃尔·西托夫斯基：《无快乐的经济——人类获得满足的心理学》，中国人民大学出版社 2008 年版，第 17 页。
③ 胡成恩：《虚构的幸福与善好的功能——拉康对边沁功用主义伦理学的另类解读》，《道德与文明》2018 年第 11 期。
④ 理查·莱亚德：《快乐经济学——一门新兴科学的诞生》，（台湾）经济新潮社 2006 年版，第 131 页。
⑤ 泰勒·本—沙哈尔：《幸福的方法》，当代中国出版社 2007 年版，第 2 页。
⑥ 宋承先：《过渡经济学与中国经济》，上海财经大学出版社 1996 年版，第 87 页。

第二节　经济学为什么要研究幸福

亚里士多德（Aristotle）认为，幸福是生命的意义和目的，是人类生存的终极目标。[①] 然而，迄今仍然有相当一部分经济学者认为，经济学只能以经济为核心，而不能以快乐幸福为核心。之所以如此，还有一个原因是经济学大致上是把一个社会在快乐程度上的改变与购买力画等号的学科。经济学家们用财富定义幸福，并且假设："收入是好的，并且越多越好"。但却无法解释在收入不断提高的情况下，人们的幸福感却没有提高，有些反而是下降了。[②] 所以，英国前首相布莱尔的高级经济顾问莱亚德从来不接受经济与快乐能够画等号的观点，并且愿意为此错误的拨乱反正挺身而出。[③]

不可否认的是，经济学的具体研究对象是具有多用途的稀缺资源的配置与利用问题，及其由此涉及的关于财富与物质生产、分配、交换、消费等人类行为问题。如何通过发展生产力、调节经济关系以解决社会富裕问题，是经济学的具体目标之一。但是，资源配置利用、经济发展的最终目的是为了什么呢？它应当并不是经济本身，而是为了经济发展的主体——人获得更加快乐幸福的生活。这一人类经济发展的终极价值目标谁也无法否认。也就是说，经济发展本身并无好坏判断意义，经济发展的价值判断标准是看它让人们变得更加幸福还是变得更加痛苦了。

事实上，经济学起初作为哲学的一个分支体系，一直是以快乐、幸福为理论核心的。边沁、斯密、密尔、杰文斯、马歇尔等的经济学思想均不同程度地延伸了快乐思想的理论轨迹。19世纪末，经济学为了摆脱哲学分支地位的尴尬和为了避免经济学家是哲学信徒的嫌疑，马歇尔把快乐改为满足，这是马歇尔努力的一个退步。[④] 后来效用主义进一步以效用取代满足。实际上，无论是满足还是效用，其内核（core）仍然是快乐幸福。然而，正如边沁所言：功利（效用）一词并不像幸福、福利那样非常清楚

[①] 泰勒·本—沙哈尔：《幸福的方法》，当代中国出版社2007年版，第31页。
[②] 提勃尔·西托夫斯基：《无快乐的经济——人类获得满足的心理学》，中国人民大学出版社2008年版，第121页。
[③] 理查·莱亚德：《快乐经济学——一门新兴科学的诞生》，（台湾）经济新潮社2006年版，第2页。
[④] 马歇尔：《经济学原理》，商务印书馆1997年版，第38页。

地指明"苦"与"乐"的观念,也不会使我们联想到利益攸关的人的数目。我已一再发现,这种在"幸福"、"快乐"的观念与"功利"的观念之间缺乏足够明显联系的状况,极其严重地阻碍人们接受功利原则,要不是这样的话,这原则是不难接受的。①

19世纪70年代,经济学发生了"边际革命"。边际革命实际上就是杰文斯和门格尔等通过对边沁快乐理论的运用而建立起了边际效用理论。杰文斯是从作为消费者的经济人的个人角度去理解经济学的,因此他认为经济学的目的是研究"如何以最小痛苦换取最大幸福",人们消费的目的便是追求快乐或减免痛苦。而物品能给人们带来快乐(或负痛苦)的性质便是物品的效用。②杰文斯把劳动定义为心身所受的痛苦即负效用,劳动收益得到的快乐则是正效用,均衡的劳动时间则由劳动的边际收益(收入产生的正效用:快乐)等于边际成本(劳动产生的负效用:痛苦)来决定。可见,在劳动苦乐均衡分析基础上形成的边际效用分析方法是新古典经济学最直接的理论基础。

马歇尔认为,在宗教、家庭情感和友谊方面,就是穷人也可以找到发挥许多才能的机会,这些才能是无上快乐的源泉。③可见,马歇尔不仅重视快乐,而且重视快乐的诸多非经济途径。霍布森(J. A. Hobson)的福利经济学思想就是直接建立在对劳动与娱乐、自由产品与经济物品的均衡分析的基础上,而导向最大多数人的最大快乐目标的一种社会经济学理论。20世纪40年代,福利经济学家们开始注意福利概念的界定,多数把福利与快乐看成是一回事。1968年,米香在社会科学百科全书中把"福利"词条解释为快乐的同义语。1972年,艾考斯在《基础经济学》中替福利作的解释是:福利与快乐是一回事,经济的任务是致力于"福利",也即致力于"人类的快乐"。④而福利主义关于经济发展在于使社会福利最大化的思想原则与边沁的"最大多数人的最大幸福"(the greatest happiness of the greatest number)的功利原则实际上是互为表里的。

从20世纪30年代开始,心理经济学家们开始从满意度方面具体考量

---

① 周辅成:《西方伦理学名著选辑》(下卷),商务印书馆1964年版,第211页。边沁关于功利与幸福关系有一个注释。大致意思是这样的:功利原则就是凡有利益攸关人们的最大幸福原则。这种幸福是人类行为的正确适当的目标,并且是唯一正确适当并为人们普遍欲求的目标。
② 蒋自强、张旭昆:《三次革命和三次综合——西方经济学演化模式研究》,上海人民出版社1996年版,第239页。
③ 马歇尔:《经济学原理》,商务印书馆1997年版,第24页。
④ 罗志如等:《当代西方经济学说》(上册),北京大学出版社1989年版,第397页。

人们的生活幸福状况。今天我们讲的要看人民满意不满意，幸福不幸福，实际上就体现了经济社会发展效果最终要体现在人的幸福感上的终极价值思想。20世纪40年代以来，欧美国家开始了快乐幸福问题的直接的社会调查。问题一般只有三个：very happy、pretty happy、not very happy。这一调查一直延续至今，并被认为仍然是目前最有效的幸福指数调查问题之一。

20世纪80年代，体验经济学（Experience Economics）逐渐形成。体验经济学认为，明示偏好（Expression Preference）比显示偏好（Revealed Preference）即"说出来"的快乐体验比"看得见"的购买行为在检测人们的实际效用方面更加可靠，从而使快乐幸福在经济学中的地位重新获得重视，并支持了满意度调查的科学意义，为幸福经济学的建立或者幸福学重回经济学的"母学"地位提供了新的理论基础，幸福指数测度方法也得到了多学科的创新发展。[①] 与此同时，澳大利亚社会科学院院士黄有光（Yew-Kwang Ng）教授也坚持认为，福利经济学是不完整的。因为它只停留在偏好分析的层面上，而没有进一步分析作为福利经济学终极目标的个人福祉或快乐。[②]

值得一提的是，1980年芝加哥大学经济学教授理查德·萨勒（Richard Thaler）把效用区分为决策效用（Decision Utility，即引起快乐和痛苦的效用）与体验效用（Experienced Utility，快乐与痛苦本身），并指出基于稀缺的决策效用归根结底是以基于快乐的体验效用为目的和衡量标准的。萨勒对效用区分的这一重大贡献，为作为经济学核心问题的资源配置与利用提出了明确的终极目的方向。基于此，丹尼尔·卡尼曼进一步证明了当期快乐与痛苦的体验效用的客观性与可测度性，解决了经济学实证研究需要的快乐计量问题。而不丹、英国等国家相继开展的国民幸福总值核算（National Well-Being Account），则使快乐与经济的关系成为一个空前关注的问题。正如理查德·莱亚德所说，快乐本来就是主流经济学的核心概念，今天的复归一如它始终应有的地位一样，不应出人意料。[③] 而世界幸福数据库（World Database of Happiness）可以让我们获得丰富的全球幸福研究数据与信息。荷兰的《幸福研究》杂志（The Journal of Happiness

---

① 陈湘舸、姚月红：《论幸福学在社会科学中的"母学"地位》，《甘肃社会科学》2009年第4期。
② 黄有光：《从偏好到快乐：通向一个更加完整的福利经济学》，《新政治经济学评论》（第一辑），浙江大学出版社2005年版，第111页。
③ 理查·莱亚德：《快乐经济学》，（台湾）经济新潮社2005年版，第140页。

Studies）则可以提供该方面比较系统的实证研究成果。①

体验经济学把由经济增长产生的物质财富称为工具价值（Tool Value），把快乐称为终极价值（Ultimate Value），把效用区分为工具价值意义的决策效用与终极价值意义的体验效用。这大致讲清楚了经济学研究经济发展、资源配置和利用最终要以是否有利于增加人们的快乐幸福为终极价值目标的道理。因此，虽然经济学研究经济问题，但是资源配置、社会分配、增长方式等所有经济问题的核心最终都要看是否有利于增加最大多数人的快乐幸福生活。假如不明白经济的核心问题归根结底是人们的幸福问题，就会迷失经济增长、发展转型、资源配置的根本方向，并在遇到经济增长、收入分配与环境损害等矛盾时，缺乏根本性的科学取舍原则。② 因为，检验经济社会发展的根本取舍标准只有一个，即是否有利于增加最大多数人的可持续的幸福生活。当然，经济发展与经济学必须以人们的快乐幸福为核心，并不是指经济学研究的每一步都是关于如何促进快乐的问题，而是指经济学研究经济问题最终要以是否有利于增进国民快乐幸福作为终极价值目标，经济发展的核心是最大多数人的幸福，并且经济学最终要围绕此核心为终极价值来架构其理论体系并作为研究具体经济问题的根本出发点与归宿。随着经济发展过程中一系列矛盾的暴露，卡尼曼、黄有光等进一步揭示了快乐在经济学中的不可动摇的核心地位。③ 快乐幸福回归经济学成为经济学发展的一个确定不移的趋势。

如同阿马蒂亚·森（Amartya Sen）所关注的，他试图重新定义经济发展，不是根据 GDP，而是根据人们所享受到的真正自由。即以自由来看待发展，而不是 GDP。④ 阿马蒂亚·森关于福利的观点对我们理解经济与幸福的关系提供了重要帮助。他告诉我们，经济福利必须围绕人类自由幸

---

① 世界幸福数据库是由荷兰鹿特丹伊拉斯谟大学社会学教授、社会心理学家吕特·维恩霍夫（Ruut Veenhov）创建的一个有关世界各国国民快乐幸福的不断更新、可免费网上查询的数据库系统，致力于搜集世界各国诸多幸福相关经验数据和研究发现，可为快乐幸福的综合研究提供资料。由 Ruut Veenhov 等创办的 The Journal of Happiness Studies 则为主观幸福研究提供了跨学科研究的交流平台，主要刊登幸福相关的实证与推理研究方面的文章，涉及幸福相关的概念、测量、评价、影响因素、解释等诸多方面内容。
② 陈惠雄：《"快乐经济学"的质ához与释疑》，《学术月刊》2010 年第 3 期。
③ 黄有光：《从偏好到快乐：通向一个更加完整的福利经济学》，《新政治经济学评论》（第一辑），浙江大学出版社 2005 年版，第 110—149 页。
④ 黄播：《阿马蒂亚·森自由视角下经济学的伦理回归》，《广西社会科学》2016 年第 11 期。

这个根本性的宗旨，而不能够偏离太远。① 而 GDP 指标具有诸多众所周知的缺陷：如一些对于幸福至关重要的因素以及经济发展所带来的非经济方面的负面影响并未被 GDP 指标所记录；外部不经济（External Diseconomies）没有被 GDP 指标完整记录；非市场经济活动未被纳入 GDP 计算，从而夸大了经济增长对于幸福水平提高的贡献；一些与国民幸福关系并不清晰甚至是体现国民幸福水平下降的经济增长被纳入 GDP 的计算；等等。所有这些都为经济学关注幸福、解释幸福并构建幸福经济学理论体系提供了重要帮助。②

第三节　经济在幸福框架中的位置

提勃尔·西托夫斯基（Tibor Scitovsky）说，经济对人类的贡献是众所周知的，但缺乏的是理解经济在人类满足的整体框架中的位置，理解幸福的其他来源。③ 因此，理解国民经济在人类幸福整体框架中的位置，认识幸福的整体结构，对于经济学研究来说是一件重要的事情，以便使资源的配置与利用更加科学，使国民经济发展更好地满足国民幸福的需要。据此，位于渥太华的卡尔顿大学投入 50 万美元建立了一个"幸福实验室"，由专家们来研究幸福的体系与结构，幸福的经济尺度、金钱与幸福的关系等。这些研究将会有助于我们更好地理解经济在幸福框架中的位置。④

今天，尽管有许多人仍然不相信幸福与经济悖论关系的说法，但一些学者的实证研究已经得出了关于 GDP（国内生产总值）与幸福关系的大致结论：人均收入高的国家的人民总体上比人均收入低的国家的人民会感到幸福一些。当经济增长处在较低水平时，GDP 增长一般与人们的幸福感增长呈现正相关状态。当人均 GDP 增长超过某一数值时（如 1990 年人均 5000 美元收入），相关性就逐渐减弱，甚至是因分配不公等种种原因不相关了。而如果以 50 单位效用的生态牺牲来换取 30 单位效用的 GDP 增长

---

① 马克·安尼尔斯基：《幸福经济学：创造真实财富》，社会科学文献出版社 2010 年版，第 81 页。
② 奚恺元等：《撬动幸福》，中信出版社 2008 年版，第 42 页。
③ 提勃尔·西托夫斯基：《无快乐的经济——人类获得满足的心理学》，中国人民大学出版社 2008 年版，第 68 页。
④ 马克·安尼尔斯基：《幸福经济学：创造真实财富》，社会科学文献出版社 2010 年版，第 250 页。

时，此时的 GDP 增长给社会带来的总福祉是负的。① 因为，它以较多的福祉牺牲来换取较少效用甚至是负快乐的经济增长。比如，香烟广告与美化暴力的电视剧带来的香烟与枪支销售增长进而带来更多的 GDP，就伴随痛苦与灾难，而这样的 GDP 有许多。这可以看出，GDP 增长必须以是否有利于国民幸福增长为最终评价尺度。并且，GDP 增长与国民幸福需求具有动态演化性，这可以运用马斯洛需求层次论来证明，从而为经济发展到一定程度将扩大的国民收入用于增加教育、环保等公共支出提供了理论依据。②

最近 100 年来，工业化发展形成了一个越来越强烈的把经济增长置于核心视域的经济学理论与现实趋势。然而，如果国民经济有增长而国民的当期或长期快乐幸福（快乐积分）均没有提高，这种增长严格而言是无意义的。③ 这种"收入—幸福"不一致现象由美国南加州大学经济学教授理查德·伊斯特林于 1974 年首先提出，被称为"幸福悖论"或伊斯特林悖论（Easterlin Paradox）。伊斯特林悖论的问题实质很严重，因为，他是基于长期收入—幸福数据得出的结论。并且还因为，经济学家一直把经济增长与快乐提高画等号，一些经济学家笃信经济增长与幸福提高是一致的，误以为经济增长能够占据人类幸福的全部框架。而事实上，国民收入充其量只是个经济福利指标，而经济福利仅仅是人类福利的一小部分。④ 或者说，人们应该把自己的努力集中到创造真实财富（以正面因素减去负面因素的净财富作为"真实财富"）方面，而不是狭隘地关注具有内在缺陷的经济增长的发展尺度方面。⑤

这不由得使我们回想起托马斯·马尔萨斯（Thomas Robert Malthus）曾经有过的这样一段论述："亚当·斯密（Adam Smith）博士公开发表的研究对象是国民财富的本质和原因。然而，或许还存在他更感兴趣的研

---

① 陈惠雄：《中国应自我克制 GDP 增长》，《国际先驱导报》2004 年 12 月 30 日。
② 黄有光：《效率、公平与公共政策——扩大公共支出势在必行》，社会科学文献出版社 2003 年版，第 222 页。
③ 李路路、石磊：《经济增长与幸福感——解析伊斯特林悖论的形成机制》，《社会学研究》2017 年第 5 期。
④ 提勃尔·西托夫斯基：《无快乐的经济——人类获得满足的心理学》，中国人民大学出版社 2008 年版，第 126 页。
⑤ 马克·安尼尔斯基：《幸福经济学：创造真实财富》，社会科学文献出版社 2010 年版，第 166 页。

究。依我看，那就是影响国民幸福的原因，只是他通常把这两者混杂在一起"。①

一些人认为，更多的钱能够得到更多的幸福。然而，事实上这两者之间并不能画等号。当今社会中的大多数人不幸福的原因，已经不能用基本物质需要没有得到满足来解释了。越来越多的人想解决一个悖论——财富带给我们的好像并不是幸福。② 显然，经济只能够在幸福框架中占有一席之地，而非全部。更加重要的是，以大量牺牲他者（包括环境与弱者）利益获得的经济增长对人类整体福祉而言是个负值。③ 伊斯特林悖论现象表明，GDP 对于人类幸福而言可能并非是一个长期有效的指标。这也是奚恺元等学者提出要以幸福学（Hedonomics）弥补经济学（Economics）的部分原因。④ 黄有光坚持把福利经济学改称为福祉经济学，就是要努力避免"利"违背"乐"的问题。⑤ 而对于伊斯特林悖论现象，实际上可以运用马斯洛需求层次论包含的"基于金钱的不同质需要的弱通约、不通约性"原理来解释。⑥ 即当人们的收入上升到基本需要满足以上层次时，金钱很难通约其他层次的需要，收入也就不再是强相关性的快乐、幸福影响因子了，而此时社会公平、正义、尊重、友谊、生态环境、自我实现对于人们的幸福生活会更加重要。而这些需要的实现并不要用像生理需要一样比例的金钱来获得，这就是在经济增长到一定阶段后金钱与幸福产生弱相关性的基本原因。当然，环境损害与正义缺失等是其他的非金钱原因。因为，正义这个原则本身就是要求产生最大限度的快乐或幸福。⑦ 这给了我们一个重要启示：当国民经济发展到一定阶段后，包括公共财政政策等在内的系统性的社会政策一定要调整到服务社会公共需要即公共品增长的领域，不再是以传统意义上的以私人物品满足为核心的经济增长。产生公共支出改变的一个重要理论依据是幸福具有系统性结构，我们需要把过多的经济收入用于非私人物品满足方面，才有可能提高经济发展的国民幸福效用。

显然，"需求层次论"只能够对伊斯特林悖论给出一定的理论解释。

---

① 路易吉诺·布鲁尼等：《经济学与幸福》，傅红春等译，上海人民出版社 2007 年版，第 1 页。
② 泰勒·本—沙哈尔：《幸福的方法》，当代中国出版社 2007 年版，第 4 页。
③ 徐广路、沈惠璋：《经济增长、幸福感与社会稳定》，《经济与管理研究》2015 年第 11 期。
④ 奚恺元等：《从经济学到幸福学》，《上海管理科学》2003 年第 3 期。
⑤ 黄有光：《快乐、福利、人本主义——回应陈惠雄博士》，《财经论丛》2000 年第 5 期。
⑥ 马克·卢兹：《人本主义经济学的挑战》，西南财经大学出版社 2003 年版，第 25 页。
⑦ 周辅成：《西方伦理学名著选辑》（下卷），商务印书馆 1964 年版，第 544 页。

现实的经济与幸福关系遇到了一系列亟待解决的重大课题。如：基于快乐幸福核心价值的经济增长是否存在合理限度？经济增长如何持续促进人类幸福增长？经济社会发展究竟是以最大多数人的快乐、幸福为核心还是以GDP为核心？如果"经济有发展、幸福无提高"（如美国，20世纪70年代自认为很快乐的人占34%，到了20世纪初，这一比例反而下降到了30%），则经济增长无意义。那么，经济社会发展又如何能够持久地正相关于人们的幸福指数呢？

事实上，随着国民收入增长，财富对于幸福的工具价值效用会递减，这可能是产生幸福—收入悖论的一个重要原因。果是如此，经济学更应该把幸福置于核心地位来研究。因为，当财富对于快乐的边际效用逐渐递减后，经济学家拿什么保持人们的幸福效用与幸福指数上升呢？目前，经济学家对幸福—收入悖论进行了这样一些解释，如财富增长的享乐适应论，水涨船高的财富攀比效应论①，以及收入等显性变量被人们看重而健康、亲情、人际关系等隐性变量容易被忽视等。② 这些解释具有一定的合理性，并揭示了现代社会存在的一个致命弱点，即仍然是以财富的享受、攀比、重视为核心来作为衡量幸福的唯一或最重要的标准。只是关注金钱、收入等的增长与攀比，忽视了健康、亲情、生态、社会公正等对于生命而言甚至是更加重要的影响因子。这可能是造成"幸福悖论"继而造成GDP增长与快乐增长不一致的另一个重要原因。③

因此，人类幸福具有广泛的来源。当财富的边际效用递减与需求层次上升时，会使财富与快乐的关联性递减，当经济增长以损害其他幸福源为条件的时候，还会出现幸福指数随着GDP增长而下降的情况。伊斯特林悖论揭示了经济增长与快乐指数或主观幸福感（Subjective Well-being, SWB）在一定限度内具有正相关性，超过一定限度以后却存在无相关乃至负相关的情形。这样实际上就自动证明了当代经济在资源配置与利用方面存在的无效率情形。这也就是体验经济学提出为什么要以快乐的"体验效用"来作为评判资源配置的"决策效用"的原因。④ 美国经济学家提勃尔·西托夫斯基指出，经济学家应当考虑满足人类快乐的大量非经济因素与

---

① 路易吉诺·布鲁尼等：《经济学与幸福》，傅红春等译，上海人民出版社2007年版，第13页。
② 田国强等：《对"幸福—收入"之谜的一个解答》，《经济研究》2006年第11期。
③ 克拉克、塞尼克、肖辉：《GDP增长能否提升发展中国家的国民幸福感?》，《国外理论动态》2015年第12期。
④ 贺京同、那艺、郝身永：《决策效用、体验效用与幸福》，《经济研究》2014年第7期。

途径，而不必苦苦把注意力集中在经济之中。① 这一提醒为经济学在资源配置与利用中如何更好地满足人类的幸福需要提供了广阔的思路，即便是在看似与幸福很远的经济学领域。比如，实行幸福导向而非 GDP 导向的水资源配置、利用与管理等。②

幸福是一种具有客观实在性基础的主观感受或心理体验，是积极心理学研究的一个重要方向。实现最大多数人的最大幸福目标是一个社会问题，也是一个政治问题。经济学研究幸福问题的视域与心理学、社会学、政治学不同，它主要是从作为手段的经济增长与作为目的的快乐幸福之间的系统性、层次性、结构性等关系进行研究并研究如何以最小资源投入获得最大幸福的一门经济学分支学科。经济学研究幸福大致会涉及经济发展与幸福感提高的整体与结构关系，并考虑幸福的系统性的主客观影响因子。在判断与检验经济发展模式的科学性方面，幸福经济学把最广大人民的幸福程度作为根本性的检验标准。因为，只有快乐才具有终极善的意义，才具有判断一切是非善恶的根本属性。正如福利经济学家黄有光所言，为什么我认为偏好和欲望之类的满足就其本身而言并不具有规范性意义而只有快乐才如此呢？为什么快乐是最根本的，而其他事物从根本上说只是就其对快乐的直接或间接的促进作用而言才是重要的呢？对此的简单回答是，只有快乐和痛苦本身才有好坏之别，而其他事物均无这种性质。③

第四节 主观幸福感的客观实在性基础

经济一般被认为是个客观范畴，但发展经济的主体是人，经济发展的目的是更好地为人类生产生活服务，经济发展成效最终要由人的幸福感受来说明，从而使经济过程实际上充满了无所不在的主观性。经济学的四个核心概念——偏好、约束、选择、效用，除约束外其余三个都具有主观性特征。弄清楚这一点对于我们认识经济客观性背后存在的主观性有重要意义。由于人是经济活动的发动者、主体与归宿，经济发展归根结底是为人服务的，而人对于经济的感受——效用则普遍性地被认为是个带有主观性

---

① 提勃尔·西托夫斯基：《无快乐的经济——人类获得满足的心理学》，中国人民大学出版社 2008 年版，第 93 页。
② 程国栋、徐中民、徐进祥：《建立中国国民幸福生活核算体系的构想》，《地理学报》2005 年第 6 期。
③ 黄有光：《效率、公平与公共政策》，社会科学文献出版社 2003 年版，第 80 页。

的概念。这正是经济与经济学永远都脱离不了主观性范畴的原因。也是由于这个原因，快乐—满足—偏好—效用，先后成为经济学的核心范畴。一个确定不移的结论是，经济是为满足人的主观效用服务的。经济成就最终要由人们的满意度来评价，因而使具有主观性特征的快乐、幸福、效用等概念成为经济学的核心范畴，国民幸福总值（GNH）成为衡量经济成败的最高综合指标。[1] 由于幸福是人们的一种正向的情感认知评价或体验，一些心理学家甚至认为，这种评价不依赖于任何外在的客观标准，而是来自人们内心的主观感受，所以幸福又叫主观幸福感。[2]

由之，幸福不是处在经济学的边界之外，而是经济学的核心命题。因为，经济学根本上是要研究如何通过财富增长而增加人们的幸福。而财富增长与幸福增长又不是一个能够直接画等号的事物。如果经济学研究止于财富这一步，经济学很可能因缺乏与快乐幸福的联系而成为无源之水、无本之木、无的放矢之学。若缺乏幸福这个终极目标的指引，当经济增长与生态保护、分配公平等之间遇到矛盾时，可能就会失去一个基于幸福终极目的的统一协调原则。经济学是要以研究财富、资源分配等为己任，但需要弄清楚财富增长与资源配置的最终目标、准则是什么，是最大多数人的快乐幸福生活。当然，经济增长实际上内含了快乐的终极价值效用目标在内，但又可能与快乐幸福目标相背离。所以，经济学才需要把经济增长的工具价值与国民幸福的终极价值相区分，并把国民幸福置于经济发展、资源配置的终极目的地位。"幸福悖论"现象正好证明了经济学因为偏离与忽视了幸福的终极价值尺度，被一些经济学家看作"界外"问题，才导致了"经济有发展，幸福无提高"的社会资源巨大浪费与"占领华尔街"之类的社会矛盾激化现象发生。

延伸这个话题，我们还需要进一步说明，作为经济发展主体的人的苦乐感、主观幸福感，实际上存在确凿无疑的客观实在性基础。脑科学不仅证明了快乐的客观性，同时也证实了痛苦的客观性。[3] 也就是说，人对于所有经济成就如汽车、房子、面包等的主观感受，归根结底是由人自身的客观实在性产生的，是心身一体性基础上脑物质的机能。因此，我们大致可以这样来说明经济与幸福的主客观性之间的关系以及幸福主观性的客观

---

[1] 沈颢、卡玛·尤拉：《国民幸福——一个国家发展的指标体系》，北京大学出版社 2011 年版，第 120 页。
[2] 奚恺元等：《撬动幸福》，中信出版社 2008 年版，第 6 页。
[3] 理查·莱亚德：《快乐经济学——科学一门新兴的诞生》，（台湾）经济新潮社 2006 年版，第 33 页。

实在性基础，并为幸福主观性的可测量性质提供理论依据。

其一，经济本身是一个可以用各种数量指标来衡量的客观性概念，因此经济学主张实证化。

其二，经济过程自始至终充满了主观性，并且经济发展最终要为人服务的性质，内含了衡量这些客观经济数据（决策效用）的好坏标准最终要由人的幸福感状况（体验效用）这个"主观性指标"来说明的理论机理。

其三，幸福感或者快乐是外部世界在人脑中的磁、电、场等物理、化学、生物反应现象，幸福指数实际上最终是可以由像"血压计"一样的"快乐计"来读数与计量的，目前的脑科学中的核磁共振成像技术已经接近于解决这个问题。[1]

另外，由人的主体客观性、满足快乐的对象客观性以及人的类近似性三者可以获得对快乐主观性存在的客观实在性基础与幸福指数测量、加总的有效性证明。运用最大化原理，则可以证明幸福指数测度的可信度。[2] 这就避免了快乐体验效用的不可知论及其主观随意论的问题，使快乐幸福作为衡量经济发展的终极价值指标与经济客观实在性之间形成了内在统一性，并能够满足经济学实证化的研究要求。

最近20年来，随着心理经济学与行为经济学的迅速发展，经济学吸收了心理学的研究方法和成果，在快乐的计量研究方面取得了一些实质性进展。黄有光在坚持快乐的可计量理论的基础上于1996年提出了一个效用计量公式，并证明了快乐的基数可量和人际可比性。[3] 卡尼曼通过实验心理学方法把人的行为置于可重复观测的实验中，证明了当期体验效用的客观性（Objective）和"快乐与痛苦的体验效用的可测度性"。这些研究为快乐实证研究提供了重要的理论与方法基础。[4] 另外，目前已经有多个幸福方程式用以表述幸福的计量原理。如：幸福 = 效用/欲望。公式中的效用表示人们从消费物品中得到的主观享受或快乐，欲望就是想要达到的目标。两者之比实际上就是幸福指数，亦即人们幸福实现的程度。这个公式揭示了幸福的直观性。

由于幸福具有主观性特征，所以有人会认为，幸福难以形成一个统一

---

[1] 理查·莱亚德：《快乐经济学》，（台湾）经济新潮社2006年版，第30页。
[2] 陈惠雄：《"快乐"的概念演绎与度量理论》，《哲学研究》2005年第9期。
[3] Yew‑Kwang Ng., "Happiness Surveys: Some Comparability Issues and An Exploratory Survey Based on Just Perceivable Increments", *Social Indicators Research*, 1996: 38.
[4] D. Kahneman, A. Tversky, *Experienced Utility and Objective Happiness: A Moment‑Based Approach*, Cambridge University Press and the Russell Sage Foundation, 2000: 673–692.

标准,哲学上把这种观点称为幸福的"不可知论"。然而,幸福不可知论实际上是对快乐幸福理论缺乏深入了解的反映。其实,快乐(幸福感)是人们对于存在世界的一种精神体验与反映,是心身一体化基础上的脑物质的机能,是以人自身与对象的客观物质存在为基础的脑生物电、场、波、磁、物理、化学等的反应现象。快乐与痛苦实际上是每个正常人都能够真实体验到的具有客观实在性基础的一种心理感受。心理学家、社会学家通过设计一些调查量表来获得人们对于快乐与痛苦水平的自诉报告,这些报告通过对数据的信度、效度分析处理,被证明是有效的,并通过扩大调查样本来减少统计误差,从而获得幸福指数的准确数值。

继续幸福主观性问题的讨论。一些人认为幸福没有一致性的衡量标准,而实际上并非如此。市场上为什么产品定价会有高有低?对某种事物与行为的评价为什么有好有坏?这种差别定价的市场一致性与行为评价的道德一致性,实际上反映了人们对于好与差的基本一致的认同标准。而人们对于好与坏的判断,归根结底是对于快乐与痛苦及其苦乐的大小而言的。正如洛克所言:我们称那易引起我们快乐的为善,称那易引起我们痛苦的为恶。[1] 这就是人们对于苦乐的一种比较一致的衡量标准,并体现出主观幸福感具有的客观实在性基础。

面对同一个事物,不同人确实会产生不同的苦乐判断与体验差异,这也是一些人怀疑快乐没有标准的一个表面上站得住脚的理由。实际上,对于快乐的体验或判断差异,不仅仅存在于不同的人之间,也会发生在同一个人身上。如从第一个馒头吃到第五个馒头的快乐体验效用的增量就会改变,经济学上称为边际效用递减规律。但这种差异并不妨碍人们吃第五个馒头,也不妨碍人们在理论上与实际应用中克服这种差异。实际上,根据人类追求快乐最大化的行为原则,人们总会不断放弃或减少自己认为的那些低效用对象的追求,而趋向对最大化效用对象的选择,使人们的选择行为(在动机与理论假说上)总是指向快乐最大化的。从而可以确定地断言,快乐指数、幸福感、满意度等调查定然可以大致准确有效地反映人们获得快乐的最有效状况,使各国进行的快乐指数调查与测量研究变得有效。在"最大化"理论原则下获得对于每个人来说都是最大化的快乐数值,从而使幸福指数的测度与比较成为可能与科学。[2] 因此,幸福虽然是一种主观感受,但是这种感受是由大脑相应的神经中枢产生的,是具有客

---

[1] 周辅成:《西方伦理学名著选辑》(上卷),商务印书馆1964年版,第717页。
[2] 陈惠雄:《"快乐"的概念演绎与度量理论》,《哲学研究》2005年第9期。

观基础并且是对客观存在对象的主观反映，所以完全可以对其进行测量。而且，测量的方法并没有大家想象的那样复杂。[①]

第五节 幸福的价值衡量与人的全面发展

目前，国际上还没有建立起幸福经济学理论体系，这方面的一些学术论著多以经济与快乐、幸福与经济学等名称出现。之所以如此，幸福被财富替代而边缘化以及幸福与人、与经济的某些复杂关系未厘清是其中的重要原因。然而，所有这些关于经济学与人类幸福关系问题的研究都为幸福（快乐）经济学的建立提供了基础与帮助。这里需要就快乐与幸福本身的层次性、价值衡量以及幸福与人的全面发展等关系进行解释，以便更好地理解经济学与人类幸福的关系以及幸福经济学的学科理论体系。

一 幸福的层次与道德价值衡量

有些人提出并担心倡导快乐幸福理念会导致享乐主义与低级趣味的快乐，并有学者提出快乐幸福应当区分不同的层次。前一个问题主要是由于对快乐这一概念作生活化的理解而引起，这种担忧情形实际上自古希腊以来就已经存在。以致许多思想大家都把快乐、幸福、善三者在同一意义上使用，以减少人们对快乐的误读。哈佛商学院的幸福课教师泰勒·本—沙哈尔提出了"幸福是意义加快乐"的幸福概念阐释。[②] 也就是说，有意义的快乐＝幸福。在这个问题上泰勒·本—沙哈尔同样不是从哲学意义上来理解快乐概念的。实际上，快乐与幸福感均是一种愉悦的精神感受或积极、正向的心理体验。从这个定义出发，应当大致可以消除人们对倡导快乐幸福理念的担忧。后一个问题是个关于幸福本身的内部层次结构与价值判断问题，大致可以从以下两个方面来解释。

首先，关于幸福的内容与层次问题。实际上，快乐幸福不仅有内容、层次、结构乃至境界的差异，而且有许多特性。不同时代的人，同一时代不同的人，同一个人在不同的生命阶段，其快乐需要的特征性内容往往都可能是不同的。"变"与"差异"是快乐这个亘古不变的人类行为终极目的的永恒特征。边沁提出了人的 14 种简单的快乐与 12 种简单的痛苦，14

[①] 奚恺元等：《撬动幸福》，中信出版社 2008 年版，第 17 页。
[②] 泰勒·本—沙哈尔：《幸福的方法》，当代中国出版社 2007 年版，第 34 页。

种快乐之中仅感官快乐就占 9 种。① 边沁是第一个以最大多数人的最大幸福为最高原则和最终目的的人生哲学家；也是第一个以最大多数人的最大幸福为基础，坚持"幸福"的数量意义，"大"的数学意义，而展开自己体系的伦理思想家；并且还是第一个试图把"最大多数人的最大幸福"道德原则运用到政治、立法、行政、司法等各个实际领域之中去的改革家。② 美国心理学家弗兰克·梯利同样提出，快乐的含义可以是积极的活动的快乐或者是免除苦恼，精神宁静，心灵和平；可以是感官的快乐或者理智的快乐；可以是自我的快乐或者他人的快乐；还可以是暂时的快乐或者终生的快乐。③ 这些学者关于快乐层次与内容方面观点的阐述足以回答一些学者对此问题的担忧。

其次，关于快乐幸福的道德价值衡量问题。边沁认为，快乐不但应有数量指标，以计算苦乐，而且还应有其道德准则。诺贝尔经济学奖得主加里·贝克尔（Garys Becker）大致是肯定了边沁对于快乐种类研究的贡献的：在杰文斯、瓦尔拉斯、门格尔等开始形成消费者需求理论之前，经济学家们经常讨论什么是决定欲望的基本因素。例如，边沁分析了 14 种基本的快乐与痛苦——所有其他的快乐与痛苦都被认为是这些基础集的组合。④ 就幸福的价值衡量而言至少有以下四个相互连贯的内容：

（1）幸福是人类行为与经济社会发展的终极目的，是区分人类行为值得与不值得的终极价值标准。美国经济学家提勃尔·西托夫斯基为没有快乐的经济增长而痛心疾首。⑤

（2）就个人而言，幸福最大化是人一生快乐幸福积分的最大化，而不只是瞬间的快乐峰值；幸福学理论贯穿的是人们追求幸福的可持续性，而不只是眼前的享乐。这也是对于个体"有理性"追求快乐的道德要求。

（3）就社会整体而言，我们讲的幸福是最大多数人的最大幸福，不只是少数人。这个多数人还要包括我们的子孙后代。进一步推广则是如黄有光所说的"他者"的快乐，这个他者就包括了动物快乐，这涉及可持续发展与人类对待其他生物的快乐权、生存权的态度以及人统治生物世界的合理方式问题。目前，世界上已经有 100 多个国家实施了《动物福利法》，

---

① 边沁：《道德与立法原理导论》，商务印书馆 2000 年版，第 91 页。
② 周辅成：《西方伦理学名著选辑》（下卷），商务印书馆 1987 年版，第 210 页。
③ 弗兰克·梯利：《伦理学概论》，中国人民大学出版社 1987 年版，第 138 页。
④ 贝克尔：《人类行为的经济分析》，上海三联书店、上海人民出版社 1996 年版，第 300 页。
⑤ 提勃尔·西托夫斯基：《无快乐的经济》，中国人民大学出版社 2008 年版，第 8 页。

英国还专门颁布了《猪福利法规》，其立法的根基均是基于人与自然和谐相处、共享快乐的终极价值理由。这是一个国家乃至全人类的快乐道德问题。

（4）人类追求快乐幸福是无止境的，所以快乐既是经济发展的根本动力，也是社会进步的根本源泉。正是趋乐避苦的人性本质特征决定了人类对于更好技术发明、更好环境保护与可持续发展的需求。这表明快乐幸福作为人类行为的终极目的内生性地包含了促进社会文明进步与可持续发展的意义。

黄有光认为，人类已经过了重视感官快乐和痛苦的时期，他们也有像正义感这样更加精神和道义的感受。可是，这种道德或者其他行为原则最终都是应该建立在对快乐考虑的基础上的。① 也就是说，幸福或者是最大多数人的最大幸福，实际上是一切立法、道德与经济社会发展的根本性基础。尽管人们追求幸福具有层次上的区分，但这些区分归根结底是服从并包容在幸福的终极价值原则之中的。增加痛苦，而没有快乐，也就没有道德可言。财富有增长，快乐没有提高，经济增长就缺乏意义。

二　幸福与人的全面发展的内在一致性

当谈到快乐幸福的时候，有人可能会提出来，我们应当追求的是人的全面发展，需要处理好人与自然、人与人、人与社会等多方面关系，快乐只是经济学研究的一方面关系与内容。② 或者，人类行为的终极目的是否需要追求公平、公正。③ 这个问题很有意义，它是建立幸福经济学必须重视解决与厘清的一个重要问题。

幸福作为人自身发展的终极目的，实际上涵盖了一切有意识的人类行为。处理好人与人、人与自然的关系，追求身体健康、生态友好、经济发展、社会公正、实现人的全面发展等，实际上都是实现人类快乐幸福的需要与重要途径。正因为人类快乐、幸福的需要，才需要处理好人与人、人与自然等各方面关系，否则就会给人们的生活带来痛苦与不幸。这个问题

---

① 黄有光：《从偏好到快乐：通向一个更加完整的福利经济学》，《新政治经济学评论》（第一辑），浙江大学出版社 2005 年版，第 112 页。
② 尹世杰：《关于"快乐经济学"的几个问题》，《经济学家》2008 年第 1 期。
③ 台湾大学经济系熊秉元教授在与作者陈惠雄的信件中，提出人类行为的终极目的究竟是追求快乐还是追求社会的公平公正的问题（1999 年 10 月 12 日信函）。熊教授与黄有光教授是好友，对黄有光教授的快乐理论倍加关注，并且给黄有光教授的《经济与快乐》一书作序。

又可以延伸到对社会发展指标的讨论，因为社会发展指标涵盖了人与社会发展的最主要、最全面的方面。人均寿命指数 H（等于实际寿命 Lr 与理论寿命 Lo 的比值，H = Lr/Lo）实际上是衡量经济社会发展的最高尺度。这一观点与人类发展指数（Human Development Index，HDI）类似，并把人的寿命置于更加核心的位置。而寿命指数实际上是人们一生快乐幸福生活的一个反映与结果。因为趋乐避苦是人类自身身心正常发展需要的反映，人一生获得的幸福指数（积分）越高，人的身心就越能够得到健康发展，结果是寿命的延长，从而使人自身的全面发展与幸福指数成为经济社会发展的最高衡量尺度。① 可见，人的全面发展与幸福具有一致性，人的全面发展是实现人类幸福的充分条件。人越是能够在衣食住行、德智体美、公正自由等方面得到全面发展，人的幸福指数也会越高。从这个意义上说，人的全面发展是途径、手段与充分条件，人类幸福是终极目的。

可见，尽管经济学的问题范畴非常庞大，但处理庞大复杂的经济系统问题及至整个社会系统问题，都必须基于某个统一的原则，这个统一的原则就是最大多数人的最大快乐原则，正确的行动就是能创造最大快乐的行动。② 人类行为的本质在于获得一种快乐幸福的生活，即便从人是一切社会关系总和的角度考察，其关系的本质仍然是人的苦乐问题，人的全面发展是实现人类幸福生活的根本途径。

三 快乐是人类唯一有理性的终极目的

"快乐是人类唯一有理性的终极目的"，这是澳大利亚社会科学院院士黄有光教授反复阐明的一个快乐经济学命题。③ 从快乐是人类行为的终极目的到快乐是人类"唯一有理性"的终极目的，这既是一个重要的理论命题延伸，实际上也包含了快乐概念的一个重要的学科转折。"快乐是人类行为的终极目的"是一个哲学命题与经验实证主义证明。人类的所有行为归根结底都是趋乐避苦的生命原则在起作用。"快乐是人类唯一有理性的终极目的"这个命题，不仅是对于快乐作为人类行为终极目的的认知"加固"，而且是相对于快乐与偏好究竟有无差异以及差异在哪里而提出的经济学论题。这样实际上就把快乐由哲学命题转化为经济学学科层面的问题。由于经济学大致围绕人类行为的偏好—约束—选择的问题线索展开。

---

① 陈惠雄：《论寿命是衡量经济社会发展的最高指标》，《经济学家》2000 年第 4 期。
② 理查·莱亚德：《快乐经济学——一门新兴科学的诞生》，（台湾）经济新潮社 2006 年版，第 130 页。
③ 黄有光：《经济与快乐》，（台湾）茂昌书局 1999 年版，第 56 页。

假如偏好与快乐没有差异，偏好即快乐，那么快乐就没有再讨论的必要（那样的话，快乐本来就是主流经济学的核心命题），而偏好也没有纠正（即强调快乐为唯一有理性终极目的）的必要。然而，问题是人们的偏好并非都是快乐，并非都能够到达快乐幸福的彼岸。因此，当讨论到快乐与偏好的差异时，我们可以进一步理解快乐而不是偏好置于经济学核心概念的意义。①

当然，一般而言人们的偏好都是指向于快乐的。在充分理性与充分信息条件下的人类偏好应当与快乐具有充分一致性即人类偏好一般都是对于快乐的偏好与痛苦的厌恶。然而，由于无理性、信息不全以及溺爱式亲缘利他三种情况，会导致偏好对于快乐的偏离，使人们的许多偏好偏离了快乐原则。如过度的 GDP 偏好而损害生态环境，过度的吸烟偏好而损害健康，过度的金钱偏好而损人利己等。这些偏好可能会有利于少数人或人的个别器官的当期快乐，但对个人的长期快乐（快乐积分）与他者（多数人、其他生物以及我们的子孙后代）快乐则会构成不利影响。因此，偏好必须以快乐为终极价值标准来进行检验，才能确定其合理性。这样又可以回到"基于偏好的决策效用最终必须以基于快乐的体验效用为评价依据"的体验经济学理论基础。这就是黄有光提出"快乐是人类唯一有理性的终极目的"的道理与意义。而找到了快乐这个比偏好更为基本的目标，也会更加有利于公共政策的制定。②

1932 年，凯恩斯曾经发出惊世预言：经济问题可能在 100 年内获得解决，或者至少是可望获得解决。这意味着，如果我们展望未来，经济问题并不是"人类永恒的问题"。那么，人类的永恒问题是什么呢？是快乐幸福！经济问题只是达到幸福的一个途径与手段。因此，西托夫斯基主张"把快乐引进经济学"。今天，快乐经济学已经成为经济学最具潜力的组成部分，而西托夫斯基则无疑是这一趋势的发起者之一。③

上述阐释了关于幸福经济学的一些基础性问题。需要强调的是，经济发展如果脱离最大多数人的幸福主线是危险的，它可能会导致大量不科学的资源配置与经济增长情况发生；经济学如果脱离快乐幸福的核心命题同样是危险的，可能最终会导致它不知所终。尽管现代美国的以自我为中心

---

① 陈惠雄：《快乐 福利 人本主义——与黄有光院士的有关讨论》，《财经论丛》2000 年第 5 期。
② 黄有光：《效率、公平与公共政策》，社会科学文献出版社 2003 年版，第 80 页。
③ 提勃尔·西托夫斯基：《无快乐的经济》（郑也夫中文版序），中国人民大学出版社 2008 年版，第 5 页。

的个体主义文化价值观存在很大的问题，但《独立宣言》中把生命（Life）、自由（Liberty）、追求幸福（in Pursuit of Happiness）作为政府执政与经济社会发展的最高目标，仍然是值得称许的。我们必须懂得，减少人们的痛苦，增加人们的快乐与幸福，是经济社会发展的永恒主题。"创造你能创造的所有快乐，去除你能去除的所有不幸"，这既是边沁的一句名言，也是本书创立幸福经济学学科体系的社会职责与学术使命所系。

第二章　幸福经济学的研究对象与学科体系

【本章导读】 幸福是人类行为的终极目的，经济活动是人类社会的基本活动，这两个命题成为幸福置入经济学并构建幸福经济学学科体系的重要基础。由于消费、生产、分配、交换等经济活动关系人类基本的生存与幸福，因此经济问题也就成为迄今为止人类社会发展中面临的最基本的幸福问题之一。幸福经济学具有深刻的哲学社会科学学科渊源，并随着人文社会科学发展而不断演化进入新的学科研究领域。幸福经济学作为一门新兴经济学分支学科的确立，必须明确其研究对象与所要达到的研究目标，并确立自己的学科体系。而这些对于当下的幸福经济学而言，都是一项全新的工作。本章在厘清幸福经济学学科渊源与研究演化基础上，重点阐明幸福经济学的研究对象、研究目标、研究方法、学科体系等，力图为幸福经济学学科建立一个基础性的理论框架。

幸福经济学是以作为手段的经济发展与作为目的的人类幸福之间的关系为研究对象的一门经济学分支学科，是研究如何以最小化资源投入获得最大化人类幸福的经济科学。一般情况下，经济学教科书只是把快乐或效用当作一个合理内核来处理，而不需要展开这个内核。然而，由于幸福是经济发展的终极目的，快乐幸福又具有自身的一系列特性。国民经济发展如何可以更好满足国民幸福这个终极价值目标，存在着复杂的演化关系。展开幸福这个终极价值内核，有一系列需要深入研究的内容，其中财富—幸福关系就是一个至今没有完全弄清楚的重点之一。而"经济有发展，幸福无提高"的问题不能够解决，一切经济发展实质上都是无效的。因而，需要建立专门的经济学分支学科来研究人类幸福与经济发展之间的关系，以探讨经济发展与健康、亲情、财富、职业、社会公平、生态环境等诸多幸福影响因子之间的系统性、层次性、结构性关系。经济学是分析人类行为的科学，经济学的这种学科性质与学术使命在幸福经济学中会更加显性化。本章将探讨幸福经济学的学科渊源、研究对象、研究目标、研究方法、学科体系、理论难点与发展向度等幸福经济学的基本问题，以便为幸福经济学建立一个初步的理论框架。

第一节 学科渊源与研究演化

幸福是人类行为的终极目的，经济活动是人类社会的基本活动，这两个命题成为幸福置入（回归）经济学并构建自己的学科体系的重要基础。由于经济活动关系人类基本的生存与幸福，因此经济问题也就成为迄今为止人类社会发展中面临的最基本的幸福问题之一。就其经济学研究经济问题的方法论而言，可以分为辩证逻辑方法、逻辑理性主义与经验实证主义等。这些研究方法在经济学中具有内生的演化关系，并依次成为经济学研究的重要方法论基础。幸福经济学的形成与研究演化同样和这三种方法有关，并成为幸福经济学形成与研究演化的三个主要来源。

一 作为哲学分支的幸福经济思想起源

哲学研究的是关于人类"在"与"觉"之间的基本关系即存在与意识之间的关系，以及由此衍生的辩证逻辑机理。人类存在的基本问题，可以归结为为什么存在或者存在是为了什么，以及如何存在与发展，这样两个基本问题。"存在是为了什么"是欧洲哲学发展的一条主线索，这也成为欧洲"目的论"哲学研究的由来。从古希腊开始，欧洲哲学中历来都有关于目的论问题的研究，快乐幸福终极目的理论几乎成为绝大部分欧洲思想大家的共同选题。

哲学上研究的人为什么存在或者存在是为了什么的问题，在经济学上转化为经济发展究竟是为了什么的问题。因为，最初的经济学一直是作为哲学的一个分支而出现的，所以哲学的核心问题转化为经济学的核心问题，是一个自然的研究演化过程。哲学目的论在近代之后的经济学中开始转化为明确的经济学问题，即今天人们把人类经济行为的目的或稀缺资源配置与利用的核心问题理解为快乐最大化或效用最大化问题。

杰里米·边沁（Jeremy Bentham）是第一位把快乐、幸福问题转化为功利（效用）来进行研究的英国哲学家与经济伦理学家。他提出的最大多数人的最大幸福的功利原则，成为西方新古典主义经济学效用最大化的重要思想基础。① 约翰·穆勒（亦作密尔）的《功利主义》一书是第一本把快乐理论以一种经济哲学思想引进经济学并清晰解释快乐即效用（功利）的著作。② 根据马尔萨斯的研究，认为斯密真正关心的问题同样是国民幸福问题，只不过他经常把国民财富增长等同于国民幸福增长，也因此成为后来新古典主义经济学专注国民财富研究而忘记国民幸福的终极目标的原因之一。

由人类行为终极目的转化为经济学的研究目的问题，也因此形成了关于经济学研究目标的各种不同界定。斯密认为，经济学是一门旨在"富国裕民"的科学。③ 西斯蒙第认为，经济学是"研究一定的国家绝大多数人能够最大限度地享受该国政府所能提供的物质福利的方法的科学"。④ 杰文斯认为，经济学就是研究如何以最小痛苦换取最大快乐的学说。⑤ 因此，经济学作为哲学的一个分支体系，起初也是以国民快乐、幸福为核心目标的。边沁、斯密、密尔、杰文斯、马歇尔等的经济学思想均不同程度地延伸了快乐思想的理论轨迹。马歇尔认为，经济学也应该关心终极目的。在宗教、家庭情感和友谊方面，就是穷人也可以找到发挥许多才能的机会，这些才能是无上快乐的源泉。⑥ 可见，马歇尔不仅重视快乐，而且重视快乐的诸多非经济途径。实际上，至19世纪末叶，大部分经济学家都认为，经济学是关于快乐的研究。⑦

从上述解释中我们看到了经济学的研究目标实际上是和哲学中"人为什么存在"或者"存在是为了什么"的终极目的问题密切关联的。⑧ 因为存在是为了什么的问题是人类存在与发展的基本问题，而经济学研究的恰恰是与人类存在与发展的终极目的——快乐与幸福基础相关的物质资料生产、消费、分配、交换问题。因此，哲学目的论成为经济学的一个主要来源，经济学的哲学来源与幸福经济思想的哲学根源实际上是一致的。或者

---

① 杰里米·边沁：《道德与立法原理导论》，商务印书馆2000年版，第57—59页。
② 约翰·穆勒：《功利主义》，光明日报出版社2007年版，第7—15页。
③ 亚当·斯密：《国民财富的性质和原因的研究》（下卷），商务印书馆1981年版，第1页。
④ 让·西斯蒙第：《政治经济学新原理》，商务印书馆1977年版，第414页。
⑤ 蒋自强、张旭昆：《三次革命和三次综合——西方经济学演化模式研究》，上海人民出版社1996年版，第239页。
⑥ 阿尔弗雷德·马歇尔：《经济学原理》，商务印书馆1997年版，第24页。
⑦ 理查·莱亚德：《快乐经济学——一门新兴科学的诞生》，（台湾）经济新潮社2006年版，第154页。
⑧ 陈惠雄：《快乐论》，西南财经大学出版社1988年版，第18页。

说，经济学作为哲学的一个分支，起初就是研究如何让经济活动给人们带来更多幸福满足的一门学问。

二 幸福经济思想在逻辑理性主义方法论中的发展

就经济学的学科使命而言，辩证逻辑方法需要进一步发展到数理逻辑的现代形式，才能够进一步规范其量化研究方式，使经济分析由辩证逻辑形式赋予更加规范并便于传承的数理逻辑形式。在这种学科使命下，19世纪70年代，经济学发生了重要的"边际革命"。杰文斯和门格尔等通过对边沁快乐理论的运用建立了边际效用理论。杰文斯就是基于对劳动者成本与收益均衡的边际分析创立了最大化原理的。由此可见，由对劳动苦乐均衡分析基础上形成的边际效用分析方法同样是新古典经济学逻辑理性主义方法论最直接的理论基础，也成为幸福经济学深化发展的一个重要来源。

显然，在新古典经济学中，以国民财富增长最大化为偏好满足目标的效用经济学理论体系已经构建起来。随着研究深入，最大化目标具有"约束条件"的问题被发现。于是，"约束条件下的最大化"或在约束条件下求最大化解成为理论经济学发展的新任务。约束条件下的最大化原理的推导形成了边际收益与边际成本相等的边际分析理论。边际效用理论中最核心的是消费者均衡分析思想，其基本表达式是：$MU_i/P_i = \lambda$。其中，MU_i为第 i 种商品的边际效用，P_i为该商品的价格，λ为常数，表示收入的边际效用。这一公式表示消费者在约束条件下进行消费选择的最大化解。同样，用边际收益MR_i替代边际效用MU_i，用成本C_i替代价格P_i，该式也用作生产者均衡行为解释。可见，无论是解释消费者行为还是解释生产者行为，边际分析理论在解释人类行为方面几乎具有普遍的有效性。[①] 事实上，消费者均衡分析思想也是逻辑理性主义经济学最具有特色的分析思想——一种基于成本收益均衡或者效用均衡的统一的人类行为分析方法。[②]

经济学进入边际分析时代后，必然要对最大化行为的真确性做进一步解释，以确认约束条件下的最大化选择行为的唯一有效性。于是，偏好关系假设（完备性、传递性、连续性）、自利人假设、稀缺性假设、信息完

[①] 汪丁丁、叶航：《理性的追问——关于经济学理性主义的对话》，广西师范大学出版社2003年版，第52页。

[②] 加里·贝克尔：《人类行为的经济分析》，上海三联书店、上海人民出版社1995年版，第5页。

备性假设、偏好稳定假设等都是必须做出的基本假说。只有这样，边际分析方法才能够不断自我完善。因此，从一定意义上说，逻辑理性主义与数理方法论进入经济学并在一定时期内成为主流方法有其必然性。同时，就马歇尔时代而言，这也是经济学摆脱哲学分支地位的需要。我们今天看到的经济学数理方法的广泛应用实际上已经进行了一个多世纪，幸福经济学研究也越来越多地受到这种主流经济学"硬科学"方法的影响。

20 世纪 40 年代，福利经济学家们开始注意到福利概念的界定问题，多数经济学家把福利与快乐看成是一回事。而福利主义关于经济发展在于使社会福利最大化的思想原则与边沁的"最大多数人的最大幸福"的功利原则实际上是互为表里的。从 20 世纪 90 年代开始，基于逻辑推演的经济与幸福关系研究的经济学论文已经逐渐增多。国内学者也努力在探索经济与幸福之间的相关关系，以便为幸福经济学由辩证逻辑走向数理逻辑分析提供某些基础。①

三 经验实证主义对幸福经济学学科建设的推动

随着逻辑理性主义与数理方法论在经济学中日益广泛的应用，经济学的逻辑自洽性日益增强，但对现实问题的解释却渐行渐远。从 20 世纪 30 年代开始，经济社会学家们开始从满意度方面研究经济发展的生活幸福与满意效果。在一定意义上，满意度能够反映出人们的幸福状况。由于经济学家一直坚信，经济增长与幸福提高是一致的。然而，1974 年美国经济学家伊斯特林在大量统计分析基础上，发表了经济增长能够在多大程度上改善人们的生活一文中，揭示了经济增长与幸福指数（Happiness Index）在一定限度内具有正相关性，超过一定收入限度后其相关性显著减弱，乃至出现幸福—收入的负相关情形。② 伊斯特林揭示的"收入—幸福"悖论问题很严重。因为，经济增长一直被认为是必然能够导致人们幸福增长的决定性因素，否则为什么需要经济增长呢？如果经济增长不能够导致人们的幸福增长，这样实际上就证明了财富增长的无效性。

财富—幸福问题的实证研究证明了逻辑理性主义对财富—幸福关系假设存在脱离实际的明显缺陷。同时，感受于西方国家经济发展面临的诸多问题，美国斯坦福大学著名经济学家西托夫斯基出版了 *The Joyless Econo-*

---

① 田国强、杨立岩：《对"幸福—收入之谜"的一个解答》，《经济研究》2006 年第 11 期。
② Easterlin, R. A., "Does Economic Growth Improve the Human Lot? Some Empirical Evidence", in David, P, Reader, M. (eds.), *Nations and Households in Economic Growth*: *Essays in Honor of Moses Abramowitz*, New York: Academic Press, 1974.

my 一书，向经济学家指出了满足人类快乐的大量非经济因素而不必苦苦把注意力集中在经济之中。这一提醒指出了人类长期局限于经济增长偏好的可能无理性情况，同时也为经济学家在资源配置中如何更好地满足人类的福祉需要提供了崭新的思路。① 同此，黄有光提出，由于偏好包含无理性与信息不全等因素，导致人类偏好的不稳定性与以偏好作为选择行为基础的无效性。同时，黄有光还提出快乐比偏好更加基础与稳定的观点，并主张效用是可以加总的。② 这就为幸福经济学开展经验实证研究并进行幸福加总——实行国民幸福总值核算奠定了理论基础。而以快乐替代偏好，人类行为分析也能够找到更加可靠的分析方法。

最近10多年来，*The Economic Journal* 等经济学期刊发表了大量关于经济与幸福关系的重要文献，解析了幸福计量的相关经济学方法。③ Ed Diener 等一批心理学家对积极心理学展开的研究极大地支持了幸福经济学的实证化趋势。英国等一些国家则提出国民幸福指数核算概念，并运用指数方法描绘了"世界快乐地图"，把国民幸福指数核算推进到国际比较层面。这些基于社会调查与经验统计的研究，加速了幸福经济学实证研究的步伐。

1994年，卡尼曼（D. Kahneman）运用实验心理学方法证明了当期快乐与痛苦的体验效用的客观性与可测性，解决了经济学实证研究需要的快乐度量问题。卡尼曼提出的客观性/目的性快乐（Objective Happiness）测度的理论机理是通过在一个二维空间中对精确瞬间的情感状态的及时测度而成为可用指标。这个二维空间主要由效价（好中坏）和觉醒程度（从昏睡到发狂，由最小可感知快乐到极乐）这两个维度来界定。卡尼曼断言，他对体验效用测度的质量最终好得足以能够满足制定公共政策的需要。④ 实验经济学方法对人类苦乐感受测量的可重复验证性，为幸福经济学的实证化研究提供了进一步可靠的方法。

2004年，卡尼曼等发表了关于运用日重现法（Day Reconstruction Method，DRM）与体验取样法（Experience Sampling Method，ESM）进行

---

① 提勃尔·西托夫斯基：《无快乐的经济——人类获得满足的心理学》，中国人民大学出版社2008年版，第68页。
② 黄有光：《效率、公平与公共政策——扩大公共支出势在必行》，社会科学文献出版社2003年版，第79页。
③ Michael McBride, "Relative - Income Effects on Subjective Well - Being in the Cross - Section", *Journal of Economic Behavior & Organization*, 2001, 45 (3): 251 - 278.
④ Kahneman, D., "New Challenges to the Rationality Assumption", *Journal of Institutional and Theoretical Economics*, 1994, 150: 18 - 36.

幸福指数测量的一篇重要文献，使基于主观评价法的幸福指数测度进一步减少了或然性，提高了测量的信度与效度，并且出现了某些指标客观化的研究趋势。① 目前，"日重现法"已经在幸福指数调查中获得实际应用。"盖洛普世界民意调查"在 2005 年至 2009 年，访问来自 155 个国家及地区数千名受访者，让他们将自己的生活满意程度，以 1 至 10 评分，得出"人生评估"幸福指数。指数高的人属"生活如意者"，其他则为"身处逆境者"或"饱受折磨者"。研究人员根据每国"生活如意者"所占百分比，得出排名。此外，受访者又被问及之前一日的幸福程度，如是否休息足够、受尊重、远离病痛及是否有益智消遣等，得出"每日体验"幸福指数。②

概括而言，迄今为止国际上幸福（快乐）指数、主观幸福感实证研究主要有简单主观问卷测度、满意度测度、主观幸福感评价体系测度以及模型化测度等。这些方法一般都把其他的影响因子当作"黑箱"（常数）来处理，只追求某方面指标变化测度的可靠性，从而显示出幸福实证研究的综合性难度。幸福经济学的实证研究发展趋势是，在这些方法各自单方面测量可靠性、稳定性逐渐成熟的基础上，把主客观指标糅合起来构建其比较完整的具有国民经济统计学意义的核算方法，并力求使主观指标精确化，客观指标主成分化，从而进一步促进幸福经济学实证研究的完善。

最近 20 多年来，行为经济学（Behavioral Economics）与体验经济学发展极大地推动了快乐幸福在经济学中的地位复归。芝加哥大学行为经济学领袖理查德·萨勒（Richard Thaler）把效用区分为决策效用与体验效用的差异，并指出基于稀缺的决策效用归根结底是以基于快乐的体验效用为目的的。③ 萨勒对效用的这一区分，为作为经济学核心问题的资源配置与利用提出了明确的以人的快乐为终极目的的方向。行为经济学认为，明示偏好比显示偏好在检验消费者行为的效果方面更加可靠。"说出来"的消费快乐体验比"看得到"的购买行为在检测人们的实际效用方面具有更好

---

① D. Kahneman, A. B. Krueger, D. A. Schkade, N. Schwarz, A. A. Stone, "A Survey Method for Characterizing Daily Life Experience: The Day Reconstruction Method", *Science*, 2004, 306 (5702): 1776-1780.

② Ed Diener, Weiting Ng, James Harter, Raksha Arora, "Wealth and Happiness across the World: Material Prosperity Predicts Life Evaluation, Whereas Psychosocial Prosperity Predicts Positive Feeling", *Journal of Personality and Social Psychology*, 2010, 99 (1): 52-61.

③ Thaler, Richard, "Toward a Positive Theory of Consumer Choice", *Journal of Economic Behavior & Organization*, 1980, 1 (1): 39-60.

的信度与效度，从而使快乐幸福在经济学中重新获得重视。[1] 这实际上也是体验经济学为什么要以快乐的体验效用为标准来评价资源配置的决策效用的根本道理。

2002年，原国际经济学会主席青木昌彦提出了国民生活快乐总值（Gross National Cool，GNC）概念，揭示了一大批新兴产业与快乐体验之间的内生关系。青木昌彦指出，日本正在从一个钢铁、汽车制造业大国，转向一个"酷"（cool）文化输出大国。青木昌彦特别提到日本正在崛起的软产业，即动画、漫画、图像、美食、娱乐、时装、广告等的产值已经大大超过了汽车业与钢铁业产值。在以往，钢铁是日本对美出口的大宗商品。但是，到了20世纪初日本对美国文化产品的出口额为钢铁出口的5倍，在过去10年内翻了3番，达125亿美元，而同期制造业对美出口仅增长了20%。日本软产业的生产规模达到1300亿美元，超过日本汽车业的生产规模。[2]

如人们观察，新生代人的追求已由国民生产总值（GNP）转向国民快乐总值（GNC）。这标志着人类追求快乐幸福的脚步已经不仅仅停留于理论研究，而是日益突出地成为人们实际的产业转型行动。而"酷"文化的核心则是向人们提供更加直接而有效的快乐生活体验，从而推动体验经济的快速发展。幸福经济学、行为经济学、体验经济学等正在研究人类行为转变的这种步伐，以便使经济学理论更好地服务于现实经济社会发展。

四 中国幸福经济学研究的兴起

国内学界一直比较缺乏对快乐、幸福主题的研究关注，这最先是由中国哲学引起的。中国文化与哲学中贯穿着"天人合一"思想，这种世界观强调人与人、人与自然之间的"整体统一性"。整体统一性思想强调的集体利益置于个体利益之先的和谐思想本身并无不妥，这也是中华民族文化得以五千年传承的基本原因。但在生产力落后的传统社会中，一种缺乏个体性充分发挥的整体性，会以个体性快乐权益的忽视为代价，从而使基于个体性的许多快乐需求因被迫适应整体而无法实现。中国哲学显著缺乏对快乐问题的本体论方面的研究揭示，可能就与其文化哲学和这种哲学把人

---

[1] 陈湘舸、姚月红：《论幸福学在社会科学中的"母学"地位》，《甘肃社会科学》2009年第4期。
[2] 青木昌彦：《并非失落的十年——转型中的日本经济》，《经济观察报》2003年9月20日。

置入自然一体来进行考虑有关。① 尽管《论语》等中国传统文化代表作中谈到不少人生快乐的道理，形成了中国哲学解释快乐的多种方法论，但对生命存在究竟为什么的本体问题却鲜有揭示。康有为在《大同书》中说：人道者，依人为道，苦乐而已。为人谋者，去苦以求乐而已矣，无他道矣。这可能是传统中国政治、文化与哲学中对快乐思想的最深刻的理解了。

与之相应，国内经济学界对幸福问题的研究与重视同样要晚许多。除了文化哲学方面的原因，还由于西方主流经济学传入中国时，恰好是快乐幸福理论在主流经济学中被财富中心思想掩盖之时。当然，国内经济学界对于快乐、幸福的态度也不是一成不变的。因为，重要的是国际经济学界关于经济增长的看法在变。喜好学习国外的中国经济学，有了某些策应。这种策应与态度变化大致分为以下三个阶段。

首先，在普林斯顿大学心理学教授丹尼尔·卡尼曼获诺贝尔经济学奖之前，国内经济学界对快乐、幸福进入经济学持基本的否定态度。经济学者们的基本认识是，经济学只研究经济、财富或者效用问题，不可能研究快乐幸福。直至今天，一些"主流"的经济学仍然是持这一态度。他们可以置经济发展究竟是为了什么以及经济发展在多大程度上和幸福相关的问题于不顾。2002年10月，卡尼曼以研究快乐心理学、前景理论等而荣获诺贝尔经济学奖后，国内经济学界开始逐渐不争论这个问题，对于经济学中的快乐研究不置（不知）可否。而实际上此时华人经济学者中的快乐幸福研究已经悄然兴起。于光远、黄有光、陈惠雄等分别出版了相关阐述经济与快乐问题的经济学论著。②

其次，随着国外经济与幸福关系研究的信息不断传入中国，国内经济学界开始有限度关注这方面的研究进展。2002年全国统计大会有关学者提出国民幸福指数核算问题，2003年以来有关省市统计局、城市/农村调查队开始了简单（主要是单项目）的幸福指数调查。北京大学国民经济核算与经济增长研究中心发表的中国经济增长年度报告（2005）把"幸福指数"列入其中。2005年以来，中国社会科学院《经济与社会发展蓝皮书》开始发布国民幸福指数调查结果。2005中国经济年度报告及年度白

---

① 陈惠雄：《文化传承、文明进步与制度创新——中国社会主义初级阶段建设路径解读》，《社会科学战线》2007年第5期。
② 参见黄有光《经济与快乐》，台湾茂昌书局1999年版；陈惠雄《人本经济学原理》，上海财经大学出版社1999年版；于光远《吃·喝·玩：生活与经济》，华东师范大学出版社2001年版。

皮书会议以经济增长与人民福祉为主题，提出了"幸福整体测定方法"的系统思考。著名地理学家程国栋院士等发表了关于开展幸福指数实证研究的学术论文，提出了进行国民幸福指数核算的相关指标与方法，使幸福与经济的关系成为一个空前关注的研究课题。[①]

最后，在心理学、社会学、统计学方法支持下，近年来国内关于幸福经济学的实证研究成果大量增长，并发表了大量基于结构量表研究的幸福经济学论文，进行了不同职业人群、不同区域、不同影响因子的幸福指数测量与比较研究，使幸福与经济关系的实证研究逐步深入。[②] 2005年10月国内主流媒体《人民日报》刊发了浙江不同职业人群快乐指数研究的部分成果，引起了国内的关注与讨论。[③] 2006年10月，《光明日报》经济理论版开辟"经济学视野中的幸福与快乐"理论专题，开始了为期近一年的专题讨论，先后发表了数十篇理论文章。《人民日报》《经济研究》《经济学家》等国内刊物也刊登了相关文章与报道，《光明日报》还刊登了快乐经济学相关人物专访[④]。由于参与讨论者甚多，这一讨论被纳入"2007年度中国十大学术热点"，国内的经济与幸福问题研究迎来了一个小高潮。相关商榷文章随之出现，这些都推动了幸福经济学在中国研究的深入与发展。[⑤]

显然，近十几年来幸福研究在国内的持续兴起，与我国随着人均收入不断增长而出现了"经济有增长，幸福无提高"的时代背景是不无关系的。2006年11月20日《光明日报》发表的《快乐经济学的理论难点、发展向度与现实价值》一文，正是产生于这样的背景。[⑥] 目前，国际上的幸福经济学学科体系尚在建设之中，这正是本书力图完成的目标。因为，无论是经济发展的理论目标与现实需要，还是各国幸福经济学研究的前期积累，都已经到了需要并可以建立一门作为经济学分支的幸福经济学学科的时候了。

---

① 程国栋、徐中民、徐进祥：《建立中国国民幸福生活核算体系的构想》，《地理学报》2005年第6期。
② 陈惠雄、吴丽民：《城乡居民苦乐源实证研究——基于浙江省的分析》，《中国农村经济》2006年第3期。
③ 袁亚平：《一项省级社会科学规划重点课题因调查快乐源受到广泛关注——浙江：快乐指数昭示和谐取向》，《人民日报》2005年10月13日。
④ 叶辉：《陈惠雄与快乐经济学》，《光明日报》（人物专访）2007年3月13日。
⑤ 尹世杰：《关于"快乐经济学"的几个问题》，《经济学家》2008年第1期。
⑥ 陈惠雄：《快乐经济学的理论难点、发展向度与现实价值》，《光明日报》（理论版）2006年11月20日。

第二节 研究对象与研究目标

任何一门学科都有自己的研究对象与研究目标，明确幸福经济学的研究对象与目标任务，是建立幸福经济学学科的一项基本研究工作。

一 幸福经济学的定义

幸福是经济发展的终极目标，经济学以国民幸福为资源配置与利用的终极价值原则，在理论机理上应当是十分明确的。因此，理论上似乎可以不需要建立专门的幸福经济学分支学科，而把快乐幸福置于所有经济学的理论与实际目标之中即可。然而，由于古典经济学把财富与幸福相等同，到了新古典经济学对幸福目标存而不论，直至幸福的终极价值目标被 GDP 的工具价值目标取代，形成了比较严重的幸福—收入悖论现象。由于幸福本身在经济学研究中的特殊性（幸福内核包含大量非经济因素），建立专门的幸福经济学以明确其研究对象、研究目标、理论体系等，已经显得十分必要。

大体而言，"幸福经济学是以作为手段的经济发展与作为目的的人类幸福之间的关系为研究对象，研究如何在既定资源约束条件下获得最大幸福的一门经济学分支科学"。这就是幸福经济学的基本定义。而人们不断增长与变化的幸福需要（有些是不合理偏好）与有限合意对象供给之间的矛盾就成为幸福经济学需要解决的基本问题。幸福经济学强调幸福是国民经济发展的终极价值与核心目标，这个幸福是指包括后代人在内的最大多数人的可持续的幸福生活。消费、生产、交换、分配等所有经济问题的解决，最终都要看是否有利于增加最大多数人的幸福生活。它始终强调经济的核心问题归根结底是人们的幸福问题，而单一的财富增长目标并不能够与幸福目标相一致，已经出现了诸如"经济有发展，幸福无提高"的大量发展悖论现象。离开幸福的终极价值目标，经济发展、资源配置就会迷失科学方向，并在遇到经济增长、收入分配与环境损害等矛盾时，缺乏科学取舍原则。这就是为什么要开展幸福经济学研究并建立其理论体系的基本原因。

二 研究对象：经济与幸福的关系

经济学是一门社会科学，而社会科学的研究离不开构成社会的最基本单元——人。经济学在研究人类物质生产与分配的过程中，已经发展出一套比较完整的研究人类行为的理论框架。即：人想干什么——偏好，人能干什么——约束，人最好干什么——选择。[1] 经济学分析人类行为的理论框架，使经济学已经逐渐发展成为一门研究广泛的人类行为的科学。[2] 经济学是研究人类行为的科学，这已经成为今天普遍认同的一个学科诠释与学科事实。因为，对资源的配置与选择性利用归根结底是人自身偏好与现实约束的结果。人处于经济活动的中心，所有的经济结果均是或主要是人类行为结果的一个反映。应当说，许多社会科学都是研究人类行为的，但不同学科对于人类行为的分析视域不同，这便构成了学科差异。经济学分析人类行为的基本视角是成本—收益分析方法。而这正是几乎所有人类行为（经济与非经济行为）都会遇到的问题。当成本收益分析方法转化为"约束条件下的最大化"即经济学基本规律时[3]，人类行为的统一原则（幸福原则）——经济学的统一分析方法（成本收益分析法）——经济学基本规律（人的有限生命成本约束条件下的快乐/效用最大化）三者便形成了完美结合。[4] 贝克尔大致就是用这种方法解释人类行为并进行效用分析的，他也的确比他先前的许多经济学家前进了一大步——把几乎所有的人类行为都纳入成本—收益的效用分析之中而不仅仅是"经济"行为，并形成了一种被称为"经济学帝国主义"的理论现象。

然而，贝克尔同样忽视了一个问题。这就是，人类行为是一个统一的整体，即便是经济行为的特殊性也定然是服从于人类行为的一般性规律的。这个规律就是人类行为的"趋乐避苦"原则，或者干脆如卡尼曼所说的回到边沁的快乐效用原则。而运用成本收益方法分析人类行为效用模式，则成为经济学分析人类行为的基本学科视角。幸福经济学与贝克尔的人类经济行为分析方法的最大区别在于：贝克尔用统一的经济学方法解释人类行为，幸福经济学则用统一的人类行为原则（快乐幸福原则）解释经济学，并把对人类行为的成本—收益分析提高到快乐的终极价值高度。[5] 因此，幸福经济学的研究对象是经济与幸福的关系，是在快乐幸福的人类

---

[1] 史晋川：《茶客风采》，《经济学茶座》2007年第4期。
[2] 贝克尔：《人类行为的经济分析》，上海三联书店、上海人民出版社1995年版，第11页。
[3] 张五常：《经济解释——科学说需求》，花千树出版有限公司2001年版，第140页。
[4] 陈惠雄：《经济学的基本规律》，《财经论丛》2003年第1期。
[5] 陈惠雄：《快乐原则——人类经济行为的分析》，经济科学出版社2003年版，第1页。

行为统一原则下系统研究经济发展与人类幸福的整体、层次、结构相关性问题，实现经济发展的幸福目标。

三 研究目标：幸福最大的发展可持续性目标

体验经济学认为，一种资源配置行为是否科学，即资源配置的"决策效用"如何，最终要由人们获得快乐的"体验效用"来作为评价依据。这实际上提出了幸福经济学的研究目标是：揭示经济—幸福关系的演变规律，促进经济发展与财富增长过程中的幸福最大化目标的实现（这个最大化包含了可持续性含义）。最大幸福的发展可持续性目标是检验经济发展、资源配置是否真正有效率的根本标准。

大量事实和研究都证明，人们在争取过量金钱过程中的许多效用都在相互抵消，有些甚至是负效用超过了正效用。美国从 20 世纪 40 年代以来的国民人均实际所得增加了近 5 倍，但快乐水平却没有什么变化。新加坡的人均国民收入是印度的 82.4 倍，折合为实际购买力是 16.4 倍，但两个国家人民的快乐水平却是相近的。这样就提出了关于经济发展与发展的终极目的——人类快乐满足之间的两个有实际意义的问题：一是当经济发展到一定阶段后（这个阶段可以用生产能够满足人民的丰衣足食的生活、健康与发展需要来衡量），国民收入与私人物品供给继续提高能够增加的幸福感已经非常有限。在这样的情况下，通过环境保护与增加教育投入等低能耗性的公共支出——资源配置政策的改变，往往会对提高社会福祉水平与幸福水平更加有益。二是对于受到资源承载力严重约束的大量发展中国家而言，根据本国人口、资源和经济技术状况，通过选择一种更加合理、健康、节能的生活方式与经济发展模式，用少得多的资源损耗，去获得更为丰富多样的快乐幸福满足，从而使一定国民生产总值（GNP）带来的国民幸福总值（GNH）更大，使更多的人享受由经济发展和环境保护带来的福乐，进而实现国民幸福可持续的经济发展。这些都是对经济—幸福关系演化规律研究的实际运用。

由于幸福是人类行为的终极目的，国民财富（在本质上是自然财富的人为化）是满足人类"福乐"[①] 需要的诸多手段之一，人类还有其他许多

[①] "福乐"一词和英文 Flow 同音，在幸福课中原指幸福如同流水一般的源源不断。在汉语中，福乐可以解释为因福而乐，是幸福感或者快乐的另一种表达。"福乐"似乎对快乐或幸福的表达更加具体、贴切，也可以理解为是对快乐、幸福的另一个词汇表达。

既能够节约资源又不妨碍其幸福的手段。① 这种情况实际上就为世界各国，尤其是广大发展中国家实施可持续幸福发展战略提供了重要而多向度的满足条件。即在最大幸福目标不变的情况下，通过转变人类生活方式与经济增长方式，实现人类可持续的幸福发展。

综上所述，关于幸福经济学大致可以做如下初步定义：

幸福经济学的基本定义是：以作为手段的经济发展与作为目的的人类幸福之间的关系为研究对象，研究如何在既定资源约束条件下获得最大幸福的一门经济学分支科学。

幸福经济学的基本问题是：人们不断增长与变化的幸福需要与由人的有限能力、有限理性、有限信息、有限生命资源决定的有限可满足的产品供给之间的矛盾。所有的经济社会问题都是由人自身的这对矛盾引发的。②

幸福经济学的研究对象是：经济与人类幸福的关系及其包含在此关系中的多种经济与非经济要素对人类幸福的系统性、结构性影响。

幸福经济学的研究目标是：揭示经济—幸福关系的规律性变化，促进经济发展与财富增长过程中的幸福最大化目标的实现。即研究如何科学合理地配置与开发利用人力资源、社会资源和自然资源，协调好人自身（价值理念调整）、人与人（社会关系调整）、人与自然三方面关系，为人类提供可持续的 well-being 环境，保持国民经济发展与国民幸福提高的一致性，以最小化的生命成本与自然资源消耗来实现尽可能多又好且可持续的国民幸福生活。③

第三节 研究方法与学科体系

幸福经济学的研究对象是国民经济增长与国民幸福增长的关系，研究

---

① 在宗教、家庭情感和友谊方面，就是穷人也可以找到发挥许多才能的机会，这些才能是无上快乐的源泉。参见马歇尔《经济学原理》（上），商务印书馆1964年版，第24页。
② 陈惠雄：《对"稀缺性"的重新诠释》，《浙江学刊》1999年第3期。
③ 从人本经济学思想出发，人类的所有成本支出归根结底都是人的生命成本的支出，人类的所有稀缺归根结底都是人力资源稀缺所引致的，人类的所有努力都是关于快乐最大化与生命成本最小化的努力，人类所有的经济社会发展矛盾的根源都是人的欲望大于人类自身能力的矛盾造成的。参见陈惠雄《人本经济学原理》，上海财经大学出版社1999年版，第106—115页。

目标是如何实现经济发展过程中的人类幸福最大化。① 幸福经济学的这种研究对象、研究目标以及幸福本身、幸福与经济之间的多重复杂关系,决定了幸福经济学的相关研究内容与研究方法。比如从目前的经验数据检验看,仅仅收入—幸福关系就存在强正相关、弱正相关、不相关、负相关等几种情况。运用快乐水车（Hedonic Treadmill）、享乐适应（Hedonic Adaptation）、攀比效应、边际效用递减、需要层次论等原理可以部分解释这些收入—幸福关系的发生,及至产生相应的解决办法。关于收入—幸福关系的研究成就目前就已经很多,而这仅仅是幸福经济学关注的问题之一。幸福经济学的研究内容、研究方法与学科体系具有密切的联系,这些研究内容与研究方法演化构成了幸福经济学的基本学科体系。

一 幸福经济学的辩证逻辑机理研究

弄清楚幸福经济学的辩证逻辑机理是建立幸福经济学学科体系的基础环节。幸福经济学的辩证逻辑机理主要是阐述幸福作为人类行为的终极目的与经济发展（工具价值）的基本关系,同时也是幸福经济学研究的基本方法论之一。由于幸福作为人类行为的终极目的表明了人类行为的意义与价值所在,以及存在与感觉之间的基本意义联系——人类生命之"在"是为了实现幸福之"觉"的核心关系。人类行为终极目的的辩证原理首先由欧洲哲学在"在"（存在是为了什么）的意义范畴内进行阐明。伦理学把人类追求生命存在的意义关系发展到"个体之在"与"集体之在"的相互关系,把"我们"这个社会整体置入"个体"之在的行为视野中,以边沁为代表创立了"最大多数人的最大幸福"的功利原则。②

---

① 这里需要简要描述一下幸福经济学与其他相关学科体系的区别。幸福经济学与人本经济学的区分在于:人本经济学把快乐幸福作为人之本,即把所有的经济现象均收敛于人自身的幸福问题进行解释,即建立一种"以人为本"的经济哲学体系,却并不深入研究快乐幸福的内在结构问题。而幸福经济学则是从经济学角度专门研究幸福这个人类行为终极目的的内部结构、内容与学科体系的一门专门经济学分支学科。幸福经济学与福利经济学的区别在于理论视域拓展到系统性的人类行为而不仅仅是局限于经济资源配置的福祉目标。幸福经济学与幸福学的区别则在于幸福经济学运用了经济学的成本—收益分析方法,并把许多客观的经济、社会、环境指标置于人类幸福系统的分析之中,把人类追求幸福的经济行为始终置于成本的约束之下来求取生命幸福的最大化值。
② 功利主义原则的基本内核是:凡是有利于快乐的事情就是好的。"功利"一词在伦理学上并无贬义,只是由于汉语中急功近利等词汇对功利所持的负面含义的影响,才造成了对功利一词的负面理解。由于是约定俗成,已经是无可挽回。参见盛庆琜《功利主义新论——统合效用主义理论及其在公平分配上的应用》,上海交通大学出版社1996年版,第1页。

哲学与伦理学对于人类行为终极目的的理论研究与人类行为终极目的的边界拓展（最大多数人的最大幸福）为经济学解析人类行为提供了根本性的指导原则与理论基础。因为，经济学研究资源配置及其偏好—约束—选择关系的均衡问题，归根结底是由人类行为的终极目的及其相应关系决定的。哲学与伦理学关于人类行为终极目的的辩证逻辑机理给经济学指明了资源配置、经济发展、投资决策等行为选择的终极价值方向。在国民幸福的终极价值原则下，幸福经济学将运用相关的逻辑理性主义假说方法与决策效用、体验效用、工具价值、终极价值等行为经济学概念，构建其理论机理体系。在对经济人假说改进的基础上，将哲学、伦理学的理论机理转化为经济学逻辑理性主义、边际效用原理等方法，建立幸福经济学的理论逻辑基础。

除幸福论哲学对幸福经济学学科建设具有理论基础意义外，幸福经济学理论机理中还包括了心理学、社会学的相关理论与其他经济学分支学科的支持。心理学尤其是积极心理学对解释人类行为的快乐动机及其实现机理具有重要的学科支撑作用，为经济资源的有效配置提供心理与行为决策机制分析，为幸福经济学走向科学提供许多必要的理论逻辑帮助。正是由于这个原因，美国行为心理学家卡尼曼主张运用边沁的快乐理论来重新检验主流经济学。而许多幸福经济学论文实际上都和心理学发生密切的联系，并能够给幸福经济学辩证逻辑机理的建立以许多实际的帮助。[1]

二 幸福经济学的经验验证与实证研究

在阐明幸福经济学的辩证逻辑机理基础上，采用问卷调查与数据分析进行经济—幸福关系的实证分析，是幸福经济学研究的另一个主要内容。幸福经济学实证研究的方法有多种。这些研究方法大多分为两部分内容进行：一是幸福指数、主观幸福感测度表的设计，包括理论机理、指标体系、调查方法等；二是包括信度、效度等在内的对调查数据挖掘与分析，以具体解析"经济—幸福"及其他要素之间的结构与系统关系。

由于目前仍然还没有发明像血压计一样的"快乐计"来测量人们的快乐（主观幸福感）水平，脑波测度则因成本高昂而缺乏推广前景。因此，采用心理学、社会学的问卷调查方法，成为幸福经济学了解消费者"明示偏好"与是否感到幸福的基本方法。即通过幸福感问卷调查，说出人们对

---

[1] Kanhneman, D., Wakker, P. & Sarin, R., "Back to Bentham? Explorations of Experienced Utility", *The Quarterly Journal of Economics*, 1997, 112 (2): 375–406.

健康、亲情、收入、工作、社会、生态环境等的满意度和幸福感状况,从中分析各种要素对于人们幸福感的影响,特别是收入对人们幸福感的影响,以发现与判断经济发展的终极价值效果。而一些针对特定人群(如中国城市居民)的幸福感研究成果也在尝试进行之中。①

显然,经济学对于幸福问题的调查、思考、测度与心理学、社会学具有一些明显不同的特征。心理学与社会学一般只注重主观心理与满意度状况的测度,问题几乎全部是主观判断式的。如国内心理学者邢占军设计出城市居民幸福感指标,基本上都是主观判断题目。② 或者用一些诸如工作满意度、健康满意度、收入满意度等满意度问题来代表与检测幸福感状况。这些较多运用心理学与社会学方法的实证研究会给幸福经济学研究造成两个实证分析困难:一是被调查者个体满意状况与相关客观指标的联系经常被割断,从而无法判断个体"真在"状态与"心觉"状态之间的距离与原因,比如某个(群)人的收入不错,收入满意度却很低。二是缺乏统计客观指标(比如人均收入、JINI 系数、毛入学率、生态可持续系数等)的比较分析,从而难以把个体感受状态与客观实在状态进行综合分析,使主观幸福感与幸福指数研究缺乏客观实在性基础。幸福经济学的实证研究需要力图解决这些问题,以便使自己的幸福研究建立于主客观一致性的基础之上,更加显示出经济学的学科特征,并且和现实经济社会发展状况的结合也更加紧密。③

通过对幸福感的问卷调查与数字测度,可以具体分析幸福与各要素之间的影响关系。调查问卷可以得到人们是否感到幸福的相关数据,这些数据经过处理,可以显示人们"说出来"的幸福感水平,并通过和经济发展、收入分配、资源配置、生态状况等"可得到"的统计数据的对比、配合分析,检查实际的经济社会发展成效,形成经济—幸福关系的实证分析结论。在问卷调查基础上的幸福经济学实证分析目前大致分为两大类:一类是就人们幸福感、苦乐感的高低、来源及其结构等快乐幸福本身的内部因素(如健康、家庭、工作、收入、分配公平性等)进行分析,以解释经济发展是如何作用于人们的行为与心理过程的,以便从中寻找调整行为、解决现实经济发展问题的对策;另一类是对多种经济与非经济要素进行幸

---

① 邢占军、刘相等:《城市幸福感——来自六个省会城市的幸福指数报告》,社会科学文献出版社 2008 年版,第 41—61 页。
② 邢占军:《测量幸福——主观幸福感测量研究》,人民出版社 2005 年版,第 220—230 页。
③ 陈惠雄、吴丽民:《国民快乐指数调查量表设计的理论机理、结构与测量学特性分析》,《财经论丛》2006 年第 5 期。

福感结构分析,比如不同收入、不同职业、不同地区人群的幸福感比较分析,不同要素对不同人群的幸福感敏感性影响分析等。目前,幸福经济学借助于已有的实证研究方法对不同人群的幸福指数与不同要素对人们的幸福感影响进行了比较多的研究分析,这些研究为幸福经济学进行具体的经济发展问题分析提供了实证经验依据。[①] 幸福经济学的经验实证研究大致接近于微观经济学的研究范畴与理论视域,只不过研究的具体内容与方法仍然有比较明显的差异。

三 幸福经济学的宏观经济社会政策研究

在理论机理与实证研究基础上,幸福经济学的另一个重要研究内容是宏观经济社会政策研究,其问题视域与宏观经济学、福利经济学相接近。只不过,幸福经济学的宏观经济社会政策研究更加注重经济、社会、文化、生态、价值观等系统性的幸福影响因子,而不仅仅是供需均衡、财政政策等。它会把更加综合的因素考虑到公共政策与政府绩效之中,比如不公平、环境恶化、通货膨胀、非自愿失业等。由于以收入为基础的福利和效用不仅支撑着经济学大厦,引导着公共政策的方向,也左右着大多数普通人对于幸福和快乐的理解。这样,用货币单位(Monetary Metric)来衡量的效用(utility)和福利(welfare)成为福利经济学中代表快乐与幸福的主要指标,收入和 GDP 也由此成为比较个人和国家幸福水平高低的主要依据,相关公共政策的制定与评价也围绕于此展开。而事实上经济与幸福的关系相当复杂,收入增加并不一定导致快乐增加,尤其是在收入达到一定点之后的这种相关性变化会更加复杂。这样,如果仍然按照 GDP 增长即国民幸福增长的宏观经济政策思路,就会产生比较大的问题,最终导致极大的社会问题与资源配置的无效率。

幸福经济学揭示了幸福是人类唯一有理性的终极目的的行为理论机理。这样,对人类过分累积财富的偏好造成对可持续发展利益的漠视,过度追求主体化的经济利益、无视其他生物生存权而造成的生态伦理秩序失衡、恶性疾病增加等,就可以运用幸福导向的政府绩效评价与公共政策建构进行调节与引导。当经济增长到一定阶段后,财政政策导向于增加教育、医疗、交通、社会保障、文化发展、生态环境等公共支出,将会有利于国民幸福总值的增长,从而使政府绩效标准与经济社会政策体系更加完

---

① 吴丽民、陈惠雄:《收入与幸福指数结构方程模型构建——以浙江省小城镇为例》,《中国农村经济》2010 年第 1 期。

善与平衡。① 因此，宏观经济政策研究是幸福经济学的一个重要组成部分。因为，理论机理与实证研究终将引导到对现实经济社会问题的解释与解决，以便减少大量不快乐的经济发展，减少人类健康损害与资源环境损害，使经济发展考虑更加综合的人文—生态因素，使经济社会发展走向持续的繁荣、安逸、和谐、快乐与幸福。综上所述，幸福经济学的研究方法、主要内容与学科体系如图 2-1 所示。

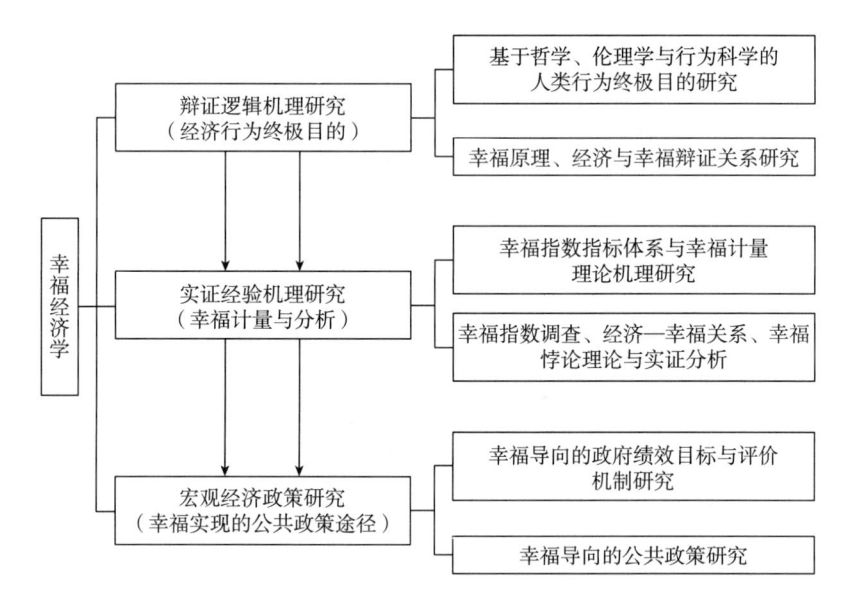

图 2-1　幸福经济学的研究内容与学科体系

第四节　理论难点与学科发展向度

　　快乐与功利原本是古典经济学"心照不宣"的前提。凡是有利于快乐的事情就是好的，是边沁对功利"utility"一词的经典解释。然而，由于古典经济学受到文艺复兴个人本位主义价值观的强大影响，以致使英国的两位经济伦理学巨匠边沁与斯密的思想——一位（斯密）因把快乐收敛于

---

① 王冰：《快乐经济学的发展及其公共政策内涵》，《光明日报》（理论版）2006 年 10 月 10 日。

个体经济效用的利己主义经济人维度而获得光大；另一位（边沁）则因力主把"最大多数人的最大幸福"作为立法与道德的基础——把快乐、幸福扩展于整个社会的利他主义原则，而受到个人主义价值观大行其道的欧洲经济学的冷落。这两种根基于价值观差异的经济伦理思想，不仅引起了价值内涵（物质利益与快乐幸福）的变异，同样引起了后来经济学在逻辑理性主义与经验实证主义两种方法论路径上演化的差异。幸福经济学在整体主义价值观与实证主义方法论的支持下融合了行为学、社会学、实验心理学等其他学科知识，逐渐成为直面现实与生活的经济学而在最近20年来日益受重视；前者则因其价值观与方法论均拒绝"社会"尺度，使其理论假说因脱离实际而面临日益增多的危机。[①]

从一定意义上讲，近十几年来幸福经济学的迅速发展并不意味着诸多的理论难题已经解决。幸福经济学之所以迟来，除了受个人本位价值观、物质效用主义、利己主义经济学影响外，幸福经济学本身遇到的理论难题也是阻碍其发展的重要原因。了解与掌握这些前沿性的幸福经济学理论难点，对于推动幸福经济学学科建设与研究发展是必要的。

一　幸福经济学的主要理论难题

幸福经济学作为一门新的经济学分支学科，目前仍然面临一些需要解决的理论难题。

（一）幸福是否具有客观实在性以及如何建立主客观一致的幸福计量指标体系

快乐、幸福、偏好、效用，这些概念均具有主观性特征，经济学把这些概念作为研究的核心概念，故经济学不能摆脱主观性干系的情景实际上是永恒的。如果快乐、效用这些概念是纯主观的，就难以形成一致性的评价标准，并容易陷入快乐的不可知论。因此，对于快乐的主观性是否具有确凿的客观实在性基础的理论证明，成为快乐幸福概念能否在经济学中有效确立的首要理论难点。此问题首先在哲学家内部进行论争，而由边沁首开快乐与幸福的数量概念之先河，基数效用论与序数效用论是此问题在经济学领域论争的继续。

从理论机理上讲，幸福感实际上是心身一体性基础上人脑中枢神经系统电、磁、场等物理、化学反应现象，是最终可以通过如血压计一样的

[①] 陈惠雄：《快乐经济学的理论难点、发展向度与现实价值》，《光明日报》（理论版）2006年11月20日。

"快乐计"来测度的。① 人的主体客观性、类近似性以及满足快乐的对象客观性三者大致可以完成对幸福测量的理论机理与测量有效性的证明。② 但在"快乐计"发明之前，幸福测量仍然是一个难题。目前，心理学、社会学、经济学分别有各自不同的方法。其各自的学科特征是：心理学关注对快乐本身测度与回忆的稳定性，如卡尼曼发明的"日重现法"；社会学侧重于主观幸福感测度方法，主要运用一系列关于主体感受的满意度指标来进行主观幸福感测度。两者都比较注重对幸福感的主观体验测量，其理论依据是快乐的"情绪体验"界说与"自我评价"界说。经济学中的幸福测度比较注重主客观影响因子的系统性结合，注意对一些客观实在性统计指标的选取，并结合了心理学、社会学的幸福指数调查方法。③ 如何把几种学科的幸福指数研究方法结合起来，建立主客观相结合的幸福指标体系以形成幸福经济学的幸福研究学科特色，为更好地指导现实经济发展服务，仍然是幸福经济学需要进一步解决好的课题。

（二）幸福人际可比性与加总有效性的理论机理证明

从经济学角度说，幸福的人际可比与基数加总有效是一个重要问题，因为这是进行国民幸福总值核算（Gross National Happiness Account）必要的理论基础。如果不能够证明幸福的人际可比与加总有效，以国民幸福总值（GNH）来考核政府就是一句空话。迄今为止，尽管不丹、英国、法国等均已经开展这项核算工作，但理论机理仍然是没有被充分证明的。而运用对象客观性与主体客观性的理论证明及其卡尼曼等对于体验效用可测度性的实证证明，仍然不能充分证明幸福测度的人际可比性。其原理在于，不同个体对同一对象（如苹果）的感受或同一人对同一事物在不同状态下的快乐体验效度（幸福感）存在差异，一些人由此否认快乐或效用的人际可比性。

在经济学界，关于快乐或效用的人际可比性的论争一直存在，黄有光等一直坚持与基数效用论相联系的效用的人际可比性观点。实际上，运用经济现象中的"产品品质"认定等"群体行为"现象，可以比较容易地反证人际存在比较一致的偏好基础与对对象效用可比性的认定。而跳出单纯经济学视角，运用基因学证明的人的"类近似性"原理则可以证明人们

---

① 理查·莱亚德：《快乐经济学——门新兴科学的诞生》，（台湾）经济新潮社 2006 年版，第 30—34 页。
② 陈惠雄：《"快乐"的概念演绎与度量理论》，《哲学研究》2005 年第 9 期。
③ 黄志亮：《从市场 GDP 主导转向国民幸福目标主导经济发展实践》，《海派经济学》2017 年第 1 期。

对客观对象存在比较接近的"类"近似的评价。而运用选择行为的最大化原则可以证明人们对同一事物在不同时段的效用递减或演化仍然是指向最大化目标的,从而能够形成快乐人际可比性与加总的有效性原理的证明。① 但是,这些解释仍然没有得到比较广泛的接受,尤其是没有得到坚守序数效用论的逻辑理性主义经济学派的认同。

(三)幸福导向的经济社会发展政策体系的系统性建立

20 世纪 40 年代以来,西方国家即开始了幸福指数调查,发现经济增长与国民幸福指数或主观幸福感(SWB)在一定限度内具有正相关关系,超过一定限度以后的相关性便显著减弱乃至出现幸福无增长、负增长的情况。并且,不同国家的收入—幸福相关性差异很大,像印度这样的低收入国家居民的幸福感和新加坡居民的幸福感是接近的。国民经济增长与国民幸福增长的不一致性问题,也称伊斯特林悖论。伊斯特林悖论现象给经济增长提出了一系列亟待解释与解决的问题。如基于国民幸福核心价值的经济发展是否存在合理限度?也就是说,人均收入到一定限度是否需要停止增长?经济发展如何能够促进人类幸福的可持续发展?如果经济有发展而快乐无提高(如英国在 20 世纪 50 年代有 52% 的人自认为非常快乐,现在这一比例下降到了 34%),则这样的经济发展是否还存在意义?假如无意义,则西方国家这样的发展已经持续了半个多世纪。再者,经济发展是否可以又如何能够无限化地正相关于人类幸福?目前,这些重大幸福经济学理论问题仍然是没有有效解决的,而要解决这些问题的一个关键是幸福导向的经济社会发展政策体制的创新性建立。也就是说,改变 GDP 导向的社会建制与考绩机制,建立与建设一个幸福导向的经济社会制度体系,是实现人类幸福的重大关键。

为了解决经济—幸福悖论中遇到的具体难题,学者们开始务实地寻找各种解决问题的答案。不丹与荷兰把政府治理当作建设幸福国家的关键环节,注意到政府绩效目标与国民幸福的强大相关性。2008 年,法国总统萨科奇组织了由斯蒂格利茨、阿马蒂亚·森参加的,20 多位经济学家组成的研究团队,进行"以幸福测度经济进步"的研究。2010 年,英国首相卡梅伦下令实施 GNH(国民幸福总值)核算计划。所有这些政府努力都旨在解决一个关键难题:如何设计一套有利于国民幸福指数提升的指标与绩效体系,以切实解决"经济有发展,幸福无提高"的新

---

① 陈惠雄:《"快乐"的概念演绎与度量理论》,《哲学研究》2005 年第 9 期。

发展悖论。①

在解决幸福悖论的社会制度体系中，幸福经济学需要重点解决以人类幸福为终极目的的经济社会体制机制构建问题，因为违背多数人幸福原则的发展情形与社会评价机制已经极大地减少了经济发展的幸福成效。② 理解这种情形的行为机理是一件不容易的事情，如果这种情形的发生是属于基因方面的原因，比如自私与贪婪基因的确存在并且没有办法通过制度的办法加以纠正的话，解决起来就相当复杂并令人沮丧。正因为如此，神经元经济学（Neuro-economics）已经迅速发展起来，并希望能够在这方面获得突破。③ 甚至在不久的将来，经济学将需要借助于脑科学、神经科学来解释人类行为问题，并在幸福导向的经济制度创新方面获得突破。④

二 幸福经济学对人类行为的解释视域

理解幸福经济学对于人类行为的解释视域，是理解与建立幸福经济学的一个重要的理论支点。幸福经济学认为，整个人类经济活动都是在趋乐避苦的人类行为原则支配下展开的，因此，它用快乐幸福这一终极价值原则来解释全部人类行为并构建其经济学理论体系。幸福经济学关于人类行为的解释主要包括以下几个方面。

（1）人类追求快乐幸福的欲望本质与行为原则，是社会经济发展的原动力。人类无止境的经济发展都只在于可以无限发展的幸福生活的推动。假如经济发展到与人类幸福无关的状态且调整发展模式仍然无效，经济发展就逼近极限。经济作为人类社会发展动力机的作用也将结束。

（2）人类追求幸福需要的内在序列与层次、结构，是社会分工有序拓展、新型产业形成与产业结构升级以及国民经济多样性发展的基础。

（3）人类获得幸福的欲望大于其满足幸福的能力，是导致经济稀缺性的根本原因。同时，如何在资源稀缺性条件下满足人类幸福需求也是幸福经济学的核心问题。

（4）幸福是一种主观感受，但这种主观感受具有客观实在性基础。因

---

① 晏小华、刘振亮、王祥坤、沐守宽：《幸福悖论及其最新解释》，《心理科学进展》2018年第1期。
② 李铭、左官春：《经济增长与幸福感背离的制度经济学阐释》，《华东经济管理》2019年第2期。
③ 汪丁丁：《行为、意义与经济学》，《经济研究》2003年第9期。
④ 保罗·W. 格莱姆齐等：《神经经济学：决策与大脑》，中国人民大学出版社2014年版，第5—20页。

此，良好的幸福测量方法能够大致准确反映人们的主观幸福感状况。

（5）人类经济活动的所有努力，都是关于快乐最大化的努力；人类经济活动中的所有成本支出，归根结底都是人的生命成本的支出。[①] 有限生命成本约束条件下的快乐最大化是经济学的基本规律。[②] 所有损坏环境的后果都会损坏到人类自身的幸福。

（6）幸福经济学强调的最大幸福，对于个人而言是指个人一生快乐幸福积分的最大化，追求快乐幸福的可持续性；对于社会而言是指最大多数人的最大幸福，而不只是少数人幸福；对于工作、事业、成就而言，是指不仅结果而且包括过程的快乐与幸福感。

（7）人类追求快乐幸福是无止境的，所以快乐幸福既是经济社会发展的根本动力，也是社会发展的永恒归宿。

（8）快乐是人类唯一有理性的终极目的。人们的行为与经济发展只有符合快乐原则，才是有理性的行为，才真正有价值。假如用大量损害生态环境的办法来促进 GDP 增长，就是无理性、无价值的行为。

（9）人类的趋乐避苦欲望归根结底是人的生理与心理发展需要的反映。人们从生活中得到的是快乐还是痛苦更多，必然会反映为人们身心状况的变化，结果是人的生命存在的变化。因此，人的发展是经济社会发展的一面镜子，幸福指数与人均预期寿命具有很强的内生关联，人均寿命可以作为衡量一国社会经济整体发展水平的最高综合指标。[③]

（10）人类追求幸福将推动社会不断向着更加丰富的物质文明、更高的科技文明以及更高的人类境界状态发展。当科学技术与制度文明推动的物质丰裕达到这样一种程度：将各种物质资料的产权界定给个人已经不再是人们获取幸福的一种源泉，而是成为得到更大快乐幸福的一种负担（痛苦）时，人类需要过渡到一种新的产权制度与社会形态——一种一无所有又无所不有的自由社会制度状态。这种制度自由发展的必然性正是由于人类对于自身自由与快乐幸福的不懈追求而终于到来的结果。[④]

[①] 生命成本是指消费者为获得一定收入而在生产过程中以时间为维度支出的体力、脑力与心理负荷成本的总和。参见陈惠雄《生命成本：关于消费函数理论的一个新假说》，《中国工业经济》2005 年第 8 期。
[②] 陈惠雄：《经济学的基本规律》，《财经论丛》2003 年第 1 期。
[③] 陈惠雄：《论寿命是社会经济发展的最高综合指标》，《经济学家》2000 年第 4 期。
[④] 参见陈惠雄《共产主义理论与在全球范围内的实践》，《世界经济与政治》2001 年第 7 期。

三 幸福经济学的学科发展向度

上述关于幸福经济学的理论难点与人类行为解释视域已经部分阐明了幸福经济学的发展方向。幸福经济学要完成其作为经济学分支体系的理论建构，尚需要在以下几个方面获得突破与完善。

一是幸福经济学在研究深度与系统性方面的拓展。幸福经济学需要借助于哲学、心理学、社会学、脑科学、行为经济学、福利经济学等理论与知识，在幸福原理、幸福测量以及幸福与公共政策选择方面形成比较系统的理论与实证研究，以构建幸福经济学比较完整的理论体系，切实为提高人类福祉服务。由于幸福是人类行为之核与终极价值，这个内核的结构与层次是丰富的，涉及诸如动物快乐、动物福利、可持续发展等问题，需要多学科知识的支持。比如人吃动物会造成动物痛苦，而什么都不吃，又会造成人的痛苦。这种生存伦理矛盾应该如何解决？需要幸福经济学结合伦理理论给未来的科学技术进步（如人造肉的生产等）指明方向。目前，国内外经济与幸福关系的研究中已经有了这方面的跨学科探索，以解释人们偏好行为的形成机理与苦乐体验生成的系统原理，但目前的这些研究仍然是尝试性的。

二是与计量经济学、统计学、心理学、经济社会学等学科的结合，吸收其他学科对主观幸福感、幸福指数研究的成果，形成对幸福计量的经济学理论机理与方法的系统研究。幸福经济学主要是通过研究与设计基于主客观因子结合、自诉客观因子与统计客观因子结合的快乐（幸福）指数量表，在信度、效度检验基础上，通过大样板的国民幸福状况调查，来达到国民幸福指数测量的稳定性与有效性，为显示经济社会发展的幸福效果提供评价依据。通过幸福指数调查，发现影响因子的权重序列、结构及其演化，对于测度与追踪人民幸福程度变化，帮助开发促进提高幸福感的公共政策，弥补 GDP 核算的不足，均有重要意义。

三是幸福经济学对于宏观经济社会政策调整的研究支持。幸福经济学遵循快乐幸福才是经济、社会发展的最高目标的终极价值理念。相对于以 GDP 为中心的发展理念而言，这一价值理念的转变非同小可，它是对于人类行为最高价值与行为的终极准则的偏好明示，并与体验经济学的研究目标相互支持。幸福经济学不仅把一切人类行为置于幸福原则的拷问之下，使快乐幸福成为经济学研究的逻辑起点，而且由于它强调社会相互作用的行为机理以及个体与社会"互主体"的幸福本位观，从而进一步把最大多数人的最大幸福作为经济社会发展与制度安排的根本基础与最高目标。

显然，幸福经济学研究的重大意义实际上不在于它的测度，而在于其价值观与方法论上向人类行为真理逼近以及对于宏观经济社会政策与政府绩效的重大指导意义。因为，只有快乐幸福才是根本性的，其他事物只是就其对快乐的直接或间接的促进作用而言才有意义。而基于快乐的广义消费论等概念不仅可以突破基于商品与劳务的狭义消费概念，而且可以推导出广义财富理论与和谐生产、和谐发展原则。[1] 而诸如绿色 GDP 核算之所以必要，同样是基于绿色是影响人类快乐与痛苦的基本要素的原理。幸福经济学以人类幸福为中心的经济理论思维为我们取舍生活、真正确立起"以人为本"的科学发展观，实现经济社会的和谐发展，提供了重要的理论原则与政策依据。因为，人类实际上能够做到用少得多的资源来满足更多的幸福需要，而不是像今天这样事事都用金钱来计量。"一个比我们目前已知的更美好的世界不仅在理论上是可能的，而且实际上是很可能诞生的。"[2]

---

[1] 陈惠雄：《人本经济学原理》，上海财经大学出版社1999年版，第123—125页。
[2] 马克·卢兹：《人本主义经济学的挑战》，西南财经大学出版社2003年版，导言，第1页。

第三章 幸福学理论的多学科研究演化

【本章导读】 幸福是人类行为的终极目的，它受到包括自然科学和社会科学在内的多个研究人的问题的学科的关注。了解幸福理论的多学科研究进展，对于经济学与人类幸福关系研究的开展及其幸福经济学学科视角的定位具有重要意义。从古希腊开始，对快乐幸福问题的认识、研究与思想传播已经有2000多年历史，形成了多学科研究演进态势，并对近代以来的人类行为观念与经济社会发展产生了重大影响。最近30年，随着实验心理学借助于计算机软件技术的快速发展，幸福理论研究加速进入经济学领域，并随着D.卡尼曼荣获2002年度诺贝尔经济学奖而进一步受到世人关注。而幸福实际上是一个多学科应用的概念，由于各学科的学科使命与问题意识不同，使得不同学科中的幸福概念各有定名，其概念的内涵、外延抑或由此产生差异。因此，在厘清不同学科中幸福理论研究的基础上，辨析幸福概念的学科应用差异，并力图在多学科之间架起幸福研究的一座桥梁，是本章的一个研究使命，也是拓宽幸福经济学研究视野的一个重要途径。

幸福既是西方哲学与中国文化中的一个重要概念，也是人类生活的终极价值目标与行为的根本指导原则。古往而今，快乐与幸福由一种哲学思想发展成为今天经济学、社会学、心理学、管理学、医学、生理学、脑科学等横跨社会科学与自然科学两大学科共同关注的重大研究命题，并由之对我们的理论思维与生活实践产生了重大的影响。关于如何促进国民幸福的研究课题今天已经引起社会的普遍性重视，这种重视可能会从根本上改变未来我们的经济社会发展观念与国民经济发展方式。因此，展示快乐幸福理论的多学科研究演化，对于我们深化认识幸福经济学的理论渊源，拓展幸福经济学的学术视野，是必不可少的一个研究环节。它可以使我们明白，幸福经济学学科的建立不是一个孤立的学科现象，而是建立于多学科研究发展的基础之上，并可以在学科间形成跨学科研究支持。

第一节 哲学中的幸福学说

幸福（感）是一种愉悦的精神感受或心理体验，它与快乐具有相同或接近的内涵与意义。但是，如果我们把人类行为抽象为一个统一的终极目的并用一个词来表达时，快乐其实比幸福概念能够更加周延概括与表达人类行为终极目的的一般性与唯一性，"趋乐避苦"更能表达人类行为的普遍性特征与正负情绪。这也是古希腊以来，思想家们把快乐与幸福在同等意义上使用的原因。有些人把幸福理解为：快乐＋意义。这种理解严格来说并不准确。哲理说的快乐只是偏好，而两者是有很大差异的。①

在语义学上，快乐强调环境系统中的个体体验与主观能动性，主观幸福感更加强调个体对环境的依存。在一个强调社会因素对个体幸福具有优先性的文化系统中，幸福感会比"快乐"一词更加容易接受并得到社会偏好的支持，却并非"幸福"一词本身比快乐更加准确。

作为一种重要的哲学思想，快乐主义（Hedonism）或幸福论（Eudemonism）哲学在欧洲的形成、发展与思想传播已经有两千多年的历史，由之形成了较多的学术流派。快乐思想最早见于希腊哲学家赫拉克利特（Heraclitus，约公元前530—前470年）关于生死苦乐的界说。赫拉克利特把死亡视为最大痛苦，把适应时世变化视作快乐之源，把个人的所有欲望都得到满足看作是不好的事情。这些与生死、适应相连的苦乐思想，真实地反映了原初人类观察世界的境界与视角。嗣后，亚里士多德提出了善的幸福观，并排除了愉悦与幸福的等价性。亚里士多德把幸福看作是一种有价值的活动的复合。它包括与多种美德相一致的活动，如道德、智慧和卓越的政绩以及友谊与爱等。② 这是最初关于幸福与快乐思想的理解差异。在快乐主义思想进一步发展为功利原则后，它已经不仅仅是一种哲学和伦理学说，而且形成了一种广泛的社会运动与社会思潮而流行于18世纪后期至19世纪中期的西欧各国，并成为古典政治经济学的重要的哲学思想

---

① 黄有光：《快乐、福利、人本主义——回应陈惠雄博士》，《财经论丛》2000年第5期。
② 周辅成：《西方伦理学名著选辑》（上卷），商务印书馆1964年版，第281—290页。

基础。①

一 伊壁鸠鲁：快乐是人类行为的终极目的

伊壁鸠鲁（Epikouros，公元前341—前270年）是第一位比较系统阐述快乐幸福思想的晚期古希腊哲学家。他明确提出，快乐是幸福生活的开始和目的。幸福生活（幸福与快乐经常在同等意义上使用的习惯在伊壁鸠鲁那时起大致就是这样的）是我们天生和最高的善，我们的一切取舍都从快乐出发，我们的最终目的乃是得到快乐，而以感触为标准来判断一切的善。②他认为生命有限而欲求无限，人的欲望永远不会得到满足。唯有节制，才能从精神上获得快乐与自足。伊壁鸠鲁反对纵欲的快乐主义，主张节制与淡泊的快乐，即"身体的无痛苦和灵魂的无纷扰"。伊壁鸠鲁把肉体的快乐与心灵快乐区分开来，认识到苦与乐的辩证性以及苦乐取舍及其理性行为选择的重要性，认为心灵快乐更高级、更重要。他把欲望的快乐限制在保证身体健康必需的程度上，强调清心寡欲，寻觅一种恬然安逸的生活，并把古希腊的传统美德——智慧、节制、勇敢、公正、诚实、友爱、信心等作为谋求快乐的主要手段。

伊壁鸠鲁提出了一个对于今天生活非常有启迪意义的幸福观。他认为，当我们需要吃东西的时候，面包和水就能给人极大的快乐，养成简单朴素的生活习惯，是增进健康的一大因素。而即便我们偶尔过上奢侈的生活，朴素的生活基础也会使我们处理得更好。③伊壁鸠鲁在这里谈的问题实际上涉及一个对人的自然性的本质理解的问题。事实上，人类生活终将回归简单，健康、亲情、环境成为人类生活的长期幸福需要。而朴素的生活不仅有利于健康，还有利于长期的幸福生活。④伊壁鸠鲁的快乐思想对

---

① "功利"是指一种事物或行为有助于给当事人产生福泽、避免痛苦的特性。一切有助于产生快乐的行为或事物就是好的，反之就是坏的，这就是功利主义原则。因而，是否有助于产生快乐是功利主义判断一切事物与行为的标准。在伦理学上，功利主义是并无贬义的。但在中国文化中却经常用作贬义，与"急功近利"的词义理解相近。这与我们通常使用"功利"一词的含义区别甚大。正如台湾经济学家盛庆来在其新著《功利主义新论》一书中所言：这是"约定俗成，已经无可挽回"。参见盛庆来《功利主义新论》，上海交通大学出版社1996年版，第1页。而根据张五常的研究，"功利"一词之所以在中国会产生这一问题，主要与中文没有对应的词有关。参见张五常《科学说需求》，香港花千树出版有限公司2001年版，第109—134页。
② 周辅成：《西方伦理学名著选辑》（上卷），商务印书馆1964年版，第103页。
③ 周辅成：《西方伦理学名著选辑》（上卷），商务印书馆1964年版，第104页。
④ 聂锦芳：《何为幸福："从哲学上进行思考"——马克思早期文献〈伊壁鸠鲁哲学〉解读》，《马克思主义与现实》2016年第1期。

昔勒尼派（Cyrenaics）的纵欲的享乐主义哲学是一个大改进，因而在当时获得了很多的信奉者，并对后来的欧洲哲学、伦理学乃至整个古典政治经济学的发展都产生着深远的影响。马克思在博士论文《德谟克利特的自然哲学与伊壁鸠鲁的自然哲学的差别》以及《德意志意识形态》中，称伊壁鸠鲁为古代"希腊最伟大的启蒙运动者"。

伊壁鸠鲁还是第一个基于苦乐辩证法而阐述选择行为的经济哲学思想家。他提出，既然快乐是我们天生的最高的善，所以我们并不选取所有的快乐，当某些快乐会给我们带来更大的痛苦时，我们每每放过这许多快乐；如果我们一时忍受痛苦而可以有更大的快乐随之而来，我们就认为有许多种痛苦比快乐还好。伊壁鸠鲁认为："就快乐与我们有天生的联系而言，每一种快乐都是善，然而并不是每一种快乐都值得选取；正如每一种痛苦都是恶，却并非每一种痛苦都应当趋避。对于这一切，我们必须加以权衡，考虑到合适和不合适，从而加以判断；因为有的时候，我们可以觉得善是恶的，而有的时候则相反，我们可以觉得恶是善的。"[①] 伊壁鸠鲁提出的上述思想实际上是后来杰文斯提出"快乐净收益"（等于快乐减去痛苦的剩余）概念和福利经济学的"净福利"概念以及今天西方经济学关于选择行为的重要思想基础。

在此基础上，伊壁鸠鲁提出了相当于今天西方经济学"约束条件下的理性选择行为""心理性贫穷"以及"习惯资本"等行为经济学的基础思想。伊壁鸠鲁认为，"知足是一件大善，并不是因为我们在任何时候都只能有很少的东西享用，而是因为，如果我们没有很多的东西，我们可以满足于很少的东西"。[②] 伊壁鸠鲁这段话讲到了一个约束条件下的最大化满足的心理问题并对"心理性贫穷"是一个有效的揭示。即当我们受约束于一定的资源供给水平时（这个约束条件是永恒存在的），"知足"成为提高主观幸福感、减少心理性贫穷并克服物质主义带来的痛苦的重要的内生心理力量。伊壁鸠鲁认为，"当要求所造成的痛苦取消了的时候，简单的食品给人的快乐，就和珍贵的美味一样大；当需要吃东西的时候，面包和水就能给人以极大的快乐。养成简单朴素的生活习惯是增进健康的一大因素，使人对于生活必需品不加挑剔。当我们偶尔过比较奢侈的生活时，朴素的习惯也可以使我们处理得更好一点，而对于命运无所畏惧"。[③] 在这

[①] 周辅成：《西方伦理学名著选辑》（上卷），商务印书馆1964年版，第104页。
[②] 同上。
[③] 同上。

里，伊壁鸠鲁揭示了两个重要理念，一个是淡化奢侈生活对于人们健康的重要性（脱离了物质主义掌握的自由社会阶段的人类生活，将是一种毫无疑义的简单化复归趋势）；另一个是朴素生活的"习惯资本"对于提高人们快乐积分的重要性。这些理念正是今天行为经济学的核心概念的哲学基础，并对建立幸福经济学具有重要意义。

二 亚里士多德：至善与理性幸福论

理性已经成为现代经济学描述行为的重要概念。亚里士多德的伦理学通常被称为幸福论（Eudaemonism）或自我实现论（Self-realizationism），其实就是一种理性幸福论思想。亚里士多德提出了"作为一种性质的善"和"作为一种关系的善"两种"善"。后者是作为手段的善，被叫作"有用"，也即休谟所说的 utility（效用）。前者是事物内在的优良属性，是"因其自身而善的善"。现代经济学的"善"（goods）往往是作为手段的善，是"为达到自身善而善"。亚里士多德认为，人类所寻找的"至善"（Supreme Goods）即"可达到的最高善"，也就是"幸福"。幸福因其本身的善而成为幸福，是"一切善的事物的始点和本原"。亚里士多德的伦理学或政治学都非常重视对实践或实现活动的研究。在《尼各马可伦理学》第一卷中，亚里士多德把人的"善"放在人的功能（区别于动物的理性活动）中加以研究。他认为"幸福是灵魂的一种合乎德性的现实活动"，是人类理性功能的体现。快乐必须在理性的控制下达到适中的程度，才能称为幸福。人应该通过自己的具体行动去追求一个终极或完满的善。

尽管亚里士多德一再强调德性和善在幸福中的重要性，但他并没有忽视作为生命基本功能的快乐和痛苦的存在。他认为，"伦理德性就是关涉到快乐和痛苦的德性"，人类的"一切行为和情感都伴随着快乐和痛苦"，所以"我们总是以快乐和痛苦来调节我们的行为"。亚里士多德的幸福观中包含快乐，他认为人们是从享乐中引申出福祉、至善等概念的。但同时他也认为快乐不一定是最高的善。快乐和痛苦贯穿于人的生命的整个过程，并对德性和幸福的生活发生影响和作用。在具体境遇中，要以最好的方式行动，合乎规律行动，与困难做斗争会增长我们的德性，困难越大，德性增长越大，对快乐和痛苦的正确处理才是善。这些论述使亚里士多德的幸福论与边沁的快乐论得以沟通，亚里士多德的幸福论实质上是建立在苦乐基础上的德性实践活动。由于亚里士多德强调幸福是人的一种完善自己的活动，因而他的幸福论又被称为完善论（Perfectionism）。他强调，人应该通过自己的合乎德性的具体行动去追求一个终极或完满的善，即至善，也即幸福。在奋斗中使自己的功能得以最充分的发挥和展示，这就是幸福。

亚里士多德的强调实践活动的完善主义幸福论对于现代幸福研究产生了重要影响，形成了"客观幸福"（Objective Well-being）的研究路线。这一方向的研究者认为，幸福是通过实践或实现一个人的自我或真我来达到的，幸福在于人的潜能的实现。[①] 这一派学者注重人的心理功能的完善，重视积极的自尊、社会服务、生活目的、友好关系等普遍价值的塑造，认为幸福是从享乐主义狭隘的注重感官愉悦到更为广泛的自我发展和社会参与的理性过程。而客观幸福研究的一个重要方面就是满足幸福的客观经济社会发展状况，并以一套客观的指标体系来体现人们幸福实现的程度。亚里士多德认为，幸福是生命的意义和目的，是人类生存的终极目标。然而，现代经济社会发展却太多偏离了这个目标与原则。这些偏离不能不引起我们的理论反思与行为纠正。当然，需要注意的是，亚里士多德关于快乐与幸福的理解在哲学本体论上并不准确，在本体论意义上，快乐对于人类行为终极目的描述的准确性优于幸福，或者起码是同义语。快乐不同于无理性偏好的满足。亚里士多德更多的是关于快乐与幸福的伦理学意义上的区分。关于这一点本书在前面已经讲得非常清楚了。

三 洛克关于善恶的幸福伦理思想

英国伦理学家约翰·洛克（John Locke，1632—1704年）是近代初期一位有影响力的、承先启后的快乐主义思想家。洛克调和了霍布斯的利己主义和剑桥柏拉图派的情感利他主义，提出了伦理学上的快乐原则。洛克认为，自然赋予人一种对幸福的欲望和不幸的厌恶，它们是一种先天的倾向或实践原则，影响着我们全部的行动。事物之所以有善恶之分，只是就其苦、乐的关系而言的。所谓善就是引起（或增加）我们快乐或减少我们痛苦的东西。所谓恶就是能产生（或增加）我们痛苦或能减少快乐的东西。因此，"我们称那易引起我们快乐的为善，称那易引起我们痛苦的为恶"。[②] 洛克同样认为，人的天性趋乐避苦，以追求快乐为目的。不过，他把追求快乐与道德联系起来，认为人们必须用理智支配自己的欲念，才能避免痛苦，寻找到真正的快乐，这是较早的利他主义快乐思想的萌芽。

[①] Deci, E. L. & Ryan, R. M., *Self-Determination Theory: An Approach to Human Motivation and Personality: Intrinsic Motivation Inventory (IMI)*, Rochester: Rochester University, 2001, http://www.psych.rochester.edu/SDT/measures/intrins.html.

[②] 洛克：《人类理解论》，商务印书馆1983年版，第235页。

洛克提出的关于人的苦乐感受的思想实际上均来源于人的相应官能组织反应，并能够得到脑科学核磁共振成像技术的支持。① 洛克认为，尽管我们所说的苦乐是兼指身、心两个方面的，就如普通所分辨的那样。不过据实说来，它们只是人身的各种不同组织的反应；只是这些组织有时为身体的失调所引起，有时为人心的思想所引起罢了。② 显然，洛克认为苦乐感受实际上来源于心身一体化基础上的人的各种官能组织对于存在世界的反应，表达了人类的苦乐感、主观幸福感归根结底来源于人类官能对于现实世界反应的思想，提出了快乐的客观实在性机理。这一思想已经被现代脑科学所证实。在此基础上，洛克还提出了追求快乐的道德标准是基于长期快乐，而人类却往往缺乏远虑，即在有限理性情况下的短期行为倾向。用洛克的话说："远虑是仍待倡导的唯一美德，因为一切失德都是失于远虑。"③ 这一思想用在检验今天的急功近利的经济发展模式显然是合适的。

洛克还提出了商品价值决定于生产商品的劳动的观点，这一观点成为后来古典经济学劳动价值论的基础。④ 洛克的劳动价值论思想和他的快乐学说具有一致性。或者大致可以认为，一切认识到快乐幸福为人类行为终极目的的经济学家，都会把劳动价值论作为价值论的理论基础。⑤ 因为，这是显示把人置于经济学研究核心地位以及显示人的生命成本投入为经济学成本的根本投入的一个必然推理。⑥

洛克认为，人并非总是按照依理来推测多半会确保他有最大快乐的方式行动的。我们对现时的快乐比对将来的快乐更重视，对最近将来的快乐比对渺远将来的快乐更重视。可见，即使趋乐避苦是人类行为的根本动机与终极目的，那也必须追补一句：依快乐或痛苦在未来的远近为准，快乐削减它的魅力，苦痛丧失它的可怕。⑦ 洛克在这里揭示了人类选择行为中的短期行为倾向问题。这一理论实际上成为今天有限理性理论的重要基础，并对我们如何预防人类的短期行为，贴现远期快乐与痛苦的当期效用，实现可持续发展，提出了具有实际意义的理论思想。

---

① 大脑科学证明了快乐的客观性，同时也证实了痛苦的客观性。理查德·莱亚德：《快乐经济学——门新兴科学的诞生》，（台湾）经济新潮社2006年版，第31—33页。
② 周辅成：《西方伦理学名著选辑》（上卷），商务印书馆1964年版，第717页。
③ 罗素：《西方哲学史》（下卷），商务印书馆2003年版，第145页。
④ 蒋自强、张旭昆：《西方经济学演化模式研究》，上海人民出版社1996年版，第29页。
⑤ 陈灿普：《劳动的解放：洛克政治哲学中的货币问题》，《政治思想史》2019年第6期。
⑥ 陈惠雄：《人本经济学原理》，上海财经大学出版社1999年版，第112—114页。
⑦ 罗素：《西方哲学史》（下卷），商务印书馆1976年版，第144—145页。

由于人类对短期苦乐比远期苦乐更加敏感，那么，如何来解决人类的短视行为倾向问题呢？按洛克的意见，要紧的是人应该尽可能以自己的长远利益为指南，因为只有这样人们的自我利益才能够和全体利益一致，从而实现可持续发展和社会快乐总积分最大化。洛克的这一思想是针对人类在趋乐避苦活动中存在的普遍性的短期行为倾向提出来的，对于我们认识人类自身的不足，处理好人与自然、经济与社会的可持续发展关系，具有重要启发意义。

四 边沁："最大多数人的最大幸福"原则

英国伦理学家杰里米·边沁是快乐思想的集大成者。在边沁之前的快乐主义思想家，大多是从人类行为的本性与追求个人需要满足的角度来谈快乐的，最多加上必须道德地追求快乐这样一个要求，或道德本身就应包含在追求快乐的行为之中。边沁在总结前人利己快乐主义的基础上，结合以快乐主义的道德原则，从伦理学角度创立了"最大多数人的最大幸福"这一利他的快乐主义思想，亦称为边沁的社会功利原则或功利原则。可以说，边沁是第一个以最大多数人的最大快乐为最高原则和最终目的的人生哲学家；也是第一个以最大多数人的最大幸福为基础，坚持幸福的大而多的数量意义，而展开自己体系的伦理思想家；并且还是第一个试图把最大多数人的最大幸福道德原则运用到政治、立法、行政、司法等各个实际领域之中去的改革家。

边沁说：自然把人类置于两个最高的主人支配之下，即痛苦和快乐。恰恰是它们，指示我们应该做什么，以及决定我们将要做什么。凡我们所行、所言、所思，无不由其支配，我们所能做的力图挣脱被支配地位的每项努力，都会昭示和肯定这一点。一个人在口头上可以声称决不受其主宰，但实际上他将照旧每时每刻对其俯首称臣。[①] 边沁这里所说的快乐就是指"功利"（utility）。而"所谓功利，意指一种外物给当事者求福避祸的那种特性，由于这种特性，该外物就趋于产生福泽、利益、快乐、善或者幸福（所有这些，在目前的情况下，都是一回事），或者防止对利益攸关之事者的祸患、痛苦、恶或不幸（这些也都是一回事）。假如这里的当事者是泛指整个社会，那么幸福就是社会的幸福；假如是具体指某一个人，那么幸福就是那个人的幸福"。[②] 在边沁看来，人都是受功利原则支

[①] 边沁：《道德与立法原理导论》，商务印书馆2009年版，第57页。
[②] 周辅成：《西方伦理学名著选辑》（下卷），商务印书馆1987年版，第212页。

配的，避苦求乐是人的本性，追求功利就是追求其自身的最大幸福；而对于社会或政府来说，就是应该追求最大多数人的最大幸福。而"最大多数人的最大幸福"即"共同体的利益就是成员利益的总和"。边沁认为，从人性出发，凡是能够减轻痛苦增加快乐者，在道德上就是善良的，在政治上就是优越的。政府的职责就是通过避苦求乐来增进社会的幸福。最大多数人的最大幸福，就是判断是非的标准。[①] 如果组成社会的个人是幸福和美满的，那么整个国家就是幸福和昌盛的。而功利主义原则能够始终一致地被奉行，就一定越对人类有利。[②] 边沁是功利（一切有"利"于产生快乐的行为与事物都是好的）原则的创始人，他把由伊壁鸠鲁以来的利己的快乐主义发展到利他的快乐主义，由哲学目的论快乐主义发展到伦理学道德论的快乐主义，这是边沁对快乐主义理论的一大贡献，也是其重大特色。

边沁思想的另一贡献是提出了"最大多数人的最大幸福"立法原则。这是对立法逻辑与人类行为原则的一个概括。边沁在研究立法过程中，意识到需要一个普遍的标准以便衡量每种法律的科学与价值。他在1768年重访牛津大学时，发现了普利斯特利的小册子《政府论》，从中获得了"最大多数人的最大幸福"这个后来成为他功利主义思想的核心的表达。他认为，"最大多数人的最大幸福"原则就是衡量每种法律的普遍标准。边沁的功利主义思想为公众道德和私人道德问题确定了普遍性原则，他也由此为法理学研究开辟了新领域。

五　康有为的快乐治国论

快乐属于哲学目的论范畴，中国传统哲学中历来缺乏对此的研究。这种情形其实一直持续到20世纪末，直到近10年来才开始有改观。虽然，关于快乐的经典言论不绝于史，并且，中国传统文化中包含的善良、孝道、助人为乐、中庸守常、天人合一等思想理念包含着心灵快乐的洗礼，如"乐民之乐者，民亦乐其乐"，等等。然而，始终缺乏关于快乐的哲学本体论（生命是为了什么）的研究，成为中国哲学与西方哲学的一个具有显著差异性的特征。

19世纪末，受西方哲学思想影响，康有为在《大同书》（初名为《人类公理》）中明确阐述了快乐治国理念。康有为提出："人道者，依人为

---

① 马妮：《边沁功利主义幸福观刍议》，《天津社会科学》2016年第11期。
② 周辅成：《西方伦理学名著选辑》（下卷），商务印书馆1987年版，第217页。

道，苦乐而已；为人谋者，去苦以求乐而已矣，无他道矣。"他认为，"求乐免苦"是人类的共同本性，人们的一切行为都受此动机的支配。而"求乐免苦"包含了多方面内容，诸如：口之欲美饮食也，居之欲美宫室也，身之欲美衣服也，目之欲美色也，鼻之欲美香泽也，耳之欲美音声也，行之欲美灵捷舟车也，用之欲美机器也，知识之欲美学问图书也，游观者之欲美园林山泽也，体之欲无疾病也，送死之欲无缺也……康有为认为，人类从远古茹毛饮血的原始状态到现代文明的发展，都是不断"求乐免苦"的结果，整个历史的发展就是人类不断"求乐免苦"的过程。康有为由此得出结论：人类"日益思为求乐免苦之计，是为进化"。[1] 康有为是中国思想史中最先明确提出快乐目的论与快乐治国机理、快乐发展机理的理论先驱者。并且，康有为关于快乐的这些理论认识，今天看来仍然是正确的。

六 马尔库塞等现代学者的快乐思想

现代西方哲学中，快乐研究更注重当代性。马尔库塞（Herbert Marcuse，1898—1979 年）是其中值得一提的重要代表，也是现代西方马克思主义的重要代表人物。马尔库塞强调追求快乐的理性条件以反对极端个人主义，强调对快乐的具体性追求以反对快乐论中的唯心主义，强调快乐追求与时代性的结合，并强调快乐的道德化原则。马尔库塞认为，快乐主义与理性哲学是一种对立统一。在抽象形式中，两者具有一致性，即它们都把建立真正人的社会作为社会潜能的目标。[2] 在具体的实践形式上，理性主义主张生产力的发展、生活形式的自由合理以及联合的个人的自主批判等，而快乐主义则强调人的要求和需要的广泛发展和实现，从非人的劳动过程中解放出来以及解放整个世界，从而实现享受。马尔库塞对社会的批判从来都是落脚到对个人解放的执着上。这也正是马克思在《共产党宣言》最后憧憬的"每个人的自由发展是一切人的自由发展的基础"的思想。马尔库塞的这些理论表现出西方快乐哲学的时代特征，并把人类的自由解放落实到普人类快乐幸福的原则基础上。[3]

1988 年，《快乐论》一书出版，是国内较早阐述快乐目的论思想的著作。该书是陈惠雄在 1980 年中国经济理论界进行社会主义生产目的大讨

---

[1] 康有为：《大同书》，中国人民大学出版社 2010 年版（电子书），第一部分。
[2] 徐志坚：《马尔库塞的工业社会批判与人的解放》，《江西社会科学》2018 年第 4 期。
[3] 赫伯特·马尔库塞：《爱欲与文明》，上海译文出版社 1987 年版，第 20—108 页。

论的时代背景中,将"目的"问题一般化,进而深入思考人类行为的终极目的的基础上于1981年形成的。该书把人类行为目的抽象到快乐的终极价值高度,即认为形成了关于"人类所发生的一切行为,其最终目的都是为了实现各自的快乐满足,都是人们精神上舍苦求乐或趋乐避苦的结果"的结论。作者认为,人类所发生的一切行为,其最终目的都是为了实现各自的快乐满足,都是人们精神上"舍苦求乐"或趋乐避苦的结果。《快乐论》讨论了目的特殊与目的一般,阐述了快乐发生律、满足律、演化律与制约律,提出了快乐层序论、差变论、协同论、中轴论,解析了利己主义与利他快乐主义、及时行乐与艰苦奋斗的辩证统一性以及利他收敛于利己的利他—利己一致性思想,并推广到实现最大快乐的自由王国的线性快乐表达式。该书以一种思辨方式完成了快乐思想的中国式建筑。①

从哲学、伦理学角度探讨快乐幸福问题,是改革开放以来中国研究快乐幸福问题的一个先驱领域。老一辈哲学家陈根法发表了《幸福论》等论著,直接追问人生的幸福价值与意义。② 陈瑛出版了《人生幸福论》,对建立正确的幸福观进行了伦理学思辨分析。③ 孙英的《幸福论》是改革开放以来我国从伦理学角度探讨幸福与快乐问题的一本比较系统的著作。孙英对什么是幸福、为什么追求幸福和如何实现幸福这样三个实际问题进行了高度抽象的理论概括与研究,对幸福本性、幸福价值、幸福规律等问题进行了系统的阐述与论证,一定程度上代表了我国伦理学对幸福问题研究的新成就。④

综上所述,从伊壁鸠鲁到洛克、密尔、边沁、马尔库塞等,哲学中的快乐幸福理论研究大致是围绕"人之本,本之道,道之治"三个于民于国的终极性问题展开的。所谓"人之本"即人类行为的终极目的究竟是为了什么,这是哲学存在论需要解决的关于"人"存在的最高问题,得到的结论是人之本是快乐幸福;所谓"本之道"是指实现快乐幸福的途径,包括德性、境界、方法、手段等,得到的结论是利己主义与利他主义、当期快乐与远期快乐(当期痛苦)均是实现快乐满足的可能的有效方式。⑤ 然而,利他主义者的幸福积分可能会比纯粹利己主义的幸福感更高,有理性的追求快乐比只贪求眼前享受的行为更加具有快乐的可持续性。所谓"道

---

① 陈惠雄:《快乐论》,西南财经大学出版社1988年版,第1—197页。
② 陈根法、吴仁杰:《幸福论》,上海人民出版社1988年版,第84页。
③ 陈瑛:《人生幸福论》,中国青年出版社1996年版,第284页。
④ 孙英:《幸福论》,人民出版社2004年版,295页。
⑤ 王堃:《幸福与德性:启蒙传统的现代价值意涵》,《哲学研究》2014年第2期。

之治"则是指一个国家实现国民幸福生活的宏观治理，包括制度架构、公共政策、立法向度、社会目标以及人与人、人与自然关系的治理框架等。结论是，只有从"最大多数人的最大幸福"目标出发，一个国家才能够真正实现和谐、可持续而有效率的发展，这包括维系在人自身的一系列关系的均衡发展，从而最终实现一切人的全面自由发展。从理论机理上辨明这三个问题是"目的论"哲学对于快乐幸福理论的最大贡献，也为幸福经济学的建立和发展奠定了重要的经济哲学基础。

第二节 心理学中的幸福理论

心理学中的快乐幸福思想最初以哲学心理学的形式表现出来。洛克、边沁、密尔等都是哲学心理学家。由于快乐思想形成于"人人都在渴望得到快乐"这个经验事实，然后由哲学家们将其上升为哲学目的论而成为一种重要的哲学思想贯穿于欧洲古代哲学史。到了近代，随着哲学心理学的发展，哲学家们开始运用心理学知识来解释快乐与幸福感的形成机理，强化了快乐思想的科学解释基础，也促进了幸福理论在心理学中的发展。第二次世界大战以后，随着行为科学、心理学的迅速发展，心理学家们运用行为学知识解释人类行为，以弥补经济学家主要以收入作为社会经济发展指标的缺陷，快乐感、幸福指数、生活满意度、主观幸福感等一系列与快乐幸福相关的心理学研究获得了实质性的发展。心理学家给幸福下的定义一般是：幸福是人们对于生活状态的正向情绪的认知评价。[1] 弗洛伊德给幸福下的定义是：幸福是快乐的感觉。这个定义引导弗洛伊德作出一项直截了当的结论：决定人生目的的正是快乐原则，也就是力图最大化可快乐的感觉。[2]

从20世纪40年代起，国外学界开始进行快乐指数调查。心理学家们设计了各种各样的快乐指数或幸福指数调查表，这些调查表大多以幸福的主观感知性质和主观判断形式体现出来。从心理学角度看，快乐是人类个体由自身需要的满足度或目的实现度带来的一种积极体验状态，是由需要（包括动机、欲望、兴趣）、认知、情感等心理因素与外部诱因的交互作用形成的一种复杂的、多层次的心理状态。Gurin等心理学家提出的快乐感

---

[1] 奚恺元等：《撬动幸福》，中信出版社2008年版，第6页。
[2] 达林·麦马翁：《幸福的历史》，上海三联书店2011年版，第386页。

（主观幸福感）是一个重要的情感体验指标，表示个体较少地感受到生活事件的压力，或者是正向情感（Positive Affect）多于负向情感（Negative Affect）的心理状态。[1] 心理学家发现，快乐感会影响个体对社会生活的各个领域的评价，而且这种感受会形成一种心境，对个体行为造成长期而稳定的影响。所以，快乐感不仅反映个体的生活质量，在一定程度上也反映了整个社会在某一阶段的发展情况以及这种发展对个体的影响和个体对这种发展的态度。因此，研究快乐感及其内在机理对于提高人们的生活质量、改进社会机制具有重要的意义。[2]

心理学家们认识到，用当前的体验来预测未来的幸福状态具有不可靠性。于是，部分心理学家从态度入手，认为态度至少应该由情感与认知两部分组成。快乐感更多地表明情感，满足感则更多地体现认知。所以，在幸福问题上，年轻人更多的是由情感带来的快乐，而中老年人则更多的是由认知带来的满足。在这种理论指导下，心理学家们开始设计幸福感或快乐感量表，20世纪50年代末，Gurin、Veroff与Feld等首先在美国进行了快乐感（主观幸福感）测试。1967年，Cantril设计了非常实用的用于主观情感测量的"梯形评尺"；20世纪70年代，Compbell等编制了一些指标各异的快乐感量表；20世纪80年代，Kahneman等设计了情感量表，进行主观幸福感、生活质量与正（负）向情感测试，形成了快乐感的直接询问法、自我安置等级法、情感平衡量表法、生活满意度问卷法等一系列快乐感调查方法，幸福感实证研究在工业化国家逐渐展开。[3]

在主观幸福感指标研究的同时，心理学家们对幸福界定与评价的理论研究也在深入。对幸福概念的界定是一项基础性工作，当然这个问题可以一直追溯到伊壁鸠鲁和亚里士多德的古希腊时代。伊壁鸠鲁把幸福定义为愉悦的精神感受，与快乐完全等同。边沁大致持与伊壁鸠鲁相同的观点。边沁具有一种使生活变得简单的方法，他声称生活本质上唯一美好的东西是快乐，唯一不好的东西是痛苦。而亚里士多德等则把自我充裕的、积极的、美德、善举、艺术、愉悦等包含在幸福的概念之中。[4] 黄有光则用无

---

[1] Gurin, G., Veroff, J. & Feld, S., *Americans View Their Mental Health*, New York: Basic Books, 1960.
[2] 辛自强、池丽萍：《快乐感与社会支持的关系》，《心理学报》2001年第5期。
[3] 刘国珍、陈惠雄：《幸福的测度：一个测量范式的综述》，《财经论丛》2017年第8期。
[4] 路易吉诺·布鲁尼等：《经济学与幸福》，傅红春等译，上海人民出版社2007年版，第165—167页。

理性、有限信息、亲缘利他三个原因来区分偏好与快乐（幸福）的差异。① 实际上，快乐与幸福都是一种愉悦的精神体验，只不过其层次、结构、意义有差异。亚里士多德等对于幸福定义的这种区分在终极价值层面上是没有必要的，在具体的幸福观追求里提出来是有价值的。但许多人对此就以为幸福是一种不食人间烟火的理性主义的愉悦那是错误的。②

现代心理学家提出了关于幸福的三种界定标准：Coan 提出了以外界标准界定幸福的理论，这种标准认为幸福是建立在观察者的价值体系和标准之上，而不是被观察者的自我判断。Bvudburn 等提出了以内在情绪体验界定的幸福理论，这种标准侧重情绪体验的成分，认为幸福等于各种积极情感与消极情感的简单相加。Shin 和 Johuson 等则提出了以个体自我评价界定的幸福，这种标准认为幸福是依据行动者自己界定的标准对其生活质量的一种整体评价，这种标准属于比较典型的主观幸福感范畴。在此基础上，心理学家们总结出幸福感的三个主要特征：整体性、主观性和相对稳定性。这些研究对于经济学中的行为分析均是一个有力支持。③ 与此同时，心理学家们还提出了关于幸福感的判断理论、目标理论、活动（过程）理论、特质理论与状态理论，以及幸福感与人格特质、适应能力、年龄、环境、收入、婚姻、职业形式、闲暇等一系列要素的关系，使心理学中的幸福理论研究渐趋深入。

20 世纪 70 年代以来，Kahneman 与 Tversky 对行为心理学和快乐心理学进行了广泛而系统的研究。卡尼曼的真正贡献是运用实验心理学的方法，把人的行为置于可控制、可重复检验的环境中进行实验研究，从而得到了一系列更加可靠的关于人类行为心理与选择方面的重要结论，并证明了人类思维往往是基于熟悉信息的联想与表面现象而做出判断，用实验的方法证明了传统经济学理性人假设的缺陷。卡尼曼从快乐心理学出发，认为新古典经济学的基于偏好满足的效用是存在问题的，只有恢复边沁的快乐主义理论，才能够使人们的选择更加具有科学性，并以实证的方式证明了"幸福和痛苦的体验效用可以被测度"，而且能够满足制定经济政策的需要。瑞典皇家科学院称，卡尼曼因为"将来自心理研究领域的综合洞察力应用在了经济学当中，尤其是在不确定情况下的人为判断和决策方面作出了突出贡献"。从这个意义上说，卡尼曼的获奖及其快乐心理学研究，

---

① 黄有光：《快乐、福利、人本主义——回应陈惠雄博士》，《中国社会科学文摘》2001 年第 1 期。
② 陈惠雄：《"快乐"的概念演绎与度量理论》，《哲学研究》2005 年第 9 期。
③ 何瑛：《主观幸福感概论》，《重庆师院学报》（哲学社会科学版）1999 年第 4 期。

有可能改变未来经济学的发展方向。

积极心理学是一门以帮助人们获得幸福和提高主观幸福感为核心目标的心理学科。它通过对人们的积极情绪（如喜悦或安详）、积极状态（如沉浸或欣慰）等的研究来准确理解幸福，预测影响幸福的主要因素。积极心理学特别关注人们的积极情绪，它把人们的幸福分为与过去有关的幸福（满意、满足、骄傲等）、与现在有关的幸福（及时的快感与长久的欣慰）、与未来有关的幸福（乐观、希望、自信、信仰与信赖等）三类。而从愉快转变到不愉快是从积极情绪转变到消极情绪的一个分界点。[①] 积极心理学这些研究极大地促进了幸福研究的系统性与科学化。显然，心理学中的快乐研究其注意在两个方面：一是借助于生理学、脑科学、心理实验等研究手段，对快乐（幸福感）心理的发生机理与系统过程进行研究，以便使快乐幸福研究建立在可靠的科学分析基础之上；二是关注人们对幸福状况的主观判断，并用一系列与主观判断相联系的指标来进行测验，以检测和显示人们生活的主观幸福感状况。

在国内心理学界，关于快乐幸福的理论研究也逐渐增多。范为桥提出了"心理福利"构成的3个指标：自我幸福感、生活满意度以及对社会的行为性评价。[②] 在某种程度上这是对内外在幸福评价标准的一种综合。2000年，零点公司配合美国Roper公司进行了国内居民幸福指数调查，为幸福理论研究提供了部分本土素材。值得一提的是，国内社会心理学者邢占军对主观幸福感量表的研究取得了一些值得关注的成绩。邢占军博士根据我国居民的实际生活情况，设计了适合中国城市居民幸福指数测量的幸福感量表（主要侧重主观判断），促进了幸福理论实证研究的本土化。[③] 芝加哥大学与上海交通大学教授奚恺元长期从事心理学、经济学等学科研究，并就幸福定义、主观幸福感构成与主观幸福感测量等问题进行了深入的研究，取得了比较系统的研究成果。[④] 并且，幸福心理学进一步转化为凸显现实行为意义的积极心理学，使心理学中的幸福研究更加具有实际意义。[⑤]

[①] 阿兰·卡尔：《积极心理学——关于人类幸福和力量的科学》，中国轻工业出版社2008年版，第2页。

[②] 范为桥：《心理福利的概念与范畴——关于福利的心理学思考》，《社会科学》2000年第2期。

[③] 邢占军：《测量幸福——主观幸福感测量研究》，人民出版社2005年版，第247页。

[④] 奚恺元、王佳艺、陈景秋：《撬动幸福》，中信出版社2008年版，第93页。

[⑤] 雷鸣、王琛：《幸福心理学》，机械工业出版社2016年版。

今天，人们较多提幸福指数而较少提快乐指数。而在终极价值意义上，也许用快乐表征幸福，或者用快乐来表达人类行为的终极目的会更加准确。只是由于文化的原因，在我国人们一般更加愿意用幸福一词来表达人们的愉悦感觉与状态。因为，在词性上幸福包含着显著的社会价值，而快乐似乎较多地表征个体价值。然而，当我们追问到底，幸福都需要落实到每个具体的个体的时候，才会觉得幸福原本就是需要表征在快乐上的。心理学、社会学家们用 Subject Well-being 来表征人们的主观幸福感，这体现了客观的良好生存状态（Well-being）最终要通过主观的（Subject）体验来衡量的思想。这样，"快乐"（Hedonic，Pleasure）一词表达人们对客观事物的愉悦或正向的精神感受更加贴切，也更加能够准确地表达主体的精神苦乐体验状况。正如周辅成在理解边沁的理论之后加的一个注释一样，根据边沁的理论，如果把快乐和痛苦的因素去掉，不但"幸福"一词变为无意义的，就是正义、义务、美德等词（这类名词一向被视为和快乐痛苦无关）也都要成为无意义的了。[1]

第三节 经济学中的幸福思想

人类幸福受到多因素的影响，个性、家庭、社会、政治、经济、生态等，无不对幸福产生着重大作用。因此，尽管思想史中的政治学、社会学、经济学家们大多是哲学家，但他们从各个思维角度形成的幸福学说，仍然异彩纷呈，并值得我们从中汲取思想营养。

一 色诺芬的农业幸福论思想

古希腊以来，幸福思想一直在各种社会、政治、经济与哲学思想体系中发展，以探索人类行为的动力、根源与终极性的发展趋向。古代社会的各种学问基本上是哲学体系下的一个分支学科。这是由哲学社会科学对于人类行为的认识使命形成的一个合理结果。古代的经济学家、政治学家往往同时是哲学家，这是一个很不同于现代人文社会科学发展的重要特点。色诺芬（Xenophon，公元前430—前354年）的《经济论》实际上就是他研究历史哲学与政治哲学的一个副产品，并充满着幸福经济思想与农业幸福论思想。色诺芬在《经济论》中力图证明人的幸福仅仅依赖于农业，农

---

[1] 周辅成：《西方伦理学名著选辑》（上卷），商务印书馆1964年版，第211页。

业是最愉快和最有益健康的经济部门。色诺芬认为,农业既能够锻炼人们的身体并从中得到快乐,而且农业收获构成人们生活幸福的一个主要源泉。这是古希腊思想家中最早把幸福与产业经济联系起来的经济史学思想,并对后续的法国重农学派产生了积极的影响。① 同时,色诺芬还认为,从分工对于一个家庭贡献的角度说,如果妻子是一个好的配偶,妻子掌管着家庭消费支出,妻子对于家庭的贡献和丈夫承担增加家庭收入的贡献是完全一样的。② 由此可以看出,色诺芬也是第一个阐述关于分工与幸福关系的经济学思想家。

二 边沁的功利主义原则与国民幸福总值计量原理

边沁是快乐主义思想的集大成者。边沁的快乐思想有三个相互连贯的内容,一是快乐为人类行为的终极目的和最高的善。二是追求快乐应当有其道德准则,即有道德地追求快乐——以"最大多数人的最大幸福"的功利主义原则为国家立法与道德的出发点和归宿。三是快乐还应有数量指标,以具体计算苦乐,完成对最大快乐概念的实际度量。

边沁认为,法律的制定和形成都是人们有意识活动的结果。他提出,立法应遵循的根本原则就是功利——为"最大多数人谋求最大量的幸福"。他强调,增进人类社会幸福的办法应从立法开始,通过立法,用赏罚的方法,特别是通过惩罚那些破坏幸福的行为,来增进人类的幸福。显然,这些理论可以应用于我们的法经济学中。这样,用数学的方法计算苦与乐,成为立法与经济学计量幸福的前提条件。边沁为此提出了测算快乐的七个指标,即强度(intensity)、持久性(duration)、确实性(certainty)、远近性(propinquity or remoteness)、继生性(fecundity,即由此苦乐产生彼苦乐的联系效应)、纯度(purity,即快乐的获得是否有某些痛苦伴随,或者痛苦之后是否有快乐的产生)、范围(extent,即苦乐扩大影响到的人数,某个政策或行为是否会给大多数人带来幸福或者痛苦)。边沁的这些快乐特性区分涉及快乐影响因子的计量权重差异、净利计算、节能式快乐模式的建构及其快乐乘数效应计算等问题。而这些问题,今天仍然没有具体化为我们的经济学计量模型。处理边沁提出的快乐特性的一个简单有效的计量办法是假设所有的快乐特性效应均可以反映为即期测度的相应快乐指

---

① 色诺芬:《经济论》,张博建、陆大年译,商务印书馆1997年版,第16页。
② 傅红春、蒲德祥:《幸福经济学选读:欧美(前400—1900)分册》,知识产权出版社2014年版,第2页。

数。根据这些快乐特性可以帮助个人与社会选择更加科学的经济发展方式，进而实现最大幸福目标。

从对快乐追求的道德判断到对快乐的"数"的测定，是边沁的快乐主义理论的一大特色与贡献。而对于快乐的数量测定正是我们今天幸福经济学之幸福指数测量或者叫国民幸福总值核算需要解决的问题。尽管边沁的快乐主义还存在关于以个人快乐为行为基点和以多数人幸福为行为准则之间未能调和的理论矛盾，苦乐的具体数字测算也需要进一步借助实验心理学等方法来完善。并且，贝克尔认为，边沁还没有能够做好偏好稳定的假设，导致他的理论无法完成实证验证。[①] 事实上，快乐比偏好更加基础与稳定。也许贝克尔对边沁主义的理解，也是不全面的。边沁已经把快乐作为人类行为的稳定的终极价值原则，应当已经内含了人类追求快乐的稳定性与一致性。

显然，边沁较为系统地阐述、集成并完善了快乐思想理论体系，对自伊壁鸠鲁以来的欧洲快乐主义思想进行了一次富含创新性的综合与总结，并对当时欧洲社会的功利主义思潮的蔓延产生了重要影响。诺贝尔经济学奖得主贝克尔这样评述道：在杰文斯、瓦尔拉斯、门格尔等开始形成消费者需求理论之前，经济学家们经常讨论什么是决定欲望的基本因素。例如，边沁分析了14种基本的快乐与痛苦——所有其他的快乐与痛苦都被认为是这些基础集的组合。[②] 根据张五常的研究，边沁在效用论（utility）上的贡献主要体现在三个方面：一是效用代表快乐或者是快乐指数；二是每个人都争取这个指数越高越好；三是收入的边际效用递减。边沁的这些理论思想也成为福利主义经济学的一个重要基础，并被黄有光等新福祉主义经济学所支持。也正因如此，张五常称边沁为经济哲学大师。[③] 可见，边沁思想在经济、道德、立法乃至整个社会科学中都有重大的影响。

三　斯密的分工—富裕—幸福思想

亚当·斯密认为，幸福基于财富，而财富则起源于分工和资本。通过分工和资本投入导致的财富增长最终将增进人类的幸福。斯密解释，通过使每个人从事一项工序或工作即劳动分工，能够促进劳动者形成专门化的

[①] 贝克尔：《人类行为的经济分析》，上海三联书店1996年版，第12页。
[②] 贝克尔：《人类行为的经济分析》，上海三联书店1996年版，第300页。
[③] 张五常：《科学说需求》，（香港）花千树出版有限公司2001年版，第110页。

经验、技术与知识。这种专业知识一方面减少了无效动作与其他生产资源浪费，提高了分工的直接工作效率；从企业组织角度考察则是有利于经济效益的形成，使一定的劳动投入形成最大化产出。另一方面，由分工形成的专业化技术和知识，促进工艺创新与专利技术发明，成为社会再生产过程不断改进的组织功能环节。不仅如此，分工还规范了劳动者的专业化路径，使人们必须注重专业化知识与技能的培养，从而成为培植人力资本的社会推动力量。因此，分工是劳动效率提高、工艺完善、科技进步、财富增长与人力资本扩张的全部基础。当今世界所支持的如此巨大的人口和积累的巨大财富，没有分工的推动是难以想象的。而分工所导致的国民财富增长与生活富裕则是人们幸福生活的物质基础。因此，斯密认为，分工导致财富增长，而财富在古典经济学中被认为是幸福的同义语。

关于对分工的重视和分工与幸福联系，甚至可以溯源到古希腊时期。柏拉图在《理想国》中提出了职业专门化对于社会福利增长和人类基本需要满足的必要性。色诺芬在《经济论》中把分工与城市之间的相互促进相联系，认识到了分工的社会结构促进功能。色诺芬认为，分工为城市的形成提供了物质基础，城市则为专业化发展提供了重要的人类活动区域与社会结构条件。专业化分工在满足城市对于单样商品的大批量需求的同时促进了城市壮大，甚至城市本身也是社会分工的一个结果，而城市的壮大则进一步促进了社会分工分业的发展，并使社会结构趋向复杂化。近代工业革命以来，随着工业结构专业化分离的加快，经济学家们把分工同专业化知识生产、人力资本培养、生产率增长和国际竞争力提升全面联系起来。分工对于现代世界竞争—合作社会秩序的形成、全球一体化的促进意义得到了新的研究和重视。然而，在几乎所有的经济学家、社会学家中，没有人像斯密那样肯定分工对社会进步起到的如此巨大的作用。在亚当·斯密那里，分工几乎是作为社会经济进步与人类获得幸福生活的唯一因素在起作用的。

尽管斯密也从财富视角论证幸福，并认为财富的增进会自然而然带来幸福。那么，这是否意味着财富越多越好，财富越多越幸福呢？斯密给予了很有分寸的回答："也许值得指出，不是在社会达到绝顶富裕的时候，而是在社会处于进步状态并日益富裕的时候，贫穷劳动者即大多数人民，似乎最幸福、最安乐。"[1] 斯密似乎已经意识到经济成长期给予人们带来

---

[1] 亚当·斯密：《国民财富的性质与原因的研究》（上卷），商务印书馆1972年版，第75页。

的幸福或许更多，而当财富增长到足够程度并处于停滞状态时，人们的"享乐适应"产生了，财富可能已经不能给人们增加更多的幸福。这正是今天财富—幸福悖论产生的原因之一。①

四 密尔的基于分工协作的利他主义幸福论

边沁之后，约翰·密尔（John Mill）著成《功利主义》，对"最大多数人的最大幸福"原则作了进一步的补充与完善。密尔（旧译穆勒）认为，功利主义以快乐为目的，而功利就是快乐自身和痛苦的消除。密尔认为，只有快乐才是值得欲望的，这一情形已被人人都在渴望幸福这个心理学的经验事实所证明。密尔特别强调把精神快乐置于物质快乐之上。他把目的与达到目的的手段两者区分开，认为美德也是争取幸福的手段。而快乐是最终目的，功利原则是人类行为的唯一原则。关于利他的快乐主义，密尔有一个明确的思想，即社会产生合作，合作产生共同利益，共同利益产生共同的追求目标，于是就有利他主义。而个人利益与社会利益的和谐是保证实现最大快乐的重要前提。可见，密尔已较边沁的单纯讲人类因有天生的同情倾向和慈善心而产生利他主义的思想有明显的视角区别。密尔更多的是从社会分工与协作的相互需要中来论证个人利益与社会利益、利与义、经济利益与道德情操的辩证统一性的，并完善了边沁的社会功利原则思想，基本完成了经济哲学领域中的幸福思想的古典研究。②

事实上，在密尔之前，亚当·斯密也已经认识到追求幸福的利己主义本性是人类所有行为的出发点，从而使功利主义成为古典政治经济学的心照不宣的前提。密尔对斯密的利己主义与边沁的社会功利主义思想进行糅合与改造，认为利己主义在本质上都是对于精神快乐的追求，并把这一思想应用于古典经济理论研究，使幸福思想由哲学转向经济学领域。密尔的最大贡献在于通过解释分工，创立了由斯密利己主义到边沁社会功利主义理论相结合的功利主义经济学说。密尔揭露了少数人快乐幸福的剥削制度，尖锐批判资本主义制度，主张建立一个人人平等和共同享受劳动成果的公有制社会。密尔完成了具有折中主义色彩的古典经济学综合，并使他的经济哲学思想具有空想社会主义的色彩。③

密尔在经济学说史上具有重要地位，他的折中主义经济学思想影响了

---

① 蒲德祥：《幸福社会何以可能——斯密幸福学说诠释》，《哲学研究》2014 年第 11 期。
② John Stuari Mill, *Utilitarianism*, Dover Publications, INC., 2007.
③ 蒋自强、张旭昆：《西方经济学演化模式研究》，上海人民出版社 1996 年版，第 205 页。

欧洲半个多世纪，在经济学说史上具有相当大的影响。密尔把精神、心理等主观因素纳入政治经济学的研究对象，用支出劳动的主观感受来看待劳动，用资本家欲望的强弱来解释资本积累等，这些观点对后来奥地利学派、数理经济学派等用主观心理因素来解释社会经济现象的经济学理论思潮的兴起产生了重大影响。① 而快乐与痛苦则是密尔功利主义经济学的核心，多数人幸福是密尔功利主义经济学的目标。

五　杰文斯在劳动苦乐均衡分析基础上创立的边际效用理论

19世纪70年代，杰文斯和门格尔等通过对边沁快乐理论的运用建立了边际效用理论。杰文斯是从作为消费者的经济人的个人角度去理解经济学的。他认为人们消费的目的是追求快乐减免痛苦，而物品能给人们带来快乐（或负痛苦）的性质便是物品的效用。杰文斯认为，经济学的目的就是研究如何以最小痛苦换取最大快乐。他把劳动定义为心或身所忍受的任何痛苦的努力，而以未来利益为全部目的或一部分目的的行为。② 杰文斯把劳动所带来的痛苦称为负效用，劳动收益得到的快乐则是正效用。而均衡的劳动时间则由劳动的边际收益（正效用：工资产生的快乐）与边际成本（由劳动产生的负效用：痛苦）相等的这一点 m 来决定。③ 可见，由对劳动苦乐均衡分析基础上形成的边际效用分析思想，揭示了人类生命活动的基本原则——生命成本支付与收益的边际均衡规则。根据这一规则，只有当消费者在一定劳动时间（t）内付出的生命成本即劳动的负效用（v）所获得的劳动产品——工资报酬（x）与用此收入购买的商品对消费者生命补偿效用即劳动产出的总效用（u）边际相等时，才是实现了消费者效用（快乐）最大化。这一关系可以用式（3－1）表示：

$$\frac{dv}{dt} = \frac{dx}{dt} \cdot \frac{du}{dx} \qquad (3-1)$$

式（3－1）中，v 为劳动的负效用，$\frac{dv}{dt}$ 为劳动的边际负效用，x 为劳动产品，$\frac{dx}{dt}$ 为劳动产出对时间的导数，u 为劳动产出的总效用，$\frac{du}{dx}$ 为劳动产出的边际效用。式（3－1）表示单位时间内劳动负效用（痛苦）的补偿事实上取决于单位劳动时间内取得的工资收入与该收入产生的消费效用

---

① 蒋自强、张旭昆：《西方经济学演化模式研究》，上海人民出版社1996年版，第227页。
② 杰文斯：《政治经济学理论》，商务印书馆1984年版，第133页。
③ 杰文斯：《政治经济学理论》，商务印书馆1984年版，第134页。

（快乐）。① 杰文斯关于劳动快乐与痛苦的边际均衡原理，实际上体现了幸福经济学的基础思想。

杰文斯的这一思想对于建立一个和谐的劳动组织与公平的社会分配规则具有重要的基础理论意义。杰文斯的边际效用理论与其分析方法是正确的。之所以讲它正确，是它揭示了维系在人类行为中的最根本性的规则，即生命成本支付与收益均衡即为消费者效用（快乐）最大化的原理。② 杰文斯的劳动边际负效用概念以及劳动痛苦＝劳动带来的产品产生的快乐的时间均衡思想，即劳动时间均衡的条件为用单位 x 产品带来的边际效用与获得该产品的劳动负边际效用相等，为以后边际主义者提出向后弯曲的劳动供给曲线奠定了基础。杰文斯的这一思想和劳动供给曲线又被进一步发展为具有 3 个拐点和 4 种斜率的劳动供给曲线。③ 杰文斯实际上是在劳动这一最能够体现人类行为属性的资源上，提出了资源最优配置的一般原则，这一思想的进一步发展完善，便是边际主义的主要成就。快乐与痛苦成为这一成就的核心思想是显而易见的。

六　黄有光：快乐应是人人与所有公共政策的终极目的

快乐幸福思想的另一支重要发展，是由人类行为动力学理论到经济伦理思想的发展。洛克、斯密等主要是从"趋乐避苦"的行为动力学角度来论证快乐与幸福思想的。自边沁开始，快乐思想开始由行为动力学转向行为伦理学的探讨，即由利己快乐主义向社会功利的利他快乐主义转变，产生了幸福思想的多学科萌芽。在密尔的著作中，快乐主义几乎完全发展为一种重要的关于利他主义的行为伦理学思想，并为福利经济学奠定了重要的伦理思想基础。霍布森的福利经济学的核心就是建立在均衡分析基础上而导向最大多数人的最大化快乐目标的一种经济社会学理论。

随着经济学、社会学实证研究的发展，快乐概念因其明显的主观性和哲学色彩而逐渐淡出主流研究领域。然而，在福利经济学中的快乐幸福思想仍然在发展。以黄有光为代表的一批现代福利经济学家摒弃了主流经济学的偏好满足即效用的新效用主义理论，把快乐与偏好以及建立在偏好基础上的效用概念相区分，把快乐与理性相联系，提出了"快乐是人类唯一有理性的终极目的"的福利经济学思想。黄有光认为，由于信息不全、无

---

① 蒋自强、张旭昆：《西方经济学演化模式研究》，上海人民出版社 1996 年版，第 247 页。
② 陈惠雄：《生命成本：关于消费函数理论的一个新假说》，《中国工业经济》2005 年第 8 期。
③ 陈惠雄：《快乐原则——人类经济行为的分析》，经济科学出版社 2003 年版，第 248 页。

理性以及亲缘利他三个因素，使人类的大量偏好行为偏离了效用最大化目标，从而证明了新古典经济学基于偏好的效用分析理论存在着基础性的理论缺陷。[①] 黄有光的这一理论贡献有可能使经济学家们最终认识到建立在偏好满足的效用理念基础上的最大化假设事实上存在偏离快乐与幸福的大量无效率情况，从而有必要把快乐置于对偏好的终极价值检验地位，使许多无理性偏好行为得到科学的价值引导和严格的制度纠正，以使人类行为变得真正有利于社会总福祉增加，满足最大多数人的最大幸福目标。

黄有光认为，快乐不但是人人的终极目的，也应该是（但未必是）所有经济政策与所有其他公共政策的唯一终极目的。对这一理论的认识与推广，有助于大量减少无谓的痛苦，有助于避免快乐原则被局部利益团体或个人所利用。[②] 正因如此，黄有光认为，福利经济学是不完整的，因为它只分析偏好而不分析作为福利经济学终极目标的福祉或快乐。而偏好和快乐是有差异的，过度物质主义的偏好会产生一系列的环境破坏效应，可能使经济增长反而减少福祉。[③] 黄有光充分强调与延伸了快乐为终极善的经济哲学理念，并把它置于福祉经济学与幸福经济学的终极目标之中。

七 丹尼尔·卡尼曼：以体验效用作为决策效用的终极价值标准

在快乐主义进一步走向心理分析后，也促进了经济学的心理学化趋势，使经济学由客观分析转向主观心理分析，把经济学变为"痛苦和快乐的微积分"，并引起了心理经济学的产生。[④] 在这方面，最引人注目的是美国普林斯顿大学心理学教授卡尼曼等的快乐心理学研究成就。卡尼曼的最大贡献在于通过实验心理学验证，证明了人类的理性局限和偏好非稳定性，认识到人类思维经常是以熟知的信息进行选择，从而违背概率规律，并存在偏好逆转情形，以此证明经济人的有限理性并破除了主流经济学的偏好假定理论。卡尼曼认为，快乐是人类行为的终极目的和行为动机的真正本质，他认为基于稀缺的决策效用必须以基于快乐的体验效用为终极价值标准，即人们根据资源稀缺性做出的效用最大化资源配置与利用决策，归根结底要以是否有利于提高人们的幸福感而不是 GDP 增长的多少为依

---

① 黄有光：《快乐、福利、人本主义——回应陈惠雄博士》，《财经论丛》2000 年第 5 期。
② 黄有光：《快乐应是人人与所有公共政策的终极目的》，《经济学家茶座》2008 年第 5 期。
③ 黄有光：《从偏好到快乐：通向一个更加完整的福利经济学》，《新政治经济学评论》（第一辑），浙江大学出版社 2005 年版，第 110—139 页。
④ 颜鹏飞：《西方经济学研究大纲》，《经济学动态》1996 年第 9 期。

归。由于快乐幸福比偏好更加基础与稳定，因此，把幸福置于人类行为的终极价值地位，才能够更好、更加有效地解决人类偏好的不稳定性以及与幸福目标背离的问题，减少"经济有发展，幸福无提高"的现代社会发展悖论的产生。

针对当今社会注重 GDP 工具价值而漠视幸福终极价值的情况，卡尼曼明确地区分了决策效用与体验效用，提出了"回到边沁"的理论主张。[1] "这被认为是经济学的第二次现代化，旨在实现经济学后现代转型。卡尼曼主张把体验效用作为新经济学的价值基础，这是经济学二百多年来，最大的一次价值转向。如果说斯密相当于经济学中的牛顿，卡尼曼则相当于经济学中的爱因斯坦。"[2] 用什么作理论的价值基础，这是社会转型期经济社会学理论面临的最重大挑战之一——它面临着社会转型转向何方或者是向哪里转的根本性的发展路径问题。在这个问题上经济学与社会学深深地搅在了一起。

卡尼曼的"回到边沁"一文实际上已经把社会发展的未来目标问题挑明。卡尼曼提出的快乐与效用（或按卡尼曼说的边沁体验效用与马歇尔决策效用）的区别，从哲学高度说就是目的与手段的区别。两种价值观的区别在于：以人为本的发展观强调以人的快乐幸福为目的，决策效用（经济增长）为手段，现代西方经济学强调以物质偏好满足的效用为目的，以人为经济增长的手段。快乐与效用或者体验效用与决策效用的区分，为幸福经济学的建立确定了可靠的理论基础。

由于快乐与心理之间的紧密联系，认知科学利用核磁共振脑血流仪和正电子发射断层脑成象设备，大脑神经网络和心智活动之间的电化学联系已经十分清楚，心身统一性已经基本探明。如此，快乐的神经可计读也将为期不远。有关专家预期，至 2050 年左右，在行为学基础上的关于人类行为的经济社会学基础理论研究，将转变为从行为到大脑皮层上的拓扑影射的研究。[3] 因此，神经经济学与社会神经科学已经成为一个新的研究领域，它力图揭开人类行为与生物遗传学之间的某些联系，以解释人类诸如累积财富偏好（贪婪、自私）的行为是否具有遗传学基础，以及何种品种与偏好得到优化发展的趋势，从而能够给经济社会的科学发展、幸福发展

---

[1] Kanhneman, D., Wakker, P. & Sarin, R., "Back to Bentham? Explorations of Experienced Utility", *The Quarterly Journal of Economics*, 1997, 112: 375 – 406.
[2] 姜奇平：《诺奖得主卡尼曼：回到边沁》，www.benthamism.cn/article/Details。
[3] 汪丁丁：《拉其尔的语言与文化》，《经济学消息报》2002 年 7 月 5 日。

提供更好的硬科学支持。①

第四节 "多巴胺"与其他学科中的幸福研究

幸福的主要研究领域在哲学、伦理学和心理学中。哲学中的幸福研究在于解释"在"与"觉"之间的相互关系，及其对人类行为终极本质的理解；伦理学中的幸福研究在于解释人类行为"善"的本质及其相关的德性行为理念；心理学中的幸福研究侧重于主观感受的科学测定、影响要素分析及其积极心理行为的调动；经济学以快乐（效用）为核心展开其理论体系，研究收入、资源环境、就业、通货膨胀等与幸福的关系；社会学中的幸福研究侧重于社会关系、社会公正等系统性的经济社会因子对幸福的影响。快乐与幸福研究的这种多学科交叉发展，极大地丰富了幸福研究的理论系统，同时也促进了幸福实证测量方法的研究深化。除了这些学科领域中的快乐幸福研究不断深入外，在管理、立法、生命科学与精神科学中快乐幸福问题均受到了空前的重视。

一 生命科学中的幸福研究

在生命科学中，现代分子生物学家和脑科学家已经破译了快乐的生物密码——一种被称为"多巴胺"的神经传递介质。多巴胺（Dopamine）（C6H3（OH）2 – CH2 – CH2 – NH2）由脑内分泌，可影响一个人的情绪。它正式的化学名称为 4 –（2 – 乙胺基）苯 – 1，2 – 二醇，简称"DA"。瑞典科学家 Arvid Carlsson 确定多巴胺为脑内信息传递者的角色使他赢得了 2000 年诺贝尔医学奖。多巴胺是一种用来帮助细胞传送脉冲的化学物质和神经传导物质。这种脑内分泌主要负责大脑的情欲、感觉，将兴奋及开心的信息传递，也与上瘾有关。爱情等快乐感其实就是脑里产生大量多巴胺作用的结果。吸烟和吸毒可以增加多巴胺的分泌，以至于使上瘾者感到开心及兴奋。②

脑科学研究表明，人类大脑中存在一个"享乐中心"，科学家们为此进行脑电流（EBS）技术开发研究，并为增进人类快乐提供服务。黄有光

---

① 保罗·格莱姆齐：《决策、不确定性和大脑：神经经济学》，中国人民大学出版社 2010 年版，第 86 页。
② 张孟杰、韩璞庚：《幸福科学与自然主义的"幸福学"》，《哲学研究》2016 年第 3 期。

提出，直接刺激大脑"享乐中心"的技术研究与开发运用，可能远比目前我们关注的经济增长对人类的幸福生活要好，并发表相关文章来阐明这个思想。① "一个比我们目前已知的更美好的世界不仅在理论上是可能的，而且实际上是很可能诞生的。"②

二 政治学中的幸福研究

亚里士多德认为，人是政治动物。政治与幸福紧密相关，从而从某种程度上说，政治幸福观决定了人应该怎样生活的问题，它是关于人应该如何生活，什么样的生活是值得过的生活、是美好生活，它是道德哲学的最佳出发点，也是政治哲学的最佳出发点。正如凯恩斯指出，政治哲学家们的思想，无论它们在对的时候还是在错的时候，都比一般所设想的思想要更有力量。的确，世界就是由它们统治着。

政治的概念最早可溯源于古希腊，正如一位哲人所言：伦理学是达致个人的善，政治学是达致众人的善。亚里士多德也说："既然一切知识、一切选择都是趋于某种善，那么政治学所要达到的目的是什么呢？行为所能达到的一切善的顶点又是什么呢？从名称上说，几乎大多数人都会同意这是幸福"③。可见，幸福同样是政治学追求的终极目标。古希腊的城邦时代，哲学家们也是根据这一目标来思考政治学的。

柏拉图首先在《理想国》一书中最早提出构建幸福国家的思想：我们建立这个国家的目标并不是为了某一个阶级的单独突出的幸福，而是为了全体公民的最大幸福。当前，我认为我们的首要任务乃是铸造出一个幸福国家的模型来，但不是支离破碎地铸造一个为了少数人幸福的国家，而是铸造一个整体的幸福国家。④ 只有在这样的国家里才能由真正富有的人来统治。在柏拉图看来，当然他们不是富有黄金，而是富有幸福所必需的那种善的和智慧的生活。因此，如果作为整体的心灵遵循其爱智部分的引导，内部没有纷争，那么，每个部分就会是正义的，在其他各方面起作用的同时，享受着它自己特有的快乐，享受着最善的和各自范围内最真的快乐。在柏拉图看来，正义问题归根结底就是幸福问题，正义就意味

---

① 黄有光：《宇宙是怎样来的》，附录 a：《能够大量增加快乐的简单方法——刺激大脑享乐中心》，复旦大学出版社 2011 年版，第 108—112 页。
② 马克·鲁兹：《人本主义经济学的挑战》，西南财经大学出版社 2003 年版，导言，第 1 页。
③ 亚里士多德：《尼各马克伦理学》，商务印书馆 2008 年版，第 9 页。
④ 柏拉图：《理想国》，商务印书馆 2011 年版，第 133 页。

着幸福，获取幸福离不开正义与德性。要研究人应该如何生活的问题需要到一个"共同体"中去寻找，或者说，个人的幸福和正义与城邦是分不开的。① 柏拉图明确指出，幸福在于拥有正义德性，而正义是灵魂的德性，这意味着正义就是幸福，幸福就是灵魂的和谐状态。柏拉图以此将城邦结构与灵魂结构类比，从政治生活层层深入论证城邦是实现幸福的保证。

而在亚里士多德看来，城邦的作用及其终极目的就是美好生活，而社会生活中的所有活动都只是达到这种目的的手段而已。② 亚里士多德认为："只有具备了最优良的政体的城邦，才能有最优良的治理；而治理最为优良的城邦，才有获致幸福的最大希望。"③ 根据亚里士多德的观点，优良的立法家们对于任何城邦所当为之操心的真正目的必须是大家共同的美好生活以及由此而获致的幸福。柏拉图和亚里士多德共同奠定了西方政治哲学的基础。

在政治学中，往往更多是强调以多数人幸福的社会功利原则来构建其政治与法律体系。2000 年，耶鲁大学出版社出版了罗伯特·莱恩的 *The Loss of Happiness in Market Democracies*，研究了市场民主制度下的幸福流失问题，开现代市场经济体制条件下政治学研究幸福之先河。④ 幸福政治学研究者认为，幸福是人类的不懈追求，幸福不仅仅只有用收入和 GDP 的增长来衡量，而应该放到社会政治体系中去考量，放到引起公民幸福感日益变化的体制环境中去考察，追求幸福应当成为政治的真正目标。在政治体系和政治活动中，要把保障人民的民生与民主权利、实现社会公平正义、促进和谐稳定作为建立政治体制的基本职责。幸福政治学正是适应了这种趋势而日益为各国政治家所关注。⑤

三　其他学科中的幸福研究

在社会学与法学方面，边沁的关于以社会功利原则作为立法与道德的基础的理论主张，近年来得到了专家们日益明显的关注。在婚姻合约、职业转移、环境保护等方面显示出更多的制度灵活性和人文关怀。荷兰有限

---

① 余纪元：《〈理想国〉讲演录》，中国人民大学出版社 2011 年版，第 7 页。
② 亚里士多德：《政治学》，商务印书馆 2009 年版，第 3 页。
③ 亚里士多德：《政治学》，商务印书馆 2009 年版，第 387 页。
④ 王世荣：《幸福政治学论纲》，《宝鸡文理学院学报》（社会科学版）2017 年第 2 期。
⑤ 姚东：《幸福政治学：一种新的政治学研究视角》，《中共成都市委党校学报》2007 年第 4 期。

度开禁大麻，为安乐死立法，显示了快乐思想在这个国家先驱性的制度实验，并把政府效率、管制质量、法制水平、对腐败的控制作为现代国家提高国民幸福指数的四大关键技术，显示了快乐理论在政治制度实践中的日益广泛的应用。

与此同时，世界各国对动物快乐也给予了日益增多的关注。这为人类饲养、使用动物提供了重要的类别参考。特别是对于有苦乐感的动物，必须使其在无死亡威胁与恐惧感以及要在其失去知觉后才能进行宰杀的动物福利（Animal Welfare）意见，为动物伦理研究和动物福利法的建立与完善奠定了重要的理论基础，同时也为经济的可持续发展补充了基于动物快乐的理论视角。

在管理学中，快乐管理成为近年来日益受关注的重要实践话题。管理学家们已经注意到，企业家的快乐指数直接影响企业的健康状况，并把这种快乐指数称为"企业健康指标"，包括企业内部的员工快乐、管理者快乐，以及由"员工、管理者、董事"三者相互作用形成的"组织快乐"。"企业外部健康指标"则包括"客户快乐""服务供应商快乐""战略合作伙伴快乐"等。① 还有如何研究以尽可能小的代价获得幸福问题，如何使个人幸福与集体幸福相一致的问题，如何满足人们不断增多的幸福追求等。一些管理学者甚至从更加深入的角度如 well being 与 Subject Well-being 之间存在的差距来寻找解决问题的办法，寻求如何在有限的满足条件下实现尽可能多的快乐的对策。

近年来，快乐工作、快乐竞争力成为现代管理学的一个新的重要命题。幸福管理需要解决的问题也许比经济学更加急迫并存在三大幸福管理难题：一是如何实现劳动者的全面快乐，不仅仅是结果，而且包括过程，这就是快乐工作问题；二是如何实现生产者与消费者的同乐，不仅仅是价格，而且包括产品；三是如何实现社会所有人的幸福，不仅仅当代人，而且包括后代人，这就是可持续发展问题。近年来，快乐幸福理念也发展到营销、旅游、休闲产业等多个方面，并逐渐深入人们全面的生活，甚至有学者提出以国民幸福总值 GNH 取代或者至少是弥补国民生产总值 GNP。② 一个幸福思想盛行的理论与生活时代正在向我们越走越近。③

---

① 袁岳：《一个需要快乐工作的时代》，《经理日报》2008 年 1 月 4 日。
② 王方华：《从"幸福经济学"到"幸福管理学"》，《上海管理科学》2003 年第 3 期。
③ 肖恩·谀科尔：《快乐竞争力》，中国人民大学出版社 2012 年版，第 76 页。

第五节　幸福概念的多学科演绎与现代发展

幸福是哲学目的论中的重要概念。由于幸福对于人类生活与经济社会发展的终极价值意义，今天已经发展成为几乎所有关于人类行为问题学科关注和应用的重要概念。然而，由于学科使命与问题意识不同，使不同学科中的幸福概念各有定名，其概念的内涵、外延抑或由此产生差异，成为学科间概念贯通与理论相互支持的障碍。而由于幸福的主观性特征，使其在讲求实证研究与量化分析的其他现代学科中经常遭遇阻碍。这两个问题内在关联并在一定程度上妨碍了快乐幸福概念的实际接受与科学运用，因此有必要对幸福在不同学科间的概念演绎和相互关系进行研究与厘清，以有助于幸福经济学的建设与发展。

一　幸福概念的多学科演绎

幸福（Eudaimonia）与快乐（Hedonic）均源于古希腊。其后 2000 多年中，幸福概念在多个学科中应用和发展。由于不同学科的学科使命与关注点不同，形成了幸福、快乐、满意、功利、效用、偏好等一系列概念演绎。赫拉克利特、伊壁鸠鲁等古希腊哲学家首先阐述快乐思想，并把快乐（Hedonic）解释为人类与生俱来所欲求的一种愉悦的精神感受，是一种愉悦与满足的状态。"hedo"是一个希腊文词根，表示快乐、欣慰、愉悦的人类情感。哲学家们的快乐思想是从人人都在渴望得到快乐的经验事实中首先获得的。在古希腊哲学中，幸福被写为 eudaimonia。在亚里士多德的《尼各马可伦理学》（*Nicomachean Ethics*）中，幸福被描写为是一种能够滋养人类生活的东西，是一种积极的生活。包括美德、智慧、爱、友谊等。而希腊幸福概念又通过标准的英文把 eudaimonia 转化为 happiness 而被传承下来。[1] 其中 eu 表示好的、和谐、安乐，daimon 表示精神。"幸福"一词带有明显的"福气""幸运"的意思。Eudaimonia 意指"有恩宠的丰盛人生"。[2] 这和"幸福"一词在中文中具有"临幸"、外部恩赐、降临的福泽具有接近的意思。这也是笔者一直来更加主张用快乐而不是用幸福来科

---

[1] 路易吉诺·布鲁尼等：《经济学与幸福》，傅红春等译，上海人民出版社 2007 年版，第 163 页。

[2] 达林·麦马翁：《幸福的历史》，上海三联书店 2011 年版，第 13 页。

学表达人类行为的终极目的的原因之一。① 也有人认为,英文"happiness"(幸福)一词的来源为冰岛语言里的 happ。② 然而,演绎到了今天,"Happiness"一词的一般解释是:A state of well-being characterized by emotions ranging from contentment to intense joy。即对良好状态的从满意到极度快乐的感受。或者是:Emotions experienced when in a state of well-being,即对良好状态的一种主观体验。③ 这已经与快乐的含义非常接近了。

一些学者认为,幸福是一个集生理性、心理性感受于一体和集个体性、社会性感受于一体的概念,因而具有比基于生理的快感或心理的快乐更丰富和理性的内涵。与这种认识相近,一些学者进一步认为幸福是指人们的良好的生活与行为状态,是人合理地节制感性欲望、充分发挥自身的潜能从而使人格、理性不断完善的活动。因而,幸福不仅是基于自身感性欲望的满足,更重要的是把这种满足建基于与亲情、他者和谐相处的满足之中。持这一类观点的学者往往把快乐界定为狭义的心身欲望的满足,而把幸福诠释为与理性、德行相联系的自我价值实现的一种活动。④ 实际上,包括亚里士多德在内的哲学家们提出的这些幸福内涵最终都是能够给人们带来愉悦与快乐的活动,只不过其实现的形式与层次、境界不同而已。从终极价值角度讲,当所有行为都只能够用一个概念来表达时,快乐比幸福更加贴切。而如果把快乐与幸福都理解为一种愉悦、满意、积极的精神感受与心理体验时,二者的意义显然是相同的。

在哲学中,快乐与目的论联系在一起,以解释人类行为的终极性原则。哲学快乐论的出发点是:人类行为的根本目的在于趋乐避苦,一切取舍服从快乐原则,快乐是人类之自然的和最高的善。快乐哲学思想从根本上辨明了人类行动的普遍性原则与一般性方向,同时也形成了哲学中的快乐主义世界观。由于快乐对于人类行为的本质性意义,近代初期以来,伦理学家对快乐原则及其人类行为的伦理方式进行深入思考,形成了伦理学中的功利主义。英国伦理学家洛克和边沁是其中坚代表。

由于伦理学的学科使命与问题意识,使伦理学家把快乐与其行为的道德准则、价值判断相联系。伦理学的这一道德追问与价值联系,使哲学中的快乐演绎成为伦理学中的"功利"(utility)。什么叫功利呢?功利就是有利于快乐的事情。"凡是有利于快乐的事情就是好的",这就是功利主义

---

① 陈惠雄:《"快乐"的概念演绎与度量理论》,《哲学研究》2005 年第 9 期。
② 泰勒·本—沙哈尔:《幸福的方法》,当代中国出版社 2007 年版,第 5 页。
③ http://www.iciba.com/happiness。
④ 林剑:《幸福论七题——兼与罗敏同志商榷》,《哲学研究》2002 年第 4 期。

的行事原则。因此，功利与快乐具有相同的概念含义。同时，功利主义伦理学又是对快乐主义哲学思想的一个发展。这种发展就是功利主义强调以是否有利于增进快乐幸福作为衡量与判断人类行为的基本准则，并以（多数人）快乐作为褒贬行为、衡量道德与立法的原则基础，显示了快乐对于功利的概念基础意义和功利对于快乐的概念发展意义。然而，正如边沁已经意识到的那样，由于"功利"一词不像快乐（pleasure）、幸福（happiness）那样能够指明人类行为的意义，以及"功利"一词与快乐、幸福缺乏明确的联系，已经极其严重地阻碍了人们接受功利原则。

在经济学中，快乐概念转化为"效用"（utility），用以解释人类在约束条件下的最大化行为。19世纪70年代，英国经济学家杰文斯把物品能够给人们带来快乐的属性界定为效用，从而把快乐概念引入经济学。可见，经济学中效用概念的本质含义仍然是快乐，快乐即效用，这也是老效用主义与行为经济学的效用解释。然而，由于经济学的问题视角，必须考虑人们获取快乐支付的成本，关注人类行为的快乐最大化问题即快乐净收益（快乐减去痛苦的剩余）。因此，尽管效用的核心意义仍然是快乐，但效用的问题视角已经不仅仅是指出人们行为的终极目的，还联系到人们为实现此目的需要支付的成本以及约束条件，从而既建立了效用与快乐及其负效用与痛苦的概念联系，也显示出经济学研究快乐幸福的成本—收益均衡的问题视角。

从效用与功利概念考察，两者虽同用"utility"一词，但考察的角度与意义显然不同。功利主义伦理学强调快乐幸福作为人们为人处世的基本原则并且推广到对多数人有利的道德与立法原则，不考虑成本问题。效用主义经济学则强调行为、对象对当事者需要满足的实用性价值，强调当事者为获得此效用付出的成本以及边际均衡点，并且不问这当事者行为的"外部性"或"利益攸关之人数"。因此，当功利主义被引入经济学时，utility被注重为对当事者的收益减去成本的实际"功用"意义，而非行事原则；注重于个体最大收益或最小成本的经济原则，而非最大人群利益的伦理原则。由于效用主义经济学对于效用的这种实用主义理解，导致效用在现代经济学中被进一步解释为"偏好"（preference）的满足，效用概念进一步侧重于行为主体的微观利益或偏好的满足程度。在福利经济学中，经济学家们把"福利"理解为快乐的同义语。认为经济的任务是致力于"福利"，亦即致力于"人类的快乐"。为了减少人们对福利的经济意义上的狭义理解，新福利主义经济学家黄有光把福利经济学改为"福祉经济学"，把福利演绎为包括生态福利等在内的广义福祉与净福利概念，并进一步明确了快乐在福祉经济学中的核心地位。[①]

在心理学中，由于其注重个体行为心理研究的学科特征，使快乐研究进一步转向主观分析，并突出快乐的个体心理感受——情感与认知研究。与之相应，心理学家们更愿意以"幸福"来表征快乐。一个相应的心理学名词——"主观幸福感"应运而生。Subjective Well-being 或 happiness 表示的是人们一种良好的存在状态，或对状态的正向情感。不管这种存在状态是自我体验、目标衡量还是外在界定的（这是心理学家衡量幸福的三种不同的理论标准）。

近半个世纪以来，社会学对快乐的关注也日益增多。由于长期以来世界各国多以"经济增长"作为评价社会进步的主要指标，并认为只要收入增长，社会满意度就会提高。然而，社会进程显示，经济增长不等于社会发展，生活富裕并不意味着人类幸福，GDP 增长也不代表全体国民能够同享现代化。由此，20 世纪 70 年代以来，关于生活质量的社会行动报告研究开始风靡北美和欧洲。社会学家们意识到，社会发展的根本目的是让人人得到幸福生活，人人感受快乐。因而，提高人们的生活质量，达到人人快乐的状态，可以说是对整个人类的终极关怀。社会学家们对快乐的研究是以人群对社会状况的"认可"即满意程度为注意点的。一些社会心理学家并把"快乐"与"满意"相区分，认为前者表征"情绪"，后者表征"认知"。因此，在社会学中，快乐被更多地理解为人们对社会状况的"满意"（satisfaction）程度。生活满意度、社会满意度、员工满意度、收入满意度等是社会学幸福研究的重点。

二 幸福的学科问题意识差异

由于几乎所有的科学研究与经济生产、社会发展都与人类幸福发生着直接或间接的联系，没有一个学科与经济发展使命是可以离开人类快乐幸福这个终极目的主题的，或者说只有有助于人们当下或遥远的快乐幸福的科学研究与经济社会发展才具有意义。然而，不同学科由于其问题意识不同，研究幸福的视角也不同，辨别这种差异对于幸福经济学的学科建立是很有必要的。

首先，人类行为在终极本质上均是从"我"出发的一种关于苦乐的体验评价，无论从何种学科角度观察，快乐与痛苦是人类所有正向情感与负

[①] 黄有光：《快乐、福利、人本主义——回应陈惠雄博士》，《财经论丛》2000 年第 5 期，《中国社会科学文摘》2001 年第 1 期。

向情感的本质特征,而所有涉及人的问题的社会科学均要以人类的这种本质体验来作为本学科的核心概念,并由此形成评价生活与行为的基本尺度。快乐(hedonic)、功利(utility)、效用(utility)、偏好(preference)、福利(welfare)、幸福(happiness)、满意(satisfaction),这些概念本质上均是指人们主观感受到的愉悦的身心状态,或者是以这种身心状态为基准形成的价值评价,因而表征着同质的意义。[①] 幸福指数、主观幸福感、满意度、效用水平等概念均反映为个体主观的心理体验。可见,幸福与快乐是同源的。而快乐不只是一种主观的情绪状态,也是一种由对存在世界认知与体验形成的幸福感、满意状态带来的由最弱可感知快乐到最强快乐的多个层次水平(连续)体验过程。从这样一种广义角度思考,快乐、幸福、满意这些概念显然具有质的同一性意义。

其次,由于不同学科的学科特征与研究使命,形成了幸福研究的不同视角以及快乐一词在不同学科中的特征性应用与演化,这种学科情形使快乐、幸福、功利、效用、偏好、福利、满意等概念之间确实存在一些概念内涵或外延差异。哲学是从"人与世界"的本质关系的目的论角度来认识快乐的,以揭示人类行为的根本特征。由于快乐对于人类行为的终极价值意义,伦理学把快乐发展为一种判断人类行为的价值准则,从"人与人"关系的角度形成了以快乐为中心的功利主义原则,把是否有利于增进快乐作为衡量与判断人类行为的基本伦理准则,显示了快乐哲学的伦理应用倾向。经济学从"人与物"关系的角度把快乐转换为客体对主体满足程度的效用分析,把能够增进人们快乐的事物与行为属性界定为效用,并始终结合获取快乐的资源约束与机会成本概念,从而强调了人类获取快乐的成本理念即杰文斯所说的"快乐净收益"概念。心理学立足"人自身"的心理体验,把存在世界反映到人自身的苦乐感受转换为对主观幸福感的思考,并运用实验心理学方法进行验证,确立了心理学考察快乐问题的自然科学与社会科学的交叉视角,从而大大推进了快乐研究手段的科学化。心理学中的幸福或主观幸福感概念引入了主体感受的"场景"概念,似乎扩大了快乐的感受基础与体验范围,其实这是一种误解。存在世界皆是苦乐的影响因子,幸福的概念外延不可能比快乐更大。但幸福较之快乐概念更加注重对生活环境的考察以及外部福祉环境对于个体的关照,却是一个事实。社会学从"人与社会"关系的角度出发,把快乐转化为人们对社会状况的"认可"即满意程度的考察,从而形成了关于社会满意度方面的理论

[①] 陈惠雄:《"快乐"的概念演绎与度量理论》,《哲学研究》2005年第9期。

视角。这种理论视角进一步把快乐研究推广为对社会整体发展状况的评价，从而使快乐研究的抽象性进一步走向现实化。政治学则从"人与政治体系"角度来分析与评价政府绩效与社会治理成效，并把幸福导向的政府善治与人民幸福、满意水平作为重要的研究视角。

因此，快乐、幸福、效用、满意等概念在多学科中的演绎与定名，其概念内涵具有本质的一致性，而之所以概念表征互异，则反映出快乐在不同学科领域中的理解与侧重性的研究视角。这是我们理解不同领域中快乐、幸福研究可有的认识基础。需要强调的是，快乐是最能够准确表达人类正向情感的概念，幸福、满意、效用、偏好等概念所包含的状况最终都是以主体自身愉悦、快乐的内心体验为根本尺度的。不同学科关于快乐与幸福、效用等概念差异的讨论，当可回归到快乐的基本尺度上来，从而形成对人类行为基础、行为本质和终极目的的一致性的理解。在幸福经济学中，由于快乐与幸福感的词面差异，以及在幸福指数测度中，快乐比幸福的主观性在直觉上似乎更强，因而我们选择了幸福经济学而不是快乐经济学的学科定名，以便使本书在分析经济发展对人们的幸福感影响方面，更加能够体现客观经济社会状况对人们幸福水平的影响。

第四章　幸福原理

【本章导读】从趋乐避苦的内心欲望出发，到苦乐的身心体验终结，这个过程有一系列关于人类行为的概念。厘清这些概念关系，阐明幸福是人类行为的终极目的原理和幸福的主要属性，可以使幸福经济学建立在可靠的理论概念界说和科学的人类行为动机理论的基础之上，并为幸福经济学建立稳定的幸福原理奠定基础。本章通过对与幸福相关的一些核心概念的阐述，以明确建立幸福经济学的理论必要性与现实可行性；通过对欲望形成的心理机制与人类欲望的真实本质的阐述，以明确快乐幸福为人类行为终极目的的理论机理；通过对幸福的类别、层次、特征以及幸福定律的系统性揭示，以解构幸福本身的特性与结构。在此基础上，展开对经济人属性的一个深入讨论，从幸福的终极目的角度来解析经济人假说中的相关理论问题，以明确经济人行为的终极目的是幸福，从而使人类行为经济分析的视角可以更加包容与开阔。

欲望与需要是幸福分析的一般逻辑起点，也是人类行为的基础动力所在。欲望引起需要，需要在具体的个体身上体现为偏好，伸出手来购买的需要是显示性偏好，也叫作需求。而显示出来的购买行为并不能够判断人们是否真的感觉幸福（如房奴现象），还要求人们说出自己的感受来，这叫作明示偏好。说出来的感受可以叫作效用，实际上就是幸福感或者叫苦乐感。效用属于主观范畴，消费者的效用大小最终可以用仪器（快乐计）来测量，但目前仪器测量效用的技术还不够成熟，所以只能说出来，于是就有了关于幸福感与满意度的各种测量方法、指标体系与调查问卷。欲望、偏好、效用的核心都是快乐与幸福，并且只有快乐幸福才是检验欲望、偏好、效用的终极价值尺度。用杰文斯的话说，效用就是物品能够满足消费者快乐的属性。

第一节 欲望、偏好、效用与幸福

欲望、偏好、需要、需求、效用、快乐、幸福是现代经济学中一组具有强相关性的涉及主体行为的基础概念。这些概念充满了主观性特征,以至于我们必须建立这样的经济学信念——主观性是经济学无法摆脱的特征。幸福经济学以分析经济发展与人类的苦乐感受关系为轴心,主观性特征尤其明显。在经济学几乎完全注重客观性指标与实证研究的今天,如人均收入、居民消费率、外汇储备量、能耗指标等,幸福经济学根本不必忌讳对这些主观性概念及其相互关系的探讨与研究。因为,整个经济学理论大厦实际上都是构筑在"人与其行为以及感受"的基础上的。

一 欲望

人类需要起源于欲望,而受约束于能力(这个能力包括货币能力与身心能力)。尽管黄有光等认为,欲望对人类行为不具有规范意义,但欲望对于人类行为的动力学意义却是实实在在存在的。欲望—偏好—需要—需求(显示偏好)—幸福(明示偏好),这些概念涉及对人类经济行为的基本理解与逻辑贯穿。对这些概念的区别与认识,关系到对幸福原理和人类行为基础机理的理解和幸福经济学直接的理论基础构建。

(一)欲望的基本特性

欲望(wants)是一种因感觉缺乏而希求得到满足的愿望,是动物界普遍存在的一种身心现象。人的欲望是人体的机能,源于人的生理和心理本能,是人体各种器官官能渴望得到满足而通过相应的生理、心理过程表现出来的一种身心现象。欲望的基础来自先天遗传,并在后天的生活实践中随身心机能和社会中的相互作用而得到补建、强化或改变。这一观点集中了生物学与人类社会学对于欲望的理解,可以对主流经济学把人的选择行为不依赖于他人选择的观点有重大补正。一般而言,欲望具有以下四个主要特征:

一是无限性。一种欲望满足了,新的欲望又会出来,层出不穷,永无终结。欲望的这种无限性,成为人类行为发生和社会经济进步的根本动力。

二是层次性。根据马斯洛的"需求层次论",人的需要或欲望是有层次的。人类欲望的层次性和依次递升性,归根结底来自它们对于人类生命存在与发展的重要性排序的差异。而这种差异以及他人选择对自我选择的相互影响则成为人类进行行为选择的重要依据。经济学是分析人类行为的科学，理解欲望的这种特性是很有意义的。

三是单个欲望强度的时限性和反复再现性。欲望在一定时间内的强度是有一定限制的。当某种欲望满足时，其强度便减弱，直至饱和状态时的欲望消失。欲望强度的有限并反复再现，成为人类形成周而复始的循环活动的基本心理与行为依据。

四是满足欲望的对象的可替代性。人类欲望的满足需要有相应的对象，而由于对象本身属性的近似性，决定了满足人类许多欲望的物质对象所具有的可替代性。诸如面粉替代大米以充饥、棉布替代麻布以保暖等。人类欲望满足物的这种可替代性成了经济学中"边际替代"理论的重要由来。

（二）关于欲望本源、功能与结构的一些观点

欲望是人类行为的动力学基础，它与其他主观性概念的不同特点是具有较强的先天遗传特征。当人们在反思今天人类行为中的自私与物质累积偏好（如蚂蚁的物质累积偏好）的根源时，不得不走向对人类自私基因的追寻。著名物理学家史蒂芬·霍金在接受美国网站 BigThink 访谈时称：由于人类基因中携带"自私、贪婪"的遗传密码，这种自私与贪婪正在使地球资源一点点耗尽，从而有可能使地球在 200 年内毁灭。① 神经经济学的迅速发展，某种程度上正是试图从根本上探索人类决策行为的神经基础奥秘，以从根本上解释人类行为的动力学原因。② 而神经基础是构成欲望进而形成偏好的基本成分。如果人类的自私、贪婪真的由基因决定并且不具有演化性特质，未来制约自私、贪婪的制度安排的交易费用就一定非常昂贵，那么社会前景就会变得非常令人沮丧。但从社会进步大于倒退的情况看（假如这个判断是正确的话），人类欲望对于社会的推动仍然大于它对社会的破坏情况，并且显示出一些人类欲望的向善演化迹象——向普人类的幸福社会制度演化。如果是这样，我们仍然可以对未来社会具有信心，并认定或者假定人类的偏好行为可以接受社会相互作用的影响，并可以通过相应的制度安排而得到改善。

亚当·斯密从另一个角度来看待自私欲望与经济社会进步之间的辩证

---

① 霍金：《人类自私贪婪将让地球在 200 年内毁灭》，news.163.com/10/0809/16/6DLK3LES000146BD.html，2010 年 8 月 9 日。
② 梁竹苑、周媛、饶俪琳、李纾：《神经经济学：探索人类决策行为的神经基础》，《中国社会科学报》2010 年 7 月 29 日。

关系。斯密信奉人类的利己主义优先原则，认定对他人的幸福漠不关心的事实，承认每个人都有"为自己的幸福超过为他人幸福的自然选择"。斯密认为，在追求自利这只"看不见的手"的指引下，不仅个人能够实现自身的最大利益，而且"他们各自追求各自的利益，往往更能有效地促进社会的利益。他们如真想促进社会的利益，还往往不能那样有效"。① 杰里米·里夫金等同样认为，人们满足自己需要的欲望，其实是一种能使他人得益的美德。只有通过个人的自私活动，才能化贫乏为富庶。② 斯密与里夫金等都看到了人类的自私欲望对推动社会进步的辩证机理。这一点斯密比霍金对人类社会的前途似乎更加有信心，并且大致符合迄今为止的人类经济社会发展的历史事实。

我国已故经济学家宋承先把人类的三大本能性欲望——官能欲、物质欲、追逐欲作为经济学研究的出发点。海萨尼（Harsanyi）把利他欲、成就欲和满足好奇心的欲望归入非基于快乐主义的"自发的欲望"序列中，指出了人类的某些欲望并非是基于官能方面的满足而发生的。③ 这些观点都值得我们重视，以便使我们了解更多的欲望作为人类行为起源的广泛知识，强化我们对人类经济社会发展中的一些根本性问题（如自私、贪婪、利他主义追求等）的认识，加深对快乐幸福作为人类欲望本质的理念理解，以便使我们对经济社会发展前景及其制度安排把握得更加准确。

关于欲望的比较系统的研究可以追溯到法国思想家傅立叶（Charles Fourier，1772—1837年）的幸福哲学思想。傅立叶提出了一种建立在"万有引力"基础上的"情欲引力"理论，并由此扩展到人—欲望—幸福—经济—制度一体化的理论学说，直至推论到社会主义制度的建立。傅立叶认为，人的一切行为都是为了追求情欲的满足，都是被情欲与物质财富之间的矛盾所驱动，"真正的幸福仅仅在于能满足自己的一切欲望"。他把人的情欲分为三类：一是5种物质的或感性的欲望，相当于五种感官对于物质财富的享受。这些感官需要又是推动人们进行各种经济社会活动的基本动力。二是4种爱慕的或情感的欲望，即友谊、爱情、虚荣、家庭，它们推动人们结成社团，产生组织，建立各式各样的人际关系。三是3种

---

① 亚当·斯密：《国民财富的性质和原因的研究》（上册），商务印书馆1981年版，第421页。
② 杰里米·里夫金、特德·霍华德：《熵：一种新的世界观》，上海译文出版社1987年版，第23页。
③ 黄有光：《效率、公平与公共政策》，社会科学文献出版社2003年版，第75页。

高级的或指挥的欲望,即争雄、创造和爱多样化。这一类欲望推动人们去拼搏、奋斗、奉献和关心别人,成为社会进步的重要动力。

这三大类 12 种欲望还会造成一种最高的欲望——和谐欲望,这是一个人把他自己的个人幸福与人类幸福结合起来的欲望,它是上述多种欲望的统一。在这种欲望满足之中,社会形成一种和谐制度,它使个人幸福与一切人的幸福相一致。综合 12 种欲望和最高的和谐欲望,傅立叶进一步分析道,五种感官的情欲为低级的情欲,至近代为止的人们的情欲仅仅停留在爱慕的情欲阶段,因此是不完善的,不能满足多样化欲望的需要。因此,社会必须过渡到能满足人的多种欲望的"协作制度"。他把与未来协作制度相一致的社会基本单位叫"法朗吉"(队伍)。在法朗吉中,每个人一天之内从事多种活动,使劳动成为一种享受,变为乐生的需要,使一切人的幸福得到自由自在的满足。① (见表 4-4)

表 4-1　　　　傅立叶关于人类欲望及其欲望功能的分类

物质的或感性的欲望(5种)	视觉	味觉	听觉	嗅觉	触觉	功能:推动人们进行各种经济社会活动
爱慕的或情感的欲望(4种)	家庭	爱情	友谊	虚荣		功能:推动人们结成社团,产生组织,建立各式各样的人际关系
高级的或指挥的欲望(3种)	竞赛和争雄	创造	爱多样化			功能:推动人们去拼搏、奋斗、奉献和关心别人,形成为社会进步的巨大动力
和谐的欲望(上述欲望的统一)						功能:推动社会建立和谐制度与和谐社会,使个人幸福与社会幸福相统一

傅立叶把人们的情欲区分为不同的类与种,指出了古往今来人们所实现情欲满足的低水平、低层次性,提出人们追求"和谐情欲"的最高愿望,以及与之相应的协作制度——自由和谐社会产生的客观必然性与主观必要性。这些关于欲望的思想都具有独到的建树与深刻的启发意义,并为后人进一步探讨人类行为的发生、发展,探讨个人自我完善与社会制度本

---

① 《傅立叶选集》(第一卷),商务印书馆 1979 年版,第 137—194 页。

身的完善开辟出一条理论路径。傅立叶的社会主义思想是建立在他对人类情欲的科学理解的基础上的,追求自我情欲的实现而最终使社会走向普人类幸福的社会主义乃至共产主义,是一个科学的思想理路。①

(三) 欲望—需要—需求—效用或快乐:行为问题的考察路径

欲望是人们渴求满足的一种主体愿望和心理倾向,它必须进一步指向满足欲望的对象,才能使欲望得到实现。当人们的欲望外化并指向现实对象时,这就形成了具有个体偏好特征的"需要"。因此,欲望(wants)—偏好(preference)—需要(needs)—需求(demands)—效用抑或快乐(utility or happiness)是人类行为的基本序列。欲望是就人的身心存在状态而言,具有满足对象上的意念性与抽象性,而需要则与客观对象相联系,表现为满足对象的实在性。如食欲、美欲、寒温觉转化为对食物、衣服、住房、环境等实际对象的偏好与需要等。人的欲望的无限性,决定了对客观对象需要的无限性,产生了为满足人类自身需要而展开的物质消费、生产、分配、交换等经济活动。② 因此,需要产生于欲望,而欲望又只有外化为对客观对象的具体需要时,才真正转化为支配与激励行为的动力,表现出对现实社会经济活动的推动力,心理学上叫"需要力"。因而,可以确切地认为,由人的欲望引起的各种人类需要是经济运行的直接动力。

需求产生于需要。需要相对于人自身的"身心能力"而言,需求则相对于人的"货币能力"而言。当需要与货币支付能力结合时,便形成了需求,即需求就是有支付能力的需要。撇开对货币支付能力的考虑,需要和需求可以在同等意义上换用。经济学是从基于购买力的需求状况来确定人们的显示性偏好的。在能力序列上,人的身心能力需要大于人的货币能力需要。因而,在一定程度上,人类经济生活中的矛盾也可以说是需要与需求之间的矛盾,即人们的身心能力与货币能力之间的矛盾。货币不够,无法满足其需要,就会不幸福,于是传统经济学就把收入与幸福画等号。而事实上由于人类需要的广泛性,大量不需要钱的人类幸福需要的存在以及以更多资源环境牺牲为代价的经济增长方式导致的更加不幸福,使收入等于幸福的传统经济学理念受到挑战,并为幸福经济学研究经济—幸福关系提供了重要的问题视域。

---

① 陈惠雄:《共产主义理论与在全球范围内的实践》,《世界经济与政治》2000 年第 7 期。
② 人的欲望的无限性可以分别由经验和数学来证明。"长生不老欲"是个由经验可证明的普遍无限性问题。从数学上说,最高(和谐)的幸福与人们实际获得的幸福有类于双曲线与渐进线的关系,人类的努力只能无限趋近于最高的幸福,而不能穷尽它。

在新古典经济学中，欲望被假定为源于人的内在生理和心理的本性而与社会相互作用无关。这样，经济学家就可以认为消费者行为是消费者依据自己的偏好独立地做出理性选择以满足个人需要的行为。事实上，这种仅仅基于内生偏好而排除社会相互作用机理的欲望与偏好的假设是不符合实际的。人类学提出了相互作用的欲望理论，并且认为人们的欲望会在相互作用的影响下趋于一致。人类学的欲望观点更加符合实际。但由于缺乏一种关于欲望是如何集体生成的理论（因为在解释消费者的选择行为中，这种理论是不可缺少的），使经济学家仍然把这一过程建立在物质需要优先这种隐性假设之上。[1] 欲望与需要的更加广泛的非货币含义被忽略。欲望转化为对对象的需要，需要的满足受支付能力的约束。这样，"情欲"的需要与满足就转化为货币能力与价格要素。正是经济学在欲望问题上的快速转换，限制了它对于人类行为的普适性的解释力。因为，欲望的外延大于需要，需要的外延大于需求。经济学以需求代替欲望，使大量并非需要货币支付又能够满足欲望和需要的东西不被考虑，导致其理论视域的狭义化。

欲望、需要、需求是与人自身能力与喜爱相联系的一组概念，而需要的实现又会在人的身心机制上产生相应的体验与反应。于是，经济学上便产生了与上述概念的满足程度相对应的反映人们主观感受的一组概念，即满足、效用、快乐、幸福等。研究欲望及其需要、需求、目的等概念延伸，成为经济学理解人类行为的重要理论环节。马歇尔说，经济学家也像别人一样，必须关心人类的最终目的。[2] 而终极目的（幸福）问题之所以重要，是为了使经济学能够真正理解人类行为的本质，理解欲望—需要—需求的人类行为路径的终极价值本质是人的幸福。

二 偏好

欲望是决定人类行为的一些共同性与基础性的东西，如官能欲、物质欲、追逐欲等，显示出人类行为的普遍性特征。微观经济学以考察个体行为为基础，而由于人与人之间的先天、后天条件不同，即可行能力集

---

[1] 约翰·伊特韦尔等：《新帕尔格雷夫经济学大辞典》（第四卷），经济科学出版社1996年版，第943页。

[2] 马歇尔：《经济学原理》（上卷），商务印书馆1964年版，第37页。

(capabilities）的差异性。① 欲望体现在具有不同人的具体行为中就产生了差异，如官能欲中，一些人更喜爱吃，另一些人则更喜爱穿。喜爱 x 胜过 y，这就称为偏好。

（一）偏好的结构

人类的偏好行为分成两个部分：一部分是人的本能性偏好，如繁衍后代的行为被看作是主要受本能控制的偏好行为。这部分行为偏好与快乐无必然联系。但所有人类本能的保留和向有意识行为的转化应当是与生命快乐存在某种联系的。另一部分是有意识的偏好行为。本能性偏好与有意识偏好构成实际偏好，而有意识偏好又可以分为知情偏好与不知情偏好两种。无论是知情偏好还是不知情偏好，均可区分为有理性偏好和无理性偏好。如吸烟主要属于有意识偏好，如果对吸烟有害健康的后果不知情，即信息极度稀缺，则属于不知情偏好；在不知情的情况下，如果偶尔为之，仍接近于有理性偏好；如果过量吸烟，便肯定是无理性（任何东西过量均为无理性）。如果是知道吸烟的危害还仍然大量为之，便是知情的无理性偏好了。②

由于偏好被认为是一个与人们的内心活动有关的心理概念，只有指向对现实对象的需要，偏好才能够被自我察觉，只有付诸现实（交易）行动——即需求时，人们的偏好才能够被市场所发现，这才是可被确认的偏好，这种在具体购买行为中表现出来的偏好就是显示性偏好。在经济学中，经济学家主要探讨显示性偏好以解释消费者的选择行为。然而，从行为经济学角度，显示性偏好存在两个问题：一是人们的显示性偏好——市场购买行为归根结底是为了什么的问题没有探究，从而妨碍了经济学对于偏好本质与消费的终极目的的理解。因为购买行为是为了满足欲望中的相应快乐需要，而无理性的购买偏好行为会对最大快乐——可持续的幸福生活构成不利影响。二是显示性偏好只显示购买行为，没有追问购买以后的感受——苦乐感、幸福感如何？这个问题也很重要。行为经济学认为，"说出来"的满足感受（"明示偏好"）比"看得见"

---

① 阿马蒂亚·森提出的可行能力概念是指"一个人有可能实现的、各种可能的功能性组合"。森认为，由于各种先天、后天原因，人的可行能力是有差异的。不同人群的可行能力集相当程度上受制于社会的机制设计与制度安排。如果一个人的行为选择集合中没有包含足够实现某项功能活动所享有的可资利用的资源组合，那么，这个人就可能面临着某种可行能力被剥夺的威胁，进而造成人们之间的实质上的社会经济地位不平等和人们获取资源的不平等。参见阿马蒂亚·森《以自由看待发展》，中国人民大学出版社2002年版，第68页。

② 黄有光：《效率、公平与公共政策》，社会科学文献出版社2003年版，第50—80页。

的购买行为（显示性偏好）更加重要与可靠，并具有终极价值意义。主流西方经济学缺乏对偏好的这一前一后两个问题的追问，从而导致其无法深入人类行为的本质，正是这一局限妨碍了一些经济学家对于人类行为本质以及经济发展的终极价值问题的深入辨析。

需要指出的是，人类偏好中有一些偏好是属于"虚假偏好"。海萨尼认为，有些人的偏好是自我欺骗性的，比如装作很时髦的样子，而"真实偏好"可能与此大相径庭。由于偏好的这些类型变化，产生了偏好的不稳定性问题。贝克尔对此进行偏好稳定假设，以克服边沁遇到的偏好改变的难题。而偏好事实上是不稳定的，贝克尔的偏好稳定假设也与事实不符。因此，黄有光认为，欲望与偏好均不具有规范性意义，快乐比偏好更加终极而稳定。根据上述，我们可以把人类偏好的上述关系图示如下。（见图4-1）

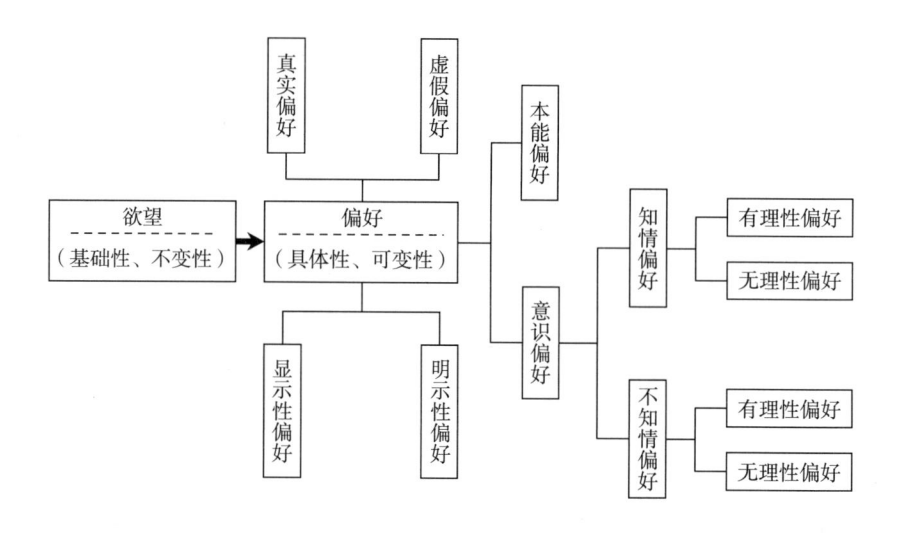

图4-1 人类偏好结构

（二）偏好与快乐的差异

主流经济学从偏好出发，而幸福经济学主张从快乐、幸福出发。二者的经济学出发点存在显著差异。黄有光认为，快乐比偏好更具有终极价值意义。还有，快乐是真正的终极考虑对象，我想要金钱是为了购买产品，我想购买产品是为了消费，我想消费产品是为了满足我的偏好，我想满足我的偏好是想使我的快乐最大化（但受制于无知、非理性等因素，导致偏好对快乐的偏离)。① 那么，快乐与偏好的差异何在呢？根据黄有光的解释，有三种原因造成了偏好与快乐的偏离与差异。即不完全理性、信息不全与亲缘利他中对他者快乐的过分考虑，使一个人的偏好可能偏离其快乐。特别是由于信息不全产生的不知情偏好以及由于无理性的偏好冲动——无知偏好（这两者是使偏好偏离于幸福的主要原因），有可能使人们的偏好行为偏离其真正的幸福目标，造成对个人、社会、生态环境的长期的累积性的损害。从长期看，有些偏好的危害是致命的。如过分追求私人财富的偏好造成对自身健康、他者利益以及生态环境的损害；过度的GDP偏好导致对资源环境承载力的失顾与区域可持续发展能力的破坏；过度吸烟的偏好导致自身的健康损害，等等。所以，偏好满足的效用最大化努力，可能会给人类福祉造成巨大损失。这就是现代效用主义之效用最大化原则无法进行到底、迫使人们重新反思人类行为的价值准则的根本原因。海萨尼、卡尼曼、黄有光等一批经济学家、心理学家主张复活边沁的快乐主义思想，并以快乐、幸福原则为核心来取代偏好满足的效用原则，其原因就在于此。而人类偏好中包含的无理性因素对于长期幸福（福祉）构成的危害，则成为现代经济学面临的主要挑战之一。

  关于偏好问题的最新研究发现，人们有些心理倾向与非理性偏好的来源（生物基因控制等）是直接有关的。这包括：主要基于对当前效用的考虑进行选择而忽视对未来效用的影响，以及由于神经的适应性效应而低估现时的快乐（痛苦）对未来快乐的不利（有利）影响等。卡尼曼等的研究表明，由于"认同原理"（Identity）的作用，人们往往会认为熟悉的信息更实际或更加相关。这证明了人们的偏好性思维以系统化的方式违背了概率基本规律，从而导致了许多非理性的后果。

  因此，快乐幸福是人类唯一有理性的终极目的。由于无理性、信息不充分和亲缘利他（溺爱）等原因，偏好存在偏离人类幸福目标的实际风险。在功利境界局限下，基于偏好的选择，可能导致最终的效率降低与幸福悖论发生。越来越多的事实证明，基于偏好并且局限于经济利益偏好的效用原则越来越偏离于人类的真实幸福目标。另外，事实也同样证明，在经过无数的痛苦与福利损失后，人类的偏好选择将会得到修改而向快乐原则趋近，如由单纯GDP增长偏好修正为全面发展偏好、由吸烟改为戒烟等。这进一步证实了快乐是人类唯一有理性的终极目的。然而，却有大量

---

① 黄有光：《从偏好到快乐：通向一个更加完整的福利经济学》，《新政治经济学评论》（第一辑），浙江大学出版社2005年版，第112页。

修改为时已晚，损失无可挽回，物种灭绝、荒漠化等就是重要例证。从一种自然演进角度说，社会进步过程中的人与人、人与自然之间的相互作用，将逐步改变那些原先偏离快乐原则的偏好选择，并有助于我们对一些更为基本的问题作出判断。比如如何折中彼此之间存在的冲突，以及哪些制度和原则值得作为促进社会福利的有效途径来长期提倡。找到了快乐这个比偏好更为基本、更为核心的目标，也使我们能够更有成效地分析涉及偏好改变的问题。而在此以前，经济学家们对此几乎是无能为力的。在偏好发生改变的情况下，只有利用快乐这一指标才能恰当地衡量经济变动或政策的利弊。①

三 幸福与效用：概念关系及其演化

效用是现代经济学的核心概念，偏好满足的效用最大化是现代经济学解释人类行为的起点。而卡尼曼等认为，快乐才是人类行为的终极目的和行为动机的真正本质，边沁的快乐理论才是科学和真正值得复活的。那么，在效用与快乐之间究竟存在怎样的关系？效用是否就是快乐与幸福？两者究竟应该如何区分？接着的讨论人们会发现，这种区分对于未来经济学的发展演化以及确立以人的幸福为本的和谐社会发展模式是何等的重要。

事实上，"效用"一词自引入经济学就是一个有问题的概念。边沁提出效用原则时，就已经意识到问题的存在。根据边沁的说明，"效用原则"（也称功利原则）一词来源于对"最大多数人的最大快乐"原则的简称。当时边沁提出效用一词是"另有目的"——便于对道德理论进行科学的苦乐计算。但边沁不久即发现，"效用"（功利）一词与幸福、快乐联系并不紧密，容易产生歧义。"'功利'一词并不像幸福、福利那样非常清楚地指明'苦'与'乐'的观念，也不会使我们想到利益攸关的人的数目。"② 可见，效用概念被引入经济学，从一开始就存在词义不清和与快乐歧义的问题。正是这种歧义加上基于个人本位的经济学逻辑理性主义的发展，使效用与快乐的关系由词义偏差发展到实质性背离，以致现代主流经济学者大多只认效用，不认幸福，并反对幸福这个看上去具有更多主观性的概念进入经济学。关于效用与快乐幸福的关系，大致经历了快乐即效用—满足即效用—偏好的满足即效用三个阶段。

---

① 黄有光：《效率、公平与公共政策——扩大公共支出势在必行》，社会科学文献出版社2002年版，第80页。

② 周辅成：《西方伦理学名著选辑》（下卷），商务印书馆1987年版，第211页。

(一) 快乐即效用：戈森定律与老效用主义者的效用解释

在关于效用概念的第一阶段解释中，德国经济学家赫尔曼·海因里希·戈森（Hermann Heinrich Gossen，1810—1858年）为快乐理论向效用理论过渡起到了基础性的作用。戈森以边沁的功利主义原理为出发点，他认为，人生追求快乐，并将快乐提高到最大可能的程度视为人生目的。戈森提出，假如我们连续不断地满足一种或相同的快乐，则边际效用递减，直至达到饱和的满足。这就是"边际效用递减"规律，被称为"戈森第一定律"。假如人们享受多个快乐时，则资源配置在不同享乐项目中产生的边际效用相等，从而达到快乐最大化，这就是被称为"戈森第二定律"的"边际效用相等"规律。

由于追求幸福的利己主义本性是古典政治经济学"心照不宣"的理论前提，19世纪70年代，杰文斯、门格尔、瓦尔拉斯三位边际学派的杰出代表，都是在与快乐同等的意义上使用效用概念的。杰文斯给效用下了个明确的定义：物品能够给消费者带来快乐（或负痛苦）的属性便是物品的效用。杰文斯建立在劳动苦乐均衡分析基础上的边际效用理论，成为后来边际分析方法和老效用主义经济学的主要基础。由此可见，快乐主义思想家们所认定的人类行为的"趋乐避苦"原则，实际上是整个近现代西方经济学发生、发展的根本哲学基础。在杰文斯那里，和边沁一样，"效用"就是指事物能给人们带来快乐的性质，这时的效用与快乐、幸福是没有距离的。快乐、幸福即效用，或者效用即快乐。

(二) 满足即效用：马歇尔的效用概念

由于快乐幸福的主观性和计数困难，加上经济学迫切需要从斯密、密尔的哲学体系分支地位下解放出来，成为独立的学科。马歇尔为了避免经济学是伦理学信徒的嫌疑，在《经济学原理》再版中把快乐改为满足。马歇尔认为，在谈到一切欲望的目的时，用"满足"来代替"快乐"，"损害"代替"痛苦"，并无不妥，甚至较好。然而，这一变换实际上是当时的经济学家们为避开"经济学家是快乐主义或功利主义的哲学体系的信徒"之嫌，而作此选择的。[①] 由于满足远不如快乐幸福能够确切表达人类行为的终极价值含义，这一改动在今天看来是一个退步。在马歇尔之后，效用一词的快乐幸福思想本义逐渐被淡出经济学，而发展成为一个仅仅表示对人的需要的满足程度的"指标"或"数字测度"概念，在语义上接近于量词，幸福的内核被空洞化了。认为这个指标或程度可以加总求和并

---

① 马歇尔：《经济学原理》（上卷），商务印书馆1964年版，第38页。

进行人际比较的便是"基数效用论",认为不可计量与人际比较的便是"序数效用论"。所以,马歇尔之后,效用转化为满足,这已经与早期效用主义边沁、密尔、杰文斯等的效用等于快乐有了差异。而马歇尔的满足即效用,又为效用最终成为偏好的满足奠定了思想理论基础。

(三)偏好满足即效用

效用等于偏好的满足,这是现代经济学的效用解释。早期效用主义是直接建立在边沁的效用即快乐的理论基础上的。但是,效用是具有主观感受的概念。现代经济学者为了使经济学更加科学化,尽可能不涉及主观概念和价值判断,把效用的基数求和性质抽象掉,仅保留序数效用性质。这样,新古典经济学通过无差异曲线分析,只用序数偏好就能够导出需求函数,并把效用重新定义为仅是代表序数偏好的符号。于是,效用概念脱离了早期效用主义内涵,由快乐即效用变为偏好的满足即效用。以致张五常也对现代效用论发出感叹:效用不代表快乐,不代表享受,也不代表福利,只不过是武断地以数字排列选择的随意定名,用以解释人的选择行为。① 由老效用主义的快乐即效用变为新效用主义的偏好的满足即效用,这就是效用概念在西方经济学最近一百多年中的变化。

(四)从偏好到幸福:效用概念内涵的复归

幸福是人类欲望的合理内核和人类行为追求的最终目的,基于快乐满足的效用理论应是经济学科学的理论基础。经济学应当复活幸福为人类行为终极目的的价值理念,修正偏好满足的效用概念,理由如下:

其一,从行为根源上说,偏好同样是对于快乐幸福的追求与痛苦的避免。但是,由于无知、信息不全等原因,人类大量的无理性偏好行为的实践结果经常会偏离快乐幸福的终极价值原则,对长期快乐与最大多数人的最大幸福构成不利影响,从而使基于偏好满足的效用最大化行为选择事实上偏离了幸福目标,无法导向经得起道德标准检验的最大化结果。

其二,由于偏好的不稳定性,使偏好稳定假设失去依据。而幸福则因其受到稳定基因的影响,远比偏好要稳定。在偏好发生改变的情况下,只有利用是否有利于增进人们的快乐这一指标才能更好地衡量经济变动或政策的利弊。因此,以幸福代替偏好满足的效用,对于科学掌握人类行为的根本动机,指导经济社会发展与公共政策制定,具有实际意义。

其三,基于偏好满足的效用是一种基于货币约束的狭义效用,即把偏好满足仅仅与经济福利相联系,其福利的更加广泛的意义与需要的更高层

---

① 张五常:《经济解释:科学说需求》,花千树出版有限公司2001年版,第117页。

次被忽略。而幸福则不仅能够被经济物品所提供，同样也能够被空气、阳光、亲情、交往、环境等非经济物品所提供。由于基于幸福的效用是一种包括情感、交往、尊重、自我实现等需要满足在内的广义效用，因而也更加符合人类行为的真实状况。①

其四，幸福经济学使用基于快乐幸福的效用概念而非偏好满足的效用概念，并把效用与快乐幸福在同等意义上互用。一些经济学家主张用快乐取代偏好，这是从效用概念的内涵上讲的。考虑词义使用的习惯以及经济学对于成本—收益均衡的理论视域，效用概念仍然可与快乐、幸福概念并用不悖，并把效用概念的内涵界定为：物品与行为能够给人们带来快乐幸福的属性。效用只是一个"代表快乐与幸福满足程度"的经济学概念。

其五，在进行人类行为的实证分析时，基于偏好的效用理论仍然是适用的。因为，人类行为大多根据偏好做出，分析个体行为时又不需要进行效用的人际比较。这样，现有经济学的一些基础方法仍然是适用的。但当把个体行为置于实践检验时，始终不能忘记有限理性条件下的偏好行为是否有利于增进人们的幸福才是检验人类偏好的终极价值准则。②

（五）幸福公式

在当下，流行一个简单的幸福公式：幸福＝效用/欲望。即：

$$H = U/W \tag{4-1}$$

式中的效用在经济学中用来表示从消费物品中得到的主观享受或满足（体验效用），欲望就是人想要达到的多方面目标。这个公式包含了关于欲望、效用与幸福的两大辩证关系：第一，幸福和效用成正比，与欲望成反比。也就是说，在欲望既定的条件下，效用越大越幸福；在效用既定的条件下，欲望越小越幸福。所以，降低自己的欲望往往会增加自己的幸福。第二，欲望无限大，幸福会趋于零；欲望是零，幸福也是零。所以，没有欲望也就没有幸福，欲望膨胀也会失去幸福。这个幸福公式（有说是萨缪尔森提出来的）说出了幸福、欲望与效用之间的某些深刻的辩证关系——调整与节制欲望，会成为人们获得幸福的一个重要源泉。

（六）幸福心理学与基数效用思想

正如斯坦福大学教授提勃尔·西托夫斯基所说，我们的效用最大化模型忽略了心理学的"快乐"概念。而如果不借助"快乐"概念，人类的

---

① 陈惠雄：《人本经济学原理》（第二版），上海财经大学出版社2006年版，第109页。
② 关于快乐与偏好问题的系统研究，可以进一步参照黄有光《从偏好到快乐：通向一个更加完善的福利经济学》一文。汪丁丁主编：《新政治经济学评论》（第一卷），浙江大学出版社2005年版，第110—149页。

很多行为就难以解释。① 从快乐心理学角度出发，各种刺激对人的"唤起"（arousal）水平的效果看起来是累加的（additiveness of arousal）。无论它们的性质与来源如何，总体唤起水平是每一个刺激的分别作用的总和。这意味着总唤起水平取决于总刺激量——包括来自感官的刺激，肌肉、激素分泌的刺激，以及来自大脑本身的刺激。而这些唤起与兴奋与脑电波具有很强的相关性。② 心理学角度的这些分析，从一定意义上对于基数效用理论是一个重要支持。

　　研究幸福经济学的学者几乎都无一例外地坚持基数效用论。因为，快乐幸福是人们可以直接感受到的一个量值，所有感受的幸福是时间与强度的乘积。人们每次消费得到的满足（效用系数）是 0.5（50%）还是 0.8（80%），是一个可以大致说得出并进行加总的量。③ 福祉经济学家黄有光认为，效用是可以基数测量并人际可比的。只不过，人际可比的基数效用比序数效用更难获得，而它是进行社会决策所必需的。快乐、效用、偏好，理论上都是可以基数求和的，只是由于信息不足，测量会更加困难。④ 运用人的类近似性和每个人都争取最大化效用的原理，可以进一步解决幸福测量的基数效用的理论困惑。⑤

　　综上所述，快乐幸福较之偏好满足的效用能够更加准确地表达人类行为的真实动机和人类生活的终极价值方向。构建以幸福为核心的幸福经济学理论体系，实际上是阐明了我们应当把全面增进国民幸福水平也即包括健康福祉、经济福祉、社会福祉、生态福祉等在内的广义福祉水平而非狭义的经济利益偏好满足，作为经济学理论构建与经济社会发展的根本目标。而幸福不仅能够被经济物品所提供，在更加基础的意义上，人类的幸福生活首先依赖于空气、阳光、水、生态、亲情、社群等非经济物品的提供和维护。这种基于"以人为本"的幸福原理以及在此基础上形成的广义消费、广义价值等原理，是建立幸福经济学的重要理论基础。而提升幸福感不仅能改善个人的生活质量，也能让世界成为一个更和平、更美好的地方。⑥

---

① 提勃尔·西托夫斯基：《无快乐的经济——人类获得满足的心理学》，中国人民大学出版社 2008 年版，第 2 页。
② 提勃尔·西托夫斯基：《无快乐的经济——人类获得满足的心理学》，中国人民大学出版社 2008 年版，第 15 页。
③ 陈惠雄：《人本经济学原理》，上海财经大学出版社 1999 年版，第 134 页。
④ 黄有光：《经济与快乐》，（台湾）茂昌图书有限公司 1999 年版，第 122—131 页。
⑤ 陈惠雄：《"快乐"的概念演绎与度量理论》，《哲学研究》2005 年第 9 期。
⑥ 泰勒·本—沙哈尔：《幸福的方法》，当代中国出版社 2007 年版，第 62 页。

四 幸福终极目的形成的内生机理

欲望是人类行为的逻辑起点，也是经济运行的根本动力所在。尽管欲望不具有规范意义，只有快乐幸福才具有这种属性。但从行为动力学角度出发，无论何种人类行为，皆由欲望引起。欲望引起需要和满足需要的经济手段的稀缺性，成为一般社会经济矛盾产生的根源。因为如此，欲望就成为经济学分析的一个基本概念。一个世纪前，在杰文斯、瓦尔拉斯、门格尔等开始形成消费者需求理论之前，经济学家们就经常讨论什么是决定欲望的基本因素。[1] 近一个半世纪过去了，这个"决定欲望的基本因素"也即欲望的本质或者"核"问题，在行为经济学、体验经济学以及现实经济社会发展问题困扰的影响下，终于获得了逐渐清晰的认识。那就是快乐与幸福。"我认为：生命的终极目标应该是幸福，一个高于其他所有目标的总目标。我所提出的幸福才应该是至高的财富，而金钱或声望绝不是用来衡量生命的标准。"[2]

（一）GDP崇拜与追求物质利益的人类行为表象

行为因欲望而起，欲望是人类行为的出发点和原动力。当欲望外化并指向具体的可用以满足的对象，便产生了需要。如食欲变为对面包的需要，寒温觉对衣服的需要，安全感对住宅与产权的需要。欲望必须通过以一定物质态的对象来满足的现象，使人产生获取物质对象是行为的目的的自然认识。而在存在货币和价格的商品社会中，只有付诸货币行动，形成有支付能力的需求，才能使需要得到满足。由于这种现象的无所不至，又由于货币的中介作用而掩盖了交换后面的真正目的，使人们把各种物质对象（包括金钱）的满足视为行为的基本目标。人为财死，常常不仅是观念，也是现实。而人的欲望的无限性，决定了对客观对象需要的无限性，产生了为满足人类自身欲望与需要而展开的无穷尽的物质生产、分配、交换、消费活动。这又使人们把对物质利益与物质效用的追求视作人类行为的一般倾向，进而把追求各种物欲的满足视作人类欲望的本质规定与合理内核。在仍然存在极大的贫富差距和全球金融资产迅猛扩张的今天，人们存在尤为强烈的物质利益意识和金钱意识。主流经济学把欲望归结为偏好与需求，需求又受收入与价格决定，因此大多是在物质利益最大化的理论

---

[1] 加里·S.贝克尔：《人类行为的经济分析》，上海三联书店、上海人民出版社1996年版，第300页。

[2] 泰勒·本—沙哈尔：《幸福的方法》，当代中国出版社2007年版，第9页。

基础上来理解效用最大化目标的。①

当代西方经济学中的效用最大化原则，基本上是一个物质利益最大化原则。宋承先说的经济学必须以人的三大本能性利欲——官能欲、物质欲和追逐欲，作为经济分析的基础或逻辑起点，同样没能说清楚这些欲望的真正本质，并同样存在以"利欲"为人类行为根本动机的分析倾向。然而，人类欲望的真实本质是否就是经济利益最大化或新古典经济学没有说清楚确切内涵的效用最大化？这是一个值得认真思考的问题。它关系到对人类需要的真正内核与人类行为的最终目的的科学认识，乃至关系到对人类社会发展的一些更加基础性问题——诸如生命存在的本质意义的理解。

根据对立统一原理，在人类各种彼此独立且可能相互对立的目的中间，一定存在一个能够统冠所有具体目的、支配所有人类行为的终极目的。即无所不包的人类行为现象，都接受着一个共同、最终目的的支配。也只有人类行为的最终目的才反映着人类欲望和需要的共同本质。人们一般认为，人的行为都是为了追逐物质利益，经济人假说曾经就是被这样理解的。然而，人类欲望的真实本质、需要的真正内核、行为的最终目的（这三者可以在同等意义上理解），并不是一般人们所认识的物质利益。追求物质利益只是人类行为的一个现象或者叫表象，人类行为的最终目的与欲望的真正本质在于人的快乐与幸福感的增长。

（二）追求幸福或趋乐避苦：欲望形成的心理机制与人类欲望的真实本质

从心理机制分析，欲望的形成是以人们相应官能的存在为生物基础的。当人体接触外物时，事物信号由人的感受器官经传入神经传导到中枢神经，脑中枢根据传入信号与自身各种官能需要情况进行综合分析，产生需要或是排斥的决策与效应行为并反馈到脑中枢，如图4-2所示。

---

① 人类关注幸福由来已久，早期的古典经济学也把"幸福"作为其重要的研究对象。直到杰文斯，这一核心思想仍然没有改变。然而，由于幸福的主观性及其难以测量，以及经济学脱离哲学分支地位的需要，后来的经济学研究偏离了幸福主题，更青睐于既容易定性又容易定量的财富，并基于"财富必然导致幸福"的前提假设，将研究的重心一步步地偏向于经济增长。马歇尔之后，国民财富的增加就被绝大多数主流经济学家视为增加国民福祉的最好方略，并把研究目标全面转向了经济增长。经过庇古、凯恩斯，再到萨缪尔森、索洛、曼昆等经济学家的引领，这一方略得到了进一步强化。经济增长中心论与GDP中心论大致反映了这一主张。然而，当人们将注意的视角再度转向人类幸福这一具有终极价值的视域时，却发现无论是国民财富还是个人收入的增加均不一定必然增加人们的幸福感，从而引出了"收入—幸福悖论"的经济学新问题。

第四章 幸福原理　101

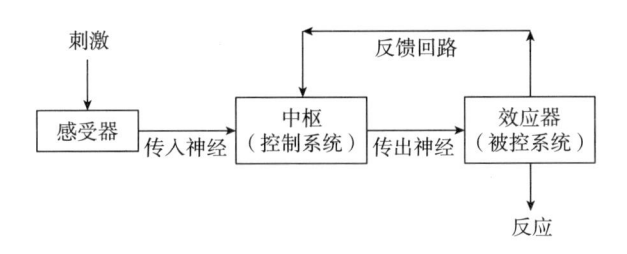

图 4-2　心理机制效应行为反馈

在正常的身心条件下，当人体感受到不良刺激时，一般会引起脑中枢的抑制过程，产生消退、逃避或排斥行为。当感受到良性刺激时，一般则会引起脑中枢的兴奋过程，产生或加强对某事物的需要行为，见图4-3。因此，人的欲望满足一般总与相应中枢神经的兴奋过程相一致。欲望的初步实现又会增强或扩大兴奋过程，直至欲望满足，产生超限抑制为止。而中枢兴奋一般都能反映为不同程度的精神兴奋或叫快乐感，精神快乐通过中枢兴奋的心理机制或体验反映出来。各种满足人类欲望的活动实际上都是服从于相应脑中枢神经兴奋的需要而产生的，都是对以中枢兴奋为生理基础的精神快乐需要的追求。现代脑波测试与核磁共振技术已经证明了这一理论机理的科学性，同时也证明了人类心身一体性基础上的脑物质机能的快乐与痛苦的客观性。[①] 所以，主观幸福感的产生实际上具有一系列的客观生理基础，并使其具有可测量与测得准的特性。[②]

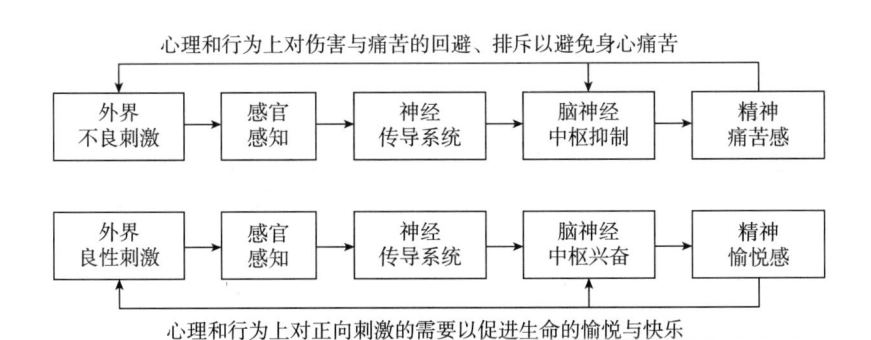

图 4-3　趋乐避苦的心理机制

[①] 理查·莱亚德：《快乐经济学——一门新兴科学的诞生》，（台湾）经济新潮社 2006 年版，第 33 页。
[②] 奚恺元等：《撬动幸福》，中信出版社 2008 年版，第 7 页。

一些快乐主义者解释，人类之所以会产生趋乐避苦的欲望，只因为"快乐是带来利益的活动的表现，痛苦是带来伤害的活动的表现，这些活动的利害或是相对于个人或种的整个组织器官而言，或是相对于其中的某一部分而言"。① 因而，快乐与痛苦的状态又是与生命功能的加强或削弱联系在一起的，从而使快乐原则确立于坚实的人类生命存在的客观物质基础之上。② 即"人们的一切行为，最终都是为了实现各自精神上的快乐满足，都是人们精神上'舍苦求乐'的结果。无所不包的人类行为皆在一定的精神快乐需要支配下而产生，皆为实现一定的快乐满足而展开。这又叫人类行为的快乐原则。人们的各种行为与行为的具体目的都在这一原则支配下产生"。③ 因而，快乐是人类欲望的真正本质和人类行为的最终目的。这也就是人类行为之唯一的终极原则。

对此，或有不悟。因为就其表面，人类行为大多表现为对各种物质对象与实际利益的追求。然而其实，正如商品社会中人与人的关系在"实际"上表现为物与物的关系一样，人类对于精神快乐的需要，表面上也表现为对各种名利地位的追求。但在这些形式追求的背后，即人类行为在其"真际"本质上，却处处地、真正地表现为精神快乐的需要和对精神快乐的追求。可口的饭菜满足味觉的需要，美妙的音乐满足听觉的需要，舒适的居所满足安全与舒逸感的需要，人际关系和谐满足社会交往与归属感的需要，社会公平满足公平感的需要，科学成就实现创造欲的满足。这些行为在本质上无一不是受到相应中枢神经兴奋要求的支配，反映为人们对于精神快乐的需要和追求。食物、音乐、居所、钱，这些并不是最终目的，人们之所以需要这些东西，只在于它们能够给人们带来快乐与幸福感。只有精神快乐才是人类欲望的真实本质、人类需要的真正内核和人类行为的根本动机与终极目的。

假如我们把关于幸福的问题换一种问法，比如你今天上班吗，回答是A1：上班；继续问，你为什么要A1（上班），回答是A2：比如是钱；继

---

① 莱德：《心理学》，转引自弗兰克·梯利《伦理学》，中国人民大学出版社1987年版，第158页。
② 现代脑科学证明，动物存在着厌恶（惩罚）系统与快乐系统。快乐与痛苦的抑制经常是纠缠在一起的（快乐又分为第一、第二快乐区域）。温和刺激伴随唤起水平的出现是令人愉快的，唤起水平进一步提高（进入第二快乐区域）时惩罚系统开始行动，它不仅仅导致不愉快，而且抑制第一快乐系统的活动，进而消除快乐的感觉。而在大多数情况下，痛苦排斥了快乐。参见西托夫斯基《无快乐的经济——人类获得满足的心理学》，中国人民大学出版社2008年版，第51页。
③ 陈惠雄：《快乐论》，西南财经大学出版社1988年版，第19页。

续问，为什么要 A2？答案是 A3：比如是生活需要。这样一直问下去，人们的最终结论是一致的，那就是幸福或者快乐。①尽管人们做很多事情并不是刻意追求快乐，但做大部分事情不是乐在其中，就是能够提供间接快乐的手段。②

（三）关于幸福的精神—物质互变机理说明

欲望的本质问题归根结底是说明人类追求什么的问题。这一讨论与经济学对于人类行为的分析息息相关，对我们正确理解人类经济行为、形成科学的经济学说都至关重要。由于受工业革命以来人类日益加深的功利（伦理学上的功利实际上就是快乐）思想的影响，自马歇尔开始，快乐幸福思想被逐渐淡出经济学，对精神快乐为人类欲望之本质一说，经济学家中真正理解并愿意理解的并不多。经济学家们更乐意于以物质利益来代替其他的东西，把逐利理解为人类欲望的一般倾向。由于这种认识对于经济学的影响已经非常之深，故需要作一些深入的说明。

第一，人类欲望的本质是追求快乐、幸福或者叫趋乐避苦。人类的所有需要都是对于快乐幸福的需要与痛苦的避免，各种物质对象只是满足人们精神快乐与幸福生活的手段。人类行为的最终目的与欲望的真正本质并非在于"物质利益"，而是在于物质彼岸的"精神快乐"。这是人类能够最终超越自我，而使群己、物我、天人走向统一的根本的人性基础。这也是人类的精神统一性。

第二，满足精神快乐又少不了物质对象。没有物质存在、物品生产与物质消费，就没有精神存在与精神满足。也即没有物质这个手段，精神快乐这个最终目的就无法实现。因此，物质资料生产、财富积累同样十分重要，这也就是为什么经济学家能够计算出金钱与快乐呈正相关（如 1990 年价格人均 5000 美元以下）、弱相关、负相关等关系的原因。但是，人类消费物质对象（工具价值）并不仅仅停留于此，都将会转化为精神上的乐与苦（终极价值），这就是"物质变精神"的道理。人类根据自己的趋乐避苦需要而展开各种各样的经济活动，创造了大量物质财富，这又是"精神变物质"的道理。社会经济进步的动力机制正是在这种"物质变精神，精神变物质"的循环运动中产生的。或如边沁所说，推动人类的，正是这种"快乐净收益"，它等于快乐减去痛苦的剩余。经济运行的根本动力就

---

① 奚恺元等：《撬动幸福———本系统介绍幸福学的书》，中信出版社 2008 年版，封底。
② 理查·莱亚德：《快乐经济学———门新兴科学的诞生》，（台湾）经济新潮社 2006 年版，第 138 页。

是寓于"物质—精神"互变的哲理之中。

第三，满足人类快乐幸福生活的物质对象，远不只是金钱财富。由欲望及其需要层次决定，人类的需要极其广泛，健康、亲情、和谐的人际关系、优美的自然环境、创造与爱等，都是获得幸福的重要源泉。几乎存在的一切都会影响到人的情绪与心境，联系着人们生活的欢乐与痛苦。因而，被现代人视为几乎是唯一人生目标的金融资产与个人财富增值，实际上只是满足其幸福需要的一个组成部分。人类之所以能够走出功利境界，进入远为宽阔的道德境界和天地境界中去，从而实现更为广泛、充分而自由的快乐满足，达到多种快乐幸福的融合与和谐，实现一切人的自由解放，完全是由人类自身中存在的那种远远超然于功利境界之上的欲望和需要决定的。[①] 这事实上已经提出了一个什么是人类的充分而真正的需要，经济发展又如何能够满足人类的这些需要的事关经济学与人类未来命运的根本性的问题。

第四，快乐幸福为人类欲望追求的本质与合理内核，但是快乐幸福与欲望、偏好不同。由于信息不充分和无理性等因素，会导致人类的许多偏好与欲望满足行为最终背离快乐。如财富欲对于金钱的过度偏好与追逐，嗜酒使健康受损，最终导致人们的痛苦增加。因此，尽管人类行为产生于欲望与偏好，而欲望与偏好本身却没有规范意义即好坏之别，只有快乐幸福才具有规范意义。这一区分最终把快乐幸福置于人类行为终极善的地位，并摒弃了偏好满足即效用的新古典经济学思想。

第二节 幸福的一般属性讨论

趋乐避苦是人类乃至一切有苦乐感动物的恒久而统一的行为属性。终极而言，所有人的行为都是趋乐避苦的，无限"多"的人类行为皆为这个"一"所包含。快乐幸福这个人类需要的单一内核本身又具有无穷的多样性、变化性和个体差异性。这是一与多的辩证统一。幸福有不同的来源、种类与层次，探讨这些问题对于构建幸福经济学学科体系具有基础性的理论意义。

[①] 冯友兰提出了四大人生境界的学说，即自然境界、功利境界、道德境界、天地境界。认为社会进程中的人生境界是一个逐渐提升的过程。参见冯友兰《觉解人生》，浙江人民出版社1996年版，第34页。

一 追求幸福是人类的统一精神

世界统一于物质,即使是人类精神,同样是依赖于人类自身的物质存在与外部世界的物质存在而存在的。快乐、幸福、愉悦等精神感受归根结底是人类心身一体化基础上脑物质的机能与由此产生的物理、化学、生物、场、磁、电等反应现象。与物质统一性相对应,同样存在着人类的"精神统一性"。这种统一的人类精神就是所有人的所有行为都毫无例外地对于快乐幸福的追求(尽管人们的偏好行为会使其走向幸福目标的反面)。以物理性意义讲,精神表现为物质的"像",物质则是精神的"像源",它们构成对立统一关系。与物质统一性相对应的人类的统一精神性叫精神一般,这就是人类共同追求的精神快乐与幸福。正因如此,有幸福学者认为,人生至高的财富是幸福,而不是钱财或声望,由此必须把幸福作为衡量一切的标准。[1]

心理学解释,精神是脑物质的机能。脑生理是人们各种精神产生与贮存的物质基础。人类的精神活动实际上就是脑中枢神经细胞的物理、化学、电、磁、场等的运动。精神就是以脑生理为载体,而以人的主观需要结合于客观对象经大脑综合而在脑中枢反映出来的一种信息运动。由于人类普遍存在的趋乐避苦的本性,人类的正常精神活动——思维、意识、分析、综合等,归根结底都是关于满足自身各种快乐需要的目的形成、变化、实现方面的心理过程。追求幸福(精神快乐)就是人类的普遍、一般精神和精神共性,它对于人类行为具有最充分的包容性。一切美丑、善恶、求生觅死行为,都可以从趋乐避苦这一人类精神共性上找到最后的根源。关于快乐与幸福是人类的普遍精神的问题,可以举个极端的例子:自杀(在极端条件下,方可以看见理论的彻底性)。事实上,自杀与趋乐避苦是并不矛盾的。关于这一点,梅·让德曾经说过,对于不能活下去的人来说,死是甜美的,也是他所愿望的。费尔巴哈也认为,自杀与追求幸福是统一的。因为自杀者所以希望死,不只因为死是一种祸害,而是因为死是祸害和不幸的终结。[2]

张五常也认为,讲一个人自杀是为了争取最大功用,这是对的。只不

---

[1] 泰勒·本—沙哈尔:《幸福的方法》,当代中国出版社2007年版,第54页。
[2] 《费尔巴哈哲学著作选集》("幸福论"篇),生活·读书·新知三联书店1959年版,第540页。

过这是 tautology（套套逻辑）。① 其实，套套逻辑毫不影响我们对这种终极问题的判断。趋乐避苦永远是人类行为发生的现实起点、根本动机和最终目的。最终目的对于人类行为的这种充要性特点，将成为我们解释几乎所有的人类行为和寻找几乎所有的社会、经济对策的根本性准则。比如，对于以环境为代价的经济增长是否值得，安乐死是否可以允许通行，富裕社会状态中的离婚率为何会变高，所有这些问题，运用快乐原则皆能够得到有效的人类行为解释。

二 幸福的种类与层次

追求幸福作为人类的统一精神与需要的本质规定，这是从人类行为的终极原因上讲的。然而，这个一却是由无数不统一的千差万别的快乐幸福需要所组成。一包含着多，这种"一与多"的辩证统一，构成了具有一定层次结构的人类幸福需要系统。幸福需要的层次性归根结底是由不同需要对于人们生命苦乐的不同程度的迫切性和重要性产生的。

（一）理性幸福与感性幸福：格雷的两种幸福论

约翰·格雷（1798—1850 年）是英国空想社会主义思想家。他认为幸福是人们接受的一种愉快的感觉，是人类一切企求的终极目的。人们能够获得幸福的多少由官能的遗传因素决定。这体现了幸福感归根结底是需要由人生物体本身来体验、承载与反映的唯物主义思想。格雷认为，非生物没有幸福感。而作为人的幸福需要有两种，一种是作为"有生命的生物"所固有的需要，如食物、衣服、住房等。另一种是"有理智的生物"特有的需要，这种需要又可区分为先天遗传与后天教育、环境、模仿等社会相互作用产生的需要两个部分。一个接受良好教育的人能够达到更高的快乐和内心的满足，而仅有感性的人的愉快则仅限于肉体的享乐。② 格雷提出的理性幸福高于感性幸福的思想和马斯洛的需求层次论具有一定的吻合性，格雷还指出了人类满足自身幸福并不在于或者并不仅仅在于物质与感性满足的思想，良好的工作状态与公平分配对幸福同样重要。格雷的幸福论思想见图 4-4。

（二）边沁列举的 14 种快乐及其相关集合

快乐来自人自身的多种多样的需要，边沁注意到了人类快乐需要的多

---

① 张五常：《经济解释·科学说需求》，（香港）花千树出版有限公司 2001 年版，第 38—43 页。

② 约翰·格雷：《人类幸福论》，商务印书馆 2009 年版，第 8 页。

样性，并根据人类行为现象，列举了人的快乐的 14 种类型，其他的快乐需要也许是这些快乐的集合。边沁提出的 14 种快乐包括：感官（sense）的快乐、财富（wealth）的快乐、技艺（skill）的快乐、和睦（amity）的快乐、声誉（a good name）的快乐、权力（power）的快乐、虔敬（piety）的快乐、行善（benevolence）的快乐、作恶（malevolence）的快乐、记忆（memory）的快乐、想象（imagination）的快乐、期待（expectation）的快乐、交往（association）的快乐、减除痛苦（relief）的快乐。[①]

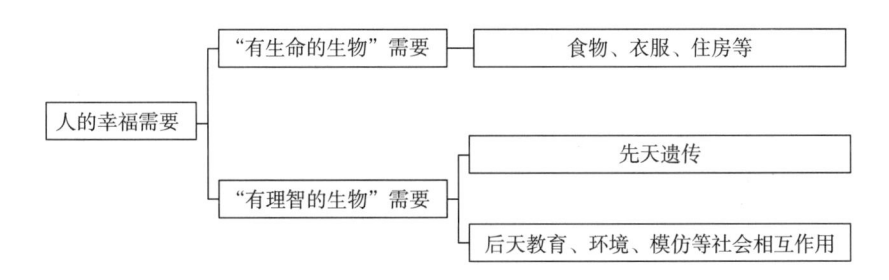

图 4-4　格雷的幸福论思想

边沁列举的 14 种快乐基本上概括了人类快乐需要的各个方面。感官的需要相当于傅立叶提出的 5 种官能的快乐需要；财富的快乐可以包括劳动收入、资产或意外收入、收入期望满足等；技艺的快乐基于技艺熟练后适度劳动产生的愉悦与满足感，相当于杰文斯劳动苦乐均衡分析中适度劳动给人们带来的过程快乐；和睦的快乐包括亲情、友谊、孝道与人际关系和谐；声誉的快乐基于德行与成就；权力的快乐基于支配与尊重；虔诚的快乐来源于信仰、寄托与修行；行善的快乐来自助人为乐的心理满足；作恶的快乐基于消极情绪、变态心理的满足；记忆的快乐基于趣事与美好时光的回忆与重温；想象的快乐来自对未来的憧憬与乐观的态度；期待的快乐与目标期望及其由之带来的快乐联系效应有关（如升学的快乐带来就业的快乐与生活前景幸福预期）；交往的快乐来自人际公平、社会公正、制度与环境和谐；减除痛苦的快乐包括所有上述方面不快乐事情的减轻和痛苦的缓解、消失。我们可以把边沁提出的上述 14 种快乐及其相关集合列表如表 4-2 所示。

（三）需要层次论与幸福均衡

根据人类需要的顺序，美国人本主义心理学家马斯洛（A. Maslow）

[①] 边沁：《立法与道德原理导论》，商务印书馆 2009 年版，第 90 页。

把人的需要分为五个层次（后增为七个层次），即生理需要、安全需要、社交需要、尊重需要、自我实现的需要。马斯洛之后，同为行为激励学派的奥德费又对需要层次论进行补充，把人的需要按照其性质归属归纳为三种，即生存需要（existence）、相互关系的需要（reletedness）和成长发展的需要（growth），简称 ERG 论。总体上说，马斯洛的五层次论、奥德费的 ERG 论都是对人类需要层次发展的基础说明，已经被较为广泛地采纳与接受。

表 4-2　　　　　　边沁提出的 14 种快乐及其相关集合

序号	一级指标	二级指标
1	感官的快乐	5 种感官的快乐
2	财富的快乐	劳动收入，资产或意外收入，收入期望的满足
3	技艺的快乐	基于技艺熟练后适度劳动产生的愉悦与满足感
4	和睦的快乐	亲情、友谊、孝道与人际关系和谐
5	声誉的快乐	德行与成就
6	权力的快乐	支配（随心所欲）与尊重
7	虔诚的快乐	信仰、寄托与修行
8	行善的快乐	助人为乐的心理满足
9	作恶的快乐	消极情绪、变态心理的满足
10	记忆的快乐	基于趣事与美好时光的回忆与重现
11	想象的快乐	对未来的憧憬与乐观的态度
12	期待的快乐	与目标期望及其由之带来的快乐联系效应有关
13	交往的快乐	人际公平、社会公正、制度与环境和谐
14	减除痛苦的快乐	包括所有不快乐事情的减轻和痛苦的缓解、消失

需要说明的是，需要层次产生的根源在于不同层次需要对于人的苦乐感的差异性及其迫切程度，而所有的人类需要归根结底是对于快乐幸福的需要与痛苦的避免。一般情况下，人们总是先使低层次的迫切需求得到相应满足，再去满足相对较高层次的需要。但严格地讲，人的需要不是一个层次全部满足而后升入另一层次的，而要视可实现各层次需要的约束条件而定，即具有不同可行能力的人会选择适合自己的行为组合，以争取最大化效用。因此，需要层次论包含两个重要的幸福最大化原理：

第一，消费者行为选择服从由低层次需要向高层次需要满足发展的序列规则。需要层次越低（如生理需要），就越与生命存在基础相关，对于生命的苦乐效用也越大。这一序列规则很重要，通过它可以解释整个国民经济分工的序列是根据什么规则演化的。

第二，在一定的约束条件下，最大化的需要满足是在每单位生命成本资源投入多个层次需要中所产生的需要满足效用边际相等。结合马斯洛五层次需求论，即有：

$$MU_1/L_1 = MU_2/L_2 = \cdots = MU_5/L_5 \qquad (4-2)$$

式（4-2）表明，当人们为满足各层次需要投入的资源与效用之比相等时，即实现了有限资源约束条件下的最大效用均衡，式（4-2）即为基于马斯洛需要层次论的幸福均衡模型。它与消费者均衡模型的理论机理是一致的，这里的 L 是消费者为获取一定收入付出的"生命成本"（Life Cost）。由于不同的人为获得同一单位货币付出的生命成本往往不同，从而使幸福均衡模型实际上与消费者均衡模型中基于同质收入的假说内涵是有实质性差异的。[①] 大量研究表明，幸福的人群在生活的各种层面上都非常的成功，包括婚姻、友谊、收入、工作表现以及健康。[②] 而这种系统性的幸福成功往往是生命资源科学配置的结果。

第三，如同马斯洛所言，人类最美丽的命运，最美妙的运气，就是做自己喜爱的事情同时获得报酬。这是关于过程快乐与结果快乐相统一的值得管理学吸取的优秀思想。

三　货币与非货币因素对于幸福满足方式的影响

由于需要层次性和每个人因先后天因素形成的可行能力集的差异，导致每个人的偏好可能都有一个特定的集合，由此形成个人偏好组合。偏好组合的形成取决于两大基本要素，即遗传性因素与后天因素，包括健康、个性喜爱、家庭、收入、受教育机会、职业选择、社会、环境等。这些因素组合起来对人的需要层次构成复杂影响。如在同样的收入水平上，接受教育的不同会使人们在自尊、交往、自我实现等的表达方式上有很大差异。由于个体差异与社会的意识导向作用，人的需要满足不一定是逐级而上的，当较高层次的需要得不到满足或缺乏自觉意识时，人们会把需要的满足置于较低的层次或把高层次需求以低级的方式来表达。

[①] 陈惠雄：《既定收入条件下消费者支出均衡的决定》，《中国工业经济》2016 年第 4 期。
[②] 泰勒·本—沙哈尔：《幸福的方法》，当代中国出版社 2007 年版，第 33 页。

这就是以往许多学者提出追求快乐幸福的境界差异以及有道德地追求个人幸福的原因。

受教育水平与社会相互作用同样成为影响人们幸福需要满足及其满足方式的重要因素。由于友爱、尊重、自我实现、求知、求美等高层次需要并不一定需要更多的钱，当国民收入达到一定水平后，教育、正义、诚信、友爱、自由、和谐、安全的社会环境是更加重要的幸福源泉。这从理论上证明了收入水平达到一定阶段后，收入增长与快乐幸福增加之间的弱相关性是可能的。结论是：

（1）人们的幸福水平并不只决定于其收入水平，还决定于文化等非货币因素。不仅取决于财富，还取决于对财富的看法。研究证明，对于钱的看法比钱本身更加能够影响幸福感。而快乐效用（U）应该是货币因素（A）与非货币因素（B）的函数。并且，非货币因素的幸福满足会随着基本生理需要的满足而趋于显性化，这证明了伊斯特林悖论的发生具有人类本身需求层次演化的客观基础。即：

$$U = F(A, B) \tag{4-3}$$

（2）现代文明教育与利他主义文化教育会有利于改善人们的幸福水平与产生幸福的优化改进。在物质生活基本满足后，教育有利于推动人们对求知、求美、自我实现的德性理解，提高全民的高层次幸福水平并能够在满足幸福需要时节约资源。因为，较高的教育水平能够引导人们在社会交往、尊重、自我实现时采取更加自然与快乐的方式，而非更多的金钱炫耀。因此，教育机会均等不仅仅是使人们获得可行能力的有效手段，还是以更加理性的方式提高人类幸福水平的有效途径。

四 幸福的无限性：最终目的不会有"最终"实现

快乐与幸福感是一种以主体与对象的物质存在与消费为基础又超然于这种物质之上的愉悦的精神体验。"超然"一词几多奥妙，是指人的快乐幸福来源于人自身及其对象的物质存在，又是一种产生与寄托于这种物质存在与消耗之上的精神层面的东西，心身一体性基础上的脑物质对外部物质世界的反映现象。边沁认为，苦乐是有其价值可以度量的，而一件事物或行为苦乐价值的大小主要是由 7 个因素决定。这些因素大体上显示了幸福的主要特性，如果考虑人的生命周期及其个体之间的快乐差异，我们认为，幸福一共有 11 个主要特性。理解这些幸福特性，对于幸福计量与个体幸福生活的获得乃至幸福社会建设都是有意义的。当年边沁提出这些快乐与痛苦的特征就是考虑到为幸福的量值计算服务的。①

关于幸福特性的研究，一方面可以揭示幸福本身包含的主要特性，又可用以指导人们的选择行为。它们分别是：强度、持久性、确实性、远近、继生性、纯度、范围、个体性、生命周期性、代际性、无限性。前面7个是边沁提出的测量快乐的一些数量特征，后面4个是笔者总结的。②从幸福感的个体差异性、个体幸福感的生命周期差异性、代际差异以及无限性特征中，可以更加完备地揭示出快乐幸福的一些更加深入的特性与幸福指数测量中应注意的问题，为幸福经济学中的幸福计量及其人类行为的幸福机理研究建立某些比较系统的特征基础。而幸福快乐的无限性特征，则是幸福经济学研究中需要特别予以重视与说明的。

人类欲望与快乐需要的无限性，决定了经济社会是一个由低级向高级的无限演进过程，决定了人们的快乐满足方式是一个动态过程。而科学技术发展的无限性决定了最终目的（快乐需要的满足方式、满足程度）发展的无限可能性。从历史看，人类最终目的的发展——实现程度显示着这样的图案：在不同的经济社会发展时期，最终目的所达到的程度在人类社会发展的长河中构成了相互衔接的质点运动。这些由最终目的的质点运动组成的螺升曲线，同时又是各相应经济社会发展时期无数中间目的的高阶无穷小的质点运动，并且事实上由这些高阶无穷小的质点所组成。这种曲线的螺升是无限的，人类的快乐需要是无限的，最终目的也就永远不会有"最终"实现。这也正是快乐幸福激励人类社会永远发展的根本动力所在，也正是最终目的将会随经济社会进步而发生着历史演变的特性。人类在各个历史时期实际达到的快乐满足度是一个向着最高的快乐满足趋近却又永远无法到顶的满足的过程。从绝对意义上讲，需要不会有饱和的满足，人类社会也不会有到顶的发展。这就是最终目的永远不会"最终"实现的道理，这也就是追求精神快乐成为人类经济、社会发展的永恒动力的原理，见图4-5。③

图4-5中横轴可以理解为是人类有史以来的时间，纵轴是幸福指数（1分数）。图4-5中曲线是基于经济社会历史演化发展对应的幸福指数曲线模拟。图4-5中2005年与幸福指数0.688是笔者2003—2005年进行浙江省哲学社会科学重点课题研究中得到的结果。笔者运用幸福梯形评尺

---

① 边沁：《立法与道德原理导论》，商务印书馆2009年版，第86页。
② 陈惠雄：《陈惠雄解读快乐学》，北京大学出版社2008年版，第49—58页。
③ 陈惠雄：《快乐论》，西南财经大学出版社1988年版，第44页。

与幸福量表调查发现，2005年浙江省城乡居民的幸福指数为0.688，这一水平高于其他机构调查的当时中国幸福指数平均水平。①

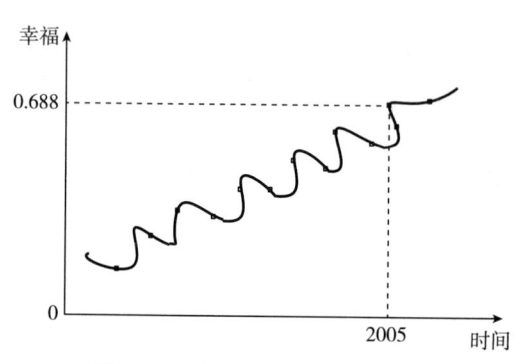

图4-5 人类幸福需要的无限性

"无限性"揭示了人类对于幸福追求是无限的，最终目的实际上不会最终实现，幸福终极目的论充满了辩证法。幸福的这种无限性特征同样可以用双曲线与渐近线来表示，见图4-6。而就个人而言，一个人毕生的幸福感，也就是他试图最大化的目标函数，可以表示为一连串的事件。② 一连串事件的累加，成为一个人的幸福积分，个人的最大愿望就是无限趋近于最大幸福目标。

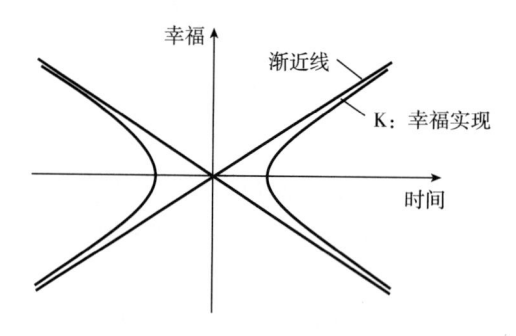

图4-6 幸福的双曲线

---

① 陈惠雄：《浙江不同人群快乐指数与我省和谐社会模式发展研究》（研究报告），2005年。相关成果参见陈惠雄、吴丽民《基于苦乐源调查的浙江省城乡居民生活状况比较分析》，《中国农村经济》2006年第3期。
② 汪丁丁：《行为经济学讲义——演化论的视角》，上海人民出版社2011年版，第203页。

幸福在人类历史中的实现示意在图 4-5 第一象限，它表明作为人类行为最终目的的幸福水平会随着经济社会发展而逐渐上升，理论上人类能够无限趋近最大幸福的终点，而实际上永远都不可能完全达到它。终极目的与终极目的的实现程度就犹如双曲线与渐近线的关系，幸福就成为人类经济社会发展的永恒目标。

图 4-6 中，当 $K=0$ 时，既无快乐也无痛苦。黄有光和许多心理学家都认为，人们大多数时候都处于这种没有被"唤起"的无苦无乐状态。当 $K<0$ 时，快乐实现率为负数，人们的苦乐体验为负向与消极，即人们的行为由一般的无苦无乐演变为痛苦过程。当 $K>0$ 时，人们的苦乐体验为正向和积极的，会产生幸福感。

当 K 趋向 -1 时，是使人的肉体与精神受到极大摧残和心灵压抑的过程。人们在这种行为过程中，精神上感到极大的痛苦。根据行为的避苦求乐原则，此时人们在想尽一切办法而仍然无法解除这一痛苦时，便会产生解决痛苦的最后手段——自杀。自杀在此时便成为人们结束痛苦、实现趋乐避苦的无奈的有效选择。许多人的自杀都是在这种状况下产生的。张五常说的自杀是争取最大功用，就是指的这种情况。

当 $0<K<1$ 时，是指人们的行为过程能给人以相当的快乐与幸福感，人们在行为过程中得到的快乐，经常在或多或少的程度上涨落波动。这种行为有净快乐或净福利，人们乐于选择。如舞蹈、衣食住行皆有净快乐，都是普遍地或多或少地能够带给人们快乐的过程。

当 $-1<K<0$ 时，人类行为处于各种深浅不同的痛苦之中。如各种繁重的体力劳动与身心压力，恶劣的环境条件，都会使人们在行为过程中感到压力、痛苦与厌恶。一个人的可行能力越低，人际关系越差，社会越是不公平，生态环境越是恶化，人们感受到的痛苦也会越多。

五 幸福三律

人类行为的终极目的在于满足其幸福需要。然而，在不同的经济社会发展时期，人们实际所能实现的幸福程度是不同的、有限的。一般而言，精神的满足取决于物质（信息、能交换）的满足。随着经济社会发展，人们在幸福需求与满足中表现出不断丰富的内容与逐渐提高的层次。幸福满足这种同时产生在质与量两个方面的继时差别性，要归之于不同社会时期人类认识自然的能力所达到的程度与经济社会文化整体条件的不同。而这种社会物质条件归根结底又是该时期社会经济发展的结果。因此，从一个极点上说，人类在不同发展阶段所能实现的最终目的的平均程度，只能取决于一定时期经济、社会、生态、分配公平性等的整体状况，任何幸福满足都不可能超乎当时经济、社会、文化、科技、生态环境发展水平的极限之上。这是终极目的本身实现的受动性与历史制约性。基于此，陈惠雄提出了快乐幸福满足三定律。①

（一）无限，同时是有限——幸福满足律

人类追求幸福的愿望是近乎无限的，然而，在人类各个具体历史阶段所能实现与所能得到的幸福满足，又必然是相对有限的。即哲学上讲的绝对、无限寓于相对、有限之中的道理。人类历史中无数相对、有限的快乐需求与满足构成了人类快乐需求的绝对无限性。另一方面，人类快乐需求的无限性还受现实可能的有限条件的制约。一定时期人们实现最终目的的平均程度只能是该时期经济社会发展与人们各种行为能力所达到的平均程度。因此，在一定的经济社会背景条件下，无论是基于人的自然存在的生理性需要，还是基于社会存在的社会需要，都必须根据客观实际的可能来建立幸福观，任何违背客观规律的行为决策都会成为幸福的祸患。

在经济社会发展方面，同样如此。过分追求 GDP 增长，脱离资源环境承载力的发展，同样会给经济社会可持续发展造成不良后果。2008 年的世界性的金融危机一定程度上就是脱离经济社会发展制约条件的必然结果。有限的现实条件与个体无限的幸福追求之间永远存在矛盾。"人们每次都不是在他们关于人的理想所决定和容许的范围之内，而是在现有的生产力所决定和容许的范围之内取得自由的"。② 因此，就个别和特殊而言，无限幸福中的有限性，同时又是对每个个人幸福满足度与社会幸福满足度的限定。对无限幸福目标中的有限性追求与认知，既是一个重要的生命幸福决策问题，也是一个重大的公共政策选择问题，个人与社会都要加强对这一幸福辩证法的认知。

（二）主动，同时是被动——幸福制约律

人的行为各有其具体目的，并规范着行为的内容、过程和方向。因此，幸福目的对于人的行为发生与激励来说是处于主动、支配的地位。但目的对于客观存在来说又是被动的，受客观存在的制约，是人脑对客观事物的反映。因此，在客观对象⟷目的⟷行为之间形成相互作用的正反馈机制。任何追求快乐幸福的选择行为都是现实世界与人的需求偏好在大

---

① 陈惠雄：《快乐论》，西南财经大学出版社 1988 年版，第 43—50 页。
② 《马克思恩格斯全集》（第 3 卷），人民出版社 1979 年版，第 507 页。

脑中的反映，并受现实条件制约的结果。只不过，不同的人因个人的主客观条件差异，所追求幸福的层次、内容、方式不同，采取的手段、行为途径不同而已。然而，所有人的幸福追求行为归根结底又是对现实条件的一个反映，是一定的经济、文化产生了一定的社会关系与观念意识。人类追求幸福的主观能动性实际上是受到一定约束条件的限制，每个人特定的幸福偏好实际上是在约束条件下展开选择行为的。所以，人类对于幸福的主动性追求实际上同时也是在一定约束条件下被动地选择的结果。追求幸福只有把主动与被动、有限与无限统一起来，才能够不断地把被动的自然决定改变为主动的人类主宰，把有限的个人幸福满足推向人类幸福的无限追求。

（三）肯定，同时是否定——幸福演变律

人类的幸福欲望除了以遗传潜能为基础外，也受后天因素的显著影响。曾经肯定的东西会被新的形势否定，幸福导向的经济政策将随之改变。随着社会生产力水平提高与客观环境改变，人的幸福需要内容、层次会发生变化，这就是客观世界变化引起的人们幸福观念的否定、新生与改变。我们曾经长期肯定与褒扬艰苦奋斗的幸福观，现在不同了，许多年轻人不再以艰苦奋斗为荣。曾经肯定的东西，在不知不觉中被新生代的价值观否定了。"笑贫"是另一个无奈的苦乐观演变。人类历史中会经历无数次幸福观的转变。人的新需求会随着科学技术进步而不断产生，旧的乐生形式会随着相应条件消失而淡出人们的幸福观。总体而言，人类的幸福追求是从简单的以自然性需求为主向日益复杂的社会性需求拓展、衍生的过程。人类追求幸福的过程曲折、复杂，期间会产生各种各样的快乐异化，如货币拜物教、抽烟酗酒等。随社会文明水平逐步提高，经过不断的自我否定与扬弃，人类的快乐满足将趋向丰富、简约、自由与多样化。因此，人类幸福的实现是一个辩证否定的过程，尽管人们都绝无例外地以精神快乐为自己行为的终极目的，然而，各个时期人们所追求与实现的快乐内容却是各不相同的，幸福在代际之间产生了否定形态，幸福经济学关注与理解幸福观的代际变迁，并制定出适应变化的新发展策略。

第三节 幸福视野中的经济人假说

经济人假说是经济学分析人类行为的起点。新老古典经济学理论体系都是构筑在经济人假设与认识的基础上的。然而，由于经济学长期接受斯密的经济人"自利性"假说，使其对人性认识的局限很大。由于经济人概念涉及对人性判断与目的论问题，对幸福经济学理论体系的构建很重要，因此需要就经济人假说的相关理论进行深入阐述，并建立一个基于快乐幸福理论的经济人行为解释的新视角。本节就经济人假说模式的演化路径与人类行为的一致性框架进行分析，从人性一般出发来认识经济人行为，进而从人类行为终极价值角度来解释经济人行为的本质与偏好结构，使其能够满足分析一般性人类行为效用模式的要求，构建一种更加包容的幸福经济人理论假说。[①]

今天，经济人假说已然成为理论经济学的一个争议焦点。它的提出、演绎、死亡、复活之辩争，标志着经济学中对人及其行为认识的某些理论演化。经济人假说因何成为经济学争议的焦点？其假说是否可以而又如何能够成立？关系着经济学关于人类行为的解释向度以及现实经济社会体制的构建。这里就困扰于经济人假说理论中的人的本质属性、人性结构以及经济学中"人"的理论视域应当如何构建等基本问题进行辨析，力求厘清存在于目前经济人假说中具有较大争议的问题，为幸福经济学的理论构建提供符合一般性事实的经济人假说。本书的观点是：其一，经济人利己并非是"物质利益利己"，而是快乐的"精神意识利己"。其二，利己行为的本质内涵是行为者的精神快乐幸福，而非物质利益，前者是"终极价值"，后者是"工具价值"。其三，包括利他行为在内的利己属性与"利他—利己一致性"是人类行为的一般性或普遍性特征。其四，经济人之"经济"是争取最大收益（效用）/最小成本的"节约"之经济，并非经济利益之经济。这些基于幸福经济学视域的关于经济人的新的理论界说可能为经济学真正成为分析人类行为的科学提供新内涵与新视角。

一 经济人假说的五个层次与五次修正

传统经济人假说的系统理论包含五个层次内容：经济人性质（自利本性），经济人行为目标（经济利益最大化），经济人行为状况（理性人），经济人运作条件（完全竞争市场等），经济人行为方式（价格与收入的函数）。五个层次内容实际上包含着对经济人行为的五个假设，即自利性假设、最大化假设、理性人假设、信息完全假设和物质利益中心主义行为价

---

① 本节研究参见陈惠雄《利他—利己一致性经济人假说的理论基础与最新拓展》，《学术月刊》2012 年第 11 期。

值观假设。这些被包含在经济人概念中的具有系统性的内涵与假设条件，在近半个世纪来的理论经济学发展中都已经被逐一地质疑、修正或否定了，从而衍生出经济人利己与利他性假设、经济利益与非经济利益行为目标假设、有限理性假设、市场划分理论与交易费用理论以及广义效用论等。经济人的几乎所有传统假设均遇到了质疑与否证，这是近 40 年来经济学理论体系发生演化与变革的重要一幕。

（一）经济人性质：个体利益至上的"自利主义者"

"自利性"是对经济人属性的基本假定。对经济人自利性的解释始于斯密的《国富论》。斯密认为，在追求自利这只"看不见的手"指引下，不仅个人能够实现自身的最大利益，而且"他们各自追求各自的利益，往往更能有效地促进社会的利益。他们如真想促进社会的利益，还往往不能那样有效"。① 由于斯密理论主要基于经济人的自利性假设，引起了理论假说与利他实践的矛盾。针对这一情况，萨缪尔森等扩大了经济人行为的解释边界，运用成本—收益原理，把利他性置于利己主义的解释框架之中，从而坚守了经济人"自利性"的唯一性假设。而更多的学者如阿尔钦等则坚持把放弃"利他性假设"看作是经济学工具理性必须走的一步。国内学者杨春学研究员等则提出了利他主义经济人假说。②

（二）经济人行为目标："经济利益最大化"

传统经济学认为，经济人行为的目标在于追求个体"经济利益最大化"。这种对经济人即追求经济利益最大化的自利人的认识与假定，同样是不符合现实人类行为状况的。马斯洛的"需求层次论"及其包含的不同质需要的弱通约性原理，否定了以经济利益最大化为目标的经济人行为目标假说。诺贝尔经济学奖得主贝克尔则认为，人类行为其实并不是单纯和完全以经济利益为充分（唯一）内容的。由于人类需求的多层次性及其所包含的家庭、荣誉、友谊等非经济利益的内容，在人们的经济活动中，经常包含一些健康、道德和社会目标。因而，贝克尔认为经济人行为的目标在于实现个体的效用最大化。这一解释使经济人行为目标的涵盖比"经济利益"更为宽广，也更加符合现实经济人行为的实际状况。贝克尔同时认为，经济人行为在唯一局限与受制于个人效用函数即实现效用最大化目标的过程中，其行为也会包括利他主义的内容，这同样是符合实际的。与萨缪尔森一样，贝克尔同样把利他置于利己的解释框架之中。只不过，萨缪

---

① 亚当·斯密：《国民财富的性质和原因的研究》，商务印书馆 1981 年版，第 421 页。
② 杨春学：《利他主义经济学的追求》，《经济研究》2001 年第 1 期。

尔森的解释框架基于经济利益行为，贝克尔拓展了利益视域，把几乎所有的人类行为都转换为"效用"的解释。

与贝克尔不同，卡尼曼力图复活边沁的快乐理论，以快乐来替代偏好满足的效用。国内学者叶航则主张用"广义效用"概念替代狭义的经济效用概念，从而把经济学的最大化方法推演至人类整体行为模式。在最大化问题上，黄有光认为人类行为事实上并不是全然不顾"他者"利益而追寻个体最大化目标的，利他情感的作用导致人们在许多场合下的行为目标并不是"最大化"的，黄有光并就此进行了选择行为案例分析。对此，笔者则提出了包容更广的基于利他与利己统一的快乐最大化理论，其理论基点比黄有光更加逼近人类行为的终极价值原则。①

（三）经济人行为状况：理性经济人

传统经济学曾经把经济人假设为"理性人"，即理性经济人或经济人理性。经济学中对于理性的理解大致可以分为两种，一种是把理性行为理解为情绪化行为的对立面，最新的脑科学甚至证明了大脑本身功能存在的这种区分。另一种是从经济人选择性行为规则的角度解释理性行为，这是对经济人理性更为一般的解释。即假定当事人行为严格遵循一套"理性原则"或"理性公理"，包括：①个体追求某种"工具价值"的最大化；②个体决策过程在逻辑上的无矛盾，即经济人行为的"完备性公理"和"可传递性公理"。行为经济学家卡尼曼等用前景理论（Prospect Theory）证明了人类行为选择过程中的偏好逆转（The Preference Reversals）现象，从而证实了经济人"理性公理"存在的缺陷。

（四）经济人运作条件：完全竞争市场

新古典经济学中的经济人行为是建立在完全竞争市场、交易费用为零与市场出清三个运作条件基础上的。否则，经济人自利行为就不可能导致最大利益目标的实现，同样也就难以导致集体理性与实现帕累托最优。经济人行为的这三个运作条件是经济人行为"内在一致性"假设的必要条件。而事实上经济人行为的这三个运作条件已经分别被后来的市场划分理论（厂商理论）、新制度经济学的交易费用理论和凯恩斯的宏观经济理论逐一地否定了。也就是说，在经济人假设中借以运作的三个主要条件在实际的经济运行中都是不存在的。即经济人实际上是处在市场竞争与垄断程度不一、交易费用为正和无法达到供需自动均衡的市场

---

① 陈惠雄：《快乐、福利、人本主义——与黄有光院士的讨论》，《财经论丛》2000年第5期；《中国社会科学文摘》2001年第1期。

环境中进行其活动的。对经济人运作条件的重新确认，导致了经济学家对人类经济行为结果的重新认识——经济人在其行为过程中，只有保持互惠合作、接受制度约束并借助于政府干预的力量，才能够实现尽可能大的效用目标。

（五）经济人行为方式：价格与收入的函数

在确认经济人行为方式上，新古典经济学认为个人决策仅仅依赖于自己的选择，而个人的最优选择只是价格与收入的函数。经济人行为的发动、持续、改变与停止，仅仅受在一定价格参数与收入因素条件下的个人效用函数的驱动。然而，博弈论研究证明，个人效用函数不仅依赖于他自己的选择，而且也取决于他人的选择，个人的最优选择是他人选择的函数。因而，合作与考虑他人需要经常是达成团体理性、效率与公平的不可或缺的条件，同样也是实现个人效用最大化目标的不可或缺的因素。今天，现代企业管理中的"利益相关者"理论、哈贝马斯的"交往行动"理论以及"互主体"思想等均是对经济人行为方式缺陷的理论补正。

因此，西方经济学赖以建立的经济人概念以及此概念所包含的五个层次内容和五个假设，均已经被逐一地否定或修正了。新制度经济学、行为经济学、经济心理学、人本经济学等各种新经济学流派的诞生，大多是从对人类自身行为的重新认知开始的。由于经济人概念的五个层次内容相互关联，任何一个假设内容被修正均意味着新古典经济学原有理论前提的动摇。如何科学、全面地认识经济人成为改进与完善现代经济学的重要理论环节。而由于人及其幸福处于经济活动的中心地位，使所有这些对经济人概念内容的重新探讨都显得极其有意义，并促进了经济科学理论体系的现代发展。

二 幸福视野中经济人行为偏好结构的演化路径

从各种研究文献看，目前存在于经济人假说中的理论矛盾主要集中于：如何协调利己与利他的矛盾？是否可以又如何能够把利他主义纳入经济人假说框架之中？这种利他—利己假说框架是否具有稳定的内在一致性？以及利他行为是否需要区分一些具体类型与何种类型的利他行为才能纳入个人效用函数？[①] 这些问题成为今天经济人假说建构中的新问题，并

---

① 杨春学：《经济人的"再生"：对一种新综合的探讨与辩护》，《经济研究》2005年第11期。

关系到幸福经济学中关于利他行为是否能够收敛于个体幸福函数的理论解释。

经济学是分析人类行为的科学。这是因为对资源的选择性配置与利用是经济行为主体——人自身偏好与受内外在条件约束的结果。从斯密开始，经济学一直是从人的本性来解释人类行为的，这应是一个正确的理论方向。但是，在人的本性究竟是什么的问题上，却纷纭了两百多年，其关于经济人性质的争辩与认识路径演化大体上是伴随对经济人假说的经验实证主义诘难与逻辑理性主义辩护而发生的。人性问题之所以重要，是因为它从根本上关系着对人及其行为的认识乃至经济社会制度的构建。

(一) 经济自利主义者经济人行为假说

人们一般认为，斯密大致地把人的本性假设为经济利益至上的自利主义者。但是，这很可能是他没有完成整个人类行为研究而给人留下的一个令人遗憾的理论表象。[①] 不幸的是，后来学者就此构建了一个经济人理性模型以解释个体行为，并试图把斯密对经济自利主义人性的解释精确化，其对人性解释的理论向度与斯密的自利人性假设是一致的，从而构建了"100%自利、100%理性、100%自我约束"的经济人标准原型，其个人效用函数 U_i 为：

$$U_i = u_i(c_i) \qquad\qquad (4-4)$$

式中，经济人 c_i 的效用仅仅取决于个人的经济自利，利他与非经济效用利己均被排除在外。这是一个典型的经济动物人的经济人模型。

(二) 基于经济利益交易的"利他—利己"经济人行为假说

由于自利性假设引起了理论假说与利他实践的矛盾冲突。针对这一情况，萨缪尔森等扩大了经济人行为的解释边界，运用成本—收益原理，把包含经济利益利他性的一类行为（如大量互惠的经济交易与合作行为）置于利己主义的解释框架之中，从而既扩大了经济人自利行为边界，又坚守了经济人"自利性"的唯一性假设。而阿尔钦等则坚持把放弃"利他性假设"看作是经济学工具理性（坚守经济人行为内在一致性）必走的一步。萨缪尔森的经济人利他—利己一致性假说可以用包含利他主义的相互依赖且为正相关的个人效用函数来表示：

[①] "Adam Smith 博士公开表明的研究对象是国民财富的性质和原因。然而，或许还存在着他更感兴趣的研究。依我看，就是影响国民幸福的原因。只是他通常把这两者混杂在一起。"（参见马尔萨斯《人口论》，麦克米兰出版公司 1966 年版，第 303 页。）

$$U_i = u_i(c_i) + \delta u_j(c_j) \tag{4-5}$$

其中，j 是 i 关心的另一个人，δ 是经济上的利他主义参数，且 $0<\delta<1$。令 $\delta=0$，即为式（4-4）所示的完全经济效用自利的经济人假说情形，用以分析基于经济自利的个人行为偏好。当 $0<\delta<1$ 时，表明 i 给 j 带去交易好处的同时也给自己带来了经济利益，从而形成了包含利他主义的相互依赖且为正相关的个人效用函数。[1]

(三) 经济利益与非经济利益回报的"利他—利己"经济人行为假说

然而，事实上马斯洛"需求层次论"及其包含的不同质需要的弱通约性原理，已经否证了以经济利益最大化为目标的经济人假说。[2] 贝克尔吸收了马斯洛的需求层次论，把健康、亲情、友谊、荣誉等非经济利益内容包含在经济人的效用函数中，使实际的经济人行为目标比"经济利益"更为宽广，也更加符合人类行为的真实情形。[3] 因此，即便是完全自利的经济人效用目标也应该包括经济利益与非经济利益两部分。这样，式（4-4）完全自利的经济人效用模型就必须改进为：

$$U_i = u_i(c_1, c_2) \tag{4-6}$$

其中，c_1 为经济效用，c_2 为健康、亲情、友谊、自我实现等非经济效用。c_1、c_2 合称为广义效用。贝克尔等同时认为，经济人行为在唯一局限与受制于个人效用函数即实现个人效用最大化目标的过程中，其行为同样也会包括一些道德和社会目标等利他主义内容在内。贝克尔、杨春学等把利他置于利己的解释框架之中，即把"对他人福利的关心"也纳入个人效用函数之中，以此扩充个人偏好，使其他人的效用或福祉（幸福感）成为增加个人效用（幸福感）满足的一个新源泉。[4] 但这种包含利他的利己一致性解释与萨缪尔森不同，萨缪尔森的一致性解释框架基本上基于经济利益交易活动中的互惠互利行为，贝克尔则拓展了利益视域，把几乎所有的人类行为都包含并转换为"效用"的解释之中。这样，事实上不仅个人的效用函数包括了利己与利他两个方面，而且无论利己还是利他行为，也均包括了经济效用与非经济效用两个方面。综合式（4-5）、式（4-6），

---

[1] 杨春学：《经济人的"再生"：对一种新综合的探讨与辩护》，《经济研究》2005 年第 11 期。

[2] 马克·A. 卢兹：《经济学的人本化：溯源与发展》，西南财经大学出版社 2003 年版，第 76 页。

[3] 加里·S. 贝克尔：《人类行为的经济分析》，中译本，上海三联书店 1995 年版，第 256 页。

[4] 杨春学：《利他主义经济学的追求》，《经济研究》2001 年第 4 期。

包括利他主义的个人效用函数模型就应为：

$$U_i = u_i(c_1, c_2) + \delta u_j(c_1, c_2) \tag{4-7}$$

令 $0 < \delta < 1$，则表明 i 给 j 带去经济效用与（或）非经济效用的同时也给自己带来了效用增加，从而明确了式（4-5）所包含的利他主义的相互依赖且为正相关的个人效用函数的广义效用内涵。

以上便是自斯密以来经济学中关于人性偏好结构认识与假说的大致演化路径。其总体趋势是，经济人偏好结构被不断扩大，由利己而利他，由狭义的经济效用利己到广义效用的利己与利他。国内外研究的最新结论大致是：经济人的偏好结构边界达到收敛于具有某种私人收益（效用）的全部利己、利他行为。至于纯粹利他的"雷锋式行为"则仍然被排除在经济人效用模式之外，并被许多经济学家认为是必须被排除的，从而形成一种有限利他—利己的经济人效用模式。

（四）"雷锋式行为"与完美内在一致性"利他—利己"幸福经济人行为假说

人类行为的利己一致性特征，是以行为者自我意识支配下的趋乐避苦终极价值内涵为人类行为原点进行考察的。但在这一根本特征与终极价值内涵下面，利己一致性行为效用函数又至少可以分为完全自利的经济人标准原型、有回报的互利性利他行为和"无回报"的单纯利他行为即"雷锋式行为"（也包括大量的亲缘利他行为）三种。前两种经济人行为模式已经在式（4-4）至式（4-7）中表述了，第三种行为即"雷锋式行为"是最受经济人假说模型（包括一些利他主义经济学说倡导者）质疑的。然而，实际上这三种行为的利己一致性并没有受到挑战。"雷锋式行为"一开始就是直接利他的，但行为者认为这样的利他行为更加符合自己的幸福观念与快乐行为偏好（所谓帮助别人快乐自己，帮助别人获得快乐的同时也增进了自己的快乐、幸福感），因而同样能够收纳于个人的效用函数之中，"雷锋式行为"成为增加个人幸福效用满足的一个具有更优社会价值意义的新源泉。因此，逼近完善的经济人行为模式实际上应由"自利 + 有回报利他 + 雷锋式利他"的偏好结构组成。这样，式（4-7）就应可进一步拓展为：

$$U_i = u_i(c_i) + \delta u_j(c_j) + \lambda u_k(c_k) \tag{4-8}$$

或：

$$U_i = u_i(c_1, c_2) + \delta u_j(c_1, c_2) + \lambda_k(c_1, c_2) \tag{4-9}$$

其中，δ 为有回报利他参数，λ 为"雷锋式行为"的无回报利他行为参数。$0 < \lambda < 1$，且 $0 < \delta + \lambda < 1$。j 为 i 关心的有回报利他行为的对象，k

为 i 关心的无回报利他行为的对象。当 $\lambda = 0$ 时，无此种行为发生；当 $0 < \lambda < 1$ 时，"雷锋式行为"仍然能够给行为主体 i 以 $1 - \lambda$ 的回报系数，此行为中可令 $\delta = 0$。关键的问题是，经济人行为模式是可能且允许如此（无限）放松的吗？这也正是许多经济学者拒绝将其纳入利他—利己行为结构的地方。这里需要逐一回答诸多经济学家对此的回避、担忧乃至排斥的态度。

其一，快乐幸福是人类行为的终极目的，生产、消费、结婚、经商、善举、生态保护等，所有有意识的人类行为都是为了满足行为主体具有特定精神意识—偏好结构的幸福需要而产生的。"雷锋式行为"能够给行为主体以利他快乐（助人为乐）的满足"回报"是毋庸置疑的。[①] 因为，所有经济行为与非经济行为的终极效用均是人们精神上的苦与乐。物质利益之乐于助人之乐在终极效用层面上并无差异，只是其快乐自身的内部结构有差异，只是其在满足快乐的物质与行为载体（所谓工具价值）上有差异。而真正重要的是，其观念意识与偏好结构差异将会在社会价值准则（法制激励/约束）衡量上显示出重大不同。这一点正是需要对那些为"雷锋式利他行为"纳入经济人利己效用模式担忧的经济学家说明其理并解除其担忧的。

"雷锋式行为"的助人为乐效用模式与饮食、结婚、金钱、奉献、维护正义之乐均具有快乐效用的利己内在一致性属性。利己并不排除利他，利他（无理性利他除外）一定是同时利己的。这为构建和谐社会与社会效率增进提供了新的理论源泉与新的行为模式。其解可能是超出于帕累托最优解之外的。因为，经济资源配置有可能存在帕累托最优性限制，而助人为乐对于助人者与被助者的效用累加可能是双倍甚至是多倍于资源付出代价并与既有的资源配置—收益模式不同。这一理论为未来利他主义行为扩

[①] 利他的问题比较复杂。一般情况下，人们只愿意牺牲 X 单位的快乐来增加另一个与你无关者的 1 单位快乐。$0 < X < 1$。小于 0 的情形（愿意牺牲自己的快乐来减少他人的快乐）可称为无理性的反道德；大于 1 的情形可称为无理性的超道德。一般的超道德大概不存在。由于生物的原因，母亲对孩子的超道德或超理性的爱，可能存在（黄有光，2003）。2003 年，国内有一则报道，一家三口乘坐索道，从一百多米的空中落下。父亲把 3 岁的儿子托住，父母双亡，儿子得救。为真爱的实例。但是否超理性，导致 X 大于 1，仍然是需要通过推测当时这位父亲的瞬间的福利得失思考及其不同结局博弈分析进行计算的。如果父亲不将儿子托住，大家都死，这样的父亲救子行动就是 $0 < X < 1$，属于有理性行为。如果父亲不托住儿子，自己有望逃生，儿子难逃厄运，则父亲行动的理性程度有待计算。而如果父亲不托住儿子，自己与儿子皆有望一起逃生，则父亲的行为属于超理性的 $X > 1$ 行为。

展的社会模式的构建提供了理论依据,并且证明了思想意识、社会价值意识教育对于提高社会效率、构建和谐社会、节约资源的实际重要性。式(4-9)的经济人偏好结构为:直接的个体效用+利他的具有"回报"的"个体效用+雷锋式利他"的个体效用,从而是一个完整的经济人行为偏好结构模式。"无利不起早"可能是个"真理",但是这个利绝不是或者绝不仅仅是经济利益之利,而是快乐幸福之利,只不过看你是利他之乐还是自利之乐而已。

对此,实际上许多经济学家都忽视了斯密曾经明确表达过的"利他—利己"情感论。斯密认为,每个人都能够从其他人的快乐中获取快乐。[1] 即他人快乐构成自我快乐的一个组成部分,从而能够使利他构成自我快乐效用的一种结构与成分。由此可见,斯密可能不是一个利己主义者这么简单,他的思想充满了利己—利他、利他—利己的辩证法。

其二,基于幸福的终极价值,使包括雷锋式行为在内的所有有意识行为均可以置于私人效用函数中,并使所有行为都可以用快乐来解释。那么,许多源于纯粹的道德感、正义感或纯粹利他主义的行为,不计较个人效用的行为,在本质上排斥对自己行为成本收益的任何权衡的行为,又如何能够纳入经济学的成本收益分析框架呢?

实际上,人们的所有成本收益都是以苦乐为效用的终极计算尺度的,因为,效用就其本质而言是消费品(对象)能够给消费者(生产者)带来快乐满足的属性。因为,经济增长等事物只有相对于快乐的直接或间接促进作用而言才是重要的。在此特别强调的是:成本—收益是经济学的基本问题视角,也是贯穿人类理性行为边际分析中的经济学基本方法与原则。运用成本收益分析原理,经济人行为的最大化效用目标实际上应当解释为"快乐净收益",即快乐(收益)减去痛苦(成本)的剩余。一切看似无个人效用与得失计较的纯粹基于正义感、助人为乐等的雷锋式利他行为,行为者个人的成本付出自不待言,收益则是行为者的快乐效用(快乐价值利己)。这和你在面馆付出5元钱购买一碗面条(成本),收获吃面(胃觉、味觉)的快乐效用的道理是一样的。许多经济学家的担忧实际上是仍然脱离不了狭义经济效用的人类行为解释局限,离科学的利他—利己

---

[1] 路易吉诺·布鲁尼等:《经济学与幸福》,上海人民出版社2007年版,第93页。

一致性的理解差距可能仍有一步之遥。①

其三，把雷锋式行为置于私人效用函数中，使所有行为都可以用快乐来解释，由此而导致了行为约束的无限放松。快乐幸福的行为框架"什么都可以解释"，可能会导致"什么都不能解释"，这同样是布坎南等大量经济学家担忧与反对的，却又缺乏具有足够理论效力的依据去说服那些持"人是社会关系总和"观点的人转变态度。

这里出现了一个理论误区。实际上，人性与偏好是一回事，约束是另一回事！快乐作为人类需要的真实内核与欲望的本质规定，是人类乃至一切有苦乐感生物类统一而恒久的根本属性。趋乐避苦的利己人性是人类行为的统一本质特征。今天是有20%的行为不能用传统自利经济人模型解释，随着人类理性提高与社会文明进步，会有越来越多的行为不能用传统的自利经济人假说模型解释。② 以趋乐利己一致性偏好并具有层次结构的经济人假说模型（4-9）来解释人类行为是唯一切实可行的经济人假说的建构路径与方法。由于人类行为意识具有一致性（即均指向终极目的）而不是相互矛盾或分裂的，这样，只有能够解释尽可能多的人类行为的理论框架，才真正能够形成具有充分说服力的人类行为解释模型并把最大多数的人类行为置于这一解释框架之中，以最大限度地避免人类行为解释框架与现实状况的分裂。需要明确，人性是对人类行为本身质的统一性的描

---

① 笔者和黄有光（1999）在讨论人类行为的利己一致性问题，黄有光反对笔者过强的利己一致性观点并就此进行假设。黄有光的假设是："假如你有 A、B 两种选择。揿按钮 A（揿时没有苦乐，揿后失去记忆），可以得到 100% 的快乐，升入天堂，以前的记忆全部忘却，其他人则全部下地狱。假如你揿按钮 B，可以得到 99% 的快乐，升入天堂，以前的记忆同样忘却，其他人则可以免下地狱。"这是一个关于快乐最大化与快乐次大化以及人们是否存在非情感利他而导致经济人利己一致性行为模式解散的个人行为选择命题。笔者回答选择 B，黄有光同意。但笔者对选择 B 的理解和黄有光并不完全相同。黄有光认为，揿按钮 B 证明了两个问题：一是人存在非情感利他情结，二是人类行为可以是次大化的，并由此导致人类行为利己一致性假说的不成立。对第一个问题笔者同意。对第二个问题，笔者认为，他人快乐实际上就构成个人快乐最大化的一个不可或缺的组成部分，揿按钮 B 的个人快乐同样是 100% 的。"爱人不外己，己亦在被爱之中"。只不过个人直接得到的快乐为 99%，因给予他人快乐而增加的自己的快乐大于或等于 1%，两者之和为 ≤100%。利他的人比较快乐或收获的快乐较多，这是一些经济学家都证明过的经验事实。人类会有越来越多的相互间的道德关怀，爱人实际上就构成自爱和自我快乐的重要内容。在这个问题上，黄有光证明了人是存在非情感利他倾向或具有非情感利他理性的，这是他的正确之处。但由此导致利他对利己损失与效用发散的结论，使利己与利他在理论上无法收敛于利己一致性假说，笔者认为又是黄有光理论的可疑与不彻底之处（参见陈惠雄《快乐 福利 人本主义——与黄有光院士的讨论》，《财经论丛》2000 年第 5 期）。

② 福山：《信任——社会道德与繁荣的创造》，远方出版社 1998 年版，第 118 页。

述，约束是对人性实现条件的规定性条件的描述。趋乐利己人性的一致性决定了人类的所有有意识行为都朝着如何有利于增加行为者的快乐、减少痛苦与节约生命成本方面发展，而对趋乐避苦利己人性的最大化实现条件的约束却是无处不在的。就其趋乐避苦行为的边界而言，是限定于有意识行为，存在精神病症、意识缺乏自控的行为等不能够以趋乐避苦解释（但有意识自杀可以，部分本能行为与下意识行为可能也可以用趋乐避苦的基因信息遗传码来解释）。而实现快乐或偏好满足（两者存在差异）的一般约束条件是来自行为者自身资源与外部资源的有限性约束。

其四，在另一个极端上，一些经济学者提出了工作狂、受虐狂、苦行僧等现象以反对无限制扩大私人效用结构的经济人假说。这一批驳很值得重视，它实际上涉及偏好与快乐的差异以及为什么要用快乐原则来检验人类偏好及其行为的问题。黄有光等就此进行了专门分析，指出由于无知、信息不全与溺爱式亲缘利他三个原因导致了偏好对快乐的偏离。[1] 工作狂、受虐狂、苦行僧等均是无理性偏好行为，其变态的"心理效用"与偏好满足实际上是对行为者长期快乐的损害，而非行为者长期快乐（快乐积分最大化）的实现。这类行为可以用（异化的）趋乐避苦原则来解释动机，但行为的结果却是对这一原则的背离。结果与动机相背离，这是完全符合人类行为事实状态的。也正因为如此，用快乐而非偏好满足的效用原则来解释人类行为才真正获得了经济学实证与经济学规范相统一的理论架构。[2] 由此可见，幸福不仅是个当期效用的概念，更是个长期效用积分的概念。[3]

其五，收敛于个人效用函数的不同经济人行为在道德与制度约束上显示出重大不同。根据式（4-9），人类的所有有意识行为均可以收敛于个体的效用函数（外部性可以通过增加误差项来处理，不妨碍本论题实质的讨论）。但这一经济人行为解释框架却使许多经济学者都难以接受，并且责难这样会混淆自私、有回报利他与雷锋式行为之间的本质区别。实际

---

[1] 黄有光：《快乐、福利、人本主义——回应陈惠雄博士》，《财经论丛》2000年第5期。
[2] 黄有光：《从偏好到快乐：通向一个更加完整的福利经济学》，《新政治经济学评论》（第一卷），浙江大学出版社2005年版，第125页。
[3] 可以看出，快乐理论会导向经济学规范问题的讨论。就个体行为规范而言是指其偏好是否有利于私人的可持续的快乐；就社会整体而言，私人偏好是否有利于促进"最大多数人的最大快乐"。而关于苦乐的更加深入的规范问题如：假如人类的基因或苦乐感神经发生质的变异，则可能引起人类行为假说模式的新改变。这样，食用转基因食品对于人类自身基因的安全性与可能存在的变异性影响就是值得考虑的。假如人类还喜欢自己的基因的话。神经经济学正在研究此类问题，如对人类喜好钱财问题的神经偏好研究等。

上，不同的经济人行为在效用能够收敛于个人效用函数这是一个基本的经验与理论事实，人类行为就其出发点而言，是具有一致性而不会自相矛盾、行为分裂的。但不同的经济人行为恰恰在社会道德标准、制度衡量上存在重大的区别。现实社会实际上正是通过道德评价与制度激励/约束来实现其对不同个体效用行为的褒贬、奖惩的。一种优良的社会制度安排能够使损人利己行为受到惩处，助人为乐行为得到褒扬，这种奖惩可以包括物质与精神两个方面，这样就会有利于和谐社会秩序的形成。如果这个奖惩机制反过来，个人效用函数仍然可以是收敛的（"所谓善有善报，恶有恶报，不是不报，时候未到"的外部性内在化机制），但从一个长期角度观察，个人的快乐效用积分与社会总效用会降低，社会将变得不和谐，并且这样的社会机制设置会有恶化运行的危险。

随着科学进步与分工细密化，式（4-9）显示的个体行为结构演化中，利他主义与互利行为会逐步增多，个体行为效率会改进，每个人都能够从自我与他者的不同类型的行为中获得快乐递增，从而实现国民幸福总值与经济社会发展水平的同向递增。这意味着，长期而言，互利与利他主义行为向度是必然的，这种社会的个人效用递增也越好。这里，我们又获得了一个支持利他—利己经济人假说的新结论：如果利他行为不能够收敛于个体效用，经济人假说的逻辑结论是，人类社会就会止步于个体主义价值观为中心的社会状态，而这是现实的社会发展状态与绝大部分经济学家、社会学家都不会同意的结论。正如罗宾斯所说的，我们所关心的是，经济主体既可以是纯自我主义者，也可以是纯利他主义者；既可以是纯禁欲主义者，也可以是纯享乐主义者或者是这些内驱力的总和。[①]

三 利他—利己内在一致性幸福经济人假说的若干理论补充

传统经济人效用函数假说模型的不彻底之处在于目前多数经济学家仍然没有突破基于"经济"的自利人性假说，把经济学的成本—收益分析方法与对于收益的回报甚至是经济收益的回报混淆起来（成本—收益分析是经济学分析人类行为的基本视角，但把人类行为局限于经济或物质效用的成本收益分析却是一个不小的错误），把人类行为置于狭义的经济效用回报——"物质利己"的工具价值效用视域，从而导致经济人内在一致性假说模型的难以完成。从人类行为的终极价值（快乐幸福）角度来突破工具

[①] 路易吉诺·布鲁尼等：《经济学与幸福》，上海人民出版社2007年版，第299页。

价值的理论局限，将是使经济人假说走向真人、现实与一般，使诸多经济人假说的争论获得融通与统一的关键一步。因此，这里有必要就经济人假说中的有关理论问题作进一步的说明。

（一）"利己"是人性或经济人的根本属性

人性问题，根本上是彻问人的终极属性是利己、利他抑或群己兼利这样三种属性的选择性判断。其诘难的根源是：新古典经济学的经济人自利一致性假说和"雷锋式行为"难以调和的矛盾。

理论上说，人的利己性认知首先是一种基于经验实证主义的认识论判断，它揭示了此在与彼在、个体与世界行为关系的一般性本质。但不少经济学者从逻辑理性主义出发，对人性进行过强（反对任何的利他）、过狭（反对非经济效用）的经济自利主义假设，可能是一个方法论错误。从哲学意义上说，人的终极属性应当是统一、一致、恒定而不分裂的，即人性在其本质上具有统一性或内在一致性，所有人的有意识行为都可以在这种一致性框架中得到解释。由于"我思"是个体行为的原初出发点，人的有意识行为均经过"我思"——在自我意识的指导下发生。因此，人类行为都是在自我意识指导下进行的，意识利己而非物质利己才是人类行为的本质属性。我思的原则是根据行为者认为的最"有利于自己"观念意识、价值意识实现的方式行事（这是全面理解"利己"人性一般性的关键）。因此，"意识利己"或者说"精神意识、观念意识、价值意识利己"是人类行为具有内在一致性的根本属性即人性一般性，而"物质利己"只不过是人们观念意识或价值意识利己的一个成分。并且，唯利是图，损人利己，助人为乐，这些行为皆是行为者受自身观念意识支配下产生的偏好行为的结果，皆是服从并有利于自我观念意识实现的行为，这就是基于意识利己的人类行为的稳定的利己一致性。我们只能是从这个角度来理解人类行为的利己性的。

从人与对象的意义关系考察，坚持个人自我意识（但会接受社会相互作用的影响）指导下的人类行为"利己一致性"是符合真实世界的统一人性假说的。所有的利己、利他行为均可以在意识利己框架中获得一致性的解释。由于人类行为的"利己"性，终极而言并非是局限于"经济利益"之"利"，而是来自人的行为受自身意识支配的，"有利于"自己的行为偏好与观念意识实现之"利"。当行为者认为追求经济自利更加符合自己的偏好与价值意识时，行为就会趋向经济上的自私自利；当行为者认为追求经济自利与某些非经济自利的结合更加符合自己的偏好与需要时，行为就会趋向广义的自利效用范式；当行为者认为"利他"更加符合——

有利于自己的境界状态与偏好满足时，就会产生较多的利他行为（包括有回报利他与"雷锋式利他行为"）。无论利己还是利他，经济利己（利他）还是非经济利己（利他）行为，都是行为者在自我意识的支配下自我实现的表现形式而已，归根结底是服从于行为者自身快乐观满足的需要（即便是不情愿的被迫性行为仍然是行为者经过计算而服从于利己观的），因而都是"利己"的，从而体现了人类行为的终极意义上的利己一致性。因此，"利己"是人类行为的根本属性或人性一般，这体现了人类行为在终极（快乐幸福）意义上的"内在一致性"，并为广义效用函数的建立奠定了基础。健康、亲情、经济利益、道德价值等均是意识利己的重要内涵。从这个意义上说，斯密、萨缪尔森、阿尔钦、贝克尔、杨春学等均不同程度地坚持了人的利己一致性假说是合理的。而在所有这些人中，马克思又几乎是唯一科学坚持利己一致性人性假说并且说明人们的利己实际上是意识利己的人。① 古典经济学作为哲学体系的一个学科分支，对经济人的认识包含着古典哲学的理论踪迹。也正因如此，才保证了从古典经济学到新古典经济学关于经济人人性假说方向的大致正确性。

显然，这里需要区分两个概念："利己"与"自利""自私"是有重大差异的！自利、自私概念对利他具有排斥性，而利己则并不排斥同时利他，并把利他收纳于利己的意识—行为一致性框架之中。由此需要再三说明的是：本书所说的经济人"利己性"与经济人"自利性"有重大的不同。利己概念较之自利、自私对人类行为更加包容，也才真正切合真实的人类行为世界。本书采用利己替代自利、自私，以便能够对人类行为的内在一致性表达更加准确。那么，进一步的追问就是：这种统一的基于"利己性"的人类行为原则是什么呢？

---

① 无论是西方经济学者还是马克思主义经济学者可能都没有能够很好地理解马克思在《德意志意识形态》中关于人性的这样一段话："个人总是并且也不可能不是从自己本身出发的，至于……是更像利己主义者还是更像自我牺牲者，那是完全次要的问题，这个问题也只有在一定的历史时代内对一定的个人提出，才可能具有任何一点意义。……共产主义者不向人们提出道德上的要求，例如你们应该彼此互爱呀，不要作利己主义者呀等；相反，他们清楚地知道，无论利己主义还是自我牺牲，都是一定条件下个人自我实现的一种必要形式。"（《马克思恩格斯全集》，人民出版社 1965 年版，第 274—275 页。）马克思的这段话清楚地表明，人类行为在"从自己本身出发"的利己一致性上是确定的，这种利己一致性实际上就是观念意识利己。只是人们从自身观念意识出发的自我实现行为方式会有极大不同或"仅仅在表面上是对立的"。助人为乐与损人利己均是自我实现与观念意识利己的不同方式而已。

(二) 经济人利益是一个涵盖了人类全部欲求（幸福）而非仅仅经济利益的概念

事实上，正如赫希曼所言，自利人"self‐interest"一词中的"interest"，在近代西方思想史上并不局限于人的物质利益。在16世纪，这个词的意义涵盖了"人类的全部欲求"。① 16世纪以后，利益一词被逐渐狭义化为物质利益，斯密提出的利己经济人假说正是发生于这样的背景。因此，从人的本性、人性一般性或人类行为的本质来研究人——包含了人的全部欲望和有意识行为，是经济学研究人及其行为的一个根本性正确的方向。因为，所有基于个人偏好的行为都是人自身欲望与要求的反映，而人具有多层次需要并且这些需要与全部欲求又是可以用一个终极目的来进行统一解释的，而不仅仅是经济动物！即便是人的经济行为也只不过是实现终极价值的一个工具性手段。而经济学是分析人类行为的科学而不仅仅是分析经济（物质利益）的科学。需要进一步言明的是，经济学分析人类行为是提供一种成本—收益的分析视角，而不是专门局限于经济的分析，更加不可以把所有人类行为都假设为为了经济利益的行为。即便是专门分析人类经济行为，就经济行为的终极目的而言也不是为了经济本身，经济与物质利益对于人类行为而言只具有工具价值意义，快乐幸福才是人类行为的终极价值。

那么，涵盖了人类一切欲求的东西是什么呢？是快乐幸福！人类行为从"我思"出发，"我思"的出发点或原则是尽可能减少自己的痛苦，增加我思者——行为主体自身的快乐与幸福感，这是一切人类欲望的共同本质。人类经济活动中，所有基于稀缺的决策效用归根结底是以基于快乐的体验效用为目的和依归的。而健康、亲情、收入、友谊、尊重、社会公正、生态等都是人类快乐与幸福的重要影响因子，经济利益只是满足快乐的一个方面原因。这证明了经济利益并非是经济人唯一的效用模式的结论。

这样，我们便获得了关于经济人假说的另一个重要结论：人的"意识利己"的统一（一般性）内涵是追求尽可能多的快乐幸福，并尽可能地减少与避免痛苦。从个体快乐（幸福）的可持续性上讲，就是实现人一生快乐积分的最大化与痛苦积分的最小化。从社会角度讲，就是实现最大多数人的最大幸福，或社会快乐积分（国民幸福总值）的最大化。利己性是从人性一般性或人类行为的出发点上讲的，快乐幸福是从人类行为的终极

---

① 赫希曼：《欲望与利益》，上海文艺出版社2003年版，第27—32页。

目的、终极价值或者是终极效用层面上讲的。人性的利己内在统一性与利己人性的趋乐避苦统一性，两者完整而稳定地解释了人性统一性与统一人性的统一内涵，进而可以把经济人假说的内在一致性确切地解释为：所有人的行为都是为了实现各自具有偏好性的快乐幸福满足，即人类行为在其本质上的完整含义：趋乐利己一致性。边沁说：自然把人类置于两个最高的主人支配之下，即痛苦和快乐。恰恰是它们，指示我们应该做什么，以及决定我们将要怎么做。把人类行为置于快乐幸福的终极目的之下，价值意识意义上的利己一致性是根本、显然而统一的。

（三）经济人偏好在幸福的终极意义上是恒定的，在工具意义上是演化的

诚然，许多理论假说都包含相应的层次与结构，一包含着多，经济人假说同样如此。在明确了"趋乐利己一致性"的完整经济人行为属性与内涵后，应用马斯洛的"需求层次论"就能够大致说明经济人行为的层次与结构问题。再强调一次，利己是就人性的本质而言，趋乐避苦则是就这种根本属性即利己人性追求的终极价值内涵而言，两者相互区分，又相互联系。结合需求层次论，当人处于生理需要满足阶段（对应于自然经济时期与市场经济初级阶段），人性的经济利己性一般就表现得多一些，斯密由此作出经济自利的经济人假设，假说模型如式（4-4）所示。当相互依赖的市场交易行为普遍化后（对应于普遍的市场经济时期），经济人模式顺理成章地由过强的经济自利性假说放松为利他—利己一致性经济人假说模式，但其行为动机仍然可以用基于交易惠利的利己最大化来解释，获利的结构改造为基于内生性自利与社会相互作用机理的交易性利他—利己行为，经济人假说模型如式（4-5）所示。当人的需要层次由生理需要逐渐转向交往、尊重、社会公正等非经济与利益交易的社会需要发展时（对应于社会化程度更高的经济社会发展时期），经济人行为效用必然扩大为广义效用模式。

因此，经济人偏好在终极目的与终极价值意义上是"恒定"的，即所有有意识人类行为均服从于趋乐避苦的意识利己原则（物质利益还是亲情满足、助人为乐还是损人利己为乐均不过是其个人思想意识指导下的具体表现形式而已）。但在工具价值与偏好结构意义上则定然是"演化"的。即人们在自我意识指导下的偏好行为结构会随着自我身心状况与环境状况的变化而变化。从损人利己到助人为乐，从杀人越货到立地成佛，从追求私利意识到追求社会利他道德意识，所有这些行为均是人们快乐——终极价值意识演化的结果。由需求层次论与社会相互作用理论可以获得对上述

经济人假说模型拓展原因与偏好结构演化的对应性说明，应用冯友兰的"人生境界说"则大致能够进一步说明人性结构本身的演化向度，并与需要层次论相印证。① 而上述经济人假说模式的路径演化则显示出人类偏好结构的演化性特征。一种可能的情形是，文明社会与公平公正的社会制度将使利他行为日益增多并在利他—利己行动与社会文明进步之间相互促进，最终导致利他基因遗传的逐渐增加与最大多数人的最大幸福目标的更好实现。②

（四）关于"利己"与"利他"问题的进一步说明

人类行为的终极目的是快乐幸福，而快乐幸福属于主体的心理感受，属精神范畴。这样，人类追求快乐幸福不仅定然可以超越于经济利益之外（这证明了经济利益与快乐幸福的非等价性），而且每个人的幸福观也定然可以包含利己与利他两方面的内容（因为社会相互作用影响机理的存在，使利他定然成为基本人性之一）。人的快乐观中确定地包含的利己与利他性以及利他动机在终极意义上同样具有确定的利己收敛性，还可以通过以下理论来证明：

幸福因子理论表明，影响人类幸福的有 6 大影响支柱性因子，健康、亲情、收入三大影响因子与包含的子因子与自利的关系较密切，而工作、社会、环境三大影响因子和包含的子因子则与能否利他才能实现快乐幸福的关系较密切。这证明，随着经济社会发展，人们越来越多的快乐幸福需要有越来越多的互惠互利行为才能够真正实现。利他成为获取幸福的必要条件。③ 需求层次论证明，除了生理需要与经济状况密切联系外，其余四个层次对金钱的需要依次减弱，人与人相互间的需要逐渐加强。这种人与人的需要只有通过互尊、互惠才能够实现。因此，利他是包含在个体幸福之中的必要条件。

近年来的基因研究发现，人类存在利他基因。由以色列西伯莱大学心理学家爱伯斯坦领导的研究小组通过长期研究，从遗传学角度，首次发现了促使人类表现利他主义行为的基因，其"基因变异"发生在 11 号染色

---

① 冯友兰认为，人生有四大境界，分别是自然境界、功利境界、道德境界、天地境界。人生境界会因人而有差异并在整个人类历史长河中呈现出逐渐向高层次境界演化的态势。"人生境界"说对于我们理解人类行为的发展向度与人性、人类偏好结构的长期演化趋势而不是静止地看待经济人行为是有意义的。

② 叶航、汪丁丁、罗卫东：《作为内生偏好的利他行为及其经济学意义》，《经济研究》2005 年第 8 期。

③ 吴丽民、陈惠雄：《农村居民与城市居民主要苦乐源的比较》，《经济学家》2005 年第 4 期。

体上。调查发现，大约有 2/3 的人携带有利他主义基因。而且，"利他主义"基因只是决定人类表现利他行为的一部分原因，另一部分因素则来自"外界环境"的影响，如教育等。以牺牲个人利益来成全他人的利他主义，往往会冒着伤害自身利益的风险，难以符合进化论规律，因而成为进化理论研究中的难解之题。研究发现，利他主义基因可能是通过促进受体对神经传递多巴胺的接受，给予大脑一种良好的感觉，促使人们表现利他行为的。研究人员认为，拥有利他主义基因的人可以承担好的工作，因为他们可以从工作中得到"更多回报"。[①]

请注意上述基因研究陈述的四个重要内容：一是利他基因可能产生于染色体变异。这一情况的最可能的解释是，人类在长期交往过程中对他者利益的关注导致了利他基因的生成与发展。这说明，人类的境界是会演化与提升的。二是利他行为还来自外界环境即社会相互作用的影响。这说明，坚守经济人偏好仅仅来自个人的内在生理和心理本性而排斥社会相互作用的影响的理论是僵化的。而一旦承认社会相互作用的影响，人的利他情结便获得理论构建。三是实际上利他符合进化论要求。根据前面几章阐述的幸福理论，利他存在对于行为者苦乐观而言的"快乐净收益"，从而使"利他往往会冒着伤害自身利益的风险"的担忧得以化解（此处的"利益"作"快乐"解）。四是由研究人员发现的拥有利他主义基因的人可以从承担好的工作中获得更多回报的结论可以推论：这种社会回报的增加使人们日益感受到利他的重要，从而最终使社会实现大同目标，利他主义则日益成为主导性的人类"利己"行为。而从经验实证主义方法论出发，人类是否存在利他基因，只要从人们实际生活中存在的大量利他行为便可以获得经验验证。

上述理论研究均证实了利他与利己同是个体活动的基本要素，把经济人的"自利性"作狭义的经济利益利己主义的理解是片面的。追求幸福的人类欲望本质与基因内核，决定了利他与互利同样是实现人类幸福的基础手段，只是在不同的需求层次中，人们确实会表现出各有侧重的行动。而所有的利己、利他行为显然均是"利己"的，即都是在人们相应苦乐观、幸福观支配下产生的结果。这种利己显然又不是通常人们理解的基于经济利益的狭义的自私，而是基于人们快乐幸福观的支配，人们的任何行为均

[①] 田学科：《人类的利他行为与基因有关》，《科技日报》2005年1月25日。

是在有利、服从于自己幸福观实现的条件下展开的。① 所以，结论是，所有或者至少是绝大部分的人类行为均是"利己"的，但充分、全面的利己行为均必然包含利己与利他两个方面，利他成为利己幸福实现的必要条件。为己利人、为人利己、助人为乐等均是对利他与利己统一于利己快乐人性的基本认识。法国启蒙运动将共同利益定义为"最大快乐"，要求我们在照顾自己的同时也去照顾别人。它赞扬一种对于他人的共感，这种感觉本身会增加我们自己的快乐。② 这实际上就是一种利他—互利的快乐主义思想。

（五）经济人是对人性的判断，理性是对行为的判断

经济人与理性人两者若即若离。经济人是对人性的判断，理性则是对行为的判断。比较之下，对人性的判断比对理性的判断更加基础。这个问题之所以需要提出来，是因为目前学界经常把两者混淆起来。从人性的普遍性出发，利己——有利于行为者自己目标的实现（这个目标本身可能就是利他的）是人之统一而恒定的本质属性，而理性则是对经济人实现自身属性的行为状态的（工具性）假设。由于各种约束条件的存在，经济人实现自己目标的最大可能是约束条件下的有限最大化。有限理性与最大化目标下的有限实现，是人类行为真实的普遍状态。

综上所述，以往在经济人认识上发生的差误，主要是由于把对人性的认识局限于利益视角（斯密）、经济视角（马歇尔）、工具理性视角（萨缪尔森）和基于偏好满足的效用视角（贝克尔）而造成的。斯密从经济哲学角度解释了人的自利性，进而把行为者自利推演为社会整体进步的基础，即"利己—利他"模式。萨缪尔森基于逻辑理性主义视角，把经济人利他行为纳入利己主义的解释范畴，构建了"利他—利己"模式。贝克尔从效用经济学角度解释了人类行为，构建了具有广义效用主义色彩的经济人"利他—利己"模式。这些既是他们的贡献，也是其局限之处。斯密解释人的自利性，引起了后来学者对人性趋私、趋利的单向度理论思维，并导致其构建了一个不切实际的个体理性—集体理性的自动均衡发展的社会

---

① 如同19世纪英国空想社会者欧文（Robert Owen, 1771—1858）所说，人生来就具有追求幸福的欲望，这种欲望是贯穿于他一生中一切行为的基本原因。用一般人的话来说，这便是利己心。参见周辅成《西方伦理学名著选辑》（下卷），商务印书馆1996年版，第546页。因此，在葛德文看来，追求个体的幸福就是人的利己心的根本归宿处。换言之，利己之"利"并非是经济利益之"利"，而是快乐幸福之"利"。

② 理查·莱亚德：《快乐经济学——一门新兴科学的诞生》，（台湾）经济新潮社2006年版，第17页。

框架；萨缪尔森的逻辑理性主义思维和对利己主义框架的坚守，则使后续的经济学家在工具理性的主流经济学范式中难以自拔，离真实世界越来越远；贝克尔用统一的经济学方法（成本—收益法）解释人类行为，则引起了人们对人类行为的经济学理解局限。其实，科学的方法，应当是用统一的人类行为原则——快乐原则解释经济学，而不只是用统一的经济学方法解释人类行为。因为人类行为是一个统一的整体，所有人类行为的最终目的都是统一而恒定的，这就是快乐幸福原则或者叫"趋乐避苦"原则。只有跳出经济人来观察经济人，即超出人类的经济行为局限而着眼于更加一般的人类行为分析视角时，才能够获得对经济人行为本质的真正理解。并在此基础上运用经济学特有的分析视角深入分析经济人行为，才能够构建既建立于哲学本体论的人性认识基础上又具有经济学特有理论视角的经济人分析框架。这正是幸福经济学建立的经济人理论视角。

四 经济人假说构建中的相关方法论说明

经济人假说是经济学解释人性与人类行为的一个基础理论，它同样关系到幸福经济学理论体系的构建。经济人的几乎所有传统假设均遇到了质疑与否证的这种系统性缺陷表明，传统经济人假说在方法论上可能存在的问题。同时，利己主义、利他主义、利己—利他、利他—利己经济人假说之间之所以产生较大分歧，也预示着经济人假说的方法论视域与对"经济"一词的理解上可能出现了偏差。为此，这里需要就经济（人）假说构建的相关方法论作些说明，以便为以后研究此类问题讨论某些标准，并作为本书幸福经济学研究的一个重要的方法论基础。

（一）经济（人）假说是对对象性状与质量所做的带有某种局限可能性的界说

假说是以相关事实和原理为基础，对某事物或行为的性状与质量所做的带有某种局限可能性的界说。这种带有局限可能性的理论假说既有内容与层次单一性的假说，也有层次结构丰富的假说。经济人的标准假说就由经济人性质、经济人行为目标、经济人行为状况、经济人运作条件和经济人行为方式五个内容组成，而理性假说（经济人行为状况）又是由三个相互联系的理性公理组成的层次结构丰富的假说。不管是单一假说还是层次结构丰富的假说，都可能存在局限性，但也可能是完美或无限逼近完美的。这是笔者与诸多关于经济人假说批评者、辩护者不同的一个重要观点。一些经济学者认为，任何一种假说都有其特殊的局限，否则，为什么要称为"假说"呢?① 这种关于假说局限性的认识,可能是导致经济人假说不断被修正或推翻的理论意识与方法论根源之一。

事实上,假说是科学思维的一种基本形式,理论假说是对某种"可能被推翻的事实"的一般规律性解释与界说。② 我们正是并只能是在这个意义上理解假说之"说"的! 如果一个假说被事实证实,便具有转化为科学理论的基础。如果假说被事实证伪,则需要更新或者创立新假说,科学研究便获得了推进。由于未知项的存在以及所证实事实之零散事实与典型事实及至规律性发现之间的差异③,从这个意义上说,经济学普遍地使用假说一词以表明其对求证问题可能存在的局限性是一种严谨的学术范式。当然,科学的假说(不是基于某种工具理性理由的假说)并不是而且也不应当是对某种事实、行为状态的故意局限,即进行明知故犯式的扭曲事实的假说设计,而必须是基于已探明的全部事实。如果存在包容更广的合乎事实的假说,便应当放弃具有局限性的假说,而采纳更加一般性的假说。

当假说"可能被事实推翻而又没有被推翻"时就被证实了,或一直被证实着,从而使假说逼近于符合较大普遍性经验事实或其本质、规律的科学理论。所以,假说具有局限可能性,但又可以不必是有局限的。显然,假说局限性只能是基于某种事实或机理未被发现的理由。尤其是像经济人这样关于人性一般性的基础性假说,如果假说构建时就已经发现不符合事实(真在世界中的人),那就是假的假说。传统经济人(自利、理性、经济动物型)假说中存在明显的不切实际的局限性,从而导致了经济人假说不断被事实推翻而不断修正的情况,并成为经济人模式遭遇诘难而辩护者与反对者又均不能完全说清其理由并相互说服的方法论原因。

当然,假的假说并不是一无是处,有时是为了特殊(初步)的理论分析需要或理论认识不够深入而首先做出的一步。如 100% 精于算计、完全经济自利的"标准理性人"假设显然就是假的,它违背经验事实与常理,肯定不是真在世界中的人。这类假说却也具有局部的工具理性意义,用以假设与分析特殊的人类行为(这种假设也只能是为了达到分析上某些比较简便的效果),却万不可以此为全真并由此推广到人类行为模式的一般性。传统经济人假说的问题之一正出在这里。由于逻辑理性主义经济分析方法具有较高的理论自洽性,而经济人假说对人性与经济人行为假定的基础性

---

① 杨春学:《经济人的"再生":对一种新综合的探讨与辩护》,《经济研究》2005 年第 11 期。
② 张五常:《经济解释·科学说需求》,(香港)花千树出版有限公司 2001 年版,第 40 页。
③ 王诚:《从零散事实到典型化事实再到规律发现》,《经济研究》2007 年第 3 期。

地位，使新古典经济学理论体系很难脱离这种基础的束缚。结果，采用这种仅仅具有局部工具理性意义的标准自利经济人模式来作为一般人类行为模式并以之作为经济理论的逻辑分析基础，就必然会在实践中产生重大问题。在假说使用中，一些经济学者往往不懂得这种使用条件局限与这类局限性假说所要达到的分析目的，把它误推广为一般人类行为模式，由而产生了错误并不断地引起诘难。如果整个经济学理论大厦都构建在这种"假"的经济人假说基础之上，其理论体系必然无法适用并解释现实。幸福经济学正是建立在真实的经济人行为分析基础之上，考虑经济的真实发展与真实幸福等在内的一门经济科学。

（二）人类行为一般原则与经济学一般分析方法：幸福经济人研究方法的完整视角

纯粹经济自利性经济人假说与逻辑理性主义方法论两者内生相关，因为逻辑理性主义方法论需要有这样的经济人假说才能够完成其自身的经济理论体系演绎。由于存在脱离真在世界人类行为实际的理论病根，使经济人假说不断遇到诘难而不得不放松其解释阈限，由利己而利他，由经济利己而非经济利己和利他，却仍然不能满足其理论假说解释现实的需要。产生这一问题的关键症结在于：只是从"经济"这样一个并非一般性、终极性的维度来解释人及其行为，另外的与经济平行甚至是更加首要的人类需求要素与维度（包括利他主义情感）在经济学的人类行为分析视野中被忽略了，这才导致了经济人假说模式不断被修正却仍然不能满足现实要求的情况发生。科学的经济人分析方法应当基于人类行为的一般性原则即趋乐避苦或快乐的终极目的原则，在此基础上运用经济学一般分析方法即成本—收益方法，由此构建其经济人假说模型与理论框架。当成本收益分析方法转化为"约束条件下的最大化"即经济学基本规律时，人类行为的统一原则与经济学的统一分析方法便获得了较为完美的结合。因此，经济人假说的科学方法应当是用一般性的人类行为原则解释人性及其偏好结构，并以此完成经济人假说模型的建构，在此基础上运用经济学的一般分析方法即成本收益方法解析经济人行为动机与效用。贝克尔大致就是采用这种方法解释人类行为的，他也的确比他先前此后的许多经济学家前进了一大步——把几乎所有的人类行为都纳入于成本—收益的效用分析之中而不仅仅是"经济"行为。然而，贝克尔却也忽视了一个问题（这一问题的错误不小，并为我们今天进行人类行为的经济学分析留下了一个空间，并成为行为经济学发展的一个理由），这就是：人类行为是一个统一的整体，即便是经济行为的特殊性也定然是服从人类行为的一般性规律的。这个规律就是人类行为的趋乐避苦原则或者叫"幸福原则"。显然，只有跳出经济视域来观察经济人，即超出人的经济行为局限而着眼于更加一般的人类行为动机分析时，才能够获得对经济人行为本质的真正理解，并在此基础上运用经济学的成本收益方法分析经济人行为的效用模式，构建起既符合人类行为的一般性规律又具有经济学特殊理论分析视角的经济人假说模式与分析框架，才是真正可靠的理论方法。

因此，是从经济学的学科特殊性角度解析人性一般性，还是从人性一般性角度建构经济学的理论特殊性，是关系到经济人假说及其经济学解析人类行为的理论体系构建的基础性的方法论问题。从一般性角度来认识人性并以之作为经济人分析的基础，是构建完整的经济人假说模型的正确理论路径。只有从人类行为一般性角度出发，才能够对人类行为进行全面的成本收益分析，使经济人假说尽可能逼近完整的现实人类行为模式，最大限度地避免人类行为假说框架的分裂，完成经济学完整分析人类行为的科学使命。贝克尔用统一的经济学方法解释人类行为，本书则用统一的人类行为原则（快乐或幸福原则）解释经济学。只因为，人类行为原则原本就是统一的。这就是幸福经济学在分析人类行为上的理论视角。

附录：《快乐、福利、人本主义
——与黄有光院士的有关讨论》[①]

陈惠雄

【内容提要】快乐与痛苦是亚当·斯密古典经济学发生的最初起点。到了马歇尔的经济学原理中，为避免"经济学家是快乐主义或功利主义的哲学体系的信徒"之嫌（马歇尔），才以满足代替快乐，这是一个退步，此后的经济学也便逐渐地偏离了古典主义道路。今天，经济学重新走向古典经济学的回归之路，经济学已经不再是研究稀缺资源最优化配置的学说，而事实上成为研究人类行为的科学。现在，国际上的快乐问题研究已经很成气候，并有一份著名的 Journal of Happiness Studies 杂志专门研究快乐问题。我在这一领域躬耕多年。去年末，我特和世界著名福利经济学家黄有光教授进行了关于经济学、快乐与人本主义问题的探讨。我从研究快乐开始，而走向人本主义的经济学归宿，而黄有光则走向了经济学的福利

---

① 本文发表于《财经论丛》2000 年第 5 期，《中国社会科学文摘》2001 年第 1 期。

主义。这便包含着我与黄有光院士在快乐、福利、人本主义等思想研究方面的基本异同。

【关键词】 经济　快乐　福利　人本主义

去年10月，我在电脑上写作，电话传来了一个稍显生涩的声音：我是黄有光。我先是一怔，瞬息便省悟到对方是澳大利亚黄有光院士。惊喜之余，互致问候，知道黄教授正在北大光华管理学院客座讲学。我们互相告诉E-mail地址后，并讨论起"快乐"问题。不久，我收到了黄教授发来的E-mail和他寄赠的《经济与快乐》以及其他有关快乐问题的文章。

黄有光教授是我所识的研究快乐问题的著名经济学家。为了能够和这位世界级学术知音交流，期待学习更多的知识，我专程拜访了他，并就经济学、快乐、福利、人本主义等问题进行深入的学习和讨论。出乎意外的是，我们除了一些重大的基本观点相同之外，更多的则是分歧与差异。这些分歧与差异促我思考，促我学习。弄清楚这些问题，对于深入研究快乐、福利、人本主义等经济学的重要议题，是有意义的。

一　关于快乐

我和黄有光教授有三个相同观点：①快乐是人类行为的最终目的。②快乐归根结底属于精神，物质是满足精神快乐的诸多手段之一，亲情和宗教是另外的重要手段。③我们都相信共产主义，认为它是人类的理想的社会制度。这些问题对于统一我们对于人类行为本质与社会制度趋向的认识，是重要的，带根本性的。然而，我们之间确实存在许多差异。探讨这些差异性的认识，很有助于对快乐问题研究的深入。

首先，谈一个有意思的问题，即关于快乐认识的起源性差异。自从古希腊思想家伊壁鸠鲁提出人类行为以"趋乐避苦"为目的以来，快乐便逐渐成为西方哲学中的一个重要概念。然而，不同学者对快乐的起源性研究和研究视角却多有不同。黄有光实乃奇人，他的快乐思想几乎是与生俱来的。黄教授1942年出生在马来西亚，约在6岁时，便觉悟到人生的目的就是追求快乐。这一幼稚时期的思想，竟成为他一生福利经济学思想的基石和指导自身行为的准则。与其相比，我乃苦命人，快乐思想难得天赐，而是起源于对人类行为目的问题的冥冥苦思。

1981年，我国经济理论界进行了一场别开生面的社会主义生产目的问题的讨论。作为一个衷心经济学的中文专业学生，奇怪的知识结构加不着调的理论思维，使我把生产目的问题上升到哲学的维度进行思考与解释。在经过反复的思辨和整合后，使我形成了一个结论，即认为人类行为的最终目的是达到各自的精神快乐，生产目的自不能外，并写成了一篇近3万字的论文，题为"关于目的性质的研究"，一直搁到《快乐论》出版。这一苦命的思想，也竟然成为我这半路出家的经济学教书匠的理论思维基础，甚至将为之永生。

其次，在我们都认为快乐是人类行为的最终目的的同时，对于快乐内涵的认识也有差异。这里实际上涉及快乐与福利的关系问题。黄有光认为，福祉就是快乐。黄有光的这一观点实际上和米香、艾考斯等福利经济学家把"福利"与"快乐"看成是一回事的观点，没有实质的区别。艾考斯在《基础经济学》中替"福利"作的解释就是："福利"与"快乐"是一回事，经济的任务是致力于"福利"，也即致力于"人类的快乐"。[①]我与黄教授进行讨论，不同意快乐就是福利的观点。我提出，福利的内涵更加注重物质利益关系，福利只能是实现快乐的一个条件，快乐应当是而且只能是以广义物质消费为基础而又超然于物质消费之上的一种主观的精神感受。这里的广义物质是指包括以光、波、文字、声音等物质为载体的包括所有物质、亲情、宗教活动等在内的信息传递活动。黄教授认为，我与他的不同观点可能产生在对"welfare"一词的译法上。

再次，快乐与偏好的关系。这是我们对于快乐认识差异中的另一个问题。黄有光问我快乐与偏好的关系，我思索之。他认为，有三种原因造成偏好与快乐的差异。即信息不全、理性不充分与对他人快乐的考虑使一个人的偏好可能偏离其快乐。所以，黄有光认为快乐是"人类唯一有理性的终极目的"。适时，我未置可否，事后沉思，则是不能全赞同。我认为，趋乐避苦是囊括所有人类行为的行事原则。人们追求快乐可以是有理性的追逐，也可以表现为缺乏理性、凭借冲动与个人偏好的。理性人、心理正常人的自杀，同样是趋乐避苦的一种反映，吸食鸦片同样是吸食者为了寻求快乐刺激而使人脑中的内源性鸦片肽和外源性鸦片相结合的活动过程。因而，所有偏好性行为在本质上都是追求快乐的表现。只不过人们追求快乐的行为确实是有多种多样的类型，有正常的，有偏废的，有利于健康的，有不利于健康的。但所有这些行为都只能是人们追求快乐的不同行为表现。因此，我与黄教授的认识有差异，认为偏好同样是人们追求各自不同快乐需要的表现，追求快乐则是人类所有偏好行为的本质规定。显然，我认为人们各自不同的偏好组合，只能是各自快乐观念差异的反映。而在

[①] 罗志如等：《当代西方经济学说》（上册），北京大学出版社1989年版，第397页。

这一讨论的后面，实际上还存在重要的一与多的宇宙观问题。

最后，快乐思想在经济学发展与归宿上的差异。众所周知，黄有光博士是世界著名的福利经济学家，他在福利经济学中创立的"第三优原则"是很著名的，并且创立了"综观经济学"。黄教授幼稚时萌生的快乐思想，大量地溶解在了他后来的福利经济学中。或者更加明确地说，他是对边沁和穆勒的"最大多数人的最大快乐"的功利原则在福利经济学中的很大发展与完善，许多论文和著作都体现了他的这一思想。由快乐思想发展到对经济学的"求善"——形成福利经济学，是黄有光快乐思想在经济学上的发展与归宿。并且，由于他的福利经济学是建立在对人性本质的充分理解的思想基础上的，从而使他的福利经济学具有更加可靠的人类学思想基础，对人的行为的分析也更加合理、准确。

然而，我的快乐思想的发展则导向了另一个方向。由于我的快乐思想形成于一个艰涩的思考历程与哲学归纳。在这种思维求真的背后，其逻辑的结论必然将求解一种更加根源性的人类行为真理。这就使我的快乐思想最终发展成了人本主义及其在经济学上的运用，并创立了这一学说，填补了经济学上的这一块空缺。

二 关于寿命指数与动物快乐

黄教授请我吃饭，我们边吃边谈，讨论另一个话题。我谈起阿马蒂亚·森发表在英国《经济学杂志》上的那篇"用死亡率来作为衡量经济成败的指标"的文章，并问起他和森的讨论。我首先提出，我基本同意阿马蒂亚·森的观点，认为以寿命来作为一个国家社会经济发展的最高综合指标是唯一正确的，也与快乐理论唯一对接，并说明我的研究和论文发表要比森早几年。我的论证是这样的：人的各种快乐需要只是人类自身身心正常发展需要的反映。快乐满足的结果又必然反映为人们身心的健康发展，其客观结果是人类群体寿命的延长。发展、福利、宗教、环境、教育普及率、社会公平性等的变化，最终都会集中反映为人们获得的是快乐还是痛苦更多，从而引起人们身心状况和精神状况的变化，集中并最终反映为人类自身生命存在的变化——寿命变化。因此，我认定，人的发展是社会经济发展的一面镜子。社会经济发展的真正目的与最终意义只在于使人类获得更加健康快乐的生活，从而充分地显示为人类自身生命存在的延长。

黄有光对此直言不讳，表示不能同意，并且似乎他已经就此题与森进行过论争。黄教授不加思议地提出一个假设：假如有一个狠心的老板，让他的雇员吃一种能够非常长寿的药，又让他们做很苦的活。这样，就产生了一个痛苦与长寿并存的结果。所以，寿命长并不能够说明快乐，寿命不能够成为检验一个国家社会经济发展水平的唯一综合指标。对此，我无法反驳黄有光的长寿药假设，但我也不放弃我的结论。我仍然认为我的论证是科学的，既痛苦又长寿的假设是违背快乐原则的。黄有光思想之，曰：寿命只能代表一个国家社会经济状况的百分之九十几，而不是百分之百。这也许是他能够同意我和阿马蒂亚·森的观点的最大限度。

这段讨论中，我发现了作为一个现代经济学家的黄有光的两个重要特点：一是治学态度严谨，同意就同意，不同意就不同意。二是讨论中完全采用了逻辑实证主义的思维方法，即他所说的经济学的方法。他多次用假设和证伪方法和我讨论问题。如在讨论最大快乐时，他又提出了一个重要假设：假如你揿按钮 A（按时没有苦乐，按后失去记忆），可以得到100%的快乐，升入天堂，以前的记忆全部忘却，其他人则全部下地狱。假如你揿按钮 B，可以得到99%的快乐，升入天堂，以前的记忆同样忘却，其他人则可以避免下地狱。这是一个关于快乐最大化的个人选择命题。我回答选择 B，黄有光同意。但我对选择 B 的理解和黄有光的并不完全相同。我认为，他人快乐实际上就构成个人快乐最大化的一个不可或缺的重要组成部分，揿按钮 B 的个人快乐同样是 100% 的。人类会有越来越多的相互间的道德关怀，爱人实际上就构成自爱和自我快乐的重要内容。

用餐中，黄教授点了个鱼，我们讨论到动物快乐。关于动物快乐，涉及生态伦理学和新近才提出的生物经济学。这也是我经常困惑的问题之一。从生物链角度，狼吃羊，羊吃草，有其必然性。但动物有它们自己的快乐需要，人为了自己的快乐吃动物，必然会给动物造成痛苦。其实，万物皆有灵。你不吃动物，光吃蔬菜，菜你又如何知道它不痛苦？如此的矛盾，什么都不吃，便是自己不能生存，便又和人类的快乐原则相背离。就此我请教黄有光。黄教授实际上已经研究到动物快乐，并出了文章。他解释之：对于家养的鸡，是由于我们吃它，才给了它出世的机会。如果我们不吃鸡，就不会养鸡，鸡就没有出世的机会。我们养它才吃它，所以吃鸡是合理的。不过，鸡在被养的过程中，必须给予快乐的环境，如不挨饿、够大的场地等。

动物快乐是个重要的经济伦理学问题，它涉及其他生物生存权、人类统治生物世界的合理方式等问题，并联系到相应的伦理学观念以及我们对待周围生物世界的态度。这些问题同样关系到可持续发展战略的实施，并最终关系到人类自身物种的繁衍与发展。对于动物快乐是一个仍然需要深入研究的问题。现在人们对此问题的兴趣不多，然而佛教的怜惜生灵观念却是这方面值得重视的思想。黄有光教授对此的研究给出了一个福利经济学者的意见，并在 *Biology and Philosophy*（1995）上发表了"福祉生物学"的论文。但仍然有许多问题是没有解决的，而笔者则更加不知所措。

三 人本经济学是经济学发展的长期方向

由动物快乐讨论到人本经济学。黄有光直言，他不喜欢人本经济学这个名称。他言意所虑或其有二：一是以人为本，其他生物只能服从人的需要，生态毁坏便在理中。二是黄有光教授认为，经济学从来就是以人为研究对象的，至少古典经济学就已经是这样做的。这里，再次显示了伦理学与哲学、福利主义与人本主义在一些基础理论认识上的差异。借此，笔者要诠释一下这两种理论关系。

哲学与人本主义研究的是世界和人类活动中的根本性问题，伦理学和福利主义则研究的是这其中的关系性、派生性问题。如老子从天人关系出发，形成了天人合一思想，研究出了道德哲学。孔子则从人伦关系出发，形成了君臣关系的政治伦理思想，研究出了道德伦理学。两者研究问题的角度和深度是不相同的。而经济伦理学并不就是经济哲学，在许多问题的研究上，福利经济学并未有如建立在经济哲学基础上的人本经济学之深入到天人关系的根本。当然，黄教授所言、所虑，也不只是从经济伦理学和在此思想基础上的福利经济学角度来思考快乐、群己、物我之间的关系问题的。可能，他已经深入如其所言的伦理哲学问题了。

深入释之，人本主义是建立在"人是目的"理念基础上的一种关于人类行为和天人、物我关系的哲学思想。它表明了思想家们对于自身行为和外部世界的一种基本认识态度。以人为本的思想，不仅表明了人们对于人自身因素的注重，把社会经济运动中的各种矛盾发生与处理归结到人类自身来进行解释，并寻找问题的解；而且表明了对于真正人类自身需要满足的注重，对异化的物本思想的扬弃。人本主义心理学、人本主义教育学、人本主义管理学以及十分有意义的人学均是基于这种认识基础而产生的。

在弄清了人本主义的基本观念后，便可以解释以下两个问题：

一是人本主义和人与自然、人与其他生物的关系问题。其实，人本主义讲的是人既是社会经济发展的出发点又是其归宿点，经济发展归根结底是为了满足人的需要，为物，为生态资源之保护，归根结底是为了人类自身生活需要的更好满足。但这绝不含有轻视其他生物的意思（黄有光认为笔者这里面肯定会有损害其他生物的问题）。至少是中国式的人本主义是充分遵循天人合一论的思想的。天人合一讲的是人是自然界中的一员，并非其主宰者，人类为了满足自身的生存与发展需要必须要保护自然，争取与自然的相互调适，才能够更好地满足人类自己。所以，以人为本和保护生物两者是统一的。或者说，"人本"是目标，天人合一是途径。以人为本，不是以物为本——忘却经济发展的人本目的——通过无端的损害自然资源以满足狭隘的利益欲望，才能够真正有益于自然—人文—经济三者的和谐发展。

二是关于经济学一直在研究人的问题。确实，古典经济学里交涉着许多关于人类行为的分析。亚当·斯密的自由竞争的经济观实际上就是建立在利己主义的行为伦理观基础上的，并创造了注重人类自身行为价值的劳动价值论。但是，斯密的利己主义和道德情操论是具有矛盾的，这便导致了后来经济学的两个重要分支，即注重道德情操思想发展的马克思主义政治经济学和注重利己主义思想发展且越来越偏离于人类自身价值理念的新古典经济学，形成了100多年的"物本经济学"的发展。新古典经济学中，把人假设为"经济人"并抽象为一个简单的生产要素或价格要素，以利润最大化为行为目的而展开整个经济学分析。经济学撇开了人类行为的更加系统深入地分析和价值判断，而成为研究稀缺资源如何在各种可供选择的用途之间进行分配的科学。新古典经济学脱离人的行为的科学分析而仅顾财富增长的偏向是明显的。直至20世纪60年代以后，随着新制度经济学的产生，这种现象才逐步被扭转和改变。宋承先教授讲的："在绕了经济学地球一圈之后，新经济学重又回到了古典经济学强调的人本身。"① 指的也正是这种情况。因此，黄有光讲的经济学一直在研究人的观点是有可权之处的，至少古典经济学、新古典经济学、新制度经济学中对于人的关注和人在这些经济学中的地位是并不相同的。

借此说明，现在的经济学已经不是我们所曾经认识的那个"关于资源配置与利用的学说"。笔者这样说，有两个重要的依据。一是宋承先在《人力资本价值论》一文中说：经济学是研究满足人的欲望的行为的人事科学。陈振汉先生说的经济学是人文科学，是以人的活动以及人与人的关系作为研究对象的科学。二是就在今年3月中国社会科学院经济研究所等单位召开的"面向21世纪的中国经济学"理论研讨会上，国内新生代的经济学家张维迎博士明确提出：经济学已经不是以往人们所定义的研究资源配置与利用的学说，而是研究人的行为的科学。经济学似乎一夜之间成

---

① 宋承先：《过渡经济学与中国经济》，上海财经大学出版社1996年版，第355页。

了与行为科学、心理学、社会学、伦理学研究同一问题的学说。由是,笔者要老生常谈:"经济学是关于人类行为的科学,而最重要与最基本的莫过于对群己关系、天人关系的经济学考察与处理。而这种考察应是半点也不离开人的生活与人的情感立场的。因而,经济学应当是人本的、伦理的、行为科学的。经济学没有自己的出发点,它具有与所有研究人的问题的其他科学分支同样的根基,那就是人。"[1]

为什么人们对经济学的性质和研究对象的认识会具有如此重大的转折呢?这其中存在一个重要的逻辑序列,认识这个逻辑序列对于我们理解人本经济学,乃至认识21世纪主流经济学的发展是有意义的。

首先,人是经济活动的出发点、主体和归宿。由人类欲望引发的对各种物质对象的需要是经济活动发生的最直接、最根本原因。经济活动从哪里开始,经济学研究的起点也就从哪里开始。经济活动的起点与发动者是人,人的欲望的无限性及满足欲望的手段的稀缺是人类经济活动的基本矛盾。无论是生产过程中人与自然关系的处理,还是生产、分配、交换、消费过程中发生的矛盾,都是因人的无穷欲求所引起的。经济学在总体上就是为了解决这由人挑起而又无尽的稀缺性矛盾而产生的。而人类为了满足自身的需要,产生了各种各样的经济活动。在人与自然交往以获取物质资料的过程中,人始终处于矛盾的主体地位。国别、民族间的经济差异归根结底是由于人们在各自的经济活动中采用了差异很大的制度形式与管理方式造成的。如果再进一步深入,解开"稀缺性"的内在构造与实质,稀缺性的根源正是在于人类自身能力的稀缺,而非人力资源以外的其他自然资源。正是人类的有限能力与无限欲望,构成了稀缺性矛盾的真正本质。[2]因此,人必然地成为经济活动的主体与经济学研究的主要对象。而人不仅是经济活动的起点,是一切经济、社会矛盾的引起者和主体,而且也是经济活动的目的与归宿。人的一切活动都是为了人本身(为物,为环境,归根结底是为人),都是为了使人的快乐需要能够更好地满足。因而,社会经济活动的最终归宿是人及其需要,经济学的目的就在于解决根本上是由人的欲望无限而能力有限的"稀缺性"矛盾引起的生产、分配、交换、消费过程中的各种矛盾,即对"有限生命成本约束下的快乐最大化目标"这一经济学的根本规律进行求解。经济学便必然成为分析和研究人的行为的科学。

---

[1] 陈惠雄:《人本经济学原理》,上海财经大学出版社1999年版,第2页。
[2] 陈惠雄:《对稀缺性的重新诠释》,《浙江学刊》1999年第3期。

其次，由于从边际效用学派开始，经济学开始日益地偏离于古典学派重视人的价值的研究方向，逐渐成为解决稀缺资源配置与利用问题的学说。然而，在经济学的进一步研究中人们发现了问题：人不仅仅是个价格要素与生产要素，人类的生存境界也不只是个功利境界。人的价值观念、道德欲望和更高的存在境界与欲望等都对经济发展、社会稳定起着极其重要的作用，"规范"问题实际上不可忽略，人与人、人与自然的关系和人类行为的价值判断问题必须切实得到重视。而现实人也不是理性人，毁约、机会主义、"搭便车"等损人利己行为充斥于人类的存在环境。再深入，人们又发现 GDP 增长也远不是体现一国经济发展水平的确切指标，人的发展与人均预期寿命的延长，才是衡量经济发展的最有意义的尺度。这些新的研究结论，促成了人们对于经济学研究对象的重新认识，形成了经济学重新重视人类自身行为分析的古典回归倾向。

再次，由于经济伦理、道德失衡以及可持续发展问题的日益突出，显著地加大了经济学家们对于人文精神和人类行为问题的思考。这些问题主要有：由于经济人潜在的机会主义行为倾向，在交易活动中极容易产生损人利己、损害自然的后果，以及一些随物质满足而来的伦理丧失问题。并由此扩大到对消费伦理（防止奢侈无度）、生产伦理（防止制假制劣、毁坏生态资源）、分配伦理（防止财富与收入分配的过度不均与其他分配性努力行为）、交易伦理（防止诈骗、毁约）等经济伦理系列性问题的研究。这些研究的进行，使经济学进一步朝向人类行为分析的方向发展，并把越来越多的价值分析结合到现代经济学的研究中去。

最后，人类告别短缺，走向剩余，徜徉在丰裕社会的十字街头。这样一个改变了的存在世界对于经济学家们认识世界的转变，是真正具有重大意义的。这种经济环境的改变，使经济学者能够走出功利境界、从一个更大的人性化空间来认识经济学的性质和对象，并终将觉悟到人本主义对于经济学研究的重要性。噫乎，言于斯，终于斯。童子无知，托怀言志，谨以此浅识向黄大师拜教，并垂教于学界师友。

参考文献

黄有光：《经济与快乐》，台湾茂昌图书有限公司1999年版；东北财大出版社2000年版。

黄有光：《金钱能买快乐吗？——为何应该增加公共支出？》，《经济论文丛刊》（台湾大学经济系）1999年第4期。

陈惠雄：《人本经济学原理》，上海财经大学出版社1999年版。

陈惠雄：《快乐最大化：对经济人概念的终结性的修正》，《财经科学》1999年第6期。

Yew – Kwang Ng, "Happiness Surveys: Some Comparability Issues and an Exploratory Survey Based on Just Perceivable Increments", *Social Indicators Research*, 1996, 38: 1 – 27.

Yew – Kwang Ng, "Utility, Informed Preference, or Happiness: Following Harsanyi's Argument to its Logical Conclusion", *Social Choice and Welfare*, 1999, 16: 197 – 216.

Amartya Sen, "Mortality as an Indicator of Economic Success and Failure", *The Economic Journal*, 1998, 108: 1 – 25.

快乐　福利　人本主义——回应陈惠雄博士[①]

黄有光[②]

（澳大利亚莫纳什大学，墨尔本）

很高兴国内有像陈惠雄博士这样有兴趣研究快乐问题的学者。陈惠雄博士大体明确地说明了他和我之间对快乐问题认识上的异同。这里加上几点解释。我认为，我的福祉（welfare）就是我的快乐。对此我一点矛盾与疑虑都没有。问题在于有人（包括我）把welfare也译为福利，而且有人（不包括我）把福利理解为物质消费上的东西。显然，快乐是主观感受，它受物质消费的一些影响，但更受其他许多因素尤其是人际关系的影响。假定对他者（包括他人及动物）没有影响，如果使我每年的平均快乐减少90%，而能延长寿命10%，我肯定不愿意，陈惠雄博士愿意。我尊重他这样选择的权利，但是我认为这种选择是不理性的。我假定只有两秒钟选择按钮A或B，这两秒内没有苦乐感受，然后就失去记忆。选择按钮B肯定使自己的快乐减少，即使减少50%（而不是1%），为了避免其他人全体下地狱，我肯定会选择按钮B。我显然不只是把自己的快乐极大化，但这么做并不是没有理性而只有道德。另一个使偏好与快乐不同的因素是不理性的偏好，我们有些行为是受生物基因的控制，会做一些有利生存与传宗

[①] 文章发表于《财经论丛》2000年第5期；《中国社会科学文摘》2001年第1期。
[②] 作者简介：黄有光（1942—），男，马来西亚人，经济学教授，博士，澳大利亚社会科学院院士。

接代而未必有利快乐的事。陈惠雄博士对人本主义比我有研究，我也大体同意他的论点，也从中学到东西，并同意人本主义的提出是一个大进步，但我要表明一点，一个小孩子从小到大，人们从古到今，从自我中心到兼顾他人的福祉，从家人、朋友、邻居、同学到同乡、同县到全社会、全人类，是道德的进展。这进展的顶点，就是全宇宙所有有苦乐感受的主体。个人有个人的私心，人类有人类的私心。因此，人类不会牺牲很大的快乐来照顾动物的福祉。而且，中国甚至美国也还没有能力全面地照顾所有动物的福祉。但是，如果说一切都只能是为了人的需要，讲动物的福祉也只能是为人类服务，牺牲人类的一点点快乐而能大量增加动物的快乐也不值得，则是一种狭窄的种类主义（speciesism），和种族主义只有一墙之隔。可能有人会问，"人类何必考虑动物的福祉！"用同样道理，可以问，"美国人何必考虑他国人民的福祉！白人何必考虑有色种人的福祉！"如果你是有色种人，你会有何感想？如果你是受苦的动物，对完全不考虑你的福祉的人们，你会有何感想？

第五章　幸福计量：理论与方法

【本章导读】 幸福计量是将幸福从规范性研究引向实证研究的重要环节，是幸福经济学研究的重要组成部分。长期以来，因幸福的主观性特征而被认为其难以被计量，使快乐幸福的理论研究在经济学中难以被系统接受。近二十多年来，实验心理学、快乐心理学、行为经济学研究为幸福测量与幸福指数核算奠定了重要的客观性理论基础。卡尼曼与特韦斯基通过实验心理学的方法把人的行为置于可重复观测的实验中，证明了当期体验效用的客观性（objective）和"快乐与痛苦的体验效用的可被测度性"。此后，幸福指数测量的方法、量表相继推出，各种实证研究也是此起彼伏，幸福经济学从理论研究到实证分析都迈出了坚实的脚步。本章将介绍幸福计量的研究历程，解释幸福可测量原理，介绍当前被普遍使用的几种幸福计量方法。在此基础上，基于幸福的客观实在性与主客观一致性原理，介绍本书作者设计并经过实证检验的幸福指数测量原理、计量分析方法及测量量表，为幸福经济学研究提供一套比较完整的实证研究方法。

以往的幸福与快乐研究主要集中在心理学与社会学中，其测量方法以主观性问卷设计为主。这种研究几乎可以完全忽视一些客观因子的调查，使幸福感与客观影响因子之间的函数关系不够明确。本章通过展示不同学科中幸福指数研究状况，使我们对国内外的幸福指数研究及学科发展有一个基本了解。在此基础上，着力阐明幸福客观实在性的主要理论基础，系统介绍本书作者完成的基于幸福感（快乐）是主客观影响因子协同作用的理论机理，及其影响国民幸福的系统变量。这些主客观因子的选取是严格遵循"自我—宇宙"的幸福感影响理论机理的，从而建立了"幸福感"与"影响因素"之间较为明确的函数关系。运用相关测量学方法证明，该方法论基础上设计的问卷具有良好的信度、效度，并具有作为进行幸福指数核算的基础量表的推广价值，是幸福经济学研究的一个重要组成部分。

第一节　幸福指数研究概述

幸福指数研究属于对人们快乐幸福感受的数量化测度。对具有显著主观性特征的快乐幸福概念进行客观可比性测度，是一个具有挑战性也是很有实在性意义的问题。由于幸福概念本身包含着数量意义（如快乐不快乐，你有多快乐等），使幸福最终会遇到测度的问题。柏拉图（Plato，公元前 427—前 347 年）关于王者的快乐是独裁者快乐的 729 倍的计算，可以视为是关于快乐度量的最早思想。[①] 之后，边沁、杰文斯等到现代福利经济学家黄有光、心理学家卡尼曼等一直有关于快乐、净福利计算或测量的思想与方法。

从 20 世纪 70 年代开始，不丹开展了国民幸福总值核算。21 世纪初后，许多国家的幸福测量、加总、比较的核算理论研究也在陆续展开。2008 年 5 月，法国总统萨科奇组织了斯蒂格利茨、森等 20 多位经济学家进行"以幸福测度经济进步"的研究。2010 年 11 月，英国首相卡梅伦要求英国国家统计局拟订评估国民幸福指数的方案，以作为英国政府制定公共政策的一个重要参考指数。卡梅伦认为，英国现有的一些调查方案如经济增长数据等，都不能全面反映英国民众的生存现状。他希望英国国家统计局能找到一种衡量方法，对英国民众的心理健康状况、受教育水平、环境卫生状况等方面做出评估，甚至了解对于英国民众来讲，家人、住房或财富哪一样能给他们带来最强烈的幸福感。GDP（国内生产总值）核算之外的一个新的核算概念——GNH（国民幸福总值）核算的时代正在毫无悬念地进入我们的生活。

由于幸福指数研究是幸福学由定性到定量分析的重要的理论转折，也是使幸福学研究最终走向为公共政策服务的关键环节。本节用比较多的篇幅来介绍、分析多学科、多领域的幸福指数研究方法与幸福指标体系，以便更好地为幸福指数研究和公共政策服务。

一　幸福测量的三种范式[②]

由于对幸福感体现为多种形式，研究者们对幸福测量给出了多个角度

[①] 柏拉图：《理想国》，外文出版社 1998 年版，第 162—170 页。
[②] 刘国珍、陈惠雄：《幸福的测度：一个测量范式的综述》，《财经论丛》2017 年第 8 期。

的解释。如 Parfit 认为主要有三种幸福理解的范式：客观列表、偏好满足及心理状态（或称主观幸福感）①。在此基础上，英国帝国理工学院的保罗·多兰教授等发展出界定幸福的五种范式：客观列表、偏好满足、完善幸福、情绪幸福、评估幸福。而经合组织 OECD 更为关注主观幸福感的组成元素，认为主观幸福感由生活评估、情感体验及自我完善三个方面组成②。基于已有研究，本书尝试总结为幸福测量的三种范式：生活质量幸福、情感状态幸福、自我完善幸福。但这些幸福范式与成分间并非完全独立，存在交叉与重叠。同时，不同测量范式之间还会出现交集与整合的情况。

（一）生活质量幸福测量

目前有三种理解生活质量的思路和相应的测量方法：规范理想的标准（社会指标）、主观体验（主观幸福感测量）及偏好与效用（经济指数）。一开始，政策制定者们更青睐效用的生活质量观，倾向于用收入及 GDP 来衡量人们的生活质量，随着 20 世纪五六十年代社会指标运动的兴起，客观的社会指标和主观幸福感的评估逐渐成为生活质量衡量的主要方法，发展出主观指标、客观指标及主客观指标相结合的生活质量测量方法。

1. 客观指标法

主要用客观指标衡量生活质量，其起源于发展经济学中对发展指标的研究。目前，研究的重点已由单一经济增长指标 GDP 转向经济社会发展结构性指标和人类发展指标。

（1）经济社会发展结构性指标。生活质量的衡量大多是通过对多方面的生活条件加以评估而形成的结构化指标体系，具有代表性的是世界发展指标（WDI）。世界银行每年出版一期《世界发展指标》，收录了从 1960 年迄今社会、经济、金融、自然资源和环境指标等方面的数据资料，包括 208 个国家及 18 个地区与收入群的 695 种指标，主要分为人口、环境、经济、政府与市场及全球联系等几大部分。

（2）人类发展指标。这主要体现了经济社会发展最终要以人的发展来衡量的理论思想。1977 年，美国发展经济学家莫里斯（Morris）提出"物质生活质量指数"（Physical Quality of Life Index，PQLI），含预期寿命、识字率、婴儿死亡率三项指标。之后，联合国发展署提出了"人类发展指

---

① Dolan, P., Metcalfe, R., "Measuring Subjective Well‑being: Recommendations on Measures for Use by National Governments", *Journal of Social Policy*, 2012, 41 (2): 409–427.

② Organization for Economic Co‑operation and Development, *OECD Guidelines on Measuring Subjective Well‑being*, Paris: OECD, 2013.

数",包括预期寿命、受教育水平、人均收入3项指标。此外,福利经济学家阿玛蒂亚·森从研究人与人之间相互关系的"经济伦理"角度提出了以死亡率来衡量一国社会经济发展成败的观点①,而陈惠雄教授则从研究人类行为本源性问题角度提出可以用寿命作为社会经济发展的最高综合指标。②

2. 主观指标法

生活质量主观指标的研究与西方学者对福利体验的主观性本质认识的不断深化密切相关,以测算微观层次上个体对生活的满意度和幸福感的指标如主观幸福感（SWB）、幸福生活预期（HLE）、生活满意度等主观指标开始在生活质量测算中出现。相对于幸福感而言,其先驱研究者坎贝尔等更强调满意度的概念,这主要因为认知层面上的满意度可以作为政策制定者更可靠、更现实的依据与目标。目前,生活满意度测量包括单维模型与多维模型,其中单维模型又分为总体和一般生活满意度模型。一般满意度模型认为总分数应该由不同生活领域的满意度评价相加（加权或不加权）组成,与之相对照,总体满意度模型假定回答者可以自由地根据自己独一无二的标准而不是研究者强加的标准来作出回答。多维模型则降低了总体或一般满意度评价的重要性,更加强调包括关键生活领域在内的生活满意度判断的来源情况。较为著名的多维模型是许布纳提出的等级生活满意度模型和康明斯提出的加权生活满意度模型。③

3. 主客观指标结合法

主客观指标相结合的指标体系既强调生活质量是个人对资源的支配,也兼顾个人自身对生活的主观满意感受。荷兰是第一个结合主观指标测量国民生活质量的国家。自1974年起,荷兰每隔三年就对人们生活的各个领域进行主观和客观方面的调查。1999年,荷兰社会与文化规划办公室提出由10个客观指标构成的生活状况指数（LCI）来评估国民生活质量,同时也用主观性的快乐指数进行衡量,并用多元回归分析找出对生活状况指数和快乐指数的解释力较大的领域,然后用主成分分析法计算出各指标的权重。进入21世纪,各国开始基于人民生活质量提高的目标发展主客观指标相结合的国民幸福指标体系：2002年英国首相布莱尔与莱亚德教

---

① Amartya Sen, "Mortality as an Indicator of Economic Success and Failure", *The Economic Journal*, 1998, 108 (2): 1-15.
② 陈惠雄：《论寿命是社会经济发展的最高综合指标》,《经济学家》2000年第4期。
③ 周长城等：《生活质量的指标构建及其现状评价》,经济科学出版社2009年版,第56—88页。

授推动《国内发展指数》（MDP）的构建；2008 年法国成立"经济表现与社会进步衡量委员会"，2010 年由法国统计局（INSEE）发表《衡量生活质量》(Measuring Quality of Life) 报告；美国于 2008 年由国会通过国民指标法；日本内阁在 2010 年 6 月成立"幸福度研究会"，并于 2011 年 12 月公布《幸福度指标试案》架构。

（二）情绪状态幸福测量

大部分的情感状态幸福量表是基于心理健康测量或一般心理学研究而发展起来，前者主要集中于负面情绪的测量，其中 Derogatis 等编制的 SCL-90 量表比较常用，该量表得分高低被认为是衡量幸福的一个重要标准。[1] 后者主要分为两类：单维测量与多维测量。早期人们普遍认为情绪是单一维度概念，正性情绪与负性情绪呈负相关关系。因此，在测量时由被测者在一个评分项目中报告正负性情绪。例如 Andrews 和 Withey 编制的 D-T 量表要求被试者对去年的总体情况进行评估"总的说来你的生活过得怎样？"用 7 点量表计分，1 表示快乐（delighted），7 表示糟糕（terrible）。Fordyce Happiness Measures（FHM）用 11 点量表从"兴高采烈"到"完全绝望"要求被试者评估总体的快乐水平，附加的问题让被试者估计感到快乐与不快乐的时间百分比。[2] 与之类似，Lyubomirsky and Lepper's Subjective Happiness Scale（SHS）用 7 点量表询问被试者"总体而言，你认为你是否是一个快乐的人？"同时也让被试者将自己的快乐水平与他人进行比较。[3] 还有如：你对目前生活状况的总体评价是：very happy（非常快乐），pretty happy（相当快乐），not very happy（不很快乐）三个问题。或者是：非常快乐、比较快乐、一般、比较痛苦、非常痛苦这样 5 个等级进行选择，也有"我是一个幸福的人"，答案在非常同意、同意、一般、不同意、非常不同意的 5 个等级中进行选择等。单题选择是人们对自我快乐感、幸福度的一种直接回答。这种问法之所以被认为有效，是因为体验论理论认为，苦乐是自我能够体验得到并直接说出来的。

由于人们幸福获得的来源是具有"结构"与"层次"的，并且这种

---

[1] 苗元江：《幸福感：指标与测量》，《广东社会科学》2007 年第 3 期。
[2] William Pavot, "The Assessment of Subjective Well-being: Successes and Shortfalls", in Michael Eid, Randy J. Larsen (eds.), The Science of Well-Being, Guilford Publications, 2008: 130.
[3] Forgeard, M. J., Jayawickreme (eds.), E., Kern, M. L., Seligman, M. E. P., "Doing the Right Thing: Measuring Well-being for Public Policy", International Journal of Wellbeing, 2011 (1): 79-106.

层次与结构遵循一定的序列。为了弄清楚幸福的来源与结构序列，也为了使幸福测量在信度、效度检验下，获得更加可靠的自我评价信息来源，避免单题选择信度难以控制的问题，一些心理学者、社会学者开始设计一些问题结构复杂的量表，以获得被调查者关于幸福感来源的较全面信息。这种调查表的改进有两个重要作用：一是获得人们主观幸福感来源结构的详细信息，为社会决策提供基于"明示偏好"的政策分析基础；二是避免幸福指数测度中的偏差，使幸福指数测度数据更加可靠和稳定。

由此，Bradburn 提出了主观幸福感的多维结构模型，并相应发展出情感平衡量表（Affect Balance Scale，ABS）测量情感幸福，ABS 包括积极情感与消极情感两个分量表，二者得分的差被称为情感平衡，即可表示被测者的幸福感状况。ABS 评价的是当前的情感状态，而当前的情感反应能否说明个体整体的主观幸福感状况，不少研究者表示质疑，为此，Kozma 和 Stones 编订了纽芬兰纪念大学幸福感量表（Memorial University of Newoundland Scale of Happiness，MUNSH）尝试从短期情感反应和长期情感体验两个方面来把握被测者的幸福感状况。[①]

在幸福测量结构量表的基础上，研究者又发展起多项目的总体满意感量表。Diener 等发表的生活满意感量表（SWLS）就是一种广为运用的多项目总体满意感量表[②]，该量表由 5 个项目组成，每个项目采用 7 等级记分法，分值越高，幸福感越强，该量表被证实具有良好的测量特性。然而也有相当一部分研究者对总体满意感量表的调查提出了质疑，Schwarz 和 Strack 指出，总体满意感量表的测量事实上是要求被测者回答一些不可能回答的问题，因为被测者不可能快速对积极和消极的经历合理分配权重，从而得出一个总体的快乐值。[③] 因而，对具体领域的满意感进行调查，如经济状况、家庭关系、居住环境、健康状况等就是必需的。

在上述组成结构式满意度心理测量的基础上，Ryff 和 Essex 提出了一种新的主观幸福感多维评估方法。他们结合了人本主义的视角以及生命发展的观点，以个体关于自身及与周围环境的认知描述为出发点来构建主观

[①] 王燕、李悦、金一波：《幸福感研究综述》，《心理研究》2010 年第 2 期。

[②] Diener, R., Emmons, R. A., Larsen, R. J. et al., "The Satisfaction with Life Scale", *Journal of Personality Assessment*, 1985, 49（1）: 71 – 75.

[③] Ed Diener, Christe K. Napa Scollon, Shigehiro oishi, Vivian dzokoto, & Eunkook mark suh, "Positity and the Construction of Life Satisfaction Judgments: Global Happiness is not the Sum of its Parts", *Journal of Happiness Studies*, 2000, 1（2）: 159 – 176.

幸福感的结构，以此种理念为基础实施的评估方法命之为多维描述式测量。[①] 我国研究者邢占军编制的中国城市居民主观幸福感量表也吸收这一思路，对我国城市居民的主观幸福感从10个维度进行测量：知足充裕、心理健康、社会信心、成长进步、目标价值、自我接受、身体健康、心态平衡、人际适应及家庭氛围。[②]

（三）自我完善幸福测量

当人们相信一个有价值的社会目标是鼓励个体追求生命的意义和价值、获得能力和自尊时，完善幸福（Eudaimonic Well-being）就会发挥作用。完善幸福关注人的心理机能的良好状态，强调人的潜能的充分实现。长期以来，完善幸福被置于哲学、伦理学思辨领域的讨论范畴，直到Ryff和Keyes提出心理幸福感的概念并设计了心理幸福感量表，人们才开始对完善幸福进行实证研究，并引发了自我完善幸福测量范式的探索，自我完善幸福测量范式强调理论的构建，其测验的编制往往建立在相对成熟的心理学理论基础之上。Ryff结合了发展心理学、存在主义与人本主义心理学、临床心理学等提出六维心理幸福感的模型，并设计相应的多维幸福感量表，通过实证研究证实了心理幸福感的六个维度：自主性、环境掌握、个人成长、与他人的积极关系、生活目的、自我接受。[③]

与此同时，Waterman提出人格显现的概念，认为幸福发生在个体从事与其深层价值最匹配的活动中，是一种全身心投入的状态。在这种状态下，个体感受到强烈活力，展现了真实的自我，即为人格显现。他把个体的现实活动和心理感受结合起来理解幸福，既强调了活动特性又强调了人格特质在幸福体验中的重要性，是一种极富活力的研究取向，对Csikszentmihalyi发展"心流理论"和卡尼曼提出日重现法产生了重要影响。[④]

研究者们从组成结构、活动体验及需要满足三方面对完善幸福进行理解和测量，体现了完善幸福的多面性，然而完善幸福的多层面内涵集中趋向于人类繁荣发展的真实特性。基于完整测量心理繁盛的思路，Diener等编制了一份简短但具有综合特性的完善幸福量表《兴盛量表》（*The Flour-*

---

① M. Schmitt & J. C. Jvchtern, "The Structure of Subjective Well-Being in Middle Adulthood", *Age and Mental Health*, 2001, 5 (1): 47–55.

② 邢占军等：《几种常用自陈主观幸福感量表在我国城市居民中的试用报告》，《健康心理学杂志》2002年第5期。

③ Carol Ryff, Burton Singer, "Know Thyself and Become What You are: A Eudaimonic Approach to Psychological Well-being", *Journal of Happiness Studies*, 2008, 9 (1): 13–39.

④ 冯骥、苗元江、白苏妤：《主观幸福感的心理机制探析》，《江西社会科学》2009年第9期。

ishing Scale，FS），包含意义与目标、支持性的关系、投入与兴趣、贡献于他人的幸福、能力、自我接纳、乐观及受尊重八个维度，每一维度按 1 级（完全不同意）到 7 级（完全同意）进行评分，试图从被试自身的视角测量社会心理功能的主要方面，兴盛量表只有 8 道题，经检验信度良好且与其他相似的量表具有较高的一致性，为大样本的完善幸福测量提供了思路和准备。[1]

美国心理学会主席、著名心理学家塞利格曼概括了心理学家们的幸福研究成果，他把影响幸福的主要因子概括为一个幸福公式：$H = S + C + V$。其中，H 为总幸福指数；S 为先天的遗传素质；C 为后天的环境；V 为你能主动控制的心理力量。[2] 心理学中这些关于幸福测量的研究方法为经济学研究幸福指数提供了重要的基础。

二 经济学关于幸福的量化研究

由于学科使命的缘故，经济学非常重视幸福量化问题。因为，只有可以量化，才能够进行分析比较，为检验经济社会发展的幸福效果提供某些分析依据。这种效果既是整体的，也可以是结构性的。为此，经济学家们结合心理学、社会学的幸福指数研究，运用经济学实证研究思维与方法，进行了多种研究努力。

（一）边沁的苦乐计算思想

快乐（幸福感）是以人与世界的物质存在与人对对象与自我的物质能量消耗为基础，又超然于这种物质之上的愉悦的精神感受或积极的（正向的）情绪体验。把这种愉悦的精神感受或快乐体验联系到"数"的意义，是从边沁开始的。[3] 边沁从研究立法的角度意识到快乐必须要有的计量问题。边沁认为，组成社会的各个个人的幸福，也即他们的快乐与安宁，是立法者所应该注意的唯一目标。[4] 这个目标的实现必然涉及快乐大小多少的问题，涉及快乐与幸福受益的人数，这样就产生了快乐计量问题。以一

---

[1] Diener, E., Wirtz, D., Tov, W., Kim‐Prieto, C., Choi, D. W., Oishi, S., Biswas‐Diener R., "New Well‐being Measures: Short Scales to Assess Flourishing and Positive and Negative Feelings", *Social Indicator Research*, 2010, 97 (2): 143–156.

[2] 马丁·塞利格曼：《持续的幸福》，浙江人民出版社 2012 年版。

[3] 张五常：《经济解释·科学说需求》，（香港）花千树出版有限公司 2001 年版，第 110 页。张五常称边沁为经济哲学家，是从快乐 = 效用的角度说的。边沁的研究涉及哲学、伦理学、法学与经济学等各个方面。他的功利主义思想成为古典经济学与新古典经济学的先驱。

[4] 周辅成：《西方伦理学名著选辑》（下卷），商务印书馆 1996 年版，第 223 页。

种数的形式来表达快乐，是快乐作为立法与行为准则必须有的一个衡量基础。边沁不仅是快乐主义思想的集大成者，而且对快乐的"数量"研究是其显著特色。按照边沁的设计，对涉及社会利益的任何行为的总趋向作精确的计算，可依下述方法进行：

①最初产生的每一种明显的快乐的价值。
②最初产生的每一种痛苦的价值。
③在最初产生的快乐之后产生的每一种快乐的价值。
④在最初产生的痛苦之后产生的每一种痛苦的价值。
⑤将全部快乐的总价值加在一方，痛苦的总价值加在另一方。顺差如在快乐一方，那就个人的利益而论，他的行为大体上将会产生良好趋向；其顺差如在痛苦一方，大体上将会产生坏的趋向。
⑥有关人员的数目予以计算，其顺差如在快乐一方，那对于总数或对于由那些个人组成的社会来说，它将表示这种行为的普遍良好趋向；如果顺差在痛苦一方，那对同一社会来说，将表示普遍的邪恶趋向。①

边沁关于快乐幸福计量，有三个重要贡献：一是提出了快乐计量的7个特征性指标，二是提出了14种快乐及其相应的痛苦，三是提出了"最大多数人的最大幸福"的功利主义原则。这三大贡献对于推动快乐幸福的数量研究与指数测度具有元初启动意义。由于伦理学属于典型的规范科学，导致其难以在数量研究上有进一步建树。边沁之后，虽然伦理学对快乐、幸福、功利、善等研究其多，也有一些关于影响快乐的因素描述，但没有在指数研究与数量测度方面深入下去，功利主义伦理学仍然主要限于对快乐、幸福的规范意义的讨论。②

（二）苦乐均衡：杰文斯的边际革命

在经济学中，快乐效用度量研究始于杰文斯创立的边际效用论。由于经济学计算成本—收益的理论使命以及追求效用最大化目标的需要，使经济学必然要求对效用进行量化分析。19世纪70年代，杰文斯在研究快乐与痛苦时，多次提到了测量个人情感的基数尺度概念。他说，若幸福程度

---

① 《西方法律思想史资料选编》，北京大学出版社1983年版，第484—499页。
② 贝克尔认为，边沁的效用（功利）研究之所以没有能够深入下去，是因为没有进行"偏好稳定"假设。（参见贝克尔《人类行为的经济分析》，上海三联书店1996年版，第12页。）实际上，根据黄有光的研究，快乐比偏好远为稳定。如果是这样，边沁的快乐理论就是不需要进行偏好稳定假设的。他直接把快乐当作人类稳定的偏好源。所有的人类偏好都是对快乐的追求，只是由于信息不全、无理性等原因，导致许多偏好的实施效果最终偏离、背离于快乐。这是综合笔者和黄有光研究的一个结论。（参见陈惠雄《快乐、福利、人本主义——与黄有光院士的有关讨论》，《财经论丛》2000年第5期。）

相等，则两日的幸福量是一日所希求的幸福量的 2 倍。这句话暗含着关于持续时间的快乐的基数尺度，显示出基数效用已经在他的考虑之中。当杰文斯论及效用时，他说，效用必须被视为是以个人幸福的增量来衡量的，而且实际上与该增量相一致。杰文斯似乎确定了效用的可测度性。在此基础上，杰文斯进一步认为，经济学的目的就是研究如何以最小痛苦换取最大快乐，人们消费的目的便是追求快乐减免痛苦。而物品能给人们带来快乐（或负痛苦）的性质便是物品的效用。杰文斯把劳动定义为心身所受的痛苦即负效用，劳动收益得到的快乐则是正效用。而均衡的劳动时间则由劳动的边际收益（正效用：工资产生的快乐）等于边际成本（由劳动产生的负效用：痛苦）来决定。① 它可以用以下公式表示：

$$dv/dt = dw/dt \cdot du/dw \qquad (5-1)$$

式中，v 为劳动的负效用，dv/dt 为劳动的边际负效用，w 为劳动产出或工资，dw/dt 为劳动产出对时间的导数，u 为劳动产出的总效用，du/dw 为劳动产出的边际效用。杰文斯在劳动苦乐均衡分析基础上形成的边际效用论，为幸福计量提供了重要的理论基础，同时也为新古典经济学进行基数效用研究开拓了理论思路。

（三）黄有光的快乐计量思想

黄有光认为，传统上一些经济学家将快乐看作心理学家和社会学家追求的东西，而经济学家研究的应该只是偏好，这种自我强加的限制抑制了经济学对一些重要的问题进行分析，由此他提出了基于时间积分的净快乐思想。他说："我把我（在任一时段）的（净）快乐看作（在那段时间）我的正的有情感受超过负的有情感受的部分。大部分时间，我的有情感受为零。当我很开心（比如吃着鲜美的水果或者取得成就时的骄傲感）时，我的有情感受是正的。当我疼痛、生病或焦虑时，我的有情感受是负的。除了正负，还有不同程度或强度的情感。这相当于埃奇沃斯在 1881 年就形成的时间积分概念。一个人在任何时段的净快乐或者叫快乐净收益是在中性线以上的面积减去中性线以下的面积。"② 我们可以将黄有光的这一思想用图形简单描述，见图 5-1。

图 5-1 表明，一个人在一段时间上，有情感受可能为正（坐标轴之上的部分），也可能为负（坐标轴之下的部分），正、负的情感也有不同

---

① 蒋自强、张旭昆：《三次革命与三次综合——西方经济学演化模式研究》，上海人民出版社 1996 年版，第 246—248 页。
② 黄有光：《从偏好到快乐：通向一个更加完整的福利经济学》，《新政治经济学评论》（第一辑），浙江大学出版社 2005 年版，第 111—112 页。

的强度（表现为正、负数值的大小）。因此，在考察期内，一个人的净快乐收益就是这段时间内所有正、负有情感受的差值。

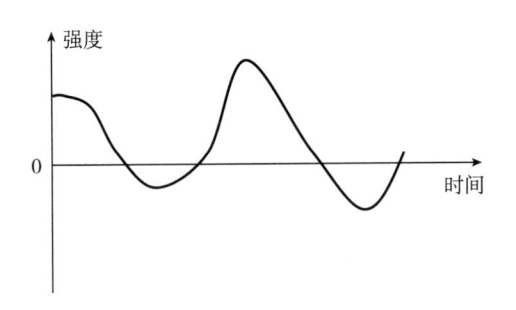

图 5-1 基于时间积分的净快乐思想

随着心理经济学与行为经济学的迅速发展，经济学吸收了心理学的研究方法和成果，在快乐的计数研究方面取得了一些新进展。卡尼曼通过实验心理学的方法把人的行为置于可重复观测的实验中，证明了当期体验效用的客观性（objective）和"快乐与痛苦的体验效用的可测度性"。[①] 客观性快乐是一个基于当期的概念，它通过对精确瞬间的情感状态的及时测度而成为可用指标。当然，按照客观性规则的效用测度，其测度与判断的最终数据，还是来自主体的体验。快乐的体验效用的客观性，主要是靠确定它们在二维空间中的位置来捕获的。这个二维空间主要由效价（好中坏）和觉醒程度（从发狂到昏睡）这两个维度来界定。比如，在同等满足程度下，意义较多、心情愉悦的生活，其福利状况要高于意义单一、忧郁而紧张的生活。

2004年5月，美国国家经济研究局（NBER）发表的一份由达特茅斯学院（Dartmouth College）经济学教授大卫·布兰奇劳尔（David Blanchflower）和英国瓦维克大学（Warwick University）经济学教授安德鲁·奥斯瓦尔德（Andrew Oswald）共同撰写的关于收入等因素与幸福关系的研究报告认为，人们的快乐是可以度量的。在该报告中，他们用计量经济学方法来研究"快乐"，并建立了快乐计量模型。该模型表述如下：

$$r = h[u(y, s, z, t)] + e \tag{5-2}$$

[①] "Experienced Utility and Objective Happiness: A Moment-based Approach", Ch. 37, in Kahneman, D. and Tversky, A. (eds.), Choices, *Values and Frames*, New York: Cambridge University Press and the Russell Sage Foundation, 2000: 673-692.

其中，r 代表自我报告的快乐指数或主观幸福感水平；u（…）代表一个人实际的效用或福利；h［·］是关联实际效用与报告福利的函数；y 为实际收入；s 为亲情或其他主要考量的因素；z 是一系列统计上的与个人的特性；t 为时间段；e 为误差项。

三　国家和地区层面的幸福指数测量

国家和地区的幸福指数测量，根据研究对象不同，可以分为三类：一类是针对国家层面的幸福指数研究，如不丹的国民幸福总值计算、世界价值研究机构（World Values Survey，WVS）的世界上最幸福的国家测算等；另一类是针对省市级地区层面的幸福指数研究，如国内在广东率先开发的广东幸福指数评价体系、江阴幸福评价体系等；还有一类是针对特定人群等开展的幸福指数研究等。下面对有关国家和地区的幸福指数研究进行探讨。

（一）不丹的 GNH 核算

不丹王国（Kingdom of Bhutan），简称不丹，是位于中国和印度之间喜马拉雅山脉东段南坡的内陆国，该国的国名当地语言叫"竺域"（或作"朱玉"Druk Yul，藏文：vBrug‐yul），意为雷、龙之地。面积 3.8 万平方公里，总人口为 75 万（2018 年）。不丹族约占总人口的 50%，尼泊尔族约占 35%。不丹语"宗喀语"和英语同为官方语言。藏传佛教（噶举派）为国教，尼泊尔族居民信奉印度教。廷布（Thimphu）是全国的政治、宗教中心。这个被称为"喜马拉雅山下的香格里拉"的地方，"国民幸福总值"（Gross National Happiness，GNH）核算在这里诞生。

不丹是世界上首个实施国民幸福总值核算的国家。不丹的"幸福祥瑞图"展示了幸福来源于某种系统性的东西，人与人之间、人与环境之间关系的好坏深浅决定了幸福的质量。从 1970 年开始，不丹王国实施国民幸福总值核算。不丹将幸福社会模式分成 4 大支柱、9 个领域和 72 项指标。不丹对国民幸福指数这一概念建立了可供衡量的主客观指标体系，该体系包括做什么调查、如何调查、使用哪些数据、如何做相关指数加权，以及这些数据将如何指导政策的制定等。不丹的 GNH 理念和实践，对推动幸福经济学实证研究提供了具体的思路。不丹前国王吉格梅·辛格·旺楚克认为，如果说"国民生产总值"（GNP）体现的是物质为本、生产为本的话，"国民幸福总值"（GNH）体现的就是"以人为本"。

（1）四大支柱：政府善治、经济增长、文化发展、环境保护。吉格梅·辛格·旺楚克强调，人生基本的问题是如何在物质生活和精神生活之间保持平衡。因此，不丹的"国民幸福总值"由四大支柱组成：优良的治理制度；公平与可持续的经济发展；传统文化的保留；环境和资源的保护。不丹的发展不是单纯追求经济增长，而是追求实现这四个目标并保持平衡发展。50年来，追求"国民幸福总值"最大化是不丹政府的奋斗目标，其结果是：政通人和，国泰民乐。

（2）九个领域：心理健康、社区活力、文化、时间使用、政府管理、生态、生活标准、身体健康、教育。GNH的九大评估领域表明，人的幸福受健康、社会、心理、文化、生态等多方面因素的影响，并且只有这些因素交互在一起，才能让人们感受到自发而来的幸福。如果所有的因素都齐全了，幸福会自然而生。

（3）七十二项指标：祈祷频率，冥想，是否自私自利、妒忌、冷静、怜悯、慷慨，有无挫折和自杀念头、知识启蒙、河流污染状况、保护方言、手工技能、亲属关系、危险行为、健康成长、垃圾处理、食品安全，家庭居住空间等。不丹选取这些指标，是为了追踪在不同时期幸福受重视的程度，同时也是为了将不同人群、不同地域之间的表现情况做一个比较，并且为了分析将要做出什么样的决策改变。[①] 不丹的幸福社会模式如图5-2所示。

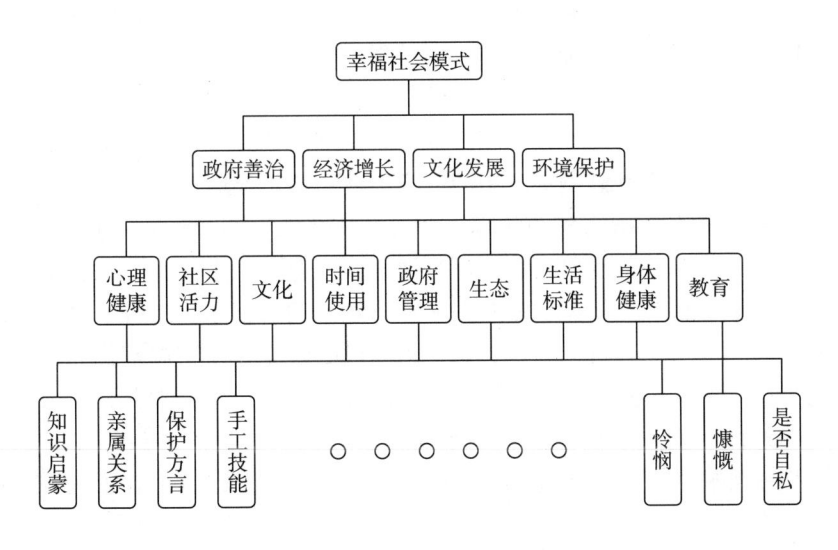

图 5-2 不丹的幸福社会模式

---

① 沈颢、卡玛·尤拉：《国民幸福：一个国家的指标体系》，北京大学出版社2011年版，第57—79页。

不丹的幸福指标是一种集成系统（Aggregation System）。之所以这样设计，是因为他们认为，西方国家的传统的衡量幸福的方法，尽管在全球普遍使用并且省钱省事——这种方法就是要求人们对自己的幸福状态打分，如从 1 分到 10 分，然后就可以得出结论，这个国家是幸福还是不幸福。但这种方法有一个很大的局限性，即不知道人们幸福的来源与结构，不知道人们幸福或不幸福的微观原因。

不丹的幸福指数调查有一些有意义的发现，比如他们在国内不同地区的情绪状况做了个调查比较，发现首都的人们的负面情绪比较高。人们一般会对首都持乐观的态度：首都是文明程度最高的地方，居住在首都的人是素质最高的人，因此首都人民应该是最快乐的。但数据显示，实际情况并非如此。首都廷布的负面情绪指数非常高。这样，结构化的调查表就非常起作用，能够弄清楚不同区域人们的幸福的结构与来源，并看清楚人们的一些本质性的生活。另外，不丹对村庄、社区的人际、文化环境非常重视。所以，他们把社区活力作为幸福的一个考量点。不丹政府认为，人们都生活在社区里。有了人与人之间的良好关系，我们的人格才得以成长。社区是一种社会结构。在不丹，社区的作用尤为深远。最重要的一点是，他们强调不是要发展社区，而是在社区中发展。

不丹的幸福指数测量是想努力尝试找出能产生幸福感的最重要的因素。同时，他们又是一种全方位的测量理念，他们认为幸福的产生是多方相互依存的结果。佛教里的一项重要信条就是：一切事物都是相互依存而产生的。正因为所有的因素都相互依存，需求是多种多样的，因此需要许多生存条件，而不是以牺牲其中的一样条件为代价换取另一样。

GNH 指数的计算方法被称作"可分解底线法"。这种方法有两个显著特征：一是为了政策需要，数据可以被分解。通过这个调查，能够说出哪些人群的幸福指数比较低，哪些因素影响着人们的苦乐，等等。这样，政策和计划的制定才有目标性。二是苦乐底线的设立。出于规范化和道德因素的考虑，不丹设立了一条底线，以便区分幸福与不幸福人群，并认为要想获得某种程度的幸福，就必须达到这条底线的标准。如果你在底线之下，你就是痛苦大于幸福的人群。如果你在底线之上，就拥有了获得幸福的最基本的条件。

（二）幸福指数加权方法

根据不丹的国民幸福总值核算思路，一些学者提出了对国民幸福指数采取有权加总的办法。幸福指数加权方法代表着一些学者认为不同要素对幸福的影响并不相同的理论思维。如加权计算公式可以为：

国民幸福指数（GNH）=生产总值指数×a% + 社会健康指数×b% + 社会福利指数×c% + 社会文明指数×d% + 生态环境指数×e%[①]，其中 a、b、c、d、e 是权重。[②] 表 5-1 是一个由社会健康、社会福利、社会文明和生态环境组成的幸福指数量表。[③]

表 5-1　　　　　　　　GNH 的指标构成与计量方法

指标构成	计量方法
生产总值指数	国内生产总值，GDP（+）
社会健康指数	儿童虐待率 = 受虐待儿童人数/儿童总数（-）
	婴儿死亡率 = 死亡婴儿/婴儿总数
	老年人中贫困比率 = 贫困线以下老人数/60 岁以上老人总数
	医疗保险可得性 = 拥有医疗保险的人数/人口总数（+）
	健康保险普及程度 = 各种健康保险拥有人数/人口总数（+）
社会福利指数	生活服务满意度 = 对生活服务满意的人数/人口总数（+）
	可支付住房的用户比 = 拥有房产的人数/人口总数（+）
	养老保险可得性 = 拥有养老保险的人数/人口总数（+）
	参与文体和旅游的频率 = 每年参与文体旅游的人次/人口总数（+）
	闲暇的分配与构成 = 闲暇时间/工作时间（>1 记为 +，<1 记为 -）
	失业人口比率 = 失业人口/人口总数（-）
	恩格尔系数 = 食品支出额/个人消费总额（>59% 记为 -，<59% 记为 +）
社会文明指数	非婚生育率 = 非婚生育人数/妇女总数（-）
	离婚率 = 离婚人数/登记婚姻总人数（-）
	吸毒人口比率 = 吸毒人数/人口总数（-）
	犯罪率 = 罪犯总数/人口总数（-）
	青少年自杀比率 = 青少年自杀人数/青少年总人数（-）
	暴力事件发生频率 = 暴力事件发生数/365（-）
	参入宗教团体人口比 = 宗教信仰人数/人口总数（-）
	政治与公益活动参与度 = 参与公益活动人数/人口总数（+）
	政府信用水平 = 对政府报信任态度的人数/人口总数（+）

---

① 蔺丰奇:《从 GDP 到 GNH：经济发展价值坐标的转变》,《人文杂志》2006 年第 6 期。
② 另一些学者如黄有光等则主张对快乐实行基数效用的无权加总计量方法。参见黄有光《经济与快乐》，茂昌图书有限公司 1999 年版，第 131 页。
③ 王婧:《对 GDP 和 GNH 核算体系的一些思考》,《时代金融》2008 年第 4 期。

续表

指标构成	计量方法
生态环境指数	地理条件满意度 = 对本地地理条件满意人数/本地人口数（+） 生存环境满意度 = 对本地生存条件满意人数/本地人口数（+） 自然资源利用率 = 资源利用量/资源存量（+） 环保水平 = 环保投入/财政总支出（+） 自然灾害发生频率 = 自然灾害发生次数/365（-）

注：括号中的加减号表示该指标对幸福的影响方向："+"表示幸福度增加；"-"表示幸福度降低。

(三) 斯蒂格利茨—森—菲图西委员会的幸福测算

斯蒂格利茨—森—菲图西委员会主张，衡量一个国家的进步程度应该从测量经济生产转向测量人的幸福。而幸福的测量标准应当考虑其可持续性。[①] 从测量经济生产转向测量人的幸福，这一重心转移不是放弃 GDP 和生产标准，它们仍是衡量市场生产和就业所不可或缺的。但是，GDP 统计数据所包含的信息与百姓幸福所必需的东西，二者之间的差距看上去越来越大。因为经济社会发展到今天，把幸福作为重心已经变得非常重要。斯蒂格利茨—森—菲图西委员会认为，在社会发展实践中，"国民幸福总值"（GNH）应与国内生产总值（GDP）有机结合，成为衡量一个国家社会经济发展水平的新标准体系。这意味着，各国政府和国际组织需要改进统计体系，以人的幸福为中心，用能够捕捉可持续性的标准，来弥补市场行为标准。

斯蒂格利茨—森—菲图西委员会报告郑重指出，对经济与社会的引导正如领航员的领航一样，一个可靠的指南针是不能缺失的。希望各国政治领袖与政策制定者将"生产导向"的标准体系转向"幸福导向"，建立覆盖面更为宽广的可以用于社会进步测量的新标准体系。而实际的决策者也需要对决策所需统计数据和指标深化研究拓展，这样才能够找到更好的指标，有效地设计、执行和评估更好的政策，以改进人类福祉和促进社会进步。简言之，超越 GDP、测量幸福已经成为时代的呼声。

斯蒂格利茨—森—菲图西委员会认为，幸福是多维度的，幸福的主观与客观维度同等重要，测量幸福应该同时考虑八个维度：物质生活水准

[①] 沈颢、卡玛·尤拉：《国民幸福：一个国家发展的指标体系》，北京大学出版社 2011 年版，第 116 页。

(收入、消费和财富），健康，教育，个人活动（包括工作），政治发言权和治理，社会联系和关系，环境（当前和未来状况），经济和物理不安全状况。这八个维度塑造着人们的幸福，其中很多是传统的收入测量所忽略的。斯蒂格利茨—森—菲图西委员会在报告中就如何测量幸福提出了十二条建议。①

（1）用收入和消费而非生产来评估物质幸福。GDP 是目前测量市场生产乃至整个经济状况最常用的标准，问题在于，它也经常被视为经济幸福的标准。把市场生产与经济幸福混在一起，会导致对人民富裕程度的误解，催生错误的决策。事实上，物质生活标准与国民净收入、家庭实际收入和实际消费关系更为密切，当收入降低时，生产可能会扩张；反之亦然，如果算上货币贬值、收入流入流出状况以及产品和消费品价格差异，实际收入可能降低了。

（2）注重家庭视角。尽管追踪整体经济绩效可以获得大量信息，但观察公民物质生活水准的趋势更真实的标准是家庭收入和消费。实际上，目前可以获得的国民账户数据表明，在很多 OECD 国家，家庭实际收入的增长轨迹和人均实际 GDP 相当不同，通常速度会更慢。家庭视角要考虑两个部门之间的支付问题，比如流向政府的税收、来自政府的社会福利和流向金融公司的家庭贷款所支付的利息。如果得到正确的界定，家庭收入和消费也应该反映政府提供的非货币服务，比如医疗补助和教育服务。

（3）统观收入、消费和财富。收入和消费是评估生活水准的必要指标，但它们要与财富信息放在一起测量才有意义。把钱花在消费品上的家庭，增加了当前幸福度，却牺牲了未来的幸福。这种行为的后果将反映在家庭资产负债表中，其他经济部门和整体经济也是如此。为了建立资产负债表，政府需要全面的财产和债务账目。国家资产负债表并不是新概念，但其使用范围仍相当有限，有待推广。同时，财富的测量，是测量可持续性的核心。我们可以结算移交给未来的，包括身体、自然、人以及社会资本的储备。因此，正确评估这些储备至关重要。②

（4）优先考虑收入、消费和财富分布。作为统计数据，平均收入、消

---

① 沈颢、卡玛·尤拉：《国民幸福：一个国家发展的指标体系》，北京大学出版社 2011 年版，第 125—129 页。
② 陈惠雄：《天下熙熙，谁个真识财富》，《中国国情国力》2000 年第 3 期。该文中作者提出了包含自然财富与人为财富（国民财富）在内的广义财富论。并且提出了自然财富是国民财富母本的理论思想。这些思想并不新鲜，但认识到这种广义财富结构对于当下与未来人类经济社会的可持续发展却至关重要。

费和财富非常有意义，但不能全面反映生活水准。比如，不同群体的平均收入增长份额可能是均等的，但其中一些家庭的境况可能会比其他家庭糟糕。因此，收入、消费和财富的平均标准，应该与反映其分布状况的指标相配合。而与平均消费（收入或财富）相比，消费（收入、财富）的中位数可以更好地测量"典型"个体或家庭到底发生了什么。但是，由于很多原因，了解收入/财富分布最低端或最顶端的状况也是重要的，比如对贫困状况的统计。一个拥有平均水平以上财富的低收入家庭，不必然比一个没有财富的中等收入家庭境况更糟糕。

（5）把收入测量扩展到非市场活动。家庭和社会的实际运作总在发生重要变化。比如，人们过去从其他家庭成员接受许多服务，现在却是从市场上购买。这种转移转换成了作为国民账户测量标准的收入增长，可能会造成生活水准提高的假象，但它实际上只是反映了服务从非市场提供转向了市场提供。如家庭为自身而生产的很多服务，不被官方收入和生产标准承认，然而，它们的确是经济活动的一个重要方面。评估这些国家的家庭消费水平，需要追踪这种家产商品的过程。一旦人们从强调非市场活动开始，闲暇问题就出现了。尽管闲暇的评估困难很大，生活水准的历时性比较和跨国比较，仍然需要考虑人们所享有的闲暇的多少。

（6）生活质量取决于人们的客观状况和能力。各国政府应采取步骤改善人们的健康、教育、个人活动和环境状况。由于人们的生活质量取决于健康、教育、日常活动（包括获得体面的工作和住房的权利）、政治参与程度、所处的社会和自然环境以及塑造个人和经济安全的各项因素。测量所有这些特征，既需要客观数据，也需要主观数据。

（7）所有生活质量指标均应全面评估不平等状况。在不同国家和不同时期，任何生活质量评估都不能脱离对人类的不平等境况的评估。生活质量的多面性需要建立测量不平等的独立标准，而且要考虑社会关联和社会关系因素，评估不同的人、不同的社会经济群体、不同的性别和代际之间生活质量的不平等，并特别注意新产生的不平等，比如与移民有关的不平等。

（8）调查应评估每个人生活质量不同领域的关联。如生活质量某个领域的发展如何影响其他领域，收入如何与不同领域的发展相关。这样做是因为集合多种不利因素的生活质量所产生的后果，大大超过个体效果的总和。建立测量这些累积效果的标准，需要通过专门调查，获得一个国家内部每个人生活质量的最显著特征的共同分布状况。在具体政策的设计过程中，应该综合考虑不同生活质量层面所受到的影响。

（9）统计官员应该提供累积不同生活质量层面、允许建立不同指标的信息。尽管评估生活质量需要多元化的指标，人们仍然需要建立概括性的单一标准或者综合标准。一些类似标准已经获得使用，比如一个国家整体的平均生活满意度和人类发展指数。如果国家统计体系提供必要数据，也可以设定和执行新的类似标准，比如负面感觉最强烈的人的时间标准，基于人生活的不同客观特征的标准，以及基于人们陈述和偏好的（同等收入）标准。

（10）客观幸福和主观幸福的测量，都是人们生活质量的关键信息。统计官员应把捕捉人们的生活评估、快乐经历和自身调查的优先次序整合在一起。收集主观和客观幸福的有意义而可靠的数据是可能的。主观幸福包含不同方面，比如对一个人生命、幸福、满意度、高兴和骄傲等积极情绪，痛苦和抱歉等消极情绪的认知评价等。为了获得对人的生活的更加全面的评价，每个方面都需要独立测量。

（11）评估可持续性，需要清晰的指标仪表盘。这个仪表盘各个部分的显著特征在于，它们可以被解释为某些基本"储备"的变体。可持续性的货币指数在仪表盘中有自己的位置，目前可持续性的经济方面仍是实质焦点。斯蒂格利茨—森—菲图西委员会非常关注如何测量和评估可持续性。可持续性回应的是人类生存所面临的挑战，关心子孙后代能否延续目前的幸福水平。可持续性关注的是未来，涉及未来的评估当然更加复杂，比已经比较复杂的当前幸福或者经济绩效测量问题还要复杂。当然，单独评估可持续性，意在补充对当前幸福或经济绩效的测量。将当前幸福与可持续性混合在一个指标里，可能会令人困惑。测量可持续性，至少需要弄清未来幸福的不同影响因素在量上的变化。不同的是，可持续性要求几种"储备"同时保留或者增加，比如自然资源的数量和质量，以及人、社会和物理资本的数量和质量。

（12）可持续性的环境方面值得基于精挑细选的物理指标，进行独立评估。尤其需要清晰的指标来测量接近环境破坏的危险水平的程度，比如气候变化或鱼类资源枯竭等危险。因此，人们很难用货币价值测量自然环境，环境状况需要独立的物理指标来监控。当环境替代方案不可逆转或者不可持续时，尤其如此。所以，斯蒂格利茨—森—菲图西委员会成员尤其相信，需要一个清晰的指标来测量温室气体浓度的增加是否接近气候变化的危险水平，或者测量可以合理预期未来会达到这种浓度的排放水平。这种物理指标只能在科学界的帮助下才能确立。

斯蒂格利茨—森—菲图西委员会的报告提醒各国政府既要有能力测量

市场生产，评估经济绩效，监控整体经济状况，更要有能力测量人的幸福，评估当前幸福，关注未来幸福。政府测量幸福的能力，既是发达国家应对危机的机遇，也是发展中国家制度转型的挑战。可以看出，斯蒂格利茨—森—菲图西委员会将"生产导向"的标准体系转向"幸福导向"，为建立覆盖面更加广泛的可以用于测量社会进步的新指标体系提出了具体原则。然而，这12条建议有一个显著的局限性倾向：就是从生产滑向更加接近幸福的消费、分配公平、可持续性等指标，而没有从幸福本来需要的结构来提出一套系统性规则。这种经济学家的问题视域局限在上述建议中仍然是十分明显的。

（四）雷锋克的"真实财富账户"和"真实福利指标"

雷锋克位于加拿大艾伯塔省埃德蒙顿的南部，是加拿大西部最大的工商业园区之一。加拿大经济学家马克·安尼尔斯基以雷锋克为试验区，在这里进行真实财富与真实福利研究。他认为，财富不再只是狭隘地被定义为物质财产的货币价值，而且必须包括许多经常是无形的东西，它们影响着我们的生活质量，其中包括我们精神的康乐、希望、幸福、游玩的乐趣以及人际关系的密切程度。因此，马克·安尼尔斯基认为，人们的幸福与财富有关，但幸福不能与传统经济核算中的财富成正比，很多财富与幸福无关，甚至会降低幸福感。马克·安尼尔斯基力图寻找能够使人真正幸福的"财富"。只有能够增加人的幸福感的事物，才会构成人们的真实财富，才应该是政策激励人们去创造的财富。从这个意义上说，幸福本身是创造财富的核心目的。为此，马克·安尼尔斯基提出了一个真实财富概念和模型来测度雷锋克地区的真实福利水平。它包括人力资本、社会资本、自然资本、人造资本、金融资本五个资本子模块，把所有与人类幸福相关的因素考虑在内，设计了由117项有关福利的统计数字和感觉指标组成的22个福利主题来表征幸福，见表5-2。有利于人类可持续发展和将产生良好感受的因素经过定量后计为正面因素，把消耗自然资源与环境在内的使人类财富减少的因素经过定量后计为负面因素，对所有因素进行综合集成以后形成的"净财富"或称为"真实财富"。在对真实财富进行评估的基础上形成真实发展指数，并用其来表征幸福指数。真实财富评价是对家庭、企业、社区、城市、省或国家的福利指标状况所进行的综合"体验"。这种检查使个人、家庭或社区有机会在镜子里审视自己，为优势（或资产）而高兴，同时了解自己的劣势（或负债）。真实财富评价是一种特别有用的工具，允许机构或社区为幸福资产的可持续发展制订计划，减少所有的福利赤字，实现真正的可持续发展。

表 5-2　　雷锋克的真实财富账户和真实福利指标①

真实财富资本	福利主题	真实福利指标
幸福感	自我评价幸福感	自我评价幸福感（成年人） 自我评价幸福感（儿童）
人力资本福利指数			
人力资本	健康状况	人口；人口增长；人口的年龄中间值；平均寿命；死亡率（每10万人，各种病因）；过早死亡率（早于75岁）；死于心脏病和中风；死于癌症；新生儿死亡（每1000人）；婴儿体重过低；儿童哮喘率（每10万人）；少年生育率（十几岁的孩子）；超重及肥胖；感觉超重或肥胖；不吸烟；自杀率（每10万人）；机动车事故死亡率；每千人家庭医生人数；医院可及性
	娱乐与休闲	体育运动；与休闲有关的活动；感觉娱乐设施负担得起；走路或骑车去上班
	工作	劳动人口；就业增长；劳动力参与率；就业率；失业率；兼职与全职就业者的比率；居民在社区内工作的百分比
	时间利用	无报酬的工作（人们报告的无报酬工作小时数）；无报酬的家务劳动（人们报告的无报酬家务劳动小时数）；无报酬地照顾孩子（人们报告的无报酬看孩子小时数）；每年无报酬地看护老人（人们报告的照顾或协助老人的小时数）
	教育与学习	教育达到：中学毕业后教育或大学程度；中学退出率；3、6、9年级完成分数；平均班级规模（小学和中学）；图书馆可及性
社会福利指数			
社会资本	多样化	种族多样化指数；外国人生的人口数
	信任和归属感	自我评价对于社区的归属感；自我评价对邻居的信任；邻里关系：你知道的邻居人数；住在同一地址在5年以上的市民；社区组织、俱乐部和团体
	安全与犯罪	针对人的暴力犯罪；财产犯罪率；各种犯罪案件（人均计算）；药物犯罪条件；个人对于犯罪的安全感觉；非故意伤害死亡率；机动车事故

---

① 安尼尔斯基：《幸福经济学：创造真实财富》，社会科学文献出版社2010年版，第139—142页。

续表

真实财富资本	福利主题	真实福利指标
社会资本	平等与公平	高收入家庭与低收入家庭之间的收入差距；全职工作状态下，女性收入与男性收入的比率；市政部门/议会中的妇女人数
	社区活力	出席经济发展当局合作伙伴的早餐会；节日、社会和文化节的次数；每年每人加入（拜访）娱乐中心和注册娱乐项目数
	公民身份	选举进参加投票的人数

经济福利指数

真实财富资本	福利主题	真实福利指标
经济和财务资本	经济活力	人均GDP；GDP每年增长率；每千人企业数；每人的建筑许可价值；经济职业多样化指数；每千人新房开工数；15岁及其以上的人的平均总收入；全职工作的平均收入
	生活水平	中等家庭总支出；平均家庭总支出；平均家庭支出占中等家庭收入的百分比；低收入（穷人）家庭的发生率；对政府安全网的依赖（政府转移支付占收入的百分比）；收入低于最低生活工资的人数；以最低工资或一个人挣钱满足基本需求的工作小时数；食品仓库的使用；家庭数；单亲家庭（占所有家庭的百分比）；很容易去商店或得到其他服务
	支付得起的住房	住房的平均价值（平均房屋价格）；每人缴纳的市政财产税净值；中等家庭收入占平均房屋价格的比率（%）；以超过30%的收入租房的家庭百分比；以超过30%的收入支付房屋贷款和税金的家庭百分比；购房补贴的需求
	支付得起和有效率的政府	每人负担的市政府支出；市政税率（住宅），百分比；市政税率（住宅），百分比

人造资本福利指数

真实财富资本	福利主题	真实福利指标
人造资本	公共和私人基础设施	私人住宅（自有和出租）；每百人住宅增长数；需要重大维修的住宅百分比；市政当局在交通基础设施和公共事业上的花费；娱乐设施的位置；娱乐设施的使用率（每人每个使用的次数）；每千人自行车道和人行道；市政府为每人花费的公共运输支出；为年轻人和老年人设置的公共运输选择

续表

真实财富资本	福利主题	真实福利指标
环境（自然资本）福利指数		
自然资本	生态足迹	生态足迹：家庭对自然资本的需要与自然界的供应；生态赤字：生态足迹与地区土地总面积的比率
	人口密度	人口密度（每平方公里人数）
	可持续的粮食生产	每人的主要农业用地；本地粮食生长和提供的百分比
	自然环境	绿地和公园；森林（树木）覆盖率；水质；空气质量；温室气体排放；噪声污染；杀虫剂的使用；因垃圾掩埋导致被污染的土壤
	消耗与保护	水消耗量；每人水储备容量；人均产生的住宅垃圾；处理至垃圾填埋场的固体垃圾总量；国内垃圾再生率；住宅能源利用；能源来自可再生能源的百分比

（五）真实幸福测量

幸福并不只是随心所欲的主观心理体验，它还取决于人的需要是否得到满足，人的潜能是否能够实现。真实幸福测量及其真实幸福指标体系要求反映人类幸福的结构与全貌，实际上成为幸福指标体系综合化趋势的另外一个思路。真实幸福测量可能来源于经济学中的"真实发展指标"（Genuine Progress Indicator，GPI）研究。GPI 是由国际发展重新定义组织（Redefining Progress）Cobb 等于 1995 年提出的以衡量一个国家或地区的真实经济福利为目标的指标研究，也称为真实进步指标、真实发展指数。该指标弥补了国民经济核算框架中单一 GDP 指标没有对增加福利和减少福利的经济活动进行区分的弊端，充分考虑了非市场交易活动的贡献，如家庭和社区、自然环境等。真实发展指数包括社会、经济和环境三个账户，并首先在美国、加拿大和英国得到应用。下面是美国的 GDP 与 GPI 比较图（见图 5-3）。[①]

在真实幸福测量研究中，Peterson Park 和 Seligman 以快乐论（Hedonism Theory）、自我实现论（Eudaimonism Theory）和福流理论（Flow Theory）为基础提出了真实幸福模型，认为好的生活由三个相关但独立的部分

---

① 安尼尔斯基：《幸福经济学：创造真实财富》，社会科学文献出版社 2010 年版，第 138 页。

组成：即快乐的生活、充实的生活及有意义的生活。因此幸福不仅包含享乐，同时也包括确立有意义目标以及投入追求该目标的过程。[①] 2011 年，塞利格曼进一步发展了真实幸福感模型，认为积极心理学的主题是幸福，而幸福测量的标准则是心盛，这个理论被塞利格曼称为心盛理论，积极心理学是让所有的人达到心盛。塞利格曼把心盛定义为五个核心因素：积极情绪、沉浸体验、人际关系、人生意义和自我实现。他认为心盛理论的五个因素更能体现人们为追求幸福而可以为之努力的方向，因此它们是幸福理论的重要组成部分，这进一步为幸福感的提升提供了思路。

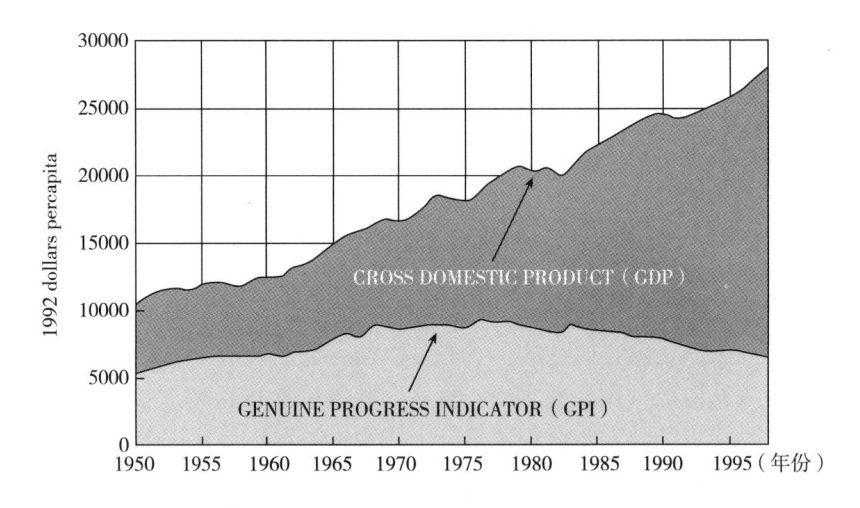

图 5-3　1950—1997 年美国的 GDP 与 GPI（真实发展指数）

（六）我国的幸福指数测量研究

从国家和地区层面看，我国的幸福指数测量研究大致可以分为三大类：第一类是针对国家层面的幸福指数研究。在 2005 年的全国两会上，中国科学院程国栋院士提交了一份题为《落实"以人为本"，核算"国民幸福指数"》的提案。程国栋院士建议，从国家层面上构造了由政治自由、经济机会、社会机会、安全保障、文化价值观、环境保护六类要素组成的国民幸福核算指标体系。程院士认为，"国民幸福指数"有助于监控国家经济社会运行态势，了解人民的生活满意度，同时成为科学的政绩考核标准的组成部分。2013 年，马克思主义经济学家程恩富教授等提出了关于

[①] 周蜀溪：《社会支持与真实幸福感的关系：希望的中介作用》，《中国临床心理学杂志》2013 年第 3 期。

幸福指数测量的主客观相结合、微观与宏观相结合、平均与分层相结合的幸福测量与幸福指数指标体系构建理论，对于幸福指数指标体系构建与问卷调查具有实际的参考价值。[1]

第二类是针对省市级层面的幸福指数研究，如广东开发的广东幸福指数评价体系、江阴幸福评价体系等。江阴市是最早在 2006 年提出建设"幸福江阴"的县级市，并构建了"幸福江阴"综合评价指标体系。该体系由客观评价指标和主观评价指标两部分构成。在指标设置上，客观评价指标包含两级指标，其中，一级指标由个个都有好工作、家家都有好收入、处处都有好环境、天天都有好心情和人人都有好身体五个方面组成，下设二级指标 23 个。表 5-3 是幸福江阴的客观评价指标。主观评价指标由一系列问题构成，涉及三个部分，即甄别部分、主体部分和背景资料。

表 5-3　　　　　　　　幸福江阴客观评价指标体系

一级指标	二级指标
个个都有好工作	劳动力市场每年提供的就业岗位数
	劳动力市场每年解决的本地劳动力就业数
	劳动力就业水平
	农村青壮年（18—40 岁）劳动力技能培训率
家家都有好收入	城镇居民户均可支配收入
	农村居民户均可支配收入
	社会保险综合覆盖率
	城乡居民人均储蓄存款余额
处处都有好环境	每万人拥有公共交通标台数
	城镇人均公共绿地面积
	空气二级和好于二级的天数占全年的比重
	文明安全居住区和新农村的建设
	初中毕业生升学率
	居民文教娱乐服务支出占家庭消费支出的比重

---

[1] 王艺、程恩富：《马克思主义视野中的"幸福指数"探究》，《学术月刊》2013 年第 4 期。

续表

一级指标	二级指标
天天都有好心情	全社会人均慈善捐款数
	城乡居民人均文化公共场馆面积
	农村文化场所普及率
	每万人拥有福利床位数
	每万人拥有医生数
人人都有好身体	人均预期寿命
	城乡居民健康档案建档率
	体育人口占总人口的比重
	城乡居民人均公共体育设施面积

2011年，广东省政府首个公布了《建设幸福广东评价指标体系》，率先在全国出台了省级幸福指标体系。幸福广东指标体系由客观指标和主观指标两部分构成。客观指标体系称为"建设幸福广东评价指标体系"，在指标设置上包含两级指标，其中一级指标按就业和收入、教育和文化、医疗卫生和健康、社会保障、消费和住房、公用设施、社会安全、社会服务、权益保障、人居环境十个方面设置，下设二级指标49个，包括共同指标44个，类别指标（地区独有指标）5个。主观指标部分名称为"广东群众幸福感测评指标体系"，主要是反映群众对幸福广东建设实现程度的感受，具体设置一个"对个人幸福程度总体评价"的总指标，一级指标包括个人发展、生活质量、精神生活、社会环境、社会公平、政府服务、生态环境七个方面，下设二级指标34个。表5-4是幸福广东评价指标体系，表5-5是广东群众幸福感测评指标体系。

第三类是针对城市层面的幸福指数研究，如奚恺元关于中国六大城市幸福感的测算、邢占军对城市幸福感的测算等。邢占军从我国的文化背景和社会实际出发，并依据其体验论主观幸福感理论，通过大量实证研究，提出我国国民幸福指数指标体系由十项次级指标构成：知足充裕体验指数、心理健康体验指数、社会信心体验指数、成长进步体验指数、目标价值体验指数、自我接受体验指数、身体健康体验指数、心态平衡体验指数、人际适应体验指数、家庭氛围体验指数。[1]

---

[1] 邢占军：《测量幸福——主观幸福感测量研究》，人民出版社2005年版，第24页。

表 5-4　　　　　　　　幸福广东评价客观指标体系

一级指标	权重（%）珠三角地区	权重（%）粤东西北地区	二级指标 珠三角地区	二级指标 粤东西北地区	权重（%）珠三角地区	权重（%）粤东西北地区
就业和收入	14	14	农村居民人均纯收入	农村居民人均纯收入	30	30
			城镇单位在岗职工平均工资	城镇单位在岗职工平均工资	30	30
			城镇最高最低组别收入比	城镇最高最低组别收入比	10	10
			农村最高最低组别收入比	农村最高最低组别收入比	10	10
			劳动者报酬占地区生产总值比重	劳动者报酬占地区生产总值比重	10	10
			城镇登记失业率	城镇登记失业率	10	10
教育和文化	9	10	规范化幼儿园达标率	高中阶段教育毛入学率	20	20
			义务教育规范化学校覆盖率	义务教育规范化学校覆盖率	25	25
			职业技能培训人数占从业人员比重	职业技能培训人数占从业人员比重	25	25
			每万人拥有公共文化设施面积	每万人拥有公共文化设施面积	15	15
			年人均参与文化活动次数	年人均参与文化活动次数	15	15
医疗卫生和健康	9	10	每千人口医疗机构床位数	每千人口医疗机构床位数	20	25
			基层医疗机构门急诊量占比	基层医疗机构门急诊量占比	20	25
			人均拥有体育场地设施面积	人均拥有体育场地设施面积	30	25
			城乡居民体质达标率	城乡居民体质达标率	30	25

续表

一级指标	权重（%）珠三角地区	权重（%）粤东西北地区	二级指标 珠三角地区	二级指标 粤东西北地区	权重（%）珠三角地区	权重（%）粤东西北地区
社会保障	12	12	每万人拥有收养性社会福利单位床位数	每万人拥有收养性社会福利单位床位数	20	20
			城乡基本养老保险覆盖率	城乡基本养老保险覆盖率	20	20
			城乡三项基本医疗保险参保率	城乡三项基本医疗保险参保率	20	20
			外来务工人员工伤保险覆盖率	外来务工人员工伤保险覆盖率	20	20
			最低生活保障标准与城乡人均消费支出比例	最低生活保障标准与城乡人均消费支出比例	20	20
消费和住房	12	12	居民消费价格指数	居民消费价格指数	30	30
			城镇发展型消费占消费支出比重	城镇发展型消费占消费支出比重	20	15
			农村发展型消费占消费支出比重	农村发展型消费占消费支出比重	20	15
				农村低收入住房困难户住房改造建设完成率		20
			城镇保障性住房任务完成率	城镇保障性住房任务完成率	30	20
公用设施	6	7		农村饮用水安全普及率		25
				行政村通客运班车率		25
			城市每万人公交车辆拥有量	城市每万人公交车辆拥有量	60	25
			每万人拥有城乡社区服务设施数	每万人拥有城乡社区服务设施数	40	25

续表

一级指标	权重（%）珠三角地区	权重（%）粤东西北地区	二级指标 珠三角地区	二级指标 粤东西北地区	权重（%）珠三角地区	权重（%）粤东西北地区
社会安全	10	10	各类生产安全事故死亡人数	各类生产安全事故死亡人数	25	25
			食品和药品安全指数	食品和药品安全指数	35	35
			万人治安和刑事警情数	万人治安和刑事警情数	40	40
社会服务	7	7	每万人持证社工人数	每万人持证社工人数	25	25
			困难群众救助覆盖率	困难群众救助覆盖率	25	25
			每万人行政效能投诉量	每万人行政效能投诉量	25	25
			信访案件按期办结率	信访案件按期办结率	25	25
权益保障	8	8	涉及民生重大决策的民调率和听证率	涉及民生重大决策的民调率和听证率	20	20
			行政复议案件按时办结率	行政复议案件按时办结率	20	20
			法院案件法定审限内结案率	法院案件法定审限内结案率	20	20
			村（居）务公开民主管理示范达标率	村（居）务公开民主管理示范达标率	20	20
			劳动人事争议仲裁结案率	劳动人事争议仲裁结案率	20	20
人居环境	13	10	森林覆盖率	森林覆盖率	15	15
			城市人均公园绿地面积	城市人均公园绿地面积	15	15
			村庄规划覆盖率	村庄规划覆盖率	15	15
			城市全年空气二级以上天数比例	城市全年空气二级以上天数比例	15	15
			生活垃圾无害化处理率	生活垃圾无害化处理率	15	15
			城镇生活污水集中处理率	城镇生活污水集中处理率	15	15
			水功能区水质达标率	水功能区水质达标率	10	10

表 5-5　　　　　　　　广东主观幸福感测评指标体系

一级指标	二级指标
对个人幸福程度的总体评价	
个人发展	工作状况满意度
	收入状况满意度
	个人发展前景预期满意度
	社会地位认可程度
生活质量	教育状况满意度
	社会保障水平满意度
	医疗服务水平满意度
	住房状况满意度
	交通出行状况满意度
	社区（村）服务设施满意度
	体育健身满意度
	必要休闲时间保障程度
精神生活	人际社交满意度
	家庭和谐度
	娱乐生活满意度
	文化生活满意度
	生产或创业环境满意度
	社会诚信度
社会环境	消费环境满意度
	社会治安满意度
	社会文明状况满意度
	食品药品安全满意度
	诉求表达渠道满意度
社会公平	司法公正满意度
	民主决策参与程度
	选举权利保障程度
政府服务	政府工作效率满意度
	政府服务态度满意度
	突发事件处理满意度
	政务公开满意度

续表

一级指标	二级指标
生态环境	饮用水质量满意度
	空气质量满意度
	卫生状况满意度
	绿化建设满意度

四 幸福感测评的综合化趋势

物质生活富足和价值观的人本主义回归，激发了人们对于测量幸福的热情。在半个多世纪的研究历程中，幸福测量的方法与手段得到了很大的发展。如上所述，学者们开发出大量幸福感的测评工具。就目前来看，幸福感测评技术正呈现多维指标的整合趋势、多种方法的综合取向以及不同学科视角的融合倾向。综合多种指标、方法及学科视角形成系统化的测评工具正在成为幸福感测评技术的重要趋势。

（一）幸福感测评的多维指标整合趋势

多维指标整合的趋势首先表现为主观幸福感评估中认知与情感维度的综合。主观幸福感含义早期的界定是从情感的角度切入的，Bradburn 在收集、分析不同民族大样本资料的基础上得出结论，认为主观幸福感是两种对立而同样重要、彼此独立的情感之间的平衡，即正性情感与负性情感之间的平衡。[1] 此后，Andrews 和 Withey 结合社会学生活质量研究中生活满意度的概念提出了主观幸福感的另一个维度——认知维度。这个维度指个体构建出一个适合于自己的标准，并将生活的各个方面作为一个整体来评定自己的满意感程度。[2] 关于主观幸福感由情感与认知两种成分构成的论点得到了多项实证研究的支持。McKennell、Atkian 及 Andrews 证实在不同国家（美国、英国和加拿大）所做的调查区分出了主观幸福感的认知成分和情感成分。Veenhoven 对大量有关主观幸福感的文献整理后得出结论认为对情感—认知成分的鉴别十分有益。[3] Diener 指出，尽管总体生活满意感、具体生活领域满意感以及情感反应（正性情感与负性情感）都有其自

---

[1] 何瑛：《主观幸福感概论》，《重庆师院学报》（哲学社会科学版）1999 年第 4 期。
[2] 刘国珍、陈惠雄：《幸福的测度：一个测量范式的综述》，《财经论丛》2017 年第 8 期。
[3] 苗元江：《幸福感：指标与测量》，《广东社会科学》2007 年第 3 期。

身的规律，然而从更高的层次看来，它们之间往往又存在大量的联系，因而它们应该被作为一个整体来加以考虑。①

多维指标整合的趋势另外还表现为主观幸福感（SWB）与心理幸福感（PWB）两种测评模式的融合。从20世纪90年代兴起的心理幸福感研究范式看，幸福感应从人的发展、自我实现与人生意义角度进行理解，幸福是人们与真实的自我协调一致，是努力表现完美的真实的潜力，是自主、能力及关系需要的满足。因此，从操作层面上理解，心理幸福感的测评应当将人们对自身是否得到充分展现、自我实现需要是否得到满足等作为判断其是否幸福的依据。在心理幸福感测评模式中，最具有代表性的是Ryff和Essex结合人本主义的视角以及生命发展的观点，以个体关于自身及与周围环境的认知描述为出发点构建的主观幸福感结构。他们将幸福感划分为六个维度，即自我接纳、与他人的积极关系、自主性、环境可控性、生活目标及个人成长。②虽然主观幸福感与心理幸福感存在差异，但它们并非水火不相容，在实际研究中，两者显示出不断融合的趋势。同样地，心理幸福感研究中的自我实现、生命力与心理健康测量中也经常使用主观幸福感的评估技术，以反映心理健康、人格协调、生命活力的完整风貌。③

（二）幸福感测评的多种方法综合取向

幸福指数测评的普遍形式是自陈量表式测量。大量幸福感量表已在各项研究中被广泛运用，然而在社会科学领域，一些研究者对自我报告式数据的收集与分析过程提出了质疑。他们指出，一方面自陈量表报告的方式易于受社会取悦倾向的影响而导致信息失真，另一方面自陈量表报告的过程受制于报告当时的情境和心情，因而随机性误差偏大。另外，题目的秩序和其他人为因素也会影响幸福感的测量。因此，自陈量表式测量需要结合多样化的评估技术。在过去的几十年中，研究者不断丰富幸福感评估工具系统，拓展了一些新颖的测量方法。这些方法包括专家评定法、日常心境报告法、他人私下报告法、回忆测量法，以及"经验取样法"和"日重现法"。

多种测量方法与技术的建立为验证各种测量工具的效度及明确研究

---

① Diener, E., Eunkook, M. S., Richard, E. et al., "Subjective Well-Being: Three Decades of Progress", *Psychology Bulletin*, 1999, 125 (2): 276-302.
② 刘国珍、陈惠雄：《幸福的测度：一个测量范式的综述》，《财经论丛》2017年第8期。
③ 邹琼：《幸福感的两大研究取向及其整合的心理结构》，《首都师范大学学报》（社会科学版）2005年第3期。

结果提供了可能,因为多种测量工具的一致性结论将增加测验的效度,也使研究结论更加真实可信。Diener 曾运用这种思路展开研究,当时他采集了被试者几种不同类型的幸福感评估记录,不仅有生活满意度传统的测量工具,也有持续一星期每天 5 次随机的片段体验样本记录,同时也使用记忆测量,要求被试者回忆过去一星期中好的事件与坏的事件。最后,研究者还应用了他人评估的测量形式,即由被试者的朋友和亲属报告其幸福感状况,其调查的目的是检验幸福感的不同测量方法是否会得出一致的结论。[1]

除了考察不同测评工具之间的一致性程度,多种幸福感评估方法的综合运用还可帮助研究者洞察隐藏在不同测评结果背后的心理作用过程,以便更为深入地理解幸福感的实质与作用机制。如 Robinson、Johnson 与 Shields 开展的"女性是否比男性更情绪化的问题"的系列研究中,在联机情绪在线报告形式的测评中,女性与男性显示了大致相同的情绪水平。但在回顾性的记忆报告中,女性报告了更高的情绪水平。这也许是因为男性与女性的回忆倾向受到了美国两性角色间不同感情标准的影响,即文化因素影响了情绪的表达。[2] 因此,不同的测量之间的差异能够帮助研究者更加深入透彻地理解与把握幸福感的实质。另外,如果多种测量结果之间相互矛盾与冲突,这也可以使研究者对影响幸福感测量心理学过程中的某些特殊原因进行分析,并产生新的研究思路,从而形成幸福感研究中新的理论生长点。[3]

(三) 幸福感测评的不同学科视角融合倾向

早期幸福感测评的主导方向表现为心理学领域的幸福感评估与社会学领域的主观生活质量评估。显而易见,社会学领域与心理学领域对幸福感测评的研究其所追求的具体目标并不相同。社会学生活质量意义的幸福感测评着眼于社会群体体验,力图找到一种能够用以评价特定社会主观生活质量与满意度的指标体系。而心理学的幸福感测评着眼于个体体验,力图找到对个体幸福感体验状况的评价标准。前者发挥的是一种指示功能,可以用来反映民众心态与舆论走向,监测社会发展的态势,

---

[1] Diener, E. D., Diener, R. B., "New Direction in Subjective Well-Being Research: The Cutting Edge", *Indian Journal of Clinical Psychology*, 2000, 27 (1): 21-33.

[2] Robinson, M. D., Johnson, J. T. & Shields, S. A., "The Gender Heuristic and the Database: Factors Affecting the Perception of Gender-Related Differences in the Experience and Display of Emotions", *Basic and Applied Social Psychology*, 1998, 20 (3): 206-219.

[3] 苗元江:《幸福感:指标与测量》,《广东社会科学》2007 年第 3 期。

而后者发挥的则主要是一种诊断功能，为人们的生活提供直接的咨询与指导。这两种研究取向事实上总体目标仍然是一致的，都是为了提升和增进人民福祉，使人民的生活质量不断得到提高。[①] 近些年来，经济学领域兴起的国民幸福指数测评研究，吸收了心理学与社会学方法，包含了主观幸福指标与客观指标，以便为国民经济的健康、幸福发展找到一种更加科学的衡量方法。

在各学科幸福指数研究成果不断推陈出新的基础上，幸福感测评正呈现出心理学、社会学、经济学等学科相互融合的倾向。普林斯顿大学心理学教授丹尼尔·卡尼曼首次明确地将认知心理学与经济学研究相结合，试图根据心理学研究成果对传统经济学的理论假设进行修正。他指出人们的幸福感和对生活的满意度是相对的，与个人的感觉（体验效应）和对未来的信心（前景效应）有很大关系。[②] 基于社会学理论中个体和社会统一的思想，Keyes 发展出多样化可操作的社会幸福感维度：包括①社会整合，指个体相信自己属于某一团体并且和其他成员一起分享团体的共同利益；②社会贡献，指个体对社会贡献的自我感觉，个人是重要的社会成员，给世界创造价值的信念等；③社会和谐，指对社会充满兴趣并且认为社会是可以理解和预测的；④社会认同，积极看待和接受他人；⑤社会实现，指对社会发展和社会潜力的信心。[③] 在《经济增长》一书中，罗伯特·巴罗提出了幸福函数的概念，把人均效用流量与人均消费数量联系在一起。当然，以消费数量来反映幸福效用实际上仍然是显示偏好主宰幸福的观点，是不符合幸福经济学、体验经济学所阐述的相关理论机理的。

五　幸福宣言

为了促进经济社会健康、全面发展，让人们在经济发展中获得更加真实与可持续的幸福生活，一些国际组织、国家与地方政府都提出了各自的幸福宣言与幸福方略。我们选录一部分于此，以展示这些政府与组织建立幸福社会的先驱性的努力与雄心勃勃的计划。

（一）不丹的国民幸福总值会议宣言

不丹是第一个实施国民幸福总值核算的国家，它的示范与对幸福的真

---

① 邢占军：《测量幸福——主观幸福感测量研究》，人民出版社 2005 年版，第 25 页。
② 李幼穗、吉楠：《主观幸福感研究的新进展》，《天津师范大学学报》（社会科学版）2006 年第 2 期。
③ Keyes, C. L. M., "Social Well-Being", *Social Psychology Quarterly*, 1998, 61 (2): 121-140.

心实意的追求，对全世界的幸福社会建设均有巨大而深远的意义。而不丹的国民幸福思想也已经不仅仅是停留于政府倡导，而是成为由各界响应与参与的积极社会行动。2004年2月18—20日，在不丹首都廷布召开了实施国民幸福总值的国家会议。大约400名与会人员，包括来自世界各地的高级教授、研究人员、记者、律师、医学工作者、宗教领袖、管理人员、环境保护主义者、经济学家、社会活动家、金融家、公务员和学生等，经过热烈的协商，决定发表以下宣言：

不丹的国民幸福总值会议宣言

Ⅰ. 我们把深深的赞美献给不丹王国晋美·桑给·旺周国王陛下，献给不丹政府，他们在过去20年时间里，采用开明的国民幸福总值战略作为不丹国家发展政策的基石，套用陛下的说法，"国民幸福总值比国民生产总值更重要"。

Ⅱ. 我们非常满意会议所提供的文字和口头的表达水平，丰富的信息和大量有价值的思想，有助于巩固和加强人们对于国民幸福总值概念的理解与掌握。

Ⅲ. 尽管还需要更多的时间回顾所有参会人员的各种观点，以便把他们集中起来形成一个会议综合意见，但我们认为我们已经在以下方面形成了共同的思路和结论：

（1）幸福是且永远是人类的基本追求，我们承认幸福在不同的国家和文化中具有不同的含义，比如不丹和美国。

（2）幸福或许被理解为一种情感福利和内在满足的状态，它建立在社交原则的基础上，而且不应危害其他情感生物或环境。

（3）因此，幸福不应被视为遥远的目标。幸福是一条路，就在此时此地，主要依靠自我负责和自我实现并与他人共享就能够得到。幸福是即时且最近的目标，需要依靠社会和个人责任，并基于这样的认识：他人不幸福，则无人能够得到完全的幸福。

（4）当今世界中主宰文明社会特征的物质中心主义和竞争对幸福的追求没有好处，实际上在许多方面，把人引入相反的方向。"国内生产总值"衡量国民经济活动货币价值，成为理论和实际的国民经济和发展政策的测度手段，是反映这种统治地位的范例。因此，我们认识到需要引入其他政策维度和目标进行重要改革，比如引入社会和环境福利这些尚未出现在国民生产总值中的因素。

（5）国民幸福总值（GNH）的实施应该全面考虑国家、地区和当地的相关因素。同样，还应该考虑那些特殊需要和观点，并将它们相互交织与联系起来，这些因素包括文化的多样性、不同的年龄、性别、职业、家庭等，根据人类共同的特性和在多样化中寻求统一的特点，将上述因素融合到一起。

（6）GNH 的实施应当根据人类物质和情感福利指标的变化而不断发展。它们必须能够用于自我评价以便使个人和团体能够在得到幸福方面测量它们的发展状况。此外，指标应该易于完全可计量、良好的管理以及社会建设性的商业实践，既适合于日常生活，也适用长期的政策制定和行动规划。

（7）在会议讨论和提议中出现的更进一步的反映和研究，将在社会和政府层面上对政策发展有所帮助。在这方面，会议赞成不丹政府关于每年召开有关国民幸福总值会议的提议，以便进一步探讨在首次会议上所提出的议题和制定政策所需要考虑的事项。这包括在世界各地举办的会议，各种提议的进展情况，包括研究、出版物、指标试验工作以及政策提案等。

（8）最后，我们发誓无论是作为个人还是集体的人类责任，我们倡议积极和全面地将真实幸福的目标作为世界各国政策的基石，让全社会参与其中，提倡将使所有人幸福的伟大目标融入各种政策和措施的制定当中。

（二）英国新经济学基金会：繁荣社会的幸福宣言

英国也一直在致力于建设幸福社会的努力，并认识到单一 GDP 指标对于衡量一个国家整体发展的严重不足。英国新经济学基金会在 2006 年和 2009 年两次对全球近两百个国家和地区所进行的"幸福指数"的评价和排名表明："幸福悖论"是一种世界性的普遍现象，且具有规律性。新经济学基金会作为英国伦敦的一个智囊团发布了一个《繁荣社会的幸福宣言》，其主要内容如下：

繁荣社会的幸福宣言[①]

民主国家的一个主要目标是促进美好的生活：一个繁荣社会的公民们是快乐、健康、有能力的，且乐于参与社会公众事务——换句话说，即促进高水平的幸福。这里的幸福宣言，试图解答"如果促进人们的福祉是政府的首要政策目标，政策将如何"。

福祉的内涵不仅是幸福，也是满足感及幸福感。福祉更意味着发展培养人之为人的完满存在，并能对社会做出贡献。

我们的福祉来自哪些因素？研究建议了以下三个主要方面：

◎我们的父母——通过我们的基因和被养育成人的方式，影响我们和他人相处的幸福获得。在此，变量大约占了50%。

◎我们的境遇——包含我们的收入，还有其他外在因素比如气候和我们居住的环境。这部分只占有10%。另外，金钱会使我们更快乐吗？在我们满足了生活基本需要之后，金钱就不再使我们快乐。因为我们总是提高我们的门槛。随着收入的增加，我们非常快地倾向物质生活的追求；我们也比较我们自己和他人谁有的更多，而这样一来，就引起缺憾和失落。

◎我们对前途的展望和活动的参与——像我们和他人的友谊关系、参与社群活动、我们从事的运动和种种嗜好，体现我们的人生态度——占有余下的40%。而这部分是我们最有机会能努力，朝向成为福祉的部分。

政府能做些什么呢？

政策不能使我们快乐，或更能投入生活。但是，政策能够规范我们生活所处的文化和社会。很多政策倾向于关注由经济增长来增进人民的收入。但这只有一部分影响福祉。福祉却是可以从我们和他人相处的时光，我们所身处的环境，或是从地方社群的回响来达到。在这里，幸福宣言建议了八个方面，使政府能够采取行动去推进幸福：

1. 衡量重要事务。详细的全国福利报告将容许我们更了解福祉、与时俱进。地方政府能负担所属社区的福利审查，以便助益政府在社会变化的过渡阶段中，逐步融合，能使物尽其用、兼具提高效率。

[①] 新经济学基金会是位于英国伦敦的一个智囊团，它支持设立与国内生产总值并行的衡量幸福的标准，提出的口号是"促进幸福与幸福的事业"。原文见 http://www.neweconomics.org/。参见陈湘柯、刘孝菊《幸福社会与幸福革命——评英国新经济学基金会的"繁荣社会的幸福宣言"》，《浙江大学学报》（人文社会科学版）2011年第2期。

2. 创造幸福经济。经济增长不一定引致高水平的福祉。如此说来，经济发展应该采取什么方向才能促进幸福呢？优质的工作能深刻影响我们福祉之获得。由此提供我们目的、迎向挑战和机会来建立与社会的关系。它能构成我们对于自身认知的意味深长的部分。有很多优良模范工作场所的经验，可以教授和传播给雇主。幸福研究提供了许多关于构成优质工作的洞见。失业对失业者的福利有可怕的影响，也同时降低了失业者的福利。隐形失业人口数在英国是高的。很多"丧失工作能力福利金"的申请人，有能力且愿意工作，但并没有计算在这失业人数中。政府需要帮助这些难以界定的族群找到有意义的工作。

未来世代的福祉，依赖我们不再继续摧毁的环境。我们需要开始系统地针对毁坏环境的工业征收税金，比如化石燃料，并减低对环境友好货品的征税负担，比如工艺品，这样便能支付双重红利来保护环境和增进人类幸福。

3. 索还我们的时间。我们系统地高估了增加收入额所能带给我们的幸福，并超时工作以获取收入。我们失掉估算此一事实：我们的期望随着我们的收入上升而上升。花费更多时间与我们的孩子、家庭、朋友和社区相处，才会给我们带来更多幸福。我们应该开始将我们的生产力放在获取以时间为形式的基础上。英国应当结束单独排除在欧盟"工时指引"的规范之外的孤立状态，也制定一星期最高工时48小时之规定，并能逐渐减少这最高工时至一星期35小时。这一目标，能随着当前维持我们生活15年的标准，加诸退休金改革和安排迁移政策，及增加灵活的工作相关规定，增加更多的"银行假日"，希冀能逐步达成此目标。

4. 创造一个促进涵养的教育系统。这教育系统的目的，应该是培养出有能力、情感圆融之快乐，且有学习欲望的青年人。在其核心，教育政策必须承认：最佳教育方式是让人民能意会到他们个别的潜能，是他们独有并与他人不同的特有价值。而不是从他们针对目标的表现上来评论。

所有学校应该有对促进情感、社会和物理的幸福策略。这课程需要扩展到包括更多对体育、艺术、创造性和其他相关活动的机会。在青少年早期的人生中，应该被放置在一个开放、能提供各种关于寻找满足人生不同选择的环境中。或许，从更宽广的学习什么能营造好生活开始。促进涵养的教育系统，将带领提高生产力，一个更能承担的社会和伟大活跃的公民身份。

5. 重新聚焦健康系统并促进完全健康。健康和幸福之间存在重要联结。在心理健康方面的幸福，其影响程度与传统上被认知的健康风险，比如身体紊乱、缺乏锻炼和吸烟有同样的危害。

国民医疗保险系统（NHS）和其他健康机关，需要继续扩展并关注于促进完全健康。完全健康在世界卫生组织（WHO）的定义是"一种完全物理的、精神上的和社会完满的存在状态。并且不仅是远离疾病或体弱而已，也没有德性的瑕疵"。要达成这点，我们需要加速催促建立一预防健康的系统。我们还需要认真着手于建立一套心理卫生系统。将人整体地看待，意味着健康专家不只要从研究治疗生物医学导致的疾病下手，也要思考研究社会、心理学上是如何对待患者。所有健康机关应该有一些系统到位，将患者视为如生意往来的伙伴，如此传递健康。因此，需要投资在前线的职员熟悉以此为目的的良好训练方式。地方当局可促成更健康的社区：通过鼓励设置地方组织，比如健康生活中心，引领福利议程向前。

6. 投资在幼儿早年和亲子教育（Parenting）上。孩子生长的头几年，需要很多负责任的单独关注。更好关注能从他们的父母身上获得。成本效益的分析显示：投资在零到三岁的年龄族群，将在日后获得非常多倍的回报。并适当减少将来对健康、教育和社会费用的支出。亲子假期（Parental Leave）应该延长到至少孩子人生开始的前一二年。可采取由父母或分配假期于父母之间的方式。此外，高质量的幼儿教育，应该要给予津贴（给那些需要并想继续工作的父母）。父母应被积极支持成为他们能力范围所及的最佳父母。而这将需要混合社区的支持，以及好的地方设施和教育来完成。

7. 遏制物质主义并推展有根据的广告。我们不会因为更换使用名牌的洗发水，或买了一辆新车而变得更性感迷人。所以，大部分的媒体，特别是广告商，应该停止使用以意象比喻的表现方式，建议我们做些什么。年龄小的孩子，缺乏对区别事实和销售讯息的鉴别能力。物质主义不仅败坏环境，它还减低我们成为完整个人的形象。所以，我们应该禁令商业广告内容设定在8岁之下。并强化设定规范，限制给16岁以下的儿童收看之广告内容。

8. 加强公民社会、社会福利和活跃公民身份。活跃参与社区活动，不仅展现对我们个人感觉幸福的助益，且对于和他人的互动关系上，有下面的作用：能支撑政府去援助不同种类的社区参与和公民社会组织；通过公共空间、公民服务收入和比如奖励卡片以及时间银行的方式来支持。

有一条联结在幸福和民主政体之中的路径,并将其隐含在为公众服务的输送过程中。我们必须超越给予公共服务提供者的选择,以使人民能参与设计及传达他们所需得到的服务。我们已经达到高水平的生活,但仍然需要仔细看待,对将单一焦点放在经济效率上这件事。这是一个新的领域,需要进一步研究。但这宣言已经建议了一些方法,而现在最重要的行动,需要所有政府决策人员能自问:"如果这个社会是为拓展人类幸福而设的,政策应是如何?"这应当是发达国家决定政治问题的题中应有之义。

(三) 杭州幸福宣言

2007年5月,"经济学视野中的幸福与快乐"在《光明日报》专题讨论正酣之时,在杭州召开了第一次生活质量提升与国民幸福全国学术研讨会,《快乐论》作者陈惠雄教授起草并宣读了《杭州幸福宣言》。为比较不丹的《国民幸福总值会议宣言》和英国新经济学基金会的《繁荣社会的幸福宣言》,我们把《国民幸福与快乐全国学术研讨会杭州宣言》附于此,以比较各自对幸福关注的核心领域与彼此的相互接近的理解。

杭州幸福宣言[①]

快乐是一种愉悦的精神感受与心理体验。人类行为在其本质上,均显示为对精神快乐的需要和对快乐、幸福的追求。食物、居所、金钱、荣誉都是实现人们快乐的手段,但并不是最终目的。人们之所以欲求这些东西,只因为它们具有能够给人们带来快乐的属性或效用。只有幸福、快乐才是人类欲望追求的本质和行为的终极目的。这个结论并非新创,对于亿万人类的真实生活却无上重要。它指明其个人生活实践与经济社会发展的根本方向,明确幸福快乐生活才是人类经济社会发展与生活品质提升的终极价值所在,对于我们今天与未来的社会发展具有根本性的战略意义。

国民幸福与快乐是人类经济社会发展的终极目的。经济增长本身并不是目的,它只有在能够满足国民幸福快乐这个终极价值的前提下,才具有意义。当把国民生活品质的改善与经济社会发展进一步提高到"最大多数

[①] 参见《国民幸福与快乐全国学术研讨会杭州宣言》,《光明日报》2007年5月29日。

人的最大快乐"这个社会价值原则高度时，我们会发现：如何在快乐原则下来构建幸福社会模式，发展经济文化，促进整个国家和民族的快乐幸福生活，我们仍然面临着诸多机遇和挑战。为此，我们发起如下倡议：

一、确立广义消费理念。快乐是以一定的物质存在与消费为基础的愉悦的精神感受。快乐产生的这种特性使一切能够满足人类快乐需要的对象都构成为人类消费的广义内容。因此，快乐不仅能够为商品与劳务消费所提供，同样能够为森林、甘泉、蓝天、白云、空气、阳光等自然产品所提供。确立广义消费理念，将能够为我们合理取舍生活、建立社会协调机制、落实科学发展观、实现健康快乐消费提供基础性的重要原则。它表明，人类这个发展主体及其消费永远只能基于相互间以及人与自然的调适发展的基础之上，并基于"互主体"的社会道德准则，才能够真正解决我们在这个世界上的快乐生活与快乐消费的可持续性问题。

二、践行和谐生产原则。国民经济生产与新兴产业的不断发展是实现人类幸福快乐生活的重要手段与途径。人类生产与资源环境是一个联系的整体，环环相扣始有万类之均衡。生产发展存在着损害资源环境的现实可能性并有可能进一步造成对生产行为主体人类自身的伤害。不管这种伤害是及时发生还是延时到来的，为了实现人类可持续的快乐幸福生活，需要政府与普通国民上下一致践行和谐生产原则，实现和谐生产与人际友好、环境友好的国民经济发展。

三、珍爱生命与培养人力资源。人力资源是第一资源。经济发展的差异归根结底在于人力资源的差异以及我们对待人、管理人、培养人等方面的不同。人的生命成本的约束是经济发展与幸福快乐生活的根本性约束。因此，珍爱生命、发展教育与文化来努力培养人力资源，将是一个民族能够恒久伫立于强大、稳定、幸福发展之林的根本途径。

四、弘扬广义财富理念。人类所面对并改变着自然财富与国民财富两大类财富。对于人类快乐幸福生活而言，自然财富与国民财富具有同等甚至是更加首要的意义；从财富源流上考察，自然财富是国民财富的母本，存在于自然界的资源是国民财富的基础来源。因此，对于人类的长期幸福快乐而言，自然财富比国民财富具有更加基础的意义。在国民经济发展的同时，我们需要弘扬并确立"寓富于天，天人共富"的中国优秀文化理念，这样我们才能够真正获得富足、充盈的幸福生活源泉而万世不竭。

五、全面关注人类健康、亲情、经济发展、职业满意、社会和谐公正与生态环境的协调发展。人类快乐的影响因子是由自我到宇宙的多个层级和多元因素组成的。人类自身的生命健康与亲情愉悦是影响快乐的两大最基本要素，关注社会所有人的健康、亲情、婚姻方面的问题，是营造快乐幸福社会应尽的社会职责；在资源环境与生命成本承载许可范围内的经济发展与收入增长，是改善人类快乐水平的一个重要条件，我们要在这样的范围内实现经济的和谐发展与收入分配公平；职业满意与工作激励是现代成年人满足自身快乐幸福生活与生活品质提升的重要因素，积极向上的职业氛围是今日与未来社会发展的必要条件；社会公正、公平与政府效率是构建幸福社会环境的重要条件；生态环境是人类生存繁衍的命根，人与自然的和谐永远是人类自身快乐幸福生活的基础条件。让我们关注上述所有提及以及没有提及又对我们的幸福快乐生活有意义的事项，为实现全体国民的幸福快乐生活而和谐发展。

第二节 幸福计量原理

21世纪以来，幸福指数测量与核算已经成为多学科关注的课题。这主要是由于以下两个原因：一是随着经济社会发展，人们进一步认识到幸福是人类行为的终极目的，人们究竟有多幸福，成为研究者与政府官员关注的核心问题；二是现实世界中单纯GDP测度存在的某些缺陷日益明显地暴露出来，并且已经影响到了公共政策的科学制定。这样一来，幸福的实现程度即幸福量化，成为一个切实需要解决的理论与技术环节，并且事实上经济学早已经被卷入其中。自亚当·斯密以来，经济学一直相信财富增加必将导致福利或幸福增加的逻辑。然而，事实却被发现不是那么回事。而斯密可能真正感兴趣的也不是财富的原因而是影响幸福的原因。现代社会中的一个令人迷惑的重要问题是：为什么更多的财富并没有带来更多的幸福？理解幸福测量原理和方法将是探究其中的奥秘，解开收入—幸福之谜的重要途径。

一 幸福的可测量原理

幸福是人对外部世界的一种主观身心体验。无论是情绪体验界说、外界标准界说还是自我评价界说，快乐或幸福感的主观性都是根本和显然的。这就给幸福测量提出了两个问题：其一，主观性的幸福感因何可以又如何能够进行测量？其二，基于主观性的幸福感测量数据如何具有人际比较意义并进行加总求和、形成一个国家或地区的幸福指数？在幸福经济学看来，不能回答这两个问题，所有的幸福测量努力都将是无所作为或者是毫无意义的。

实际上，幸福感是在人的心身一体性基础上产生的脑生物、电、磁、场、物理、化学等反应现象，是脑物质的机能。理论而言，通过对人体自身快乐"状态"的仪器测量（如同血压计一样的快乐计），是可以获得对任一个体任一瞬间的苦乐感测量数值的。问题的关键是，今天这样的"快乐计"还没有被发明出来，通过问卷回答或通过寻找替代变量与工具性变量来进行幸福指数分析才成为必由的替代方法。① 并且，即便发明了快乐计，幸福指数调查量表仍然是必需的，因为快乐计无法使我们有效发现影响国民幸福的因子结构，并制定出提高国民幸福指数的对策。

我们同样需要回答的是，快乐的主观性是否具有客观实在性基础的问题。这是幸福测量与核算的关键理论问题。假如快乐幸福没有客观实在性基础，则容易陷入快乐的随意论、不可知论，幸福指数测量同样是一个理论上不可逾越的障碍。事实上，人（主体）感知幸福的官能客观性存在与满足人的幸福感的对象功能的客观性存在（在的世界），已经可以证明幸福测度具有的客观实在性基础。即人的幸福感或快乐感（觉的世界）不是随意的，幸福感之"觉"是以身心之"在"与满足身心的客观物质对象之"在"为基础的。而人类基因与官能的"类近似性"以及优质产品认定等"一致性行为"（人类对于幸福判断的接近性同样可以反映在人们愿意进行按质论价的一致性付费行动中），则可以证明幸福测度的人际可比性以及核算加总的理论有效性，并进一步证明幸福指数的人际、国际比较在理论上是有效力的。因此，从理论上证明快乐是一种具有相当客观基础的主体体验即快乐的客观性，是幸福经济学研究必须解决的理论问题。卡尼曼、黄有光等经济学家认为，快乐是可以进行基数测量并且是人际可比的。幸福测量与加总核算的理论有效性可以由主体客观性、满足主体（人）的快乐需要的对象客观性以及人的类近似性三者来证明。②

（一）主体客观性

人类趋乐避苦欲望的产生不是主观随意的，甚至是不以人的主观意志为转移的，而是以人的生理官能存在和这些官能的需要为客观物质基础

---

① 陈惠雄：《快乐经济学的理论难点、发展向度与现实价值》，《光明日报》2006年11月20日，《新华文摘》2007年第4期。
② 陈惠雄：《"快乐"的概念演绎与度量理论》，《哲学研究》2005年第9期。

的。人的生理官能是一种物质存在,各种快乐需要实际上就是由这些官能产生的。快乐属于在心身一体性基础上形成的脑的机能,人类的苦乐感知最终可以通过脑神经元的电、磁、场、波等脑生理反应解读出来。事实上,快乐与痛苦的状态又是与生命功能的加强或削弱联系在一起的,从而使人的快乐体验确立于坚实的生命存在的客观物质基础之上。这是快乐产生的"主体客观性"。脑科学家研究发现,快乐产生于一种叫多巴胺的基因。而认知科学的最新报告是:利用 EBS(脑电流)技术,大脑神经网络和心智活动之间的电化学联系已经十分清楚,心身统一性已基本探明,快乐的主体客观性将逐渐得到科学证明。卡尼曼等已经通过实验心理学方法证明了"快乐与痛苦的体验效用的可测度性"。[1] 因此,人类对于苦乐的主观判断是以相应生物官能需要和反应为其客观基础的,而不是主观"随意"的。

(二) 对象客观性

人类追求快乐幸福的主体欲望所指向的对象同样具有自在与客观实在性质,即满足人类官能需要的"对象客观性"。[2] 由于满足快乐需要的对象是客观存在的,对象本身的客观属性和功能(如大米可以充饥、衣服可以御寒)相对人类的快乐需要而言,是客观存在的。而人的基因和生物官能具有"类"的接近性,优质的食品、清新的空气、舒适的居所,绝大多数人都能够从这些对象与状态中感受到快乐,饥饿、寒冷、肮脏、虫咬,99.9%的人会认为这些状态是不快乐的。人类对客观对象的苦乐感知与个体评价实际上是接近的,这不仅被基因研究和心理学研究所证实,而且人类经济活动的经验事实也证明了这一点:行业扩展的有序性、优良品种的公认性、企业批量化生产以及公共选择行为等都是建立在人们具有相对接近的快乐体验与评价的基础上的。满足快乐的对象客观性和人们对相同对象具有的比较接近的认同感,表明了人类快乐满足具有的客观基础。满足快乐的对象客观性和认同接近性又反过来证明了人类快乐具有的客观标准和公众认同性。另外,一些专家认为,由于快乐往往和一些客观的刺激有关,而个体的苦乐情感则"对一系列刺激成比例",运用数量测量方法所包括的心理物理功能,即可获得关于个体快乐与幸福感的一定数值。事实上,如果满足快乐的对象完全主观,人类就根本无法组织起工业化大批量

---

[1] Kahneman, D and Tversky, A., *Experienced Utility and ObjectiveHappiness: A Moment Based Approach*, Cambridge University Press and the Russell Sage Foundation, 2000: 673–692.

[2] 林剑:《幸福论七题——兼与罗敏同志商榷》,《哲学研究》2002 年第 4 期。

生产，国民收入标准便更无意义。大家都说饭好吃，最终选择了大米、小麦这样几个品种，这就是满足人类快乐需要的对象（功能）的客观性。因此，主体客观性、满足主体快乐的对象客观性和对象功能的客观性以及人类对客观对象的快乐感知与判断标准的"类的接近性"（人类对于快乐判断的接近性同样可以反映在人们愿意进行按质论价的付费行动中），一致证明了人类主观的快乐感知与评价是具有全面的客观基础的。

（三）类近似性

人类的快乐需要及其对快乐的感知与判断，是以彼此官能的"类"的近似性为物理基础的。人类的各种器官官能是接近的，基因测序表明，人类99%的基因是相同的，差异仅为1%，这决定了人们对于快乐幸福需要具有"类的近似性"。由于人类快乐的主观判断产生于接近的生理官能基础，而这些官能却是客观的，因此，脑物质以及人体相应感受器官的物质存在即"主体客观性"决定了快乐的可测度性，而人类基因与官能的"类的近似性"则进一步决定了可测度的快乐具有的人际可比性，证实了各国进行的快乐指数调查与国家间快乐指数比较是有意义的。快乐的这样两种属性存在的被证明，大大促进了快乐研究与幸福指数衡量的实践意义。正是基于对快乐客观性、可测性、人际可比性的这种认识，一些经济学者正在发展一种新的、严格的理论来研究如何使人们的幸福最大化，而不是使财富最大化的理论与经济社会统计实践。[①]

二 运用"最大化"原理解决幸福测量的个体差异与幸福核算问题

上述关于幸福客观性特征的阐述，并不是否认幸福的主观性特征。因为，按照客观性规则的快乐效用测度，其测度与判断的最终数据，还是来自每个人的体验。只不过，我们证明了快乐这种主观体验具有不可推翻的客观性质，从而证明了快乐度量的客观基础与人际比较的有效性。然而，我们仍然无法避开对幸福感知个体差异问题的解释。因为，不同主体（或同一主体在不同时间）对同一对象的苦乐感知会出现差异。这一情形直接支持了快乐纯主观性甚至是不可知论的观点，并对快乐客观性与度量理论构成直接威胁。对此的理论解释如下：

对同一对象的快乐感知差异，这并不是对象的客观性功能被改变，也不是快乐不可测度，而是由于个体的身心机能、需要状况差异或改变而造

---

① 马克·安尼尔斯基：《幸福经济学：创造真实财富》，社会科学文献出版社2010年版，第37页。

成对对象功能体验的差异。这种差异导致了对同一事物、行为快乐度量有效性的降低，并容易导致快乐测度无意义或快乐不可知论（公说公有理，婆说婆有理）的结论。造成人类主观快乐体验差异的原因极其复杂。个体自身的身心机能差异，过去生活的经历及其当前生活的变化，日常环境是否总是一成不变，以及文化与观念差异等，均对人们的快乐体验判断构成影响，造成对同一客观对象的快乐感知差异。

那么，如何解决不同主体或同一主体对同一对象的快乐感知差异，从而使幸福指数、主观幸福感、满意度测量成为基本可靠的呢？解决这一难题有以下三个途径：一是通过统计技术方法，扩大对"类"的调查量，扩大样板量和调查人群分布的代表性，从而提高数据的信度和效度，把差异控制在许可的范围内。二是通过开发比较全面的能够反映人们幸福水平的调查量表来加以解决。三是人们对同一对象的快乐体验差异根源于人们身心机能的差异、生活经历的变化、对象刺激的缺乏与饱和程度等。这些原因无处不在，即使在人们的"当期"行为中，从第一个馒头吃到第五个馒头，你对馒头的感觉与快乐增量也会改变。以"最小可感知快乐"作为快乐度量的计分点，通过计分加总，可以得到馒头的效用积分。[①] 而根据人类追求快乐（幸福）最大化的行为原理假定，每个人尽管对同一对象的幸福体验不同，有人说梨子好吃，有人说苹果好吃，在同样的货币支付约束下，说苹果（梨）好吃的人会选择苹果（梨），从而实现每个人自己的幸福最大化目标。即"人们会不断放弃或减少对那些低效用对象的追求，而趋向对个体最大化快乐效用对象的选择"。因此，基于"最大化"行为理论假设，幸福指数调查可以大致准确有效地反映人们获得幸福的真实状况，各国进行的幸福指数测量与核算研究是有效的。

最大化原理是处理与解释人们对同一对象的幸福感差异、从而确认幸福指数测量有效的重要理论原理。根据最大化原理，人们总会放弃那些无效用的项目，以争取快乐最大化积分。比如，某人以吃5个馒头的总效用为100%，吃第6个馒头是负效用，总效用下降到80%，则该人一般会只吃5个馒头，从而实现最大化的满足。这一最大化原理假设避免了因不同的人对不同对象或同一人在不同时间对同一对象的快乐体验差异而使快乐测量陷入不可知、不准确的问题，并由此可以推论人们总是在争取最大化快乐积分，并使幸福指数测量能够反映人们实际的最大幸福感水平。在实

[①] Yew-Kwang Ng, "Happiness Surveys: Some Comparability Issues and an Exploratory Survey Based on Just Perceivable Increments", *Social Indicators Research*, 1996, 38 (1): 1 - 27.

际的幸福指数测量中，理性与信息问题对人们的实际幸福水平构成影响，但并不会对幸福测量构成影响。更多的非理性与有限信息现象会导致幸福指数的下降。

第三节 幸福测量方法

古典政治经济学创始人配第认为，福祉和幸福可以通过算术的一般法则加以论证。① 这表达了幸福可以计算的思想。英国功利主义哲学家边沁提出，可以通过人们体验到的快乐和痛苦的多少来测量幸福，并提出了测算快乐的 7 个描述性指标，这些指标分别是：强度、持续时间、确定程度、远近程度、继生性、纯度和影响范围。② 其后密尔、戈森、杰文斯等都对其思想进行了继承。

一 经合组织：GDP 并非衡量民众幸福的准确方法

思想先哲们对幸福测量所做的努力并没有解决幸福测量的具体问题。毕竟幸福涉及人们的主观感受，所以测量幸福不像测量财富等变量，只要一个公式、一个指标就可以进行衡量和比较（如 GDP 指标）。然而，GDP 并非是衡量幸福的准确方法。下面是经济合作与发展组织（Organization for Economic Co-operation and Development，OECD）关于以 GDP 衡量幸福的缺陷的意见。

GDP 衡量的是一国在一段时间内生产的最终产品和服务的价值。虽然 GDP 的发明者从未打算将其用作衡量社会福利，但在没有衡量幸福的更好标准的情况下，很多国家和组织将 GDP 用作衡量社会是否繁荣的主要标准。然而，从评估民众幸福的角度来说，GDP 有一些重要缺陷：

● 因为 GDP 包括支付给非本国居民的收入，并排除本国居民由其他国家的生产得到的收入，它无法提供衡量居民收入的很好方式。

● 因为 GDP 不包括生产过程中资本货物的消费，它高估了一段时间内存量资本不变的情况下可能消费的产出价值。

● 虽然 GDP 可以做出调整，加入"来自国外的净收入"可变成国民总收入（GNI），考虑到资本贬值可得到国民净收入（NNI），但即使人均

---

① 《配第经济著作选集：政治算术》，商务印书馆 1964 年版，第 4 页。
② 唐凯麟：《西方伦理学名著提要》，江西人民出版社 2000 年版，第 96 页。

国民净收入也并非衡量个人和家庭实际享受的经济资源的完美标准。

●GDP 及其他以国民账户为基础的经济合计指标的另一项重要的局限性在于，它们未能提供有关经济资源在个人之间如何分配的信息。

●此外，GDP 并未对一些促进家庭物质幸福的因素进行衡量，例如自行提供的家政服务——如照看和养育子女。

●GDP 所包含的一些活动实际上对应的是人民幸福的降低（例如拥堵加重和通勤路程更长所带来的更高交通成本），或旨在补偿一些与生产有关的社会和互不干涉成本的活动（如用于减轻污染的支出）。这些不直接产生效用的项目促进了经济活力，但显然没有提升民众的幸福。

●重要的是，GDP 以及经济描述系统没有抓住个人和社群的一系列属性。这些属性包括民众的健康状况，他们的幸福和人身安全，以及他们的社会联系，而所有这些都对民众至关重要，不管它们对人们的消费可能性的影响如何。这些要素的一个共同特征是它们都不是通过市场促成和交换的，因此对它们进行评价需要依赖非货币衡量标准。

●最后，GDP 无法说明幸福是否可以持续，因为它只有部分整合了维持幸福的各类资本随时间如何变化的信息。①

二 目前经济学常用的幸福测量方法

自从 20 世纪 50 年代，经济学家们吸取心理学、社会学知识，意识到必须解决幸福的测量问题。在过去的几十年时间里，学者们不断丰富和发展幸福的测量方法，使幸福测量技术从无到有，从单一到系统，取得了长足的发展与进步。热衷于幸福研究的社会学家、心理学家和经济学家们都从自身的研究角度提出了测量幸福的方法。目前测量幸福的方法主要有自陈量表测量法（主观福祉法）、即时情感测量法（包括体验取样法和日重现法）、最小可感增量法等。主客观指标结合法是经实践检验的主要的经济学幸福测量方法。

（一）自陈量表法

自陈报告法主要依据影响幸福的诸因素来设计幸福量表，通过提问、填表方式对被测试者的各种积极情感、消极情感以及整体生活满意度进行测量。情感量表考察的是情感评价，生活满意度量表考察的是认知评价。在情感测量上，衡量主观幸福的情感构成量表有：使用最广泛的幸福测量

---

① 经济合作与发展组织：《民生问题：衡量社会幸福的 11 个指标》，新华出版社 2012 年版，第 4 页。

手段是评估过去四周经历的积极情感和消极情感的平衡程度的情感平衡量表、测量积极情感和消极情感频率的情感量表以及测量情感强度和频率的HM量表等。评定主观幸福的认知构成量表有：生活满意度量表和单一项目快乐—忧伤量表等。其他测量幸福的量表：幸福阶梯量表、总体幸福问卷、牛津主观幸福感问卷、纽芬兰纪念大学幸福度量表。另外，还有针对中国人设计的中国人幸福感量表、中国城市居民主观幸福感量表、广东省幸福评价指标体系等。如世界价值调查（World Value Survey）的四点式问题：从总体考虑，您认为您有多幸福：非常幸福、相当幸福、不是很幸福，或者完全不幸福？或者如欧洲民意调查（Eurobarometer Survey）：从总体来讲，您觉得您的生活非常满意、相对满意、不是很满意、完全不满意？

由于量表在使用过程中受人的情感心理的影响，不可避免地存在一些小的偏差。首先，人们在报告自己的幸福感时会受到社会期望标准的影响，即社会期望自己成为怎样的人的影响。比如，人们在社会普遍对其寄予厚望的时候会报告一个较高的生活满意度，在社会对其普遍不看好的情况下，会报告一个较低的满意度。其次，由于"自卫心理"的作用，人们会故意压制自己的负面情感，出现一个非常不幸福的人报告一个很高的生活满意度的情况。除此之外，人们在报告自己的SWB时还受到当下情感、生理状况、测试地点、题项排序、理解和表达差异等的影响，这些都会使被试者报告与真实情况发生偏离。正是由于上述偏差的存在，这些以自我报告形式提供的调查量表的有效性和可靠性曾引发质疑，但学者们的研究表明，尽管存在一些主观偏差，这些自我报告的幸福量表却是目前获得主观幸福感数据的最好方式，对问题的主观回答的确充分反映了人们有多享受他们的生活，人们能够就自己的总体幸福状况做出评价。而且，尽管以上测量偏差是客观存在的，但也是偶然的，人们对此并没有自觉的意识，所以在大样本的调查中，这些偏差会相互抵消，并不会影响测量结果在平均水平上的准确性。

（二）即时情感测量法

即时情感测量法是经济学在快乐测量上取得的突破性的研究成果。常规量表测量是建立在被试者对过去经历或生活事件进行回忆的自陈报告的基础上的，而即时情感测量法则是被试者对现在体验的即时情感报告，具体又可分为体验取样法和日重现法。

（1）体验取样法。体验取样法是建立在即时情感体验上的早期测量方法。该方法要求被试者随身携带电子传呼机或掌上电脑，在一段特定的时期，通常是一周到几周不等，根据主试的传呼，每天几次报告自己的情绪状态，完成相应问卷。通过记录被试者的即时活动和即时体验，了解被试者当时的动机、情绪和认知等状态，从而获得个体真实的生活体验，包括幸福感受。研究者通过汇总被试者的报告来获得被试者的 SWB 的评价值，以及平均情感状态、情感强度、情感变化和其他的即时情感变量。"体验取样法"（ESM）的主要做法是对人们在日常生活中的随机时间截面进行取样，并追踪记录1—4周，主要反映人们正在做什么，以及他们如何感觉。这种技术提供了被测试者生活中瞬间样本的丰富描述，可以避免延时追忆和评估对体验的扭曲。Kahneman 对该法给予高度理论意义上的评价，认为该方法使"客观幸福感可以从一段时间内不同时点的高密度体验记录中获得"，从而得到"即时体验效用"的水平。但由于成本较高，该方法的应用受到了很大的限制。

（2）日重现法。2004年，Kahneman 等提出了更为经济实用的日重现法，利用专门减少回忆偏差的程序系统，引导被试者回忆、再现一天中有关快乐或痛苦的状态，记录相关的生活片段和情感体验强度，以获得个人日常生活不同时刻体验的准确画面，并对这种状态进行评估。根据不同活动的感受评价对不同人、不同生活情景下的因素影响力进行排名，同时对这些因素对不同个人幸福感之间差异的影响贡献程度进行研究。

由于记忆偏差的存在，人们并不能准确地对自己的经历体验进行准确的回忆。现在通用的自陈量表测量方法是基于被试者对过去经历进行回忆的结果，尽管具有良好的心理测量学属性，却不能精确地得到被试者经历体验时的真实情感量值。理想的测量方法是对被试者在经历当下的情感体验进行即时的测量。由于 DRM 能够对生活细节进行描述，能够进行实时体验测度，它所设计的不遗漏特殊生活片段的回忆程序，能够用结构化的方式引出生活片段所处的客观环境数据，并能够实现对生活片段中的情感体验进行多维描述，这些先进技术和科学措施的采用使即时体验法被认为是对个体 SWB 的真实体验最为精确、科学的测量方法，也为经济学家重回基数效用提供了技术上的可能。

（三）最小可感增量测量法

在幸福的基数测量上，黄有光根据埃奇沃斯的"最小可感增量"（Just Perceivable Increments）的思想，设计了基数幸福的调查问卷。与卡尼曼的研究相似，将人的生活经历划分为若干生活片段，并要求被试者根据自己的"最小可感快乐量"的主观尺度对这些生活经历予以基数赋值，从而找出影响主观幸福感（SWB）的主要因素。幸福感基数可测有两点重要假设：

一是确定幸福感的 0 值。幸福感的表现形式虽然多样，衡量它的绝对水平存在困难，但有一点却是能够确定的，这就是它的基数 0 值点。0 值点是指既不存在享乐的快感也不存在受苦的苦感的一种精神状态。当处于病痛或受到伤害时，幸福感就处于 0 值点以下，为负值；当处于感官或心灵上的愉悦状态时，幸福感就处于 0 值点以上，为正值。一段时间的幸福感是这段时间内处于痛苦状态的负值与处于快乐状态的正值相互抵消后的净值。

二是把快乐（幸福）的"恰好可感增量"作为 1 个标准单位。以此作为标准，被试者对各种生活体验的基数幸福感大小进行计量。这一幸福计量单位是根据人的敏感程度的有限性而确定的，每个人都有自己的 1 个标准单位"恰好可感增量"的时间和强度上的界定。任何两个"最小可感增量"或两个"恰好可感"的快乐增量，即使它们分属不同个体和（或）不同类型的快感，都是可以画等号的。最小可感幸福增量是人际等同的。这一方法的运用对幸福基数难题的解决具有非常重要的意义。但由于记忆偏差的存在，该方法运用于生活片段的回忆性调查中会出现不精确的偏误，而如果能够用于对即时情绪体验下的幸福基数的测量还是有很大的发展前途。①

三 经济学视角的主要幸福测量方法归类

今天，世界上许多学科的学者与政府决策者，都在努力尝试用幸福指数作为衡量经济社会发展的重要指标，并努力构建相应的幸福指数测量指标体系。然而，这些指标体系要么强调主观感受而缺乏客观实在性基础②，要么偏重测量影响幸福的客观要素如人均收入、住房面积、小汽车拥有量等而偏离价值主体人自身的感受。③ 而一些把主观幸福感指标与客观经济社会要素相结合起来的指标体系，则缺乏两者哲理关系的深刻探讨与机理关系的深入分析。从运用方法的角度，我们大致可以把至目前为止各种学科关于幸福指标体系构建及其幸福测量的主要方法归纳为以下几个方面：

（1）主观指标法。主要有：①单一幸福指数测量法；②结构量表幸

---

① 娄伶俐：《主观幸福感的经济学理论与实证研究》，上海人民出版社 2010 年版，第 28—37 页。
② 邢占军：《中国城市居民主观幸福感量表的编制研究》，博士学位论文，华东师范大学，2003 年。
③ 钟永豪、林洪、任晓阳：《国民幸福指标体系设计》，《统计与预测》2001 年第 6 期。

指数测量法。

（2）客观指标法。主要有：①单一指标法，如 GDP 衡量法；死亡率法（Amartya Sen）；寿命指数法（LI，陈惠雄）；②结构性指标法，如世界银行发展指数、联合国发展所发展指数、物质生活质量指数（PQLI）、人类发展指数（HDI）等。

（3）实验技术方法。由于快乐幸福归根结底是心身一体化基础上的脑物质的机能，幸福感实际上是外部世界在人脑中的磁、电、场、物理、化学、生物现象，是可以用如同血压计、血糖仪一样的"快乐计""幸福计"来读数的。目前脑科学中的脑电波测量和核磁共振成像技术已经接近于解决这个问题，这证明了快乐与痛苦的客观性与运用工程技术方法测量的可能性。①

（4）主客观指标混合法。这是一种把主观满意度、主观幸福感指标与客观的 GDP 等指标混合起来以一定的比例与权重来作为幸福指数测定的方法。"幸福江阴""幸福汕头""幸福海宁"等用的就是这一套方法。这种方法的设计主要是为了解决幸福主观性与客观事实的偏离，以及寻求解决主观幸福感的客观实在性基础的问题。这种主客观指标混合方法一般是用主客观指标各占一定比例，比如各占 50% 来衡量一个区域居民的幸福指数。这种主观给定主客观指标比重的方法，在理论机理上是不够完善的。它试图弥补幸福指标客观性不足的问题，但由此带来的客观指标的真实幸福效用仍然是值得质疑的。这就是美国著名幸福心理学家 Ed Diener 一再强调幸福只能够在"幸福感"的层面上来理解的原因。

（5）客观指标为主、主观指标为辅以及整体与分层相结合的幸福指标体系构建方法。"幸福指数"作为衡量民众幸福的直观指数标值，已经成为一种新的社会发展评价尺度。马克思主义经济学者王艺、程恩富教授提出应注重幸福的客观性基础，并主张构建以客观指标为主、主观指标为辅的幸福指数指标体系，并把幸福分为个人幸福和社会幸福、"幸福指数"指标体系包括微观和宏观两个层面等理论要求。这一设计思想反映了马克思主义经济学者更加注重全面的、具体的和能够反映社会整体状况以及各个层面人群幸福状况的幸福指标，具有重要的参考价值。这些也是本书幸福指标体系研究中予以吸收并注意到的内容。②

---

① 理查·莱亚德：《快乐经济学——一门新兴科学的诞生》，陈佳伶译，经济新潮社 2006 年版，第 33 页。

② 王艺、程恩富：《马克思主义视野中的"幸福指数"探究》，《学术月刊》2013 年第 4 期。

(6) 主客观指标内生一致性幸福指标体系构建法。这种方法是以客观的经济社会发展为基础、以总体主观幸福指数为唯一衡量标准、以满意度结构量表为层次—结构分析工具的幸福测量新方法。这种幸福指标体系构建既承认幸福的主观性,又把幸福的主观性建立在经济社会发展的客观实在性基础之上,从而在运用相关分析方法的基础上,完成幸福指标体系构建及其幸福指数测量分析研究,这种方法具有比较优良的分析效果,比较适合幸福经济学的幸福指数计量研究。

四 常用的幸福计量模型[①]

由于数据的可获得性问题,幸福计量方法一般都是在截面数据下进行研究,而用面板数据来分析目前还不能像经济学其他变量一样成熟。

(一) 无权加总法

黄有光等主张幸福的无权加总,这一方法也为许多心理学家所采纳。其模型为幸福是多种主影响因子的函数:

$$H = f(a, b, c, d, e) \tag{5-3}$$

其中,H 为总幸福指数,a, b, c, d, e 为主要幸福影响因子或者叫一级影响因子。实际操作中可以运用主成分分析法来进行。

(二) 分层加权法

分层加权法的步骤是,首先对二级指标(各个具体的指标)进行标准化处理,再对每个二级指标的权重进行赋值,计算一级指标指数,然后再对一级指标的权重赋值,根据公式:

$$H = \sum_{i=1}^{n} C_i W_i \tag{5-4}$$

H 为幸福综合指数,n 为一级指标的个数,C_i 为第 i 个幸福指数一级影响因子,W_i 为第 i 个幸福指数一级影响因子权重,以此计算幸福综合指数。

$$C_i = \sum F_{ij} V_{ij} \tag{5-5}$$

其中,F_{ij} 为第 i 个幸福指数一级影响因子(一级指标)下属的第 j 个影响因子;V_{ij} 为第 i 个幸福指数一级影响因子(一级指标)下属的第 j 个

[①] 任海燕:《经济学视角下的中国幸福研究——以国外幸福经济学发展为参照》,博士学位论文,华东师范大学,2012年。

影响因子的权重。j 表示幸福指数二级影响因子，j=1, 2, ⋯, n。①

由分层加权法的计算步骤我们看到，权重的赋值是计算幸福综合指数的一个重要步骤。分层加权法中，对指标权重进行赋值的方法有两种，一是等权重法赋值法，二是不等权重法赋值法。等权重法就是使每个指标所占权重相同，不等权重法就是对每个指标赋予不同的权重。不等权重法对指标赋值又有主观构权法、客观构权法和主客观相结合三种方法。主观构权法的依据是不同的因素在人们的幸福感评价中所占的分量不同，主观构权法通常的做法是根据被调查者或者是专家们的主观判断确定权重。利用被调查者的主观判断确定权重属于完全的主观构权法，而根据专家意见确定权重时，由于专家们具有丰富的知识和经验，因而专家构权法带有一定的客观性质。客观构权法是用统计分析法或其他数学方法获得指标权重的一种方法。主客观相结合的权重确定法首先判断各指标对幸福指数的影响程度，按影响度大小，将因素分为重要、一般和次要三类。然后，根据一般均等赋权原理，赋予中间部分为均权 33%，而在剩下 67% 的权重中，次要影响因素的权重比中间部分的权重小 10%，即为 23%，重要部分的权重比中间部分大 11%，即为 44%。然后再在三类因素中按指标的影响程度细分权重。

分层加权法计算幸福综合指数有两个优点。一是指数计算方法简单易行，二是不对具体的指标进行筛选，因而，幸福指数综合值反映了所有指标的信息，不会有信息丢失的情况出现。第二个优点同时也是分层加权法的一个缺点，因为幸福指标体系中的许多具体指标之间可能存在着不同程度的相关关系，采用分层加权法计算综合指数无法剔除指标之间的相关性，从而使综合评价值包含了重复信息，削弱了结果的可靠性。

（三）多元回归模型

在现实生活中，一个被解释变量经常受到多个因素的影响，比如居民的幸福感就受到经济因素、心理因素、社会因素等因素的影响。虽然幸福感的影响因素和幸福之间没有严格的、确定性的函数关系，但可以设法找出最能代表它们之间关系的数学表达形式，这种方法为多元回归分析法。假设居民的幸福感 h 有 n 个影响因素 x_i（$i=1, 2, 3, ⋯, n$），h 与影响因素 x_i（$i=1, 2, 3, ⋯, n$）之间的多元线性回归模型为：

$$h = \beta_0 + \beta_1 x_1 + \beta_2 x_2 + \cdots + \beta_n x_n + \varepsilon \tag{5-6}$$

---

① 吴丽民：《经济增长过程中居民收入与幸福指数动态演变机理实证研究》，浙江大学出版社 2012 年版，第 34 页。

其中，β_0 是回归常数，β_k 是回归参数，ε 是随机误差，可以将 ε 理解为 h 无法用 x_i（$i=1,2,3,\cdots,m$）线性表示的各种随机因素组成的误差，式（5-6）即为回归方程。假设 h 有 n 组样本观测数据，x_{ij} 表示 x_j 在第 i 次的观测值，则可得到多元线性回归的数学模型：

$$\begin{cases} h_1 = \beta_0 + \beta_1 x_{11} + \beta_2 x_{12} + \cdots + \beta_m x_{1m} + \varepsilon_1 \\ h_2 = \beta_0 + \beta_1 x_{21} + \beta_2 x_{22} + \cdots + \beta_m x_{2m} + \varepsilon_2 \\ \cdots \\ h_n = \beta_0 + \beta_1 x_{n1} + \beta_2 x_{n2} + \cdots + \beta_n x_{nm} + \varepsilon_m \end{cases} \quad (5-7)$$

其中，β_0，β_1，β_2，$\cdots$，β_m 为 $m+1$ 个待定参数，ε_1，ε_2，$\cdots$，ε_n 为 n 个相互独立的且服从正态分布 $N(0,\sigma^2)$ 的随机变量。

多元线性回归的步骤是：①根据估计的参数建立回归方程；②对总的方程进行假设检验；③当总的方程有显著性意义时，再对每个自变量的偏回归系数进行假设检验，若自变量的偏回归系数不显著时，则应把该变量剔除，重新建立不包含该变量的多元回归方程。

（四）因子分析法

因子分析法是指从研究指标相关矩阵内部的依赖关系出发，把一些信息重叠、具有错综复杂关系的变量归结为少数几个不相关的综合因子的一种多元统计分析方法。因子分析法的基本思想是通过对变量相关系数矩阵内部依赖关系的研究，按照相关性的大小把具体指标分成几组（几个因子），使同组内的变量之间相关性较高，而不同组的变量相关性较低，各个因子之间互不关联，所有变量能表示成因子的线性组合。

由于幸福受到多种因素的影响，所以衡量居民的幸福水平时学者们通常会建立一个幸福指标体系，这个体系中包含了所有可能的幸福影响因素。但是用这样的指标体系衡量幸福水平不仅烦琐，而且各个具体的指标之间可能具有相关关系，所以我们希望能在尽量少丢失指标体系原有信息的情况下，通过某种方法找出几个互不相关的、比较重要的幸福影响因子。学者们通常用因子分析法来实现这一目标。前面我们提到，根据幸福指标体系计算幸福综合指数时经常要用到因子分析法，有的学者在进行多元回归分析之前也会用因子分析法，先找出重要的幸福影响因子，然后再进行回归。

假设一个幸福指标体系含有 P 个指标，$X=(X_1,X_2,\cdots,X_P)$，公因子为 $F=(F_1,F_2,\cdots,F_m)$，则模型为：

$$\begin{cases} X_1 = a_{11}F_1 + a_{12}F_2 + \cdots + a_{1m}F_m + \varepsilon_1 \\ X_2 = a_{21}F_1 + a_{22}F_2 + \cdots + a_{2m}F_m + \varepsilon_2 \\ \cdots \\ X_p = a_{p1}F_1 + a_{p2}F_2 + \cdots + a_{pm}F_m + \varepsilon_m \end{cases} \quad (5-8)$$

这一模型称为因子模型。矩阵 $A = (a_{ij})$ 称为因子载荷矩阵，a_{ij} 为因子载荷，其实质就是公因子 F_i 和变量 X_j 的相关系数。ε 为特殊因子，代表公因子以外的影响因素。

（五）相关分析法

相关分析指的是对两个变量之间存在的不确定性依存关系进行分析。在进行幸福研究时，我们知道收入等变量或多或少都会影响居民的幸福感，收入与幸福之间是否存在确定的函数关系以及函数形势如何是不容易确定的，但是我们可以根据相关分析研究收入对幸福的影响的方向如何以及影响程度如何。相关可以分为线性相关或者是非线性相关。由于不少具有实用价值的非线性函数，可以通过适当的变换，转化为线性函数，因此这里我们只讨论线性相关。两个变量之间的相关系数通常用 r 表示，因变量 y 和自变量 x 之间的相关系数为：

$$r = \frac{\sum(x-\bar{x})(y-\bar{y})}{\sqrt{\sum(x-\bar{x})^2}\sqrt{\sum(y-\bar{y})^2}} \quad (5-9)$$

$$\text{或者 } r = \frac{n\sum xy - \sum x \sum y}{\sqrt{n\sum x^2 - (\sum x)^2}\sqrt{n\sum y^2 - (\sum y)^2}} \quad (5-10)$$

相关系数 r 的取值范围为 $-1 < r < +1$。若 $0 < r < +1$，表明因变量 y 和自变量 x 之间存在正相关关系；若 $-1 < r < 0$，表明因变量 y 和自变量 x 之间存在负相关关系。若 $r = +1$，则因变量 y 和自变量 x 完全正相关，若 $r = -1$，则因变量 y 和自变量 x 完全负相关。可见当 $|r| = 1$ 时，y 的取值完全依赖于 x，两者之间即为函数关系。当 $r = 0$ 时，说明 y 的取值与 x 无关，即两者之间不存在线性相关关系。但并不意味着两个变量之间没有关系，它们之间可能存在非线性关系。根据相关系数的大小可以判定变量间的相关程度：$|r| > 0.8$，变量之间为高度相关；$0.5 < |r| < 0.8$，变量之间为中度相关；$0.3 < |r| < 0.5$，变量之间为低度相关；$|r| < 0.3$，变量之间相关程度极弱。

（六）方差分析法

方差分析是用于两个及两个以上样本均数差别的显著性检验。方差分析的目的是通过数据分析找出对研究变量有显著影响的因素、显著影响因素的最佳水平以及各影响因素之间的交互作用等。方差分析分为单因素方差分析和多因素方差分析。单因素方差分析的主要思想是:将观测变量总的离差平方和分解为组间离差平方和和组内离差平方和两部分,用数学形式表述为:SST = SSA + SSE,通过比较观测变量组间离差平方和和组内离差平方和所占的比例,推断控制变量是否给观测变量带来了显著影响。

在幸福研究中较常使用的是单因素方差分析。比如研究收入的不同水平是否对居民幸福有显著影响。假设有 k 个不同的收入分组,每个收入分组中有 n_i 个样本,h_{ij} 为第 i 个收入分组中第 j 个样本的幸福水平:

$$h_{ij} = \mu_i + e_{ij}$$
$$e_{ij} \sim N(0, \sigma^2) \tag{5-11}$$

其中,$i = 1, 2, \cdots, k$;$j = 1, 2, \cdots, n_i$。

我们通常把 μ_i 表示为 $\mu_i = \mu + \alpha_i$,其中 μ 是收入的总体平均值;α_i 是收入的第 i 个水平的效应,式(5-11)可以写成:

$$h_{ij} = u + \alpha_i + e_{ij}$$
$$e_{ij} \sim N(0, \sigma^2) \tag{5-12}$$

其中,$i = 1, 2, \cdots, a$;$j = 1, 2, \cdots, n_i$。

我们通过检验 H_0:$u_1 = u_2 = \cdots = u_k$,或者是 H_0:$\alpha_1 = \alpha_2 = \cdots = \alpha_k = 0$ 验证收入的不同水平是否对幸福产生显著影响,u 的估计可取:

$$\hat{u} = \bar{h} \stackrel{def}{=\!=\!=} \frac{1}{n} \sum_{i=1}^{k} \sum_{j=1}^{n_i} h_{ij} \tag{5-13}$$

收入的第 i 个水平的效应的估计 $\hat{\alpha}_i = \bar{h}_{i.} - \bar{h}$,其中 $\bar{h}_{i.} = \frac{1}{n} \sum_{j=1}^{n_i} h_{ij}$,所以离差可以分解为两部分:

$$h_{ij} - \bar{h} = (\bar{h}_{i.} - \bar{h}) + (\bar{h}_{ij} - \bar{h}_{i.}) \tag{5-14}$$

类似地,数据的波动性也可以分为两部分:

$$\sum_{i=1}^{k} \sum_{j=1}^{n_i} (h_{ij} - \bar{h})^2 = \sum_{i=1}^{k} \sum_{j=1}^{n_i} (h_{i.} - \bar{h})^2 + \sum_{i=1}^{k} \sum_{j=1}^{n_i} (\bar{h}_{ij} - \bar{h}_{i.})^2 \tag{5-15}$$

以上三个平方和分别记作 SST、SSE 和 SSA。SSA 衡量了收入各水平之间的差异,SSE 是收入的每个水平内随机误差的影响之和。当 H_0 成立时因子效应 SSA 较小,H_0 不成立时因子效应 SSA 较大。

方差分析的步骤是:①提出原假设:H_0——无差异,H_1——有显著差异;②计算检验统计量的观测值和概率 P 值;③给定显著性水平,并作出决策;④方差齐性检验和多重比较检验。

(七) 结构方程模型

结构方程模型是探究理论与概念之间关系和结构的统计方法。它将一些无法直接观测而又要研究探讨的问题作为潜变量，并通过一些可以直接观测的变量来进行反映，从而建立起潜变量之间的结构关系。结构方程模型包括测量模型与结构模型。测量模型测度观测变量与潜变量之间的关系，结构模型测度潜变量与潜变量之间的关系。其目的在于探索事物间的因果关系，它在已有的因果理论基础上，用与之相应的线性方程系统表示事物间的因果关系，并将这种因果关系用路径图或其他形式加以描述。结构方程模型所依赖的统计工具是变异数分析、复回归分析或联立方程模型比如说用结构方程模型探究各种幸福因子影响幸福的路径。

结构方程模型包括验证性因子模型（CFA）与探索性因子模型（EFA）。EFA用于从杂乱无章的指标中找到共同因素，而 CFA 用于验证已有的因素关系。CFA 模型和 EFA 模型的基本形式是：

$$X = \Lambda_x \xi + \delta \tag{5-16}$$

其中，X 为可观测变量向量，Λ_x 表示因素负荷矩阵，ξ 表示潜在变数向量，δ 表示衡量误差向量。结构方程模型的三个基本方程式为：

$$\eta = B\eta + \Gamma\xi + \zeta \tag{5-17}$$

$$y = \Lambda_y \eta + \varepsilon \tag{5-18}$$

$$x = \Lambda_x \xi + \delta \tag{5-19}$$

式（5-17）为潜在外生变量与潜在内生变量的结构方程模型，式（5-18）为内生变量的衡量模型，式（5-19）为外生变量的衡量模型。

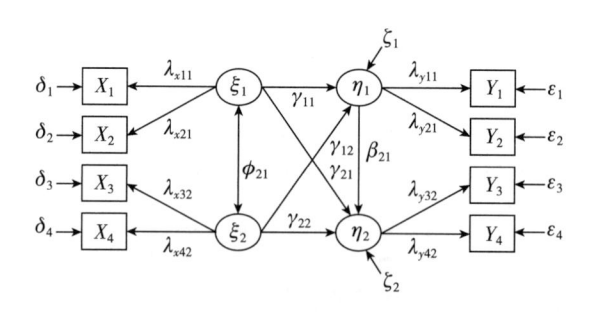

图 5-4 结构方程模型示意

图 5-4 为结构方程模型示意图。η_1、η_2 为内生潜变量，y_1、y_2 为 η_1 的测量指标，y_3、y_4 为 η_2 的测量指标；ξ_1、ξ_2 为外生潜变量，x_1、x_2 为 ξ_1 的测量指标，x_3、x_4 为 ξ_2 的测量指标，ε_1、ε_2、ε_3、ε_4、δ_1、δ_2、δ_3、

δ_4 分别为对应测量指标的测量误差；ζ_1、ζ_2 分别为内生变量 η_1、η_2 的残差。λ_{x11}、λ_{x21}、λ_{x32}、λ_{x42}、λ_{y11}、λ_{y21}、λ_{y32}、λ_{y42} 为指标在对应潜变量上的因子负载；γ_{11}、γ_{12}、γ_{21}、γ_{22} 表示外生变量 ξ_1、ξ_2 对内生变量 η_1、η_2 的影响，φ_{21} 表示外生变量 ξ_1、ξ_2 之间的相关性；β_{21} 为 η_1 对 η_2 的影响。

结构方程模型的分析步骤是：

（1）模型设定，根据理论或是已有的研究成果设定初始理论模型。

（2）模型识别，决定所研究的模型是否能够求出参数估计的唯一解。

（3）模型估计，可以采用不加权的最小二乘法、一般加权最小二乘法、对角一般加权最小二乘法、广义最小二乘法和极大似然法等。其中极大似然法是应用最广的参数估计方法。

（4）模型评价，对模型与资料之间是否匹配进行评估，并与替代模型的配合指标进行比较。

（5）模型修正，如果模型与资料不能匹配，就要对模型进行修正和再次设定。

（八）*有序概率回归*

在研究幸福问题时，经常要用到有序概率模型。因为，当我们用主观指标衡量幸福时，常会问这样的问题："综合起来看，你觉得自己是：（1）非常幸福，（2）幸福，（3）一般，（4）不幸福，（5）非常不幸福"。幸福作为因变量，是一种有序分类变量，我们对这样的变量进行回归时建立的回归模型称为有序概率模型。

假设人们的真实幸福水平为 y^*，幸福水平 y^* 与幸福影响因子的关系可以用下面的线性方程表示：

$$y^* = \alpha + \sum_{k=1}^{n} \beta_k x_k + \varepsilon \tag{5-20}$$

人们的真实幸福水平 y^* 是无法具体衡量的，我们称其为潜变量。我们可以通过用序数值衡量的幸福水平 y 衡量 y^*，y 与 y^* 之间的关系为：

$y=1$，若 $y^* \leq c_1$；$y=2$，若 $c_1 \leq y^* \leq c_2$；$\cdots$；$y=m$，若 $y^* > c_{m-1}$。

其中，c_1，c_2，$\cdots$，c_{m-1} 为临界值。对于给定的幸福影响因子值 X，幸福水平 y 的累积概率可以用如下公式表示：

$$P(y \leq j | X) = P(y^* \leq c_j) = P[(\alpha + \sum_{k=1}^{n} \beta_k x_k + \varepsilon) \leq c_j]$$

$$= P[\varepsilon \leq c_j - (\alpha + \sum_{k=1}^{n} \beta_k x_k)] = F[c_j - (\alpha + \sum_{k=1}^{n} \beta_k x_k)] \tag{5-21}$$

有序概率模型有 Logit 和 Probit 模型两种，两种模型的差别仅是误差项服从的分布不同。Logit 模型的误差项服从 Logistic 分布，而 Probit 模型的误差项服从正态分布。我们以 Logit 模型为例进行分析，Logit 模型的误差项服从 Logistic 分布，用公式表示为：

$$F(X) = y = 1/(1+e^{-x}) \tag{5-22}$$

反函数为：

$$X = F^{-1}(y) = \ln\left(\frac{y}{1-y}\right) \tag{5-23}$$

将式（5-23）代入式（5-21）得到：

$$c_j - (\alpha + \sum_{k=1}^{n}\beta_k x_k) = F^{-1}[P(y \leq j|X)] = \ln\left(\frac{P(y \leq j|x)}{1-P(y \leq j|x)}\right) \tag{5-24}$$

式（5-23）中的 $\ln\left(\frac{P(y \leq j|x)}{1-P(y \leq j|x)}\right)$ 为 y 的 Logit 形式，式（5-24）即为：

$$P(y \leq j|X) = P(y^* \leq c_j) = \frac{e^{[c_j - (\alpha + \sum_{k=1}^{n}\beta_k x_k)]}}{1 + e^{[c_j - (\alpha + \sum_{k=1}^{n}\beta_k x_k)]}} \tag{5-25}$$

（九）面板回归

面板回归，指的是在一段时间内跟踪同一组个体的数据回归分析方法。它既有横截面的维度（n 个个体），又有时间维度（T 个时期），其主要优点有：一是可解决遗漏变量问题：遗漏变量偏差是一个普遍存在的问题。虽然可以用工具变量法解决，但有效的工具变量常常很难找。遗漏变量常常是由于不可观测的个体差异或"异质性"造成的，如果这种个体差异"不随时间而改变，则面板数据提供了解决遗漏变量问题的又一利器。二是提供更多个体动态行为的信息：由于面板数据同时有横截面与时间两个维度，有时它可以解决单独的截面数据或时间序列数据所不能解决的问题。因此，随着幸福感面板数据的建立，它已开始广泛应用于幸福指数的跟踪调查中。面板回归方法很多，这里主要介绍三种与幸福研究相关的方法。

一是门槛回归。当某一变量对幸福效应影响可能存在非线性关系时，就须借鉴 Hansen（1999）提出的面板门槛回归模型，其基本方程为：

$$y_{it} = \mu_i + \beta_1 x_{it} \cdot I(q_{it} \leq \gamma) + \beta_2 x_{it} \cdot I(q_{it} > \gamma) + \theta D_{it} + \varepsilon_{it} \tag{5-26}$$

根据这个基本方程，构建出某一变量对幸福效应的面板门槛回归方程，具体方程如下：

$$Happiness_{it} = \mu_i + \beta_1 m_{it} \cdot I(Gd_{it} \leq \gamma) + \beta_2 m_{it} \cdot I(Gd_{it} > \gamma) + \sum \tau \Gamma_{it} + \varepsilon_{it} \tag{5-27}$$

其中，$Happiness_{it}$表示被解释变量幸福指标。m_{it}表示解释变量，Γ为一系列控制变量，Gd_{it}表示某一变量门槛变量，γ表示特定的门槛值，$I(Gd_{it} \leq \gamma)$和$I(Gd_{it} > \gamma)$为某一变量函数，该模型是一个分段函数，当$Gd_{it} \leq \gamma$时，解释变量m_{it}的估计系数为β_1，而当$Gd_{it} > \gamma$时，解释变量m_{it}的估计系数为β_2。

根据Hansen的面板门槛回归模型，在模型估计中主要拟解决以下两个主要问题：一是联合对门槛值γ和其斜率β进行估计；二是进一步检验门槛值γ的准确性，以及对于内生门槛效应的显著性。为了对式（5-27）做出估计，需要去除个体效应μ_{it}的影响，通常采用的方法就是去除组内平均值。

在理论上，门槛值γ可能是门槛变量q_{it}取值范围内的任意值。基于此，首先以任意的γ_0为初始值赋予γ，再采用OLS估计方法估计各系数，计算出对应的残差平方和$S_1(\gamma)$。最终选择使$S_1(\gamma)$最小的γ_0，此时的γ_0就是所估计的$\tilde{\gamma}$，即$\tilde{\gamma} = \mathrm{argmin}, S_1(\hat{\gamma})$，在此基础上可获得真实的参数估计值。在得到参数$\gamma$和$\beta$后，需要对门槛效应的显著性和有效性进行检验。

单门槛显著性检验的原假设和检验统计量分别为：

$$H_0: \beta_1 = \beta_2 \quad F_1 = (S_0 - S_1(\hat{\gamma}))/\tilde{\delta}^2 \tag{5-28}$$

其中，S_0为在原假设$H_0: \beta_1 = \beta_2$条件下所得到的残差平方和，且有$S_0 \geq S_1(\hat{\gamma})$；$\tilde{\delta}^2$为在备择假设$H_1: \beta_1 \neq \beta_2$条件下所得到的残差平方和。如果拒绝原假设$H_0: \beta_1 = \beta_2$，说明模型（5-27）存在门槛效应，但在原假设$H_0: \beta_1 = \beta_2$条件下，由于门槛值$\gamma$是不确定的，进而会导致$F_1$统计量为非标准正态分布，可借鉴Hansen所提出的"自抽样法"来进一步模拟出其渐进分布，继而构造其P值，用概率值P值来检验门槛效应的显著性。在对门槛效应的显著性进行检验后，还需进一步对门槛值的真实性进行检验。

单门槛真实性检验的原假设和检验统计量分别为：

$$H_0: \gamma_1 = \gamma_2 \quad LR_1(\gamma) = [S_1(\gamma) - S_1(\hat{\gamma})]/\tilde{\delta}^2 \tag{5-29}$$

与式（5-28）同理，式（5-29）中的统计量LR也不服从标准正态分析，依据Hansen的研究文献可采用一个较简单的公式计算出其非拒绝域，即$LR_1(\gamma) \leq -2In(\sqrt{1-a})$时不能拒绝原假设，式中$a$为显著性水平。在完成了对单门槛值的检验后,当单门槛显著性检验的检验统计量 $F_1 = [S_0 - S_1(\hat{\gamma})]/\tilde{\delta}^2$ 不显著时,接受备择假设 H_1,此时至少表明存在一个门槛值,需要对下一个门槛值进行检验,以此类推,直到无法拒绝原假设为止。

二是固定效应回归。个体固定效应模型就是对于不同的个体有不同截距的模型。如果对于不同的时间序列,(个体)截距是不同的,但是对于不同的横截面,模型的截距没有显著性变化,那么就应该建立个体固定效应模型,表示如下:

$$y_{it} = \beta_1 x_{it} + \gamma_1 W_1 + \gamma_2 W_2 + \cdots + \gamma_n W_n + \varepsilon_{it}, t = 1, 2, \cdots, T$$

其中:$W_i = \begin{cases} 1, & \text{如果属于第 } i \text{ 个个体}, i = 1, 2, \cdots, T \\ 0, & \text{其他} \end{cases}$

$i = 1, 2, \cdots, N; t = 1, 2, \cdots, T, \varepsilon_{it}$ 表示随机误差项。y_{it} 和 x_{it} 分别表示被解释变量和解释变量。

Cheng Hsiao（1986）提出利用模板数据进行经济分析时应该主要对模型做两种假设检验,来确定哪一种模型。

F 检验:原假设 H_0:不同个体的模型截距项相同（建立混合估计模型）。备择假设 H_1:不同个体的模型截距项不同（建立个体固定效应模型）。

F 统计量定义为:$F = \dfrac{(SSE_r - SSE_t)/(N-1)}{SSE_u/(NT-N-K)}$

其中,SSE_r 和 SSE_u 分别表示约束模型（混合估计模型）和非约束模型（个体固定效应模型）的残差平方和。给定显著性水平,若 $F > F_\alpha (N-1, NT-N-K)$,应该建立个体固定效应模型。

Hausman 检验:Hausman 检验是对同一参数的两个估计量差异的显著性检验,用于判断是应建立固定效应模型还是随机效应模型。原假设 H_0:个体效应与回归变量无关（个体随机效应回归模型）。备择假设:H_1:个体效应与回归变量相关（个体固定效应回归模型）。

H 统计量定义为:$H = \dfrac{(\beta_w - \beta_\sigma)^2}{s(\beta_\sigma)^2 - s(\beta_w)^2}$

给定显著性水平,若 $H > \chi_a^2(k)$,模型存在个体固定效应,应该建立个体固定效应回归模型。

三是双重差分回归。由于地方实际情况的差异,某项政策在具体开展中存在力度上的不同,这为我们构建准自然实验提供了有利条件,即运用双重差分的建模策略来评估某一政策对居民幸福的实际效应以及影响机制。该方法的中心思想是利用一个外生政策所带来的横向单位和时间序列的双重差异来识别该政策的处理效应。由于该方法能够最大限度消除所有不随时间变化的选择性偏差，目前已成为幸福研究的自然实验评估方法。

为了评估政策对居民幸福的直接效应，将某一时期正式提出的政策看作一项准自然实验，借助双重差分方法来估计政策的幸福效应。基准双重差分模型如式（5-30）所示：

$$Happiness_{it} = \mu_0 + \delta_1 GD_{it} + \delta_2 T_t + \delta_3 GD_{it} \times T_t + \sum \pi \Gamma_{it} + \varepsilon_{it}$$

(5-30)

其中，i 代表省份，t 代表时期；$Happiness_{it}$ 代表 i 省个体在 t 时期的幸福感水平。GD_{it} 代表各省政策水平；T 代表政策时间虚拟变量；$GD_{it} \times T_t$ 是二者的交互影响；Γ 为控制变量，包括性别、年龄、省际、城乡等一系列个人微观变量与地区宏观变量。

由于只有在满足"平行趋势假设"的条件下，双重差分估计才能无偏地识别因果效应，为此，还需进行平行趋势假设检验，该假设检验是指处理组和控制组在处理发生之前应具有相同的变动趋势，即要求处理组和控制组的变化趋势的差异只能发生在事件（政策）时间点之后，在此之前，处理组和控制组的变化趋势应当相似，否则估计出来的系数可能是由于事件（政策）时间点之前的某些因素驱动的，而非事件（政策）本身。所以需要验证政策之前，处理组与控制组居民在幸福感方面的变化趋势相似，在政策之后变化趋势开始发生改变。为了验证这一点，构造以下模型进行稳健性检验：

$$Happiness_{it} = \mu_0 + \delta_1 GD_{it} + \delta_2 period_{it} + \sum_{t=n}^{m} \gamma_t (GD_{it} \times period_{it}) + \sum \pi \Gamma_{it} + \varepsilon_{it}$$

其中，$period$ 是表示时期的虚拟变量。$GD_{it} \times period_{it}$ 是二者的交互影响，γ_t 是政策效应。

同时，为了分析影响机制，建立了如下模型，研究中介变量在政策促进居民幸福提升时的中介效应。

第一步：检验政策对居民幸福的影响：

$$Happiness_{it} = \partial_0 + \partial_1 GD_{it} \times T_t + \sum \vartheta X_{it} + \varepsilon_{it}$$

第二步：分别检验政策对所有中介变量的影响：

$$M_{it} = \partial_0 + \partial_1 GD_{it} \times T_t + \sum \vartheta X_{it} + \varepsilon_{it}$$

第三步：分别检验政策和所有中介变量对居民幸福的影响：

$$Happiness_{it} = \partial_0 + \partial_1 GD_{it} \times T_t + \partial_2 M_{it} + \sum \vartheta X_{it} + \varepsilon_{it}$$

其中，M 表示中介效应变量。

第四节 主客观结合的幸福指标体系与实证研究

一 幸福指数调查量表设计的理论机理

（一）主客观统一性机理

幸福指数是以百分数（10 分数、1 分数）表示的人们的主观幸福的满足程度。目前国内外使用的快乐指数、幸福指数、主观幸福感、满意度等指标多出自心理学、社会学，并以单纯测度人的主观幸福感、满意度或快乐感为主，其形式是以一套设置为关于快乐与幸福的从非常不满意到非常满意的单一指标调查表或结构性量表来进行测度。这种调查表设计遵循了快乐或主观幸福感的主观性原则。

关于国民幸福指数测量的现实问题是，如果快乐与幸福仅仅具有主观属性，而没有任何的客观实在性基础，则快乐、幸福、效用、满足等概念均无实际的比较意义。因为，纯粹主观的判断会导致不同主体对同一事物的相反结论，以快乐为终极目的和检验尺度的理论便无法成立，国际上所有关于幸福指数、主观幸福感、满意度的调查便无意义，并最终导致快乐与幸福的"不可知论"。[①] 事实上，幸福是一种具有相当客观基础的主体体验，是主客观统一性的产物。人类的主观性快乐存在着生理机能的客观实在性基础、人的类近似性基础，以及满足对象的客观实在性基础。"主体客观性""类的近似性"和"对象客观性"三者大致可以说明人类具有相近的关于快乐幸福的评价与体验标准，即存在着快乐幸福满足的人类共同性基础特征。客观性同样是人类快乐幸福不可或缺的前提，这是我们进行国民幸福指数测量研究与分析的基础。正是基于这一理论认识，笔者设计了融主客观因子为一体的"国民幸福指数调查表"。

（二）"自我—环境"统一的幸福影响因子圈整体联系机理

幸福是心身一体性基础上的人们的一种主观感受。完整意义上的快乐幸福是指"以人自身与客观对象的存在与消耗为基础又超然与依存于这种

---

① 林剑：《幸福论七题——兼与罗敏同志商榷》，《哲学研究》2002 年第 4 期。

存在与消耗基础上的愉悦或积极正向的心理感受与精神体验"。因此，衡量国民幸福不仅要包括主观指标也应包括客观指标。从微观的视角，国民幸福程度不仅与个体性因素有关（如基因、个性、年龄、性别等），同时也依赖其所处的客观环境如经济环境、社会环境、生态环境等。因此，幸福指数测量的客观性一般是主观感受的基础，从而形成幸福感的主客观一致性理论机理。幸福指数测评应当兼顾主观指标与客观指标两个方面，并构成一个完整的幸福指数测评系统。而客观环境的好坏与政府行为的价值目标、政府职能定位、政府行为能力、政府行为结果都有着密切的关联性。这又是幸福指数与政府绩效评估的内生联系。或者说，这就是为什么要把幸福指数作为政府绩效评估的一个重要指标的理由。

幸福是个体对对象的主观感受。人的幸福感除了受自身个性特征影响外，还将受到由自我的健康状况、亲情状况、收入状况、职业状况、社会状况、生态状况共6大幸福因子圈的逐级放大的影响。这种由我界及于彼界的幸福影响环境逐级放大而形成的幸福因子圈，其理论蕴意是存在世界是个联系的整体，每个主导环节都将对个体幸福构成影响，并且最终都将集中体现于人自身的苦乐感受。人类幸福影响因子圈的逐级放大机理蕴含了两个重要意义：

其一，满足人类自身的幸福需要存在一定的层次结构，个体对于幸福感受的重要性可能会依序展延，这是造成人类在追求快乐这个终极目的的行为过程中对远端影响因子失顾，出现"短视"行为倾向的重要原因。

其二，任何单方面快乐的长期片面追求，均可能导致其他快乐因子的疏忽与损害，最终导致个体的幸福总积分和全人类的幸福指数下降。

由"自我状况"到"生态状况"的幸福影响因子圈如图5-5所示。图5-5表示了人类幸福由6个依序排列的因子圈组成。这6大因子实际上又是严格有序的：个体状况（生理、心理、价值观）是幸福感的全部核心与基础；支撑健康的是紧密围护在每个个体之外的亲情（家庭、婚姻、亲友）；支撑健康与亲情的是收入状况（劳动收入、资产收入、分配公平状况）；支撑收入的是职业状况（工作压力、通勤时间、事业空间、职业生涯幸福感）；支撑良好职业环境的是社会状况（包括政府效率、道德状况、法制环境、公平与公正、文化、社区与村落文化等）；支撑社会安全与人类幸福的根本基础是生态系统与生态环境状况。这体现了人文系统是生态系统的一个子系统以及人类幸福最终依托于自然和谐基础上的思想理念。

从另一角度说，健康依赖于亲情，家庭亲情依赖于收入支持，收入依赖于职业活动，职业状况依赖于社会公正与社会和谐，社会依赖于自然生态系统。幸福影响因子圈表明，人类幸福是一个从自我到宇宙的正反馈系统过程，所有存在世界的要素都会影响到人们的快乐与痛苦。

图中标注：
（2）幸福是"宇宙—个体"的无限收敛性影响过程

自然环境对人类幸福因子的系统包容性体现了人文系统是生态系统的子系统的根本理念。然而，由于人们对私权与受损当期苦乐的敏感度往往更高，因而在全球性的幸福感测评中往往降低了人们对生态环境的关注与敏感度

个体状况 亲情状况 收入状况 职业状况 社会状况 生态状况

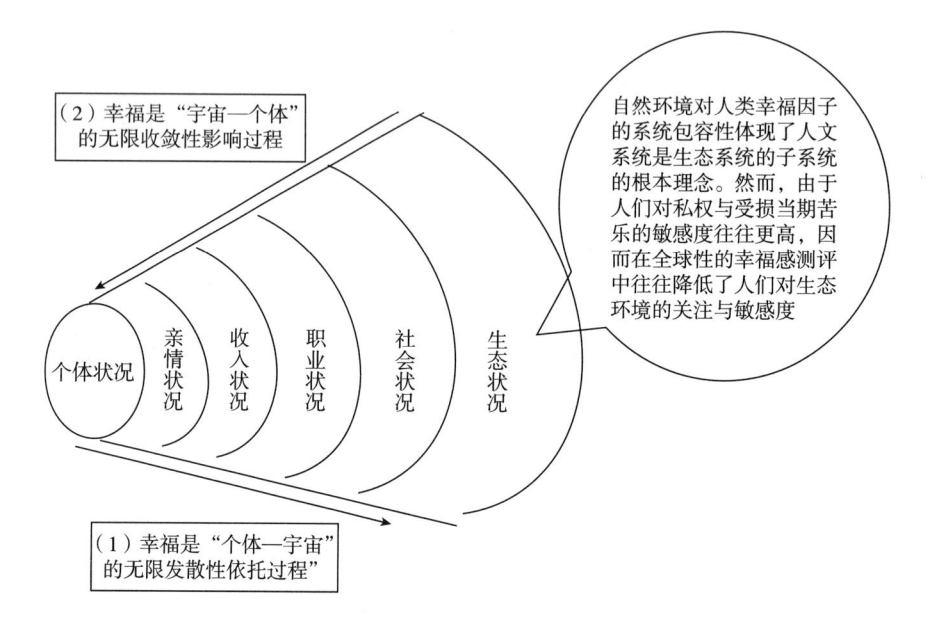

（1）幸福是"个体—宇宙"的无限发散性依托过程"

图 5-5 自我—环境的幸福影响因子圈

二 幸福指数调查量表结构及主因子选取

（一）设计原则

为了体现与测度个体的幸福感指数并便于整体加总求和，基于对幸福感的主客观统一性的认识，需要归纳出影响人们快乐的主要主客观因子。幸福指数调查表也称幸福（快乐）影响因子调查表，其包括的指标体系必须符合科学、系统、操作简便与能够充分收敛于个体幸福效用函数的要求，并能全方位反映主体的苦乐感受状况。为此，本幸福指数调查表设计遵循如下原则：

（1）系统性原则。人的幸福体验是一个综合性指标，一个人的幸福程度既由主观印象所反映、体验和感知（包含了重要的个性遗传差异），又由客观存在决定。因此，幸福测量指标具有系统性与结构性要求特征，即幸福影响因子指标力求全面反映人的幸福程度的主、客观决定因素的全貌。即在这个系统中要求能够涵盖所有影响幸福的主要方面，并且这些方

面是人类幸福共同与统一的。

（2）层次性与结构性。人类幸福的系统影响因子又是由一定的层次与结构组成的。关于影响幸福的要素必须反映主要的层次与结构。如同马斯洛的需求层次论一样，影响人类幸福的因子同样是具有层次序列—结构并且是相互支持的完整体系。这样，在幸福指标体系中就需要设计一级指标、二级指标乃至三级指标等。许多结构化量表都是按照这一思路设计的。如不丹的4大系统、9大支柱、72个幸福指标等。而基于幸福经济学视域的主客观一致性原理构建的幸福指标体系及幸福指数量表不仅要求具有优良的信度、效度，而且要求具有能够系统显示经济社会整体发展与国民幸福内生关联的指标体系功能。

（3）简单明确与可操作性原则。国民幸福指数评价体系力求全面系统，又不宜庞杂。幸福评价指标体系必须兼顾系统全面与操作简便性的要求。否则，社会调查就会遇到困难。设计中力求使各评价指标含义明确，信息集中，定量指标数据真实且容易获得，定性指标规范且便于量化处理，计算方法简明且可运用统计软件进行分析。同时，要求幸福指数一级指标必须简明，二级指标要反映幸福的主要方面，三级指标可以反映测量的动态性与具体区域、人群特征。

（4）独立性与可分解原则。主体的快乐感影响因素的选取尽量避免明显的包容关系（特别设置的重复验证性辅助指标除外），对隐含的相关关系在处理方法上尽量将之弱化与消除。

关于指标的独立性原则需要做一个说明。在以往提出的经济社会发展指标中，相互包含的情况很普遍。世界银行的综合发展指标、Morris的生活质量指数（PQLI，1975）、联合国开发署运用阿马蒂亚·森的人类发展指数（HDI，1990）等均把寿命与教育、收入水平等指标并列起来。实际上，人类寿命是一个最高综合指标，教育、收入、公平公正、生态环境等所有的指标最终都会反映为人类自身的健康状况，结果是寿命的变化。因此，把寿命与收入、教育等指标并列起来其逻辑是混乱的。阿马蒂亚·森于1998年提出的《以死亡率作为经济成败的指标》的观点，这是他1998年获得诺贝尔经济学奖前发表的一篇重要文献。[①] 寿命指数＝幸福指数并用以作为衡量经济社会发展的最高综合指标是基于幸福理论必然有的逻辑

---

① Amartya Sen, "Mortality as an Indicator of Economic Success and Failure", *The Economic Journal*, 1998, 108 (446): 1-25.

结论。① 有关文献比阿马蒂亚·森更早阐述这一观点,其理论机理也更加明确,并强调人均寿命对于衡量经济社会发展的毫无疑义的整体意义与综合意义。②

(二)量表结构

根据"幸福感是人对客观存在的主观反映"的幸福主客观一致性原理,幸福是一种具有相应客观实在性基础的主体体验,是主观之"觉"与客观之"在"相统一的产物(这个客观之在包括"主体"之在与"对象"之在两个方面)。完整意义上的幸福感是指以人自身与客观对象的物质存在与消耗为基础又依存并产生于这种物质存在与消耗基础上的愉悦或正向的心理感受与精神体验。因此,本书设计的基于经济社会发展的幸福指数调查表由以下内容组成:

(1)被调查者基本信息。包含性别、年龄、职业、地区及受教育程度5项信息。这些是获得被调查者客观状况的基本信息。

(2)幸福指数综合指标。用1个自诉幸福指数指标来描述。本设计用1—10个数字来表示,1表示非常痛苦,10表示非常幸福。也可以用"非常幸福;比较幸福;一般;不很幸福;很不幸福"来表示。

(3)六大幸福影响因子一级指标。人类幸福主要受健康、亲情、收入、职业、社会、生态6大因素决定,可构成幸福影响因子一级指标。这6大幸福影响因子由健康到生态按一定次序排列,相互影响,对人类幸福感构成综合性影响。

(4)自诉主观幸福感二级指标。由于一级指标比较综合与抽象,需要分解为若干二级指标来进一步反映人们对自身与外在环境条件的主观体验。本书选取18个二级指标来表征6大方面的幸福感状况,以反映人们幸福感的各个主要(基础)方面。在具体研究中,可以根据需要增加或者减少这些二级指标,如本幸福指数调查问卷设计就增加到22个二级指标,而笔者在江西省南昌市民生幸福指数调查问卷中则根据民生幸福调查需要增加到28个二级指标。

(5)反映个体特征的微观因子。在幸福指数调查中,一般需要设置一些反映被调查者个体特征的相关微观因子。这些与个体生存状态与生存环境相关的微观因子,是个体苦乐感产生的直接基础,一般可以用一些与个

---

① 陈惠雄:《论寿命是衡量社会经济发展的最高指标》,《经济学家》2000年第4期。
② 陈惠雄:《关于社会发展指标的研究》,载童本立主编《财经改革研究》(论文集),浙江人民出版社1994年版,第192—204页。

体特征相关的数据或状态来描述，如经济收入、就业状态、时间分配、婚姻状态等。一般选取10个左右的微观因子指标。这些微观因子指标不作为基于经济社会发展的幸福指标体系，但可以作为幸福指数调查表的一个部分，用于对相关群体、要素的满意度、幸福感结构产生的微观基础的进一步分析。

（6）宏观经济社会发展指标。由于国民幸福是基于个体对自身的客观生存状况的体验与认知，而个体微观状况又与宏观经济社会发展密切联系在一起。客观经济社会发展变量指标既可以通过影响个体微观的生存条件而影响国民幸福感，也可以直接通过个体对宏观经济社会环境的整体体验与认知而直接影响个体幸福，从而成为影响国民幸福的重要因素。宏观经济社会发展指标同样可以分为一级指标与二级指标，并和六大幸福影响因子一级指标与相关主观幸福感二级指标相对应。

（三）六大一级幸福指标及其涵盖的相关二级指标

幸福感影响因子量表由18个核心指标因子组成。这18个影响因子是从其原先笔者研究的近40个影响因子中根据重要性、相关性、实用性、适应性原则提取的。可以发现，18个快乐因子是对图5-5所示的6大快乐影响因子圈的具体化。6大快乐影响因子圈分别是个体状况、亲情状况、收入状况、职业状况、社会状况、生态状况。这种设计的理论依据是，快乐是主体接受具体对象与整体环境的影响并与其互动的结果。下面是对6大快乐影响因子圈及其包含的18个核心快乐子因子选择的理论解释。

（1）健康状况。人类主体的生理存在产生了满足其生理与心理需要的趋乐避苦的欲望。健康的生理与心理存在不仅是人类快乐欲望发生的基础，而且是获得快乐、幸福生活体验的根本前提条件。身心状况与个性特征对于个人快乐的影响是全面的。健康的身心状态能够接受更多的对象，有效提高对对象的利用效率，减少排斥性，扩大生活兴趣，增强环境适应性，从而获得较高的快乐感。同时，健康的身体、开朗的个性与包容的心态能够使人们获得快乐的持续时间延长，从而提高人们整个生命周期的幸福指数水平。因此，健康与个性状况成为影响主体幸福感的首要因素。

（2）亲情状况。家庭是最基本的人类生活组织，亲情状况被认为是包容在个体之外最直接、最基础的个体生活环境。婚姻状况、家庭关系与家居状况、亲友状况则是该环境中的基本要素。家庭与亲情对于人类生活苦乐的效用非常巨大。这主要体现在亲情的关爱效用、心理维护效用、家庭分工效用等方面。

(3）收入状况。收入状况包括劳动收入、资产状况、由相对经济地位体现的收入满意度3个主因子。收入决定一个人保障自身物质需要满足的能力；家庭资产状况反映其应对突发事件、抵御风险能力及增加闲暇供给的能力；相对经济地位反映相对生活水平与相对经济地位，对个体的快乐感有重要影响。金钱具有的物质基础效用、心理安全效用、生命成本节约效用、相对满足效用等是主体苦乐产生的重要根源。因此，良好的经济与收入状况是快乐的基础。然而，由于赚钱需要支出生命成本，因此它定然具有限度，并非越多越快乐。而且由于不同质需要的弱通约性、不通约性原理的存在，收入状况无法通约所有层次的人类需要。尤其是当收入的增长是以过度的其他因素（健康、环境、他者利益）牺牲为代价时，就不仅于快乐无意义，还有负面作用，甚至会演化成为痛苦源。

（4）工作状况。职业劳动中的心理、生理负担程度是影响快乐指数状况的另一个重要因素，职业状况包括工作压力、工作时间（包括上下班路途时间）、就业状况、职业满意度等主要指标。由于职业劳动是劳动者通过放弃闲暇并支付自己的体力、脑力的过程。现代成年人的 1/3 生命时间在工作中，生活状况与职业状况密切相关。因而，职业劳动中的体力、脑力负担程度与生理、心理压力强度，对人们在职业生涯中是感受幸福还是承受痛苦关系重大。职业状况的压力强度、满意度是人类幸福的长期影响因素。职业劳动压力通过被调查者的职业状况自诉能够获得有价值的发现，而工作时间与就业状况则可以通过自诉或社会统计获得客观的界定数值。

（5）社会状况。社会环境对于快乐指数的影响根源于人的社会属性与人化社会的现实。自由度、安全感、宗教信仰是个体感受的社会状况的主要内容。民主、安全、自由、公正、平等与和谐的社会与人际状况对于快乐具有正向促进意义，而压抑、封闭、歧视、禁锢的社会环境对于快乐具有负影响。政府效率、公共福利、阶层平等、民主权利、交往、话语权、人际关系、制度、社会文化等是从具体方面体现社会状况的重要变量。人际关系作为个体感受的社会状况的一个方面，实际上存在于工作单位、社区、村落等广泛的社会微观组织环境中。宗教信仰因其对快乐具有的特殊影响，也被单独列入考察因子之中。

（6）生态状况。人是自然存在与社会存在的统一体。自然环境是人类赖以生存的根本条件。据研究，沼泽、森林等自然资源每年为人类无偿提供的环境福祉超过了人类生产的国民财富价值的总和。因此，良好的自然环境是人类的快乐源泉。自然环境因素包括生态平衡状况、资源完好率、人均生态足迹、人均植被面积、人均水资源和水质量状况、生物多样性等变量。现代社会中，生态环境已经成为制约生命健康与人类快乐的重要变量。因此，考虑环境、资源等自然因素，能使人类生存、生活的质量与快乐满足状况得到充分反映。而这种自然环境的广泛含义可以包括整个宇宙。本调查量表只设人们对环境状况的总体感知一项判断来进行调查，以显示人们对生态状况的总体苦乐感知程度。

因此，6大幸福影响因子圈实际上为国民幸福指数的一级影响因子（一级指标），18个核心因子是二级指标体系，每个一级指标由若干个二级指标组成。需要说明，即便幸福影响因子或指标的选择比较科学，在统计分析中显示出良好的信度与效度，却仍然不能保证在进一步分析中仅仅依靠建立该量表的上述理论依据就能够使分析达到完善。因为，由于需求层次、主体状态等变化，不同个体的迫切的亦即是最有效用的快乐影响因子会发生变化，由此导致对于不同个体而言的快乐影响因子的权重变化，记忆偏差也会导致苦乐评价不准确。对于这一困难可以基于经济学的"约束条件下的效用最大化"理论预设以及扩大调查样板来解决。通过采用更加有效的心理学调查方法（如卡尼曼等提供的DRM法原理等），则可以弥补调查表中某些主观项目设计可能存在的不足，使主客观结合的幸福指数调查量表逐渐趋于完善。

三 基于经济社会发展的幸福指标体系

由于幸福指数调查表是对于个体主客观影响因子的调查，这种个体调查往往难以反映个体所处的整体的社会环境状况。为了能够对影响个体幸福指数的整体状况有全面深入的了解，并便于对国民幸福指数状况进行经济社会整体状况的判断分析，本书特别设置了一组"统计客观因子"，包括国民收入状况（人均GDP）、环境指数（环境可持续指数Environmental Sustainability Index，ESI）、社会稳定指数（通胀、失业率、基尼系数、城乡贫困率等）、社会秩序指数（刑事、治安、贪污、生产、安全）、国民健康状况（人均预期寿命）、国民教育水平（毛入学率）等。这些社会统计客观因子的选择有助于更加全面地对主观幸福感做出分析，并结合调查问卷的自诉客观因子将幸福指数置于全面的环境分析之中。

由于幸福感是主客观影响因子的综合反映，根据上述幸福影响因子6大指标体系原理，基于经济社会发展的幸福指数指标体系由一个幸福指数综合指标、6大幸福指数一级指标、18个主观满意度或主观幸福感二级指标、18个客观经济社会发展二级指标组成，具体构建如表5-6所示。

表 5-6　　　　　基于经济社会发展的幸福指标体系①

一级指标	二级主观幸福感（满意度）指标	二级客观经济社会发展指标
健康状况（A）	I_1 身体健康满意度 I_2 心理健康满意度	I_1 国民体质达标率 I_2 国民心理健康达标率
亲情状况（B）	I_3 家庭关系满意度 I_4 亲友/人际关系满意度	I_3 服务性支出占家庭消费支出比 I_4 城乡居民平均休闲时间
收入状况（C）	I_5 收入水平满意度 I_6 资产状况满意度	I_5 城乡居民户均可支配收入 I_6 分配公平性（基尼系数或最高/最低组别收入比或劳动者报酬占 GDP 比例）
职业状况（D）	I_7 就业状况满意度 I_8 工作压力满意度 I_9 组织氛围满意度 I_{10} 发展机会满意度	I_7 城镇登记失业率 I_8 新增劳动力受教育年限 I_9 平均在岗工作时间和通勤时间
社会状况（E）	I_{11} 社会公平满意度 I_{12} 社会安全满意度 I_{13} 社会保障满意度 I_{14} 政府服务满意度	I_{10} 公共安全指数 I_{11} 社会保险综合覆盖率 I_{12} 公共服务设施指数 I_{13} 公共文明指数 I_{14} 社会公平指数
生态状况（F）	I_{15} 食品安全满意度 I_{16} 水环境满意度 I_{17} 空气状况满意度 I_{18} 环境绿化满意度	I_{15} 食品和药品安全指数 I_{16} 饮用水合格率 I_{17} 城市空气质量指数（二级及以上天数比） I_{18} 生态环境指数
综合指标	幸福指数	寿命指数（=预期寿命/理论寿命）

（一）主观指标

本书提出的幸福指标体系包括 6 个一级指标、18 个表征一级指标的二级主观幸福感（满意度）指标和 1 个幸福指数综合指标。在理论上，18 个二级满意度指标分属于 6 个一级指标且可以在实证分析中分别形成 6 个

---

① 陈惠雄、潘护林：《基于经济社会发展的幸福指标体系：构建与解释》，《社会科学战线》2015 年第 3 期。

一级满意度指数,即健康满意指数、亲情满意指数、收入满意指数、职业满意指数、社会满意指数、生态满意指数。6个一级满意度指数最终反映为一个综合指数——幸福指数,从而完成幸福指标体系主观幸福指标部分的理论构建:幸福指数——6大幸福影响因子一级指标——18个二级主观幸福感(满意度)指标。

主观指标的18个二级指标是6大一级指标的具体化,幸福指数则是综合指标。调查中一级指标转化为二级指标可以更加具体地显示人们的幸福感与满意度结构状况。其中,1—2为健康满意度指标,3—4为亲情关系满意度指标,5—6为收入满意度指标,7—10为职业满意度指标,11—14为社会满意度指标,15—18为生态环境满意度指标。在这里,各满意度指标被视为是6大幸福影响一级指标的进一步具体明示,而幸福指数则为反映个体各方面生活满意度、幸福度的综合指标,它和6大一级指标、18个二级满意度指标具有理论上的一致性和实际上的契合性,并通过信度、效度检验来验证其可靠性与有效性。

(二)客观指标

幸福是主客观内生一致性的产物。幸福的主观性可以用单纯的主观性指标来表达,心理学与社会学经常就是用这样的方法做幸福研究的。但由于幸福离不开客观经济社会发展环境条件,是对发展之"在"的"觉"。因此,为了反映国民主观幸福(感)产生的客观基础,必须把影响国民幸福的重要经济社会发展指标置入其中,构建成基于经济社会发展的主客观一致性的幸福指标体系。

客观指标1—18项被认为是影响国民幸福的主要经济社会发展客观因子。这些客观指标与民生幸福具有密切的相关性,具有"工具价值"的指标意义,被用以反映与分析一个国家或地区经济社会的健康发展、幸福发展状况。这18个指标是6大幸福一级指标下的二级客观指标。既可作为社会经济发展状况的衡量指标,也是影响人们主观幸福感的客观基础指标,因而起着联系国民幸福与社会经济发展的桥梁与纽带作用。这些指标有的比较综合,有的比较单一,其指标值一般有一个合理区间,不是越高或越低越好。

经济社会发展综合指标以"寿命指数"来表达。寿命指数与出生时的预期寿命指标不同。一般的经济社会发展指标经常用预期寿命来表征一个国家公民的健康状况乃至整体发展情况。其实,这是不尽科学的。预期寿命是一个很难确定的指标,而且由于种族、地理等自然因素的自然限制,不同地区居民的理论寿命存在较大差异。因此,本书主张采用寿命指数来作为体现一个国家或地区经济社会的综合发展指标,它反映了"人的发展是经济社会发展的一面镜子"的理论思想。其理论机理是,经济社会发展给人们带来的一切苦乐感、幸福感最终都将影响到生命体自身"在"的变化,即寿命的延长或缩短,科学的表达结果是人的寿命指数的变化。寿命指数等于一国（地区）平均实际寿命与平均理论寿命之比。

四　基于经济社会发展的幸福指数调查表设计

本研究基于经济社会发展的幸福指数调查表,以表5-6的基于经济社会发展的幸福指标体系为基础,在吸收以往幸福指数调查表的基础上做了一些改进,其调查表设计与指标体系选取思路说明如下。幸福指数调查表见附录幸福指数调查问卷：（一）中国城乡居民幸福状况调查表。

（1）关于生命周期幸福指数梯形评尺设计的说明。和用"非常快乐""还算快乐""不很快乐"的单题式幸福指数调查相比,使用1—10的痛苦—幸福刻度在幸福指数衡量上可能会更加明确。和单独的当前幸福指数问卷相比,增加对过去幸福的回忆（具有后顾倾向的基于记忆的人类行为）与未来幸福的预想（具有前瞻性的理性预期）的两项幸福指数测评,会有利于通过自我生命周期幸福、痛苦比较而增加当前幸福指数自诉数值的可靠性。

（2）总体幸福指数与总体满意度的结构设计。和单题幸福指数问卷相比,本调查表设计了6大幸福影响因子中的一些重要的满意度调查。这种设计通过总体满意度来检验幸福指数调查的信度与效度,两者越是吻合则一般信度与效度就越好,从而加强了幸福指数调查的可靠性。同时,这一满意度结构化设计又便于分析不同人群对不同项目的满意度状况,为进一步的苦乐源分析提供帮助。而又与一些把幸福指数这一最高综合指标与满意度放在一起的问卷设计不同,把幸福指数与满意度指标单独设置,体现了幸福为人类行为终极目的的思想理念。

（3）经济社会发展客观因子的内置设计。许多幸福指数调查表没有经济社会统计指标的设计,全是主观性指标。而另外一些指数如人类发展指数、世界银行发展指数、生活质量指数等又均是客观指标,没有满意度与幸福指数等主观感受指标的协同调查。本幸福指数调查认为,人类幸福是主体对客观存在的结构—系统反映的结果。因此,客观的经济社会发展状况定然是影响国民幸福的重要因素。因此,本幸福指数指标设置了一些重要的经济社会发展统计指标,以便与幸福指标体系调查表（表5-6）相结合,更加系统地反映经济社会发展的国民幸福指数效果,并形成相关的经济社会发展制度创新。

五 主客观因素幸福计量模型

在上述幸福指数指标体系基础上,为便于分析被调查者的个体状况,幸福指数调查问卷设计分为自诉主观因子(自诉的主观幸福感二级指标)、自诉客观因子(如年龄、收入、地区等)和社会统计因子指标三部分。在这个幸福指标体系中,自诉幸福指数(H)作为国民幸福指数评价的主要依据;自述主观因子主要用来验证幸福指数调查的效度科学性;自述客观因子(X_1)可以解剖人们幸福程度存在差异的原因(注意:自诉客观因子没有在表5-6中,而是在后面附录的幸福调查问卷中);社会统计因子(X_2)是影响人们幸福程度的客观外因。幸福指数的影响因素有两个方面,一个是个体自我(对个体面临的客观存在状况)的主观感受,另一个是客观的经济社会生态发展状况,在此理论分析机理基础上,幸福指数影响因素分析模型如下:

$$H = a + bX_1 + cX_2 \tag{5-31}$$

式中,H 为幸福指数,X_1 为自述客观因子,X_2 为社会统计因子,a、b、c 分别为回归常数及自述客观因子与社会统计因子的回归系数。

式(5-31)为18个主要幸福影响客观因素与幸福指数之间所建立的回归模型。利用这一幸福指数模型可以分析出不同客观影响因素与幸福指数之间的相关性关系,并可以由此判断出各幸福客观影响因子对不同人群幸福指数的影响程度。而表格中的18个主观满意度二级指标是作为对综合幸福指数的信度效度检验以及对于幸福指数的主观结构分析而设立的,没有体现在式(5-31)中。理论上,一份具有优良信度效度的幸福指数调查问卷,其幸福指数综合得分 H 与一级指标(二级指标)的结构得分加总是接近的,其函数关系见模型(5-4)和模型(5-5)。

六 基于经济社会发展的幸福指数调查分析技术路线

根据上述研究,基于经济社会发展的幸福指数调查研究一般有如下步骤:

(1)基于幸福感是主客观影响因子的综合反映的理论机理建立幸福指标体系,并设计出相应的幸福指数调查表。

(2)通过一定的样本调查,对调查表的测量学特性(信度、效度)进行验证。

(3)检验自诉幸福指数与总体幸福满意度之间的关系。

(4) 分析总体满意度的结构特性。
(5) 分析国民幸福指数状况（不同人群、职业、区域、性别等）。
(6) 运用自诉客观因子分析微观环境对幸福指数的影响。
(7) 运用统计客观因子分析宏观经济社会发展对幸福指数的影响。
(8) 结论与发展政策建议。

最后两部分的分析是把个体的主观幸福感置于整体的客观经济、社会、文化、生态环境中来分析，以加深对国民幸福指数状态的全面的客观经济社会发展基础的理解。

由于经济学本身研究视域与心理学、社会学的区别，这种区别存在于以下两个方面：①经济学更加注重实证研究与客观性数据对于个体行为心理的作用。②统计客观因子对于经济学检验幸福指数的效度而言似乎是必需的。因为，经济学认为，统计客观因子和调查者自诉客观因子是避免幸福主观性回答偏离实际存在世界（"觉"的世界对"在"的世界的偏离）状况的有效方法，尽管这种偏离项有时是微弱的，但缺乏它们仍然可以被认为是不可靠的，并且在分析经济社会发展对人们幸福感的结构性、阶段性影响是必不可少的。根据这种理论机理与理论预设以及上述幸福指数多元回归模型（5-6），本书修订了基于经济统计学视角的国民幸福指数调查量表并进行测量学检验，证明该幸福指数测量方法的信度、效度较好，从而是对以往研究方法的一个基于经济学视域的重要补充，并可以认为是经济学正式确立了自己学科的幸福指数测量方法。基于经济社会发展的幸福指数研究技术路线如图5-6所示。

七　基于经济社会发展的幸福指数实证分析

（一）数据来源

本研究以中国居民为调查对象，采取纸质问卷、实地调研以及网络调查为主，于2012年8月到2012年12月对原始调查问卷进行社会调查，共获得有效问卷236份。通过对236份有效数据进行信度效度分析后发现，问卷的信度和效度均较好。在此基础上，本研究开始问卷的大面积调查，共获得有效问卷1093份。所调查样本中，性别分布：男性565人，占51.7%，女性528人，占48.3%。职业分布：工人占5.1%，农民占3%，农民工占16.7%，企业管理（技术）人员占17.1%，事业单位工作人员占17.8%，公务员占14.3%，学生占12.9%，离退休人员占0.8%，私营业主占2.3%，服务业人员占3.9%，自由职业者占2.2%，其他占3.8%。就业状况分布：正常就业占86.6%，临时就业占10.5%，失业占0.9%，

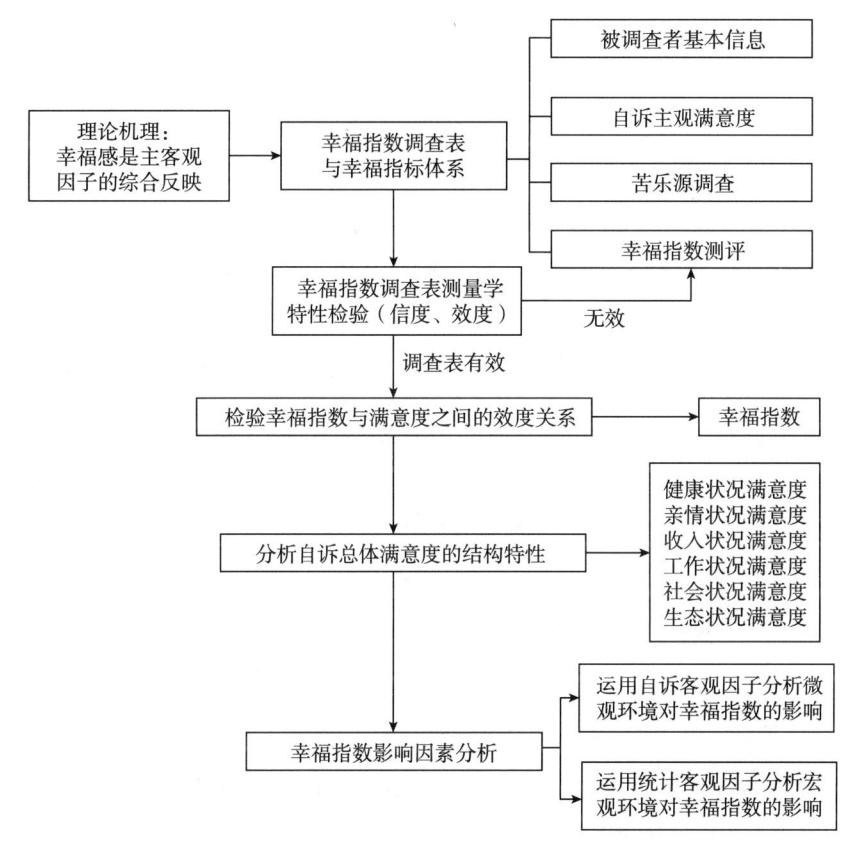

图 5-6 基于经济社会发展的幸福指数测量方法技术路线

无业占 1.1%，离退休占 0.8%。常住地分布：省会占 24.3%，地级市占 24.2%，县级市占 19.4%，小城镇占 22%，乡村占 10.1%。文化程度分布：初中及以下学历占 6.6%，高中、中专学历占 14.3%，大专学历占 20.1%，本科学历占 37.5%，研究生学历占 11.5%。婚姻状况分布：未婚占 33.1%，已婚占 62.9%，离异占 2.1%，再婚占 1.6%，丧偶占 0.3%。年龄分布：25 岁及以下占 25.2%，26—30 岁占 21.4%，31—35 岁占 12.3%，36—40 岁占 16.2%，41—45 岁占 10.2%，46—50 岁占 9.1%，51—55 岁占 3.2%，56—60 岁占 2.3%，61 岁及以上占 0.7%。从上述情况看，本次调查样本的性别结构、职业结构、学历结构、地区分布、婚姻状况以及年龄分布等都比较合理。调查表见附录：幸福指数调查问卷（一）。

（二）幸福指数自述主观因子量表信度分析

信度是对测量一致性程度的估计。本研究选用克朗巴哈 α（Cronbach）系数法测量问卷的内部一致性。克朗巴哈系数法利用各题得分的方差、协方差矩阵或相关系数矩阵，借助式（5-32）计算各题间的同质性，得出信度系数。

$$\alpha = \frac{N}{N-1}\left[1 - \frac{\sum S_i^2}{\sum S_T^2}\right] \qquad (5-32)$$

式中，N 为题数，S_i^2 为第 i 题的题内方差，S_T^2 为总分方差。

本研究应用 SPSS17.0 统计软件计算幸福指数自述主观因子量表运用于国民幸福指数的调查数据，计算结果显示（见表 5-7），克朗巴哈 α 系数为 0.930，这表明幸福指数自述主观因子量表运用于国民幸福状况调查的同质信度非常好。

表 5-7　　　　可靠性统计量（Reliability statistics）

Cronbach's α 系数	基于标准化项的 Cronbach's α 系数	项数
0.930	0.932	18

表 5-8 为信度分析中项总计统计量，该部分显示将某一项目从量表中剔除的情况下，项已删除的刻度均值（Scale Mean if Item Deleted）；项已删除的刻度方差（Scale Variance if Item Deleted）；校正的项总计相关性（Corrected Item - Total Correlation），即每个项目得分与剩余各项目得分间的相关系数；多相关性的平方（Squared Multiple Correlation），即以该项目为自变量、所有其他项目为因变量建立回归方程的 R^2 值；项已删除的 Cronbach's Alpha 值（Alpha if Item Deleted）。

表 5-8　　　　项总计统计量（Item - Total statistics）

	项已删除的刻度均值	项已删除的刻度方差	校正的项总计相关性	多相关性的平方	项已删除的 Cronbach's α 值
身体健康	104.29	598.846	0.488	0.554	0.929
心理健康	104.12	594.743	0.538	0.669	0.928
亲情关系	103.75	609.578	0.398	0.512	0.930
朋友关系	104.26	594.410	0.512	0.469	0.928
收入状况	105.81	575.377	0.645	0.654	0.925
资产状况	105.63	579.498	0.621	0.644	0.926

续表

	项已删除的刻度均值	项已删除的刻度方差 γ	校正的项总计相关性	多相关性的平方	项已删除的Cronbach's α 值
工作状况	105.28	578.468	0.683	0.697	0.925
岗位适应	104.95	581.737	0.666	0.697	0.925
组织氛围	105.05	581.320	0.676	0.632	0.925
发展机会	105.72	567.363	0.711	0.611	0.924
社会公正	105.99	563.465	0.767	0.708	0.923
社会安全	105.50	565.327	0.768	0.751	0.923
社会保障	105.61	565.983	0.753	0.752	0.923
公共服务	105.62	570.704	0.749	0.694	0.923
食品安全	106.42	566.235	0.645	0.704	0.926
空气状况	106.17	569.122	0.612	0.830	0.926
水质状况	106.08	569.041	0.635	0.836	0.926
环境绿化	106.59	569.516	0.500	0.546	0.931

本量表中，如果删除任意一个项目，其余各项目的内部一致性信度除生态环境一个指标外其余均会降低，而生态环境指标后，其信度水平提高的幅度也是非常小的，最多仅提高 0.001，因此不需要删除两项。这表明本量表选取的 18 个项目的内部一致性最好，为 0.930。在每个项目得分与剩余各项目得分间的相关系数中"社会安全"与"社会公正"两个变量的相关系数最大，分别为 0.768 和 0.767，表明该项目与其他各项目关系最密切。对于 R^2 值是"水质状况"和"空气状况"两个变量的最大，分别为 0.836 和 0.830，表明其含义有 80% 以上可以被其他项目解释掉。

表 5-9 为 Hotelling's T-Squared 检验结果，用于检验量表中的所有条目的均数是否相等。Hotelling's T-Squared 检验结果显示，该量表的项目间平均得分的相等性好，即项目具有内在相关性。

表 5-9　　　　　　　Hotelling's T-Squared 检验

Hotelling's T-Squared	F	Df1	Df2	Sig
1687.223	97.794	17	1076	0.000

表 5 – 10 为方差分析，用于对各变量进行重复测量的方差分析。F 值为 3935.898，Sig < 0.0001，即该量表的重复度量效果良好。

表 5 – 10　　　　　　方差分析（ANOVA with F – Test）

		平方和	Df	均方	F	Sig
人员之间		39137.809	1092	35.840		
人员内部	项之间	12570.411a	17	739.436	3935.898	0.000
	残差	46773.311	18564	2.520		
	总计	59343.722	18581	3.194		
总计		98481.531	19673	5.006		

注：总均值 = 6.20。

a. Kendall 的和谐系数 W = 0.128。

（三）幸福指数自述主观因子量表效标效度与结构效度分析

该幸福指数量表以总体幸福感单项量表作为效标，计算效标效度为 0.672，在 0.01 水平下达到显著水平，这表明该量表的效标效度较好。调查表的结构是否合理及其能否全面评价主体幸福感，这直接关系着对幸福指数测量分析的科学性与可信性。为了回答这一问题，有必要对问卷的结构效度进行分析。如果问卷确实能将主体幸福感的 6 个主要维度的认知状况进行科学评价，那么因子分析所得到的公因子就应当与理论分析的幸福指数一级评价指标相一致。因此，本书选用探索性及验证性的结构效度评价。探索性的结构效度评价是将问卷的所有分项目合并分析，根据提取的公因子数及其载荷情况揭示问卷的结构，并将其结果与问卷设计的理论结构相比较，以评价测量的准确性。验证性的结构效度评价则是对问卷各分项目分别进行因子分析，若一个分项仅测量一个概念，那么该项分析结果应只出现一个公因子。

本书应用探索性因子分析结果表明，本问卷共提取出 6 个公因子。变量一致性检验结果 KMO = 0.919，巴特利特球体检验（Bartlet's Test of Sphericity）的卡方值为 15561.620，显著性概率 Sig = 0.000，表明所选择变量适合进行因子分析。分析结果方差累积贡献率为 82.625%，表明所提取出六个公因子可以解释 82.625% 的原始变量的信息。

第一个公因子对社会保障、社会安全、公共服务、社会公正四项指标的负荷系数较大，根据各主因子绝对值较大的负荷系数所代表的意思可以将其命名为"社会状况"；第二个公因子对空气状况、水质状况、食品安全、环境绿化四个指标的负荷系数较大,因此可以将其命名为"生态环境状况";第三个公因子对身体健康、心理健康、亲情关系三个指标的负荷系数较大,因此可以将其命名为"个体环境";第四个公因子对岗位适应、组织氛围、工作状况、发展机会四个指标的负荷系数较大,因此可以将其命名为"工作环境";第五个公因子对收入状况、资产状况两个指标的负荷系数较大,因此可以将其命名为"经济环境";第六个公因子主要对朋友关系一个指标的负荷系数较大,因此将其命名为"人际关系"。由此可见,在探索性因子分析的结果中,工作发展机会被划分为社会状况,这主要是因为个体的社会地位、社会保障以及公共服务等状况都与工作类型以及工作职位相联系。第二个公因子将身体健康、心理健康与亲情、朋友关系与个性状况五个指标划分为一个公因子,这主要是因为,个体特征与家庭氛围、亲友关系密切相关。由于经济状况主要来源于工作,因此,收入状况、家庭资产状况以及工作状况三个指标表示经济环境。婚姻关系与我们的理论设想不完全一致。这表明,国民幸福指数调查量表的探索性结构效度与理论设想基本一致。应用验证性因子分析结果也表明,每一分项都只提取一个公因子。探索性及验证性因子分析都表明本问卷设计与理论框架较吻合,具有较好的结构效度。

表 5-11　　　因子旋转矩阵（Rotated Component Matrix）

	主因子一	主因子二	主因子三	主因子四	主因子五	主因子六
社会保障	0.813					
社会安全	0.804					
公共服务	0.783					
社会公正	0.712					
空气状况		0.906				
水质状况		0.902				
食品安全		0.781				
环境绿化		0.744				
心理健康			0.844			
身体健康			0.837			
亲情关系			0.821			
岗位适应				0.808		
组织氛围				0.802		

续表

	主因子一	主因子二	主因子三	主因子四	主因子五	主因子六
工作状况				0.678		
发展机会				0.554		
资产状况					0.828	
收入状况					0.811	
朋友关系						0.753

注：提取方法：主成分分析法。旋转法：具有 Kaiser 标准化的正交旋转法。
a. 旋转在6次迭代后收敛。

八 幸福主客观维度耦合关系的实证检验方法

研究表明，幸福的主客观维度存在耦合关系。幸福的主观感受存在着某种客观实在性基础，并且这种客观实在性基础与主观幸福感两者之间具有内生一致性，具有耦合性关系。为进一步确认这种关系是否真实存在以及这种关系的强度大小，可以采用实证检验方法对其进行检验。通过对研究目的以及幸福的主客观维度的数据格式进行分析，在检验中可以采用典型相关分析检验耦合关系是否存在，采用离差系数法测度耦合关系强度的大小。典型相关分析就是利用综合变量对之间的相关关系来反映两组指标之间的整体相关性的多元统计分析方法。

（一）耦合关系检验方法

耦合（Coupling）最初是物理学中的概念，用于描述两个（两个以上）系统或要素通过各种相互作用而彼此影响的现象。1963 年凯斯勒（M. M. Kessler）正式将耦合概念引入社会科学中，用于描述图书情报学领域相关现象。[①] 随后耦合概念开始在社会科学中大量使用，并发展了"耦合度"概念用于测度系统或要素之间相互影响的强度。目前，已有研究中检验变量间的耦合关系的方法并未形成一致意见，根据研究目的的不同，其耦合的检验方法分为两类：一是确认耦合关系的存在；二是度量耦合关系的强度，其中确认耦合关系的存在是度量耦合关系强度的前提。对于如何确定耦合关系的存在，采用协整检验、格兰杰因果检验以及向量误差修正模型（VECM）等方法，可以分析人均 GDP 和环境压力指标变量的因果

---

① Kessler, M. M., "Bibliographic Coupling between Scientific Papers", *American Documentation*, 1963, 14 (1): 10–25.

关系，以证明经济与环境系统的耦合关系。① 目前，应用最为广泛的"耦合度"计算方法为离差系数法，也称变异系数法，该方法运用数理统计中离差系数的概念和性质反映数据之间的变异程度，以求得子系统之间或要素之间的耦合强度。② 除此之外，相关分析、弹性系数法、模糊及灰色理论法、③ 系统研究及系统动力学方法以及数据包络分析法也是测度耦合强度的重要方法。以上方法并不存在绝对的好坏优劣之分，需要在具体研究中根据研究对象、研究目的以及数据格式等约束条件审慎选择。

（二）幸福主客观维度耦合关系实证检验的方法选择

理论研究表明，幸福具有主客观两个维度，且两个维度密不可分：客观幸福或福祉条件是主观幸福感产生的重要源泉与客观基础；主观幸福感是客观经济、社会、文化、生态环境发展的主观反映。主观幸福是终极目的，客观幸福是工具性手段，两者的耦合关系十分明确。为了进一步确认这种耦合关系的存在以及存在的强度，可以采用定量研究方法对其进行实证检验。那么，如何从众多检验方法中选择合适本议题的检验方法？需要进一步厘清本书的特点。

从研究目的看，幸福主客观维度耦合关系的实证检验目的是既要证实其耦合关系是否存在，又要证明其耦合关系强度的大小。这就决定了检验方法也必须是既能检验耦合关系的存在，又能测量其耦合关系强度的方法，根据这一约束条件，可以排除使用简单相关分析来对幸福的主客观维度的耦合关系进行检验。从研究数据获取的可能性看，由于人的记忆有限，实施追踪研究的可能性也较小，主观维度很难取得时间序列上的数据，一般是截面数据，因而可以排除用格兰杰关系检验耦合关系。从数据格式上看，幸福主客观维度的数据格式也给研究方法的选择提出了一定的挑战性，幸福主观维度采集的是个体的数据，而幸福客观维度采集的是区域数据，这使数据的分析对象存在分歧。结合以上考虑，并比较已有研究方法，本书将采用典型相关分析和离差系数法来检验幸福主客观维度的耦合关系，其中典型相关分析用于检验耦合关系是否存在，离差系数法检验耦合关系存在的强度。

典型相关分析（Canonical Correlation Analysis）是测度两组变量间整

---

① 张子龙等：《庆阳市环境—经济耦合系统动态演变趋势分析：基于能值理论与计量经济分析模型》，《环境科学学报》2010年第10期。
② 张晓东、池天河：《90年代中国省级区域经济与环境协调度分析》，《地理研究》2001年第4期。
③ 毕其格等：《内蒙古人口结构与区域经济耦合的关联分析》，《地理研究》2007年第5期。

体相关关系的统计分析方法，它用于考察变量之间是否存在相互依存的变化关系。[①] 但与简单相关分析不同，它验证一组变量与另一组变量之间的整体相关性。该方法的基本思想与主成分分析方法非常相似，即根据变量间的相关关系，寻找一对或少数几对综合变量来替代原变量，从而将两组变量的关系集中到少数几对综合变量的关系上。幸福主客观指数属于潜变量，均由多个指标加总得到，考察二者之间的依存关系，显然应采用典型相关分析。

离差系数法（Coefficient of Variation）用于测度数据之间的离散趋势。假设有两个系统 X 与 Y，那么二者之间的耦合度就体现为 $f(X)$ 和 $g(Y)$ 的离差，离差越小，则两个系统之间的耦合度越高，反之两个系统的耦合度越低。参考廖重斌提出的耦合度模型[②]，得出幸福主客观维度耦合度测量模型：

$$C = \left\{ \frac{f(X) \times g(Y)}{\left[\frac{f(X)+g(Y)}{2}\right]^2} \right\}^K \qquad (5-33)$$

其中，K 为调节系数，K 值通常是协调度评价指标体系的层次数减 1，$f(X)$ 为幸福主观维度函数，$g(Y)$ 为幸福客观维度函数。容易证明，$0 \leq C \leq 1$，当 C 值等于 1 时，表示幸福主客观维度处于完全耦合状态；反之，当 C 值等于 0 时，表示幸福主客观维度非常低度甚至处于不耦合的状态。

（三）幸福主客观维度耦合关系的实证检验步骤

幸福主客观维度耦合关系的检验是一项系统的工作，具体操作中包括以下五个相互关联的步骤：

（1）提出研究假设。根据已有文献及相关理论解析，提出相应的研究假设：H_1：幸福主客观维度之间存在耦合关系；H_2：幸福主客观维度之间存在中度以上耦合关系。

（2）数据的采集与整理。考虑客观数据的属性，研究拟从区域层面验证主客观数据的一致性，其研究对象为区域，因而数据的采集也是区域层面的数据。客观数据为前述的与主观幸福指标对应的 18 个客观指标。幸福主观维度的数据则通过编制相应的问卷，采用问卷调查的形式取得。为了保证问卷调查结果的效度，需要采用科学的抽样方法进行抽样。另外，还需要注意的是，问卷所取得的是个体数据，而分析单位为区域，因而需

---

① 范柏乃、蓝志勇：《公共管理研究与定量分析方法》（第 2 版），科学出版社 2013 年版。
② 廖重斌：《环境与经济协调发展的定量评判及其分类体系——以珠江三角洲城市群为例》，《热带地理》1999 年第 2 期。

要对特定区域的个体数据进行处理加总计算。

（3）幸福主客观维度耦合关系是否存在的检验。采用 SPSS18.0 中提供的宏程序实现幸福主客观维度两列数据的典型相关分析。根据输出内容读取相关结果，包括统计的显著性水平、典型负载系数以及交叉负载系数等。该阶段的检验是进行关系强度测量的前提，倘若该检验不能通过，则无须进行关系强度的检验。

（4）幸福主客观维度耦合关系强度的测量。在耦合关系存在的前提下，加总处理区域幸福主客观维度数据，即 $f(X_1) = ax_{11} + bx_{12} + \cdots + nx_{1n}$，$f(X_1)$ 为编号为 1 的区域的主观维度幸福指数，a 为幸福主观维度第一个指标的权重系数，[①] x_{11} 为编号为 1 的区域的第一个指标的数值，其他依次类推。同样，$g(Y)$ 也做相应处理。按照幸福主客观维度耦合度测量模型计算幸福主客观维度的耦合度，并按照耦合度等级划分标准划分耦合度等级。

表 5 – 12　　　　　　　　耦合等级划分标准[②]

耦合度 C	0—0.39	0.40—0.79	0.80—0.89	0.90—1.00
耦合等级	低度耦合	中度耦合	高度耦合	极度耦合

根据检验结果，对提出的研究假设做出证实或未被证实的结论，并分析该结论产生的原因。以上对检验幸福主客观维度耦合关系的方法以及检验的步骤进行了较为详细的说明，这里不进行代入具体数据进行实证检验的工作。

九　小结

国民幸福指数核算对于弥补 GDP 核算不足，在核算体系上体现"以人为本"，彰显经济社会发展的终极价值，并强化国民对于经济增长与社会发展的过程性、全局性体验，具有实际意义。通过幸福指数核算对了解人民满意度状况，发现和研究经济发展与国民幸福之间的演化关系，解决"经济有发展，幸福无提高"的发展新难题，开发促进提高人民幸福指数的经济社会政策，能够为经济社会发展决策提供新思路。

[①] 采用层次分析法计算各指标的权重，具体步骤在此不一一说明。
[②] 王雪妮、孙才志、邹玮：《中国水贫困与经济贫困空间耦合关系研究》，《中国软科学》2011 年第 12 期。

幸福指数是一种基于国民意向性数据与经济社会发展状况相结合的优良分析方法，它对幸福影响因子的系统考虑对建立起一种社会偏好与社会选择的新标准、实现以人为本的科学发展意义重大。而幸福指数调查量表的科学设计则是实现国民幸福指数核算的关键技术环节。在幸福测量的主客观一致性理论研究基础上，本幸福指数调查表综合了国内外幸福指数、主观幸福感调查的相关研究方法，设计了基于经济学主客观一致性理论视域并吸收社会学、心理学方法的幸福指数调查量表。上述分析验证证明，该调查量表具有优良的信度与效度，具有作为进行国民幸福指数核算的基础量表的应用前景与推广价值。在国家核算与统计、调查体系的支持下，运用本调查表测量国民幸福指数，可以获得国民幸福指数的较为可靠、系统的数据并进行经济社会发展与国民幸福相关性的系统性分析，以全面检验经济社会发展的国民幸福要素—结构—系统效果。

本书成果具有作为进行国民幸福指数核算的基础量表的应用前景与推广价值。在国家核算与统计、调查体系的支持下，运用本调查表测量国民幸福指数，即可获得国民幸福指数的较为可靠、系统的数据。在本调查表基础上，通过等权加总原理对国民幸福总值进行加总，即可获得国民幸福总值和国民平均幸福指数两个重要指标。而通过对苦乐源项目的测试性分析则进一步表明，本调查表［见附录：幸福指数调查问卷：（一）中国城乡居民幸福状况调查表］对于反映国民幸福指数的结构与全貌，分析不同人群幸福指数影响因子的权重序列以及国民整体的影响因子权重序列，具有优良的测量学功能，从而能够为分析我国国民幸福状况，进行国民幸福指数核算，调整与完善国家经济社会发展战略与政策提供依据。

需要说明，本章附录提供了3个幸福指数调查表，各有特色，可以根据实际的研究需要来使用或修葺。其中，附录（一）中国城乡居民幸福状况调查表，是基于经济社会发展的幸福指数6大一级指标和18个二级指标来设计的，最接近于幸福经济学的幸福指数调查样板模式，结合表5－6的基于经济社会发展的幸福指标体系和式（5－32），就可以对国民幸福指数及其经济社会影响因子进行比较全面的分析，为公共政策改进提供基于幸福指数调查的理论依据。附录（二）××市民生幸福指数调查表是在附录（一）基础上根据民生幸福感调查需要进行的问卷设计，设计、调查与研究的目的是为了显示民生政策成效、促进公共政策完善。附录（三）牛津幸福感问卷则是比较纯粹的幸福指数调查，如果要进行检验经济社会发展成效的幸福指数调查，则需要设置如附录（一）和表5－6等相关指标来进行。

附录　幸福指数调查问卷

（一）中国城乡居民幸福状况调查表

问卷编号：_____

亲爱的朋友，您好！

为了了解人们的工作、生活幸福状况，我们正在进行一项城乡居民幸福指数调查研究。请您根据自身情况在相应标记前打"√"或回答，有些问题只能估计作答。答案无对错，不记名。

谢谢您的支持与帮助！

幸福指数研究小组

一、基本信息（请在你的情况相符合的前面打"√"或填上具体数字）

1. 您的性别：①男　②女
2. 您的年龄：_____岁
3. 您的职业特性：①工人　②农民　③农民工　④企业管理（技术）人员　⑤事业单位工作人员　⑥公务员　⑦学生　⑧离退休　⑨私营业主　⑩服务业　⑪自由职业者　⑫其他
4. 您的就业状况：①正常就业　②临时就业　③失业　④无业　⑤离退休
5. 您的常住地属于：①省会城市　②地级市　③县级市　④小城镇　⑤乡村
6. 您的文化程度：①初中及以下　②高中、中专　③大专　④本科　⑤研究生
7. 您的身体健康状况：①很不健康　②不太健康　③一般　④比较健康　⑤很健康
8. 您的个性类型：①内向、情绪稳定　②内向、情绪不稳定　③外向、情绪稳定　④外向、情绪不稳定
9. 您最近一周的积极情绪比消极情绪：①多很多　②多一些　③差

不多　④少一些　⑤少很多

10. 您的婚姻状况：①未婚　②已婚　③离异　④再婚　⑤丧偶

11. 您的可信赖的亲友状况：①很多　②较多　③一般　④较少　⑤很少

12. 您平均月收入为：_____元

13. 您家庭年收入为：_____万元

14. 您的家庭资产（包括住房、车、储蓄、投资等）：_____万元，其中，投资资产为：_____万元

15. 您每天的工作时间（含上下班路途时间，学生为学习时间，如无可不答）：_____小时

16. 您的工作、学习压力状况（如无可不答）：①很小　②较小　③适中　④较大　⑤很大

二、幸福感状况调查（1 分为非常不满意，10 分为非常满意，请根据您的实际感受打分）

序号	指标	幸福感状况满意度得分（请在相应分值前打√）									
1	身体健康	1	2	3	4	5	6	7	8	9	10
2	心理健康	1	2	3	4	5	6	7	8	9	10
3	亲情关系	1	2	3	4	5	6	7	8	9	10
4	个性状况	1	2	3	4	5	6	7	8	9	10
5	婚姻状态	1	2	3	4	5	6	7	8	9	10
6	朋友关系	1	2	3	4	5	6	7	8	9	10
7	收入状况	1	2	3	4	5	6	7	8	9	10
8	家庭资产状况	1	2	3	4	5	6	7	8	9	10
9	工作（学习）状况	1	2	3	4	5	6	7	8	9	10
10	岗位（学习）适应	1	2	3	4	5	6	7	8	9	10
11	工作所在组织氛围	1	2	3	4	5	6	7	8	9	10
12	工作发展机会	1	2	3	4	5	6	7	8	9	10
13	社会公平、公正状况	1	2	3	4	5	6	7	8	9	10
14	社会地位状况	1	2	3	4	5	6	7	8	9	10
15	社会安全状况	1	2	3	4	5	6	7	8	9	10

续表

序号	指标	幸福感状况满意度得分（请在相应分值前打√）									
16	社会保障状况	1	2	3	4	5	6	7	8	9	10
17	公共服务	1	2	3	4	5	6	7	8	9	10
18	居住环境	1	2	3	4	5	6	7	8	9	10
19	食品安全状况	1	2	3	4	5	6	7	8	9	10
20	空气状况	1	2	3	4	5	6	7	8	9	10
21	水质状况	1	2	3	4	5	6	7	8	9	10
22	生态环境总体状况	1	2	3	4	5	6	7	8	9	10

三、苦乐源判断

1. 您的快乐与幸福主要来自以下因素，请按重要性以 1、2、3 标出前三项：

第一_____；第二_____；第三_____

①健康　②亲情　③工作　④收入　⑤人际关系　⑥社会地位　⑦生态环境　⑧自由　⑨其他

2. 您的痛苦主要来自以下因素，请按重要性以 1、2、3 标出前三项：

第一_____；第二_____；第三_____

①健康状况　②家庭状况　③工作状况　④收入状况　⑤人际关系状况　⑥社会地位状况　⑦生态环境状况　⑧闲暇不足　⑨缺乏自由　⑩其他

3. 你对自己幸福感的总体评价：①很不幸福　②不太幸福　③一般　④比较幸福　⑤非常幸福

四、对自我幸福（快乐）状况的总体判断

请您给自己以下三个时期的幸福状况打分，1 代表非常痛苦，10 代表非常幸福和快乐。

序号	指标	幸福感自我评价（请在相应分值前打√）									
1	目前的幸福状况	1	2	3	4	5	6	7	8	9	10
2	五年前的幸福状况	1	2	3	4	5	6	7	8	9	10
3	预期五年后幸福状况	1	2	3	4	5	6	7	8	9	10

（二）××市民生幸福指数调查表

《中华人民共和国统计法》第一章第九条规定：统计机构和统计人员对在统计工作中知悉的国家秘密和个人信息，应当予以保密	民生幸福指数调查问卷	制表单位：民生幸福指数课题组 有效期至：2013年12月

00_ 1 问卷编码：□□□□
00_ 2 群体类型：①工人 ②农民 ③农民工 ④企业管理（技术）人员 ⑤事业单位工作人员 ⑥公务员 ⑦学生 ⑧离退休人员 ⑨私营业主 ⑩服务业人员

一、基本情况

01 填表人基本情况：
　　（1）您的性别：□ ①男 ②女
　　（2）您的年龄：_____岁
　　（3）您的就业状况：□ ①正常就业 ②临时就业 ③失业 ④无业 ⑤离退休
　　（4）您的常住地属于：□ ①××市区 ②县级市 ③小镇 ④乡村
　　（5）您的文化程度：□ ①初中及以下 ②高中、中专 ③大专 ④本科 ⑤研究生
　　（6）您的身体健康状况：□ ①很不健康 ②不太健康 ③一般 ④比较健康 ⑤很健康
　　（7）您最近一周的积极情绪比消极情绪：□ ①多很多 ②多一些 ③差不多 ④少一些 ⑤少很多
　　（8）您的婚姻状况：□ ①未婚 ②已婚 ③离异 ④再婚 ⑤丧偶
　　（9）您的可信赖的亲友状况：□ ①很多 ②较多 ③一般 ④较少 ⑤很少
　　（10）您的月收入：□ ①1500元以下 ②1500—3000元 ③3000—6000元 ④6000—10000元 ⑤10000元以上
　　（11）您每天的工作时间（含上下班路途时间，学生为学习时间，如无可不答）：_____小时。

二、调查内容

幸福感状况调查表（1分为非常不满意，10分为非常满意，请根据您的实际感受打分）

1. 您对自己身体健康状况的满意度是：_____分。
2. 您对自己心理与个性状况的满意度是：_____分。
3. 您对自己亲情关系的满意度是：_____分。

续表

4. 您对自己婚姻状况的满意度是：_____分。
5. 您对自己人际关系状况的满意度是：_____分。
6. 您对自己收入状况的满意度是：_____分。
7. 您对自己家庭资产状况的满意度是：_____分。
8. 您对自己工作（学习）状况的满意度是：_____分。
9. 您对自己职业发展机会的满意度是：_____分。
10. 您对食品安全状况的满意度是：_____分。
11. 您对生活居住环境状况的满意度是：_____分。
12. 您对目前物价状况的总体满意度是：_____分。
13. 您对自己社会地位状况的满意度是：_____分。
14. 您对目前社会安全状况的满意度是：_____分。
15. 您对目前社会保障状况的满意度是：_____分。
16. 您对社会福利状况的满意度是：_____分。
17. 您对养老保障体系的满意度是：_____分。
18. 您对目前××市经济发展总体状况的满意度是：_____分。
19. 您对政府机关服务水平与政府办事效率的满意度是：_____分。
20. 您对目前教育状况的总体满意度是：_____分。
21. 您对目前医疗状况的总体满意度是：_____分。
22. 您对目前居住成本水平的满意度是：_____分。
23. 您对目前城市交通状况的满意度是：_____分。
24. 您对目前社会（社区）文化、体育生活的总体满意度是：_____分。
25. 您对目前社会公平、诚信状况的满意度是：_____分。
26. 您对空气质量状况的满意度是：_____分。
27. 您对水质状况的满意度是：_____分。
28. 您对生态环境总体状况的满意度是：_____分。

三、苦乐源判断

1. 您的幸福感主要来自以下哪些因素，请按重要程度以1、2、3标出前三项：
第一重要_____；第二重要_____；第三重要_____
①健康 ②亲情 ③工作 ④收入 ⑤宏观经济环境 ⑥社会环境 ⑦政府善治 ⑧生态环境 ⑨休闲 ⑩自由 ⑪人际关系 ⑫其他

2. 您的痛苦感主要来自以下哪些因素，请按影响程度以1、2、3标出前三项：
第一重要_____；第二重要_____；第三重要_____
①健康状况 ②亲情状况 ③工作状况 ④收入状况 ⑤人际关系状况 ⑥社会地位状况 ⑦生态环境状况 ⑧闲暇不足 ⑨缺乏自由 ⑩宏观经济环境 ⑪社会保障 ⑫其他

续表

四、对自我幸福（快乐）状况的总体判断
1. 您目前的幸福指数状况为_____分。 2. 您五年前的幸福指数状况为_____分。 3. 预期您五年后的幸福指数状况为_____分。

注1：不同群体情况可能不同，学生群体对收入及婚姻状况等情况不必填写；离退休群体对上班时间等不必填写。

2：幸福指数调查表可以在遵循六大一级指标体系及其基本理论机理的基础上，根据具体研究需要，设计具有针对性的二级指标乃至三级指标体系，使幸福指数实证研究更加具有针对性并服务于公共政策制定的需要。

（三）牛津幸福感问卷（修订版）

以下是一些关于个人幸福感的陈述。每题有四个句子，请选择一个与你过去1周（包括今天）的感受最相符合的一种描述。

序号	问题	序号	问题
1	A. 我觉得不幸福 B. 我觉得还算幸福 C. 我觉得很幸福 D. 我觉得非常幸福	4	A. 我觉得我一点也不能主宰我的生活 B. 我觉得我至少能部分主宰我的生活 C. 我觉得我在大多数时候能主宰我的生活 D. 我觉得我完全能主宰我生活的各个方面
2	A. 我对将来不是很乐观 B. 我对将来觉得乐观 C. 我觉得我很有希望 D. 我觉得将来充满希望，前景光明	5	A. 我觉得生活毫无意义 B. 我觉得生活有意义 C. 我觉得生活很有意义 D. 我觉得生活意义非凡
3	A. 我对我生活中的任何事情都不满意 B. 我对我生活中的有些事情感到满意 C. 我对我生活中的很多事情感到满意 D. 我对我生活中的每件事情感到满意	6	A. 我不太喜欢我自己 B. 我喜欢我自己 C. 我很喜欢我自己 D. 我对自己的样子满怀欣喜

续表

序号	问题	序号	问题
7	A. 我无法改变任何事情 B. 我有时能很好地改变一些事情 C. 我通常能很好地改变一些事情 D. 我总是能很好地改变一些事情	15	A. 我觉得自己的思维不敏捷 B. 我觉得自己的思维比较敏捷 C. 我觉得自己的思维很敏捷 D. 我觉得自己的思维异常敏捷
8	A. 我觉得生活就是得过且过 B. 生活是美好的 C. 生活很美好 D. 我热爱生活	16	A. 我觉得自己不健康 B. 我觉得自己比较健康 C. 我觉得自己很健康 D. 我觉得自己异常健康
9	A. 我对别人不大感兴趣 B. 我对别人比较感兴趣 C. 我对别人很感兴趣 D. 我非常热衷于别人的事情	17	A. 我对别人缺乏温情 B. 我对别人有些温情 C. 我对别人充满温情 D. 我爱所有的人
10	A. 我发现做决定很难 B. 我发现做某些决定很容易 C. 我发现做大多数决定都很容易 D. 所有的界定对我而言都很容易	18	A. 我的过去没有留下幸福的记忆 B. 我的过去有些幸福的记忆 C. 过去所发生的大多数事情似乎都是幸福的 D. 我所有的过去都非常幸福
11	A. 我发现要着手做一件事情很难 B. 我发现着手做一件事情比较容易 C. 我发现要着手做一件事情很容易 D. 我觉得我能够做任何事情	19	A. 我从来都没有高兴过 B. 我有时会高兴 C. 我经常都很高兴 D. 我总是处于高兴的状态之中
12	A. 和别人在一起我不觉得开心 B. 和别人在一起我有时候会觉得开心 C. 和别人在一起我常常会觉得开心 D. 和别人在一起我总是觉得开心	20	A. 我所做的都不是我想要做的 B. 我所做的有些是我想要做的 C. 我所做的大多是我想要做的 D. 我所做的都是我想要做的
13	A. 我一点也不觉得自己精力充沛 B. 我觉得自己精力比较充沛 C. 我觉得自己精力很充沛 D. 我觉得自己有使不完的劲	21	A. 我不能很好地安排我的时间 B. 我能较好地安排我的时间 C. 我能很好地安排我的时间 D. 我能把我想做的事情都安排得非常妥当
14	A. 我认为所有的事情都不美好 B. 我发现有些事情是美好的 C. 我发现大多数事情是美好的 D. 整个世界对我而言都是美好的	22	A. 我不和别人一起玩 B. 我有时和别人一起玩 C. 我经常和别人一起玩 D. 我总是和别人一起玩

续表

序号	问题	序号	问题
23	A. 我不会使别人高兴 B. 我有时会使别人高兴 C. 我经常会使别人高兴 D. 我总会使别人高兴	27	A. 我很少笑 B. 我比较爱笑 C. 我经常笑 D. 我总是在笑
24	A. 我的生活没有什么目的和意义 B. 我的生活有意义和目的 C. 我的生活很有意义和目的 D. 我的生活充满意义，而且目的明确	28	A. 我认为我的外表丑陋 B. 我认为我的外表还过得去 C. 我认为我的外表有吸引力 D. 我认为我的外表非常有吸引力
25	A. 我没有尽职尽责和全身心投入的感觉 B. 我有时会尽职尽责并全身心投入 C. 我经常会尽职尽责并全身心投入 D. 我总是会尽职尽责并全身心投入	29	A. 我发现所有的事情都索然无味 B. 我发现有些事情有趣 C. 我发现大多数事情都有趣 D. 我发现所有的事情都有趣
26	A. 我觉得世界不美好 B. 我觉得世界比较美好 C. 我觉得世界很美好 D. 我觉得世界美好极了		

问卷解释：选 A 得 0 分，选 B 得 1 分，选 C 得 2 分，选 D 得 3 分。最后将各题得分相加即为幸福感总分。大多数人在这个问卷上的得分在 40—42 分。

第六章　经济与幸福

【本章导读】 经济发展是提高幸福水平的工具性手段，提高公众幸福感是经济发展的终极价值目标。从这个意义上说，经济发展必须以提高人民的幸福感为目标，才不至于迷失其科学方向。然而，很长一段时间以来，人们单纯关注经济增长，并将增长本身当作目标，这是引发当前许多经济社会矛盾的人类行为根源。本章从国民经济分工演化角度，分析经济发展过程中因循的幸福层序规律，依次研究生产、消费、分配、可持续发展等经济过程与幸福之间的内在关系，从而显示了幸福终极目的对于经济社会发展的系统性和统治性影响。其中，生产与幸福揭示的是人类的幸福需要对于国民经济部门演化和生产发展的统治性影响，消费与幸福揭示的是绿水青山等生态环境消费与劳动产品消费对于人类幸福的同等重要性，分配与幸福的核心关系是多数人幸福与少数人幸福问题，可持续发展的核心关系是幸福的可持续性与多边性问题。

众所周知，经济学的基本规律是"约束条件下的最大化"决策。将这一规律往前推进到"人的有限生命成本约束条件下的幸福最大化"，是幸福经济学关于经济学基本规律的一个革命性表述。它表明，当我们把资源稀缺性问题推到极限时，必定是人力资源稀缺、人的生命资源稀缺导致了这一切的发生，当我们把决策的时间拉长考虑时，人的一生中最根本的约束条件是生命周期时间的有限性，而真正追求的最大化是人一生幸福的最大化。

幸福快乐是人类需要的核心，也是经济发展的终极目的。从最初的社会分工到整个国民经济部门的系统发展，快乐与幸福始终是解释纷繁复杂的经济发展现象的原初起点、逻辑主线与终极价值归宿。解释无论多么复杂的经济现象，其背后贯穿的始终只有一条谋求人的幸福的简单主线。顺着这条主线可以解开所有复杂经济社会发展问题产生的内生逻辑，并找到问题的解。而找到问题的解，人们却不愿意或者不能够去有效地解决它，那基本上就是幸福本身存在的内在矛盾，即个体幸福与社会幸福、少数人幸福与多数人幸福、正当性幸福与不当幸福、当下幸福与代际的幸福可持续矛盾等。那就需要借助于政治、立法与教育。

第一节 分工、幸福与国民经济部门演化

分工（Division of Labour）是一个基础性的经济学概念，也是我们理解经济过程的有力分析工具。分工可以定义为工序或工作的划分和独立化。由分工导致的专业化生产，不仅推动了经济发展与科学技术进步，同时也改变着人们的幸福观念、幸福水平与生活幸福的结构，引起社会与人类生命存在状态的不断演化。一般认为，分工由生产力进步引起，实际上推动分工演化的除了生产力原因外，更加根本的是人们追求幸福的欲望。这种追求幸福的欲望与由之引发的需要本身又具有层次与结构性，这成为规范生产力与科学技术进步方向进而引起分工有序演化的根本性原因。所以，解释国民经济发展基础的分工与整个经济系统发展本身均毫无疑义地必须从人类本身的幸福追求及其结构开始。

一 分工与幸福的两个基础关系

今天，科技进步已导致社会分工异常细化，并影响几乎全部的人类生活，生活与工作中的快乐与痛苦无不与分工本身的演化发生着密切联系。[1]由于经济对于社会的基础性地位和经济发展对于分工效率的依赖，使得分工与社会经济演化之间存在密切的内生联系。通过对社会分工的经济解释以及分工的基础性质解读，能够使我们深入理解社会经济史演化的内生动力和大致图景。分工和由分工引起的国民经济多样化发展是贯穿人类经济史的一个重要现象。一部社会经济发展史，某种程度上就是分工与产业经济多样化发展的历史。因而，解释分工与产业部门演化，对了解历史与预期未来均有重要意义。而社会分工与国民经济序列的不断演化，实际上又是人类快乐层序结构增长的一个结果，从而使得分工演化与人类快乐满足的层次提高存在紧密的内生一致性关系。这使得经济解释回归到了人的快

---

[1] 我们甚至可以看到，今天的婚姻、家庭状态演化都是社会分工演化的一个结果，或者至少是与分工发展产生着密切的联系。社会分工推动了户组织生产功能的瓦解以及就业人员的社会流向改变，引起了人们婚姻幸福状态的变故。参见陈惠雄《婚姻、道德与社会等级：基于分工的社会演化分析》，《社会科学战线》2005年第1期。

乐需要本身。

（一）分工—富裕—幸福：古典经济学的核心理论链条

古典经济学曾经认为财富的增长一定能够带来人们快乐与幸福的增长。所以，只要研究财富的原因并以经济增长为中心，社会的幸福就会自然到来，经济与幸福的关系研究也就无须重视了。因为，古典经济学本来就以人们的快乐幸福生活为中心，而富裕又是增加快乐的根本性手段。这里，马尔萨斯关于斯密《国富论》研究的一段话必须引起我们的重视："Adam Smith 博士公开发表的研究对象是国民财富的本质和原因。然而，或许还存在他更感兴趣的研究。依我看，那就是影响国民幸福的原因，只是他通常把这两者混杂在一起。"[①] 而混淆起来的原因就是斯密把引起富裕的原因——分工找到，又把幸福的原因与富裕等同起来。从而构成分工—富裕—幸福的古典经济学理论机理链条。

诚然，富裕是人类生活幸福的基础之一，古典经济学曾经认为财富的增长一定能够带来人们快乐与幸福的增长。而富裕则起因于分工。斯密解释，通过使每个人从事一项工序或工作即劳动分工，能够促进劳动者形成专门化的经验、技术与知识。这种专业知识一方面减少了无效动作与其他生产资源浪费，提高了分工的直接工作效率，从（企业）组织角度考察则有利于经验效益的形成，使一定资源的劳动产出导向最大化结果；另一方面，由分工形成的专业化技术和知识，促进工艺创新与专利技术发明，成为社会再生产过程不断被改进的组织结构—功能环节。不仅如此，分工还规范了劳动者的专业化路径，使人们必须注重专业化知识与技能的培养，从而成为培植人力资本的社会推动力量。因此，分工是劳动效率提高、工艺完善、科技进步、财富增长、人力资本扩张与人类幸福的全部基础。在斯密那里，分工几乎是作为社会经济进步的唯一的因素，发展经济学家希克斯（Hicks）用一个公式总结了斯密的"富裕起因于分工"的思想：

$$g = (k \cdot p/w) - 1 \qquad (6-1)$$

式中，g 为物质或经济增长率，k 为生产性劳动与非生产性劳动的比率，p 为依赖于分工扩大而提高的劳动生产率，w 为实际工资率。在 k 的变动被忽略、w 为给定的情况下，经济增长率 g 实际上就取决于依赖于分工扩大的劳动生产率 p 的提高。[②] 所以，希克斯认为，斯密强调分工是通

[①] 路易吉诺·布鲁尼等：《经济学与幸福》，上海人民出版社2007年版，第1页。
[②] Hicks, J. R., *Capital and Growth*, Oxford: Clarendon Press, 1965.

过劳动生产率提高而对经济增长发生巨大作用的观点是具有创见性的。这一观点对于理解人类社会进步与幸福提升的社会路径带有根本性的理论意义。然而，分工又起因于什么呢？也就是说是什么引起与推动了人类社会分工的无限扩大呢？无限扩大的分工与人类的无限幸福追求具有内生一致性吗？

（二）利用局限做局限的事情：分工与有限条件下的最大幸福

分工是效率提高、成本降低、科技进步、文明与财富积累等产生的重要基础，而这一切又都与人类"趋乐避苦"的根本属性密切相关的。人类之所以需要分工，实际上是人力资源局限或者叫有限性的一个结果，这也是分工发生的直接的人类学基础。由于人的生命资源的有限性，相对于无限的存在世界而言，人们只能掌握有限的信息与技能，并把有限的生命资源配置在局部活动方面，这是唯一能够提高人类自身行为效率、实现趋乐避苦原则与幸福生活的根本路径和方法。因此，生命资源有限性与人类希望利用有限的生命资源做尽可能多的事情（有限生命成本约束条件下的快乐最大化规则）是社会分工产生的根本性原因。而人类区别于其他灵长类的特有的脑物质机能，则为人类能够通过经验积累、学习、认知而形成专业化能力提供基础生理条件。利用局限做局限的事情，这就是基于生命资源有限性条件下的人类分工。基于局限的无数分工完善了整个社会，结果是对社会总福利增加有利，而福利被看作与快乐是一回事。[①] 从而证明，基于分工的社会合作是经济社会进步与人类幸福的永恒主题。

分工因人力资源局限而产生，并随着交易费用降低而扩大。分工与交易费用之间的关系问题是新兴古典经济学派的主要贡献。根据 Yang 和 Ng 的新兴古典经济学分析框架，随着科学技术进步（这本身又是分工的一个结果），交易费用逐步降低，市场范围得以扩大。市场扩大则为分工扩大提供条件，推动分工链条延伸，直至使分工产生的交易惠利扩大到整个世界，从而使人们的幸福指数不断提升。[②] 于是，科学技术因分工而进步，分工因生产力进步和由之引致的交易费用降低而扩大，社会又因分工扩大所提高的人们行动的专业化效率而富裕，富裕又成为幸福的一个基本源泉。分工扩大与交易费用降低的这种相互作用，不仅表现在整个人类经济史过程中，而且也表现在几乎所有的人类活动领域中。分工扩大的边界是

[①] 黄有光：《快乐、福利、人本主义——回应陈惠雄博士》，《中国社会科学文摘》2001年第1期。

[②] 杨小凯、黄有光：《专业化与经济组织》，经济科学出版社1999年版，第76页。

其边际效用趋近于零，即快乐净收益为零。而科学技术创新又会不断改善分工的效用水平，使分工表现出几乎是永续的人类幸福功用，从而必定使社会在分工发展中无休止地演化进步，进而决定了人类的幸福生活与快乐获得是可以（但不必然）不断改进的———一种终极目的不会有最终实现的人类行为辩证逻辑与幸福追求推动分工扩展的无限性。所以，从分工解释经济与幸福是一个重要的理论桥梁与问题视角。而分工与幸福两者之间的内生联系实际上比我们目前认识的远要密切。

二　人类苦乐层序与国民经济部门分工演化的一致性

交易费用降低引起了分工扩大，分工扩大的结果是国民经济部门多样化的发展，而分工与国民经济部门扩展又与人类自身的苦乐层序具有紧密一致性，而且在根本上是由后者支配前者又复相互作用而产生的结果。因此，看似纷繁复杂的社会分工演化与国民经济发展，实际上遵循着人类自身的快乐需要层次性和趋乐避苦的终极生命规则。

人类行为受迫切需要的推动，得不到满足的迫切需要会激起人们行为的追求。所谓迫切需要就是在个体的众多需要中需要在该时点下不能够达到最低限度满足会产生最大痛苦的需要。[①] 在正常身心条件下，人类希望实现的各种需要，遵循着如马斯洛揭示的需要层序增长的规律。人们的行为首先要保证最基本需要的满足，然后才会进行满足其他较高层次需要的活动。而决定人类这些需要层序的正是人自身感受的苦乐层序。在人类欲望中，生存欲是最基本的欲望，是决定所有其他欲望与需要能否实现的基础。这主要有满足食欲的食物、满足温度觉的衣服、满足安全感的住所等。衣食住行之间，食为命之根系，是最基本的，故有"民以食为天"之说。人类经济活动是解决食物需要的关键，所以人类经济行为首先从满足最基本的食物需要开始，并依照需要与苦乐层序而依次展开满足温度觉、安全感、味觉、视听觉、交往、友谊、自尊、美、创造、爱多样性、自我实现等方面需要的活动。分工与国民经济多样性发展，大致是依循着这个顺序展开的。

从生理存在角度看，人是杂食性动物。故人类在最初的经济活动中，首先进行畜牧业与农业生产，畜牧业和农业成为人类最早出现的产业分工。在达到了食物的基本满足后，与维持生命存在相联系的另一基本需

[①] 按照作者的这一诠释，马斯洛的"需要层次论"讲到底是关于人的快乐幸福需要的层次。

要——满足温度觉成为人类行为的新的迫切需要。这种基本满足点可以用配置效率理论来推导和定义：当人们掌握的可用资源（约束条件）用于生产不同效用的物品，如食物与衣服，对于人们的效用不相等时，在理性条件下，人们会将资源用于具有较高边际效用产品的生产，以达到最优的生产组合。在资源极少的条件下，甚至只有一二种产业分工如农业与畜牧业分工。当人类获得的资源逐渐增多时，在一定的资源提供和约束条件下，依照"趋乐避苦"的效用排序，依序地产生出渐次增多的分工和行业，有限资源在逐渐增多的分工和行业中进行分配，获得接近的边际效用，这便实现了资源的最优配置和产业分工的最优扩展序列。[1] 于是，在原始农牧业之后，出现了原始的葛、麻织造业等生产，形成了第二次社会大分工，产生了手工业部门。随着生产发展和基本需要的逐步满足，人类的多样化需要逐渐显现出来，产生了第三次社会大分工，形成了一个专门从事满足人们多样化性需要的商品交易部门即商业部门。生产和交换的继续发展，又使人类对另外两大基本性需要——住与行提出更好地满足要求，使得将部分资源配置到建筑和交通运输部门的效用大于完全配置在以往产业部门的效用，于是就产生了专门的建筑业和运输业分工，并形成两大新的社会经济部门。由于人类欲望的无限性，在基本的生理需要得到较好满足的基础上，"服务"日益显示其重要性。典型的以满足人的多样化快乐需要（节约时间的快乐、消费享受的快乐等）为特征的信息服务业、物流业应运而生。"服务"作为国民经济的一个新的分工与部门又从其他分工和产业部门中独立出来，成为第六大产业部门。

因此，分工和由分工引起的国民经济部门的多样性发展是依循着人类需要的层序（趋乐避苦的层序）而产生的，是随着人们需求层次的逐步提高（苦乐源序列的逐步变化）而不断发生的。各种产业分工的循序扩展，接受着人类需求层次逐步增长规律的支配。若从各种分工和部门经济内在的多样性发展看，同样是与人类快乐需要的层次性增长相一致的。以农业来讲，人类首先进行一般的粮食生产，以对抗饥饿，然后发展起蔬菜、油料、水果等的种植，以满足味觉。而这些品系本身又各有一个有序延伸的多样性发展过程，以满足不断提高的同一层次幸福需要（因此，幸福是一个几乎可以无限细分的概念，基于幸福需要的人类分工与产业发展可能也

---

[1] "趋乐避苦"是人类行为的终极效用原则，但可以分为"无理性"趋乐避苦与"有理性"趋乐避苦两种。无理性趋乐避苦可能会给持久的快乐幸福带来不利影响；有理性趋乐避苦则有利于快乐幸福的可持续性即生命周期快乐总效用的最大化。对于国家而言，就是最大多数国民的幸福最大化。

会永无终结)。因此,分工和国民经济各部门自身内部的发展和部门间的依序增长一样,同样受着人类需求层次逐步增长规律的支配。[①] 如果没有人类自身快乐需求层次的决定,即便过大的交易费用被克服,也难以指明新分工序列延伸的方向。因此,表面纷繁的社会分工与国民经济部门多样性发展的背后是秩序井然的。人类需求的层次性、各层次需求的总体有序性,是这种秩序的根源。这显示出"人及其快乐"对于经济史与经济发展的"根"的决定性意义。如此,"以人为本"和人以幸福为本的幸福经济史视角自然生成。

当然,分工与多样化经济发展给予人们相应需要的满足,也推动着需要的改变,使人类自身的快乐需要与客观经济运行之间表现为一种互为因果的相互促动。快乐与幸福需求的层次性决定了分工与经济多样性的秩序,而经济发展所给予人的需求满足,则又会推动人们的需求向新的层次发展。新需求的产生引起新的经济行为,从而促成新分工与经济部门的增长。因此,快乐幸福需求作为经济运行的"元动力",是贯穿人类经济过程与整个产业分工过程始终的。从人类自身欲望和快乐需要出发来解释经济史,体现了经济思想的人本精神,而快乐幸福则是这一理论的思想核心。

由此看到,社会因分工而进步,分工因交易费用降低而扩大,分工的延伸序列取决于人类快乐需求的层次与序列,并且技术进步的方向也是由人类自身快乐幸福需求的层次决定的,资源配置是以人类需求的迫切性排序为依归的。而分工之所以能够成为社会进步的基本原因,归根结底还是由于社会分工的细分化能够不断提高人们的专业化水平和专用知识生产能力,从而大大提高行为效率,给人类的快乐幸福需求以不断充实和扩大的满足。这意味着,社会将在分工的基础上,不断扩大人类合作的边界。这些是对快乐、幸福、分工与国民经济演化的内生联系的解释,并且能够使之与斯密、Yang 和 Ng 等对分工解释的观点相一致。

三 生产快乐与节约生命:经济发展的永恒之道

快乐幸福是人类经济社会发展的永恒主题。世界上所有对社会有效率的生产归根结底是生产两样东西:一个是生产快乐(或者说生产能够给消费者带来幸福感、快乐感的物品),另一个是节约生命,再不可能有其他

---

① 陈惠雄:《论人类快乐层序与国民经济分工发展的一致性》,《云南大学研究生论丛》1986 年第 1 期。

的内容。生产可口的饭菜、舒适的住房、美妙的音乐作品等，都是为了增加"消费者快乐"，为人们提供能够产生快乐和增加快乐的产品。改进生产工艺与扩大产业分工的科学方向永远是以产品能够满足人们更多、更高、更好的快乐需要为核心目标的。假如人们生产的产品不能给人带来快乐，反而会造成痛苦，产品就会卖不出去，企业就会倒闭。如果是给别人增加痛苦的生产故意行为，则往往还会受到法律的惩罚，如往牛奶中添加三聚氰胺、猪饲料中添加瘦肉精等就是增加别人痛苦的失德行为。所以，世界上所有社会生产的正确目的都是为了提供和增加人们的快乐，产品本身只是提供和增加快乐的物质载体。生产者则从提供给消费者快乐的过程中，获得收益。这种生产者收益也就是"生产者快乐"或者叫生产者效用——包括利润、创造力、成就感等。

随着科学技术进步，当今社会中人们不仅追求衣食住行的快乐，还追求"生的快乐"和"死的快乐"。也就是说，人类已经不仅仅注意到产品生产对于人们的快乐感，而且注意到人类自身生产的苦乐感以及生产过程、生命过程的快乐感。就生的快乐而言，生产婴儿是一个比较具有危险和痛苦的生命过程。现代医疗技术为了解决这个人类自身生产的痛苦难题，发明了各种各样的无痛生育技术，让医生与药物——一种能够缓解痛苦的劳务与商品来帮忙。生育条件改善使人类对自身生产过程的恐惧感大大降低，人们从结婚和生育行为中获得的幸福感就会进一步上升。婚姻经济学就需要有这方面的研究，以降低结婚的心理成本。

"死的快乐"指的是安乐死、临终关怀等一类事关人类终极痛苦的缓解问题。死亡是人类必须要面临的终极约束，一般可视为人类的最大痛苦。既然死亡是人类的最大痛苦，对于如何减轻人们的死亡痛苦，生产更多更好的有利于快乐、健康、长寿的产品实际上就成为人类生产行为过程的重要内容与生命科学发展的基本逻辑。不丹的幸福12字要诀是："顺利出生，幸福生活，安详死去"。12字中八个字是关于生死的，可见生死时刻的幸福对于人一生幸福的重要性。现代医学证明，婴儿出生时72小时内的苦乐感受状态对于后面一生的性格与幸福都有重要影响。在另一端，当科学还不能够解决人类的死亡问题时，宗教的来生学说与生死轮回理念成为人类缓解死亡痛苦的符合"最小成本与最大效用"的有效方法，幸福经济学必须理解这些方法诞生的生命逻辑、理论运用与经济意义。

可以预见，今后的生产与科学会越来越多地转向生命科学的研究，以进一步解释人的生命本身，使人自身的生命过程变得更加快乐。并且，有理性的经济发展一定会越来越向着人自身生命幸福发展的方向进步。显然，科学发展同样逃脱不了快乐幸福原则的支配。生产快乐、增加快乐、减少痛苦是经济生产与人类自身生产以及科学发展的永恒方向。

生产的另一个目的是节约生命。所谓节约生命就是通过研究开发生产工具来减少生产者的生命成本支出，减轻人们的体力、脑力与工作时间、工作强度等，使人有限的生命在生产过程中变得更加有效。生产机器以代替手工劳动，生产移动电话增加生活的方便，生产快速列车使人们的旅行更加舒适便捷，所有这些生产行为都是为了一个目的——如何使人们有限的生命变得更加有效，在有限的生命中获得更多的快乐。如果你生产的产品使生命变得更加无效，如你的机器比手工操作还要慢，这种产品就无法被人接受。在费用相近的情况下，你的交通工具比其他的交通工具来得慢且不舒服，乘坐的人就会减少。为什么要使有限的生命变得更加有效呢？这是因为人都要受到有限生命成本的约束，并期望在这个有限生命里面得到快乐最大值。可见，节约生命还是为了得到更多更好的快乐。这就是快乐幸福作为终极目的对于包括整个经济、社会、科技、生命活动在内的根本性的重要性。

因此，企业生产的两个目的——生产快乐与节约生命归根结底还是一个目的：生产快乐。机器、住房、面包、高速列车、湿地公园等，只不过是增加幸福的手段与物质载体。趋乐避苦的终极价值原则无所不在，无处不在，一切人与一切经济社会活动均无法逃脱其统治。正如边沁所言：自然把人类置于两个至上的主人——"苦"与"乐"的统治之下。只有它们两个才能够指出我们应该做些什么，以及决定我们将要怎样做。在它们的宝座上紧紧系着的，一边是是非的标准，另一边是因果的链环。凡是我们的所行、所言和所思，都受它们支配；凡是我们所作一切设法摆脱它们统治的努力，都是足以证明和证实它们的权威之存在。[①]

第二节 消费与幸福

幸福不仅可以由经济物品的消费来提供，在更广泛与更真实的意义上，消费还可以由更加广泛的非经济物品比如清新的空气、甘甜的泉水、

---

① 边沁：《道德与立法原理导论》，商务印书馆2000年版，第57页。

温暖舒适的阳光等来提供。在生命学意义上，人类的福乐①（幸福与快乐的合称）生活首先依赖于阳光、空气、水、生态环境、亲情、人际互爱等非经济物品的提供和维护。这种着眼于幸福原则的人类广义需求、广义消费与广义效用原理，对理解消费的科学内涵与终极目的，从而确立科学的消费观、幸福观，意义深远。

一 广义消费观

消费一般被定义为是利用物品或劳务来满足人类需要的活动。这是对消费的一种狭义的理解。广义地说，消费是由人的欲望引起的利用时空与吸收客观的物质存在、以满足人类需要的行为和系统过程。欲望是人类消费行为发生的内在动力，一切能满足人的欲望、引起人们快乐需要满足的客观物质存在和活动，如商品、劳务、阳光、空气、空间、时间等，都构成人类消费需要的内涵，这便是消费的广义性，或者叫广义消费概念。

从生命存在角度说，人的一生无往不在消费之中。其消费的循环机制是人自身的欲望——外化为对相应客观对象的需要——购买或消费具体的客观对象（显示偏好）——产生相应的快乐满足或痛苦感（明示偏好）——在欲望推动与苦乐感影响下产生再次的消费选择行为。人类消费机制的这种不断往复运动的实质，就是一个不断的由物质（包括时间、空间）变精神（苦乐感）而又由精神变物质（形成与改变人体自身生理状态与行为决策）的过程。因此，从广义消费概念讲，所有能够满足人的需要的客观对象都构成人类消费的内容。如人们做跑步健身运动，就需要消费运动鞋、路面和氧气等物质资源。虽然，运动鞋和路面需要人工生产，氧气是空气中自由取用的，但它们都是为满足人们的运动欲与健康欲——最终是人的福乐所必需的消费的物质内容。

在广义消费论中，蓝天、白云、青山、绿水等生态环境消费构成人类消费——人类幸福感的重要内涵。并且，在终极价值尺度上，自由取用的生态消费品被认为和经济物品的消费具有等价的意义，进而在许多情况下，生态环境消费同样可以用"经济价值"来衡量。"秀色就是 Money"、"绿水青山就是金山银山"就是这样得来的。而生态价值与经济价值最终都可以用幸福价值来通约或替换，这就是绿水青山可以通约金山银山的道

---

① 福乐，这里用作幸福与快乐的合称，似乎能够更加贴近表达现代人们理解快乐与幸福的含义。福字可以拆解为"丰衣足食"。福乐一词因含有"因福而乐"的含义，用以理解基于经济发展、物质富足而带给人们的快乐似乎更加恰当。

理。下面引用生态环境消费的两则案例来说明广义消费的理论机理。

专栏6.1 环境消费的两个案例

案例1：莫道湖光无价值 楼外楼上卖春色[①]

楼外楼，始建于道光二十八年，是国内闻名遐迩的菜馆。楼馆背依孤山，怀拥西湖，青山绿水，景色秀甲天下。馆名依宋代诗人林升的"山外青山楼外楼"句而成，诗情，画意，秀色，佳肴，浑然一体，妙不胜收。平日里，佳客盈门，车流似水；周末假日，更是人车雍盛，极尽繁华，胜过张择端清明上河图中的热闹情景。

楼外楼因坐落在秀美的白堤风景区内而以"佳肴加秀色"著称，价格不菲自有其理，谁敢前往，温柔一刀。杭州人知道楼外楼菜贵，多不来此吃饭。然而，说是如此，遇有佳客，还得前往。近日，适有故友来杭，为尽地主之谊，邀客人上楼外楼吃饭。一行六人，楼上露台坐定，面对无限春色。我对楼外楼的价格，自然早有理性预期。然而，露台实行垄断的平均定价制度，却是首次相识。露台上只有八百、一千两种价格可选，菜不由挑。东坡肉、叫化鸡，……这露台的菜价又要比大厅贵出30%，心里追悔莫及。然既已坐定，断无退却之理。否则，面子与信誉损失将导致更大的成本支出。

对着佳肴秀色，宾主放情举杯，一席下来，却悟出了不少的经济学道理：

西方经济学把资源区分为 free goods 和 economic goods 两类。天然的湖光山色算什么？大体可以算作 free goods，即自由取用品，看一眼，不收钱。站在白堤看西湖，不用买票。然而，楼外楼就不同了。楼外楼是一种带有垄断性质的特别供应商，地尽西湖之利，菜价之高，适是参乎着西湖的秀色。中国人说"秀色可餐"，既是可餐，加价便在其理，最大化原则就可用足。而露台可"餐"的秀色更多，资源之独占更为独特，菜价自然又当高出。这证明了新古典经济学的一个重要理论，即垄断会产生较大的效率损失，使消费者支付更多的费用，从而货币的边际效用降低。此其一。

[①] 选自陈惠雄《莫道湖光无价值，楼外楼上卖春色》，《经济学消息报》2000年5月19日。

其次，人类劳动是构成商品价值的基本要素。然而，当商品一旦形成一种特殊（垄断）的供给环境时，厂商就不仅会把该种商品以一定的垄断高价出售，而且还会把原先并未投入劳动的自然环境如蓝天、碧水、湖光山色等一同捆绑在该商品上，进行"捆绑销售"，以达到价外加价的垄断高价目的。这就是解释许多自然风景区因其参着秀色而使物价较高的一个重要的经济学理由。

其三，这种现象也给经济学出了一个难题：即没有加入人类劳动的自由取用物品为何在一种特定的供给环境下也能够标上价格出售？这事实上需要我们重新确立一个十分重要的财富与价值观念意识，才能够获得解释：

财富，现代人们更多地把它理解为是人类劳动与自然资源的结合体，是人类劳动的产物。事实上，这是一个狭义的财富概念。其实，财富并不只是一个仅仅与人类劳动创造或交换价值相联系的概念，更加重要的它是一个和人的生命存在意义相联系的概念。确切地说，凡是对人的生命存在和健康、快乐的生活有意义的东西，都能够被人们称为财富。如甘泉、森林、清新的空气、秀丽的景色等。在20世纪60年代以前，经济学家们还很少重视生态环境对于人类生活的价值与意义。随着环境与资源问题日益吃紧，这种真正具有人类学意义的价值与财富概念才逐渐被人们所接受并引起重视。有科学家测算，地球的森林、海洋、沼泽等资源每年无偿向人类提供总价值高达数千万亿美元的财富，超过全球各国国民生产总值之和。正是自然财富本身的这种对于人类需要满足具有的效用性，才使其能够被一些厂商通过特别的处理与产权界定而标上价格出售。楼外楼的菜价之所以稍高，露台的饭菜之所以给以垄断定价方式，实际上就在于楼外楼上用餐，能够使消费者"佳肴与秀色"俱得，边际效用大大提高，自然应该多付一份费用。这价没有多要，消费者付出无冤。并得一份箴言：秀色就是money，彼此好好珍惜。

最后，楼外楼前车满为患，乃为楼外楼的一大景观，停的却多是上海车。上海人是经济人，精明有口皆碑，杭州人对此多有"看法"。我自己籍贯浙江，出生上海，工作杭州，身在此山，难有评价。然而，上海、杭州近在咫尺，对于楼外楼菜馆的价格，上海人具有完全信息。为何精明的上海人会去价格显然偏贵的楼外楼吃饭？发达起来的上海人是否因为钱袋一鼓，货币的边际效用略略降低，就不那么精明了？否也。实只因为天堂的无限秀色对于上海人而言，具有非同寻常的大效用。菜价稍贵，又奈何从秀色中获得的那份更大的收获。上海人仍然精明，那份被减少的货币效用可以从饱餐秀色中足足弥补，并赢有一个消费者剩余。而杭州人同样理性，不会随便大方。自认为不那么精明的杭州人，却为何多不去楼外楼吃饭？实在是头枕西湖的杭州人，楼外楼前的春色已经没有上海人那么大的边际效用。可以由此省下钱来，用到别处，提高效用。

案例2：雷尼尔效应（Renier Effect）

位于美国西雅图的华盛顿大学曾经选择了一处地点，决定修建一座体育馆。消息一传出，立即引起教授们的强烈反响，不久，这个计划就取消了。原因是，要建这座体育馆，教授的工资就要大幅度提高，否则，大量教授就将辞职另谋高就。因为，华盛顿大学的湖光景色特别优美，体育馆一旦建成，恰好挡住了从教工餐厅可以消费与欣赏到的湖光美景和雷尼尔雪山的自然风光。

"雷尼尔效应"是一个著名案例，它表明优美环境消费可以增加教授们工作的快乐效用，教授们通过"消费"这里的自然风光以增加工作过程快乐，即便是得到较低的薪酬。由于从华盛顿大学可以欣赏到西雅图的湖光美景和雷尼尔雪山的自然风光，教授们出于留恋西雅图湖光山色的工作环境，愿意接受比其他大学低20%的工资，被称为"雷尼尔效应"。绿水青山在华盛顿大学直接就抵作了教授们可以消费的金山银山。用幸福经济学原理分析，雷尼尔雪山风光带给教授们工作的快乐效用要大于或等于20%的工资收入，对于教授们而言，少20%的收入仍然有"快乐净收益"，所以才愿意留下来。雷尼尔雪山效应表明，优美的自然环境本身就构成人们幸福消费体验的一个重要内容，对于提高工作积极性与工作过程快乐具有很大的效用，雪山风光成为一个积极的生产要素与快乐的消费要素。

二 关于消费对象物质统一性的重要说明

消费一般被定义为是利用物品或劳务来满足人类需要的行为。这是对消费的一种直观的或者叫狭义的消费理解。广义地说，消费是由人的欲望引起的利用时空与吸收客观的物质存在以满足人类需要的行为和过程。欲望是人类消费行为发生的内在动力，一切能满足人的欲望、引起人们快乐需要满足的客观物质存在和活动，如商品、劳务、阳光、空气、空间、时间等，都构成人类消费需要的内涵，这便是消费的广义性，或者叫广义消费概念。广义消费概念主要是从消费的本质意义上来认识消费问题，解释了存在世界整体对于人类幸福生活的重要性，从而证实了生态环境对于人类快乐满足的直接消费意义以及可持续发展对于人类幸福的重要性。这对于新古典经济学一直强调以人类自主生产的商品和劳务为内容的狭义消费概念是一个视域拓展。

从广义消费角度说，人的一生无往不在消费之中。其消费的循环机制是人自身的欲望——外化为对相应客观对象的需要——消费一定的客观对象（不考虑货币能力）——产生相应的快乐满足或痛苦——在欲望推动下产生再次的消费行为。人类消费机制的这种不断往复运动的实质，就是一个不断的由物质变精神而又由精神变物质的过程。因此，从广义消费概念讲，所有能够满足人的需要的客观对象都构成人类消费的内容。广义消费概念主要从消费的本质意义上来认识消费问题，解释了整个存在世界对于快乐满足的广义性，从而证实了生态空间环境对于人类快乐满足的直接消费意义。它强调消费是由人的欲望引起的利用时空与吸收客观的物质存在、以满足人类需要的行为和过程。所有能够满足人类需要的客观存在，都成为满足人类自身快乐需要的对象。这对于新古典经济学一直强调以人类自主生产的商品和劳务为内容的狭义消费概念是一个理论视域拓展。

从广义消费概念出发，可以发现人类的任何消费活动都是以对一定客观对象的利用、吸收为基础的，一切看似精神性的消费，实际上都是以相应的物质为载体的。消费机制实质上是一个物质变精神、精神变物质的过程。英国科学家研究发现，漂亮女人的媚眼能够增加人们的快乐，其快乐效用相当于5个英镑，即相当于消费5英镑牛肉或者其他物品上得到的效用。鲁迅《故乡》中描写的杨二嫂（人称"豆腐西施"）年轻时的形象好，豆腐店生意也就红火。买豆腐连带看"西施"，是一个免费的消费实惠。一举两得，花一份钱得到两种正效用，使总效用变大。根据"没有免费午餐"的定理，买豆腐的消费者就要给具有"正外部性"的豆腐西施付费，比如看一眼值两毛钱消费品增加的快乐。但交易场上无此规则（规则不能成立的原因是因为看一眼的直接定价很困难，收费产生的交易费用很大），所以就形成间接定价法。在豆腐品质、口味相同的条件下，豆腐西施的豆腐比邻居的豆腐好卖，这产生的利润差额，就是西施漂亮的间接定价。消费者既消费豆腐，又消费西施（借买豆腐就能免费看西施），对买者和卖者都有一个效用递增。所以，消费的含义不仅应当是广义的，而且一切看似精神性满足的东西，实际上都是以一定的物质形态为载体而达于消费者内心的，然后引起、唤起和转化为人们的精神快乐、幸福感、满足感。这就是唯物主义的世界的物质统一性原理,也就是为什么幸福的主观性一定是建立在客观实在性基础上的道理。

三 消费的物质对象分类:绿水青山与金山银山

人类消费过程中所吸收、利用的物质对象,可以分为两大类:A类物质是客观存在于大自然之中的所有的自然资源。严格而言,自然资源又可分为两类:一类是无须加入人类的任何劳动,就可以直接为满足人类的消费需要服务的。阳光、空气、甘泉、森林、沼泽、湿地、自然风光等便属于这类物质。另一类自然资源需要加入相应的人类劳动,通过生产过程中人力与自然资源的物质变换,对自然资源进行采集、加工、制作,才能成为能够满足人类需要的东西。各种需要经过人类加工的矿物资源、生物资源便属此类。人类接触的资源环境由大气圈、生物圈、水圈、岩石圈以及包含其中的光、温、水、气、土、生物等自然要素组成。它们不仅是人类生存、发展与财富生成的基础或母本,而且永远是满足人类消费需要的最重要的基础资源与物质对象。

B类物质对象是通过对自然资源加入相应的人类劳动而形成的人类生产的商品与劳务。如谷物、面包、布料、房子、汽车、公园等,这些是满足人类生活需要的另一类重要的物质资料。人类的消费满足就是由这两大类的物质资料构成的。对于人类的生命健康与最大多数人的可持续的福祉而言,A类物质比B类物质具有更基础的意义。人类应当切实转变消费观念,走出片面的物质利益消费误区。这也就是绿水青山创造金山银山、绿水青山就是金山银山的幸福哲理(见图6-1)。

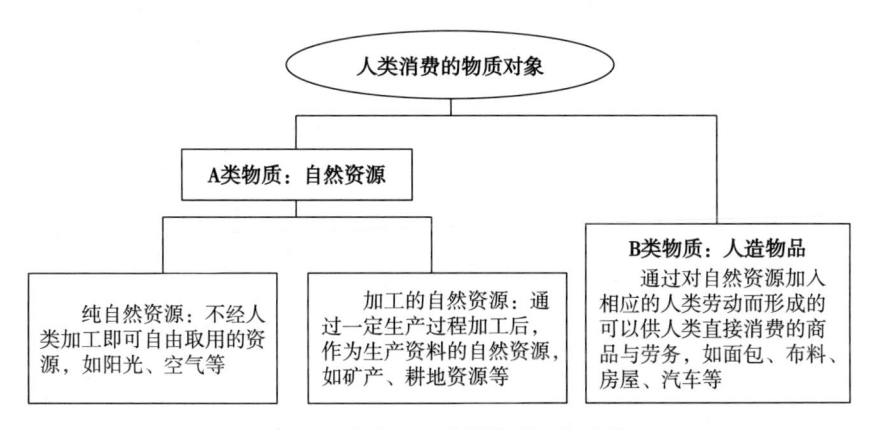

图6-1 幸福与消费的物质对象分类

在近代工业革命之前，人类自主生产、制造的商品与劳务比较缺乏，人类幸福的获得更多地依赖自然资源的取用，人类从自然资源的直接供给中得到的满足与幸福感较多。进入20世纪以后，人类自主生产的商品与劳务日益丰富，生产过剩的矛盾在一些工业化国家逐渐突出。人类从生产品中得到的满足大大增加了，从直接的自然资源中得到的满足却在减少，从而形成了人类消费对象的演化及其快乐效用替代——以更多的人类制造品的效用替代原生态物品的快乐效用。人类生产的实质是将自然的东西人为化，在这种人为化过程中，常常会造成对自然资源的损害。当这种损害达到一定量界时，有益的资源变得逐渐稀少，变得于人类幸福有害。

不仅如此，A类物质资源与B类物质资源在幸福的"享乐适应"与攀比效应方面还存在显著不同。人类对蓝天、白云、阳光、空气等A类物质资源不存在攀比效应与享乐适应的问题。人们不会因为长期享受着美丽的阳光、清新的空气而使幸福感过段时间下降，或者和别人去攀比造成不幸福的情况。生态环境的幸福感对人类具有可持续性。这与A类物质的公共物品性质（不容易产生幸福攀比效应），这些完全自然的东西对于人类生命幸福存在的基础相关性以及不需要人类支付生命成本即能够自由获得幸福等因素有关。

B类人造物品对人类幸福感的影响则具有很大的不同。20世纪70年代，理查德·伊斯特林在研究快乐幸福问题时，发现了幸福并没有随着收入增长而提升的财富—收入悖论。伊斯特林悖论的一种可能解释是，人们对于物质财富的增长会产生"享乐适应"的情况，即当人们的收入增长到一定程度后，收入增长与人们幸福感的增长相关性已经十分微弱，甚至不相关、负相关了。这种情况的产生与需求层次论中内含的金钱不能够通约人类的高层次需要有密切关系，并由于私人物品的显性效应更加容易使人们相互攀比，从而导致幸福感的失落。现代社会中，人们更多参与到B类物质的竞争与角逐之中，互相攀比，快乐与幸福感在相对性攀比中丧失；而更为基础性的A类物质，对于幸福快乐更为基础，也几乎没有竞争性和攀比性的自由取用的生态环境，却被人们所忽略了，并糟蹋了它们，使人类的幸福感下降。绿水青山胜过金山银山，阐明的正是这种幸福经济学道理。

四 广义消费论的幸福经济学意义

广义消费，是指所有能够满足人类快乐幸福需要的对象与行为皆构成人类消费的内涵，这种消费内涵与对象是包含整个存在世界与意义世界的。广义消费论指出了人生命的终生消费与全面消费性质,也指出了消费对象的广泛性与普遍性,其现实的幸福含义还包含以下两个方面:

其一,人类为了制造与获得 B 类物质而必须消耗 A 类资源。当这个资源消费的机会成本非常低时,如合理地利用太阳能、风能和其他光、温、水、气、土资源条件,不仅没有给当代及后代人对自然资源的消费造成任何负面影响,而且还有利于自然资源的良好保持与良性循环时,就一定会有利于人类可持续的幸福生活。当资源消费的机会成本与制造产品给人们提供的幸福相等时,或者说生态资源对人类快乐的直接贡献超过由此资源转化为人造物品对人类快乐的贡献时,就必须停止这类生产、加工行为,以维持人类幸福的可持续发展。一些工业生产扣除环境成本,其社会效益(国民幸福贡献值)实际上是负的,这种工业品增加对人类的健康、快乐就是一种负效用。

其二,人类应当切实转变消费观念,走出片面的物质消费与攀比消费的误区。近代工业革命以来,人类对自然资源的采挖、加工过程大大地加速了,世界的属人性质日益显性化,对自然的占有欲日益强烈。这种建立于物质利益中心主义与商业利益基础上的狭义消费观是自然资源遍遭劫难、人类幸福感随着 GDP 上升而下降的重要根源。其实,物质多的消费远不一定就是好的消费。不是人造之物越多,精神就越快乐。"在宗教、家庭情感和友谊方面,就是穷人也可以找到许多发挥才能的机会,这些才能是无上快乐的源泉。"[①] 高能耗的生活消费方式,并不是人类真正所需要的幸福消费方式。经济学的问题视角是成本—收益关系,是"经济"之学,而现代人类的消费行为却不讲成本——不讲自然资源的牺牲代价。根据相关分析,2001 年我国人均生态足迹(Ecological Footprint,EF)高达 2.0346 公顷,而人均生态承载力(Ecological Carrying Capacity)仅为 0.8033 公顷,人均生态赤字高达 1.2313 公顷,远高于全球平均生态赤字 0.4 公顷的水平。[②] 2029 年将达到峰值的 2.9 全球公顷。[③] 由于过度强调人在自然界面前的主体性利益和短期消费利益,已经引起了严重的生态安全与资源安全问题,显示出人与自然不和谐发展的突出矛盾。只有真正建立起明月、清风、甘泉、清新空气等自然资源消费与人为产品消费同等重要甚至更为重要、更为经济、效用更好的广义消费观念,才能使消费进入正

---

① 马歇尔:《经济学原理》(上卷),商务印书馆 1997 年版,第 24 页。
② 陶在朴:《生态包袱与生态足迹》,经济科学出版社 2003 年版,第 183 页。
③ 段雯娟:《"生态足迹"视角下的新型城镇化 解读〈中国新型城镇化的生态足迹影响分析〉报告》,《地球》2015 年第 9 期。

确轨道，并为合理的生产、分配、交换行为奠定科学的消费导向基础。

诚如萨缪尔森所言，"社会并不需要被束禁于单纯的物质增长之中，除非它愿意这样做。经济可以追求更广泛的目标，为工作与闲暇之间的适当平衡，或更好地利用资源以保护我们的环境——如果这些都被人们认为是很重要的话"。[1] 这些确乎是极端重要的。绿水青山在终极价值意义上比金山银山更加重要，因为它是人类幸福和金山银山的源泉。只有建立在天人合一思想基础上的广义消费观才是真正科学、合理、整体统一的消费观。这种建立于"天堂—人间—地府"三界荡然无隔的人生与消费观念，才真正有益于自然—人文—经济三者的整体和谐发展，真正有利于人类可持续的幸福消费生活。

专栏6.2 消费案例：餐饮快乐的七个层次[2]

事实上，人类所有的生产和消费行为都是离不开快乐这个终极目的支配的。不仅快乐需要具有层次性，而且每种快乐实际上也可以分为多个层次。如消费者在吃的快乐上大概就有七个层次，最基本的层次是饱觉，饱觉是基本的生命营养需要。如办给低收入群体吃的餐馆一般就是以满足饱觉为基本要求的。你卖给农民工吃的餐馆（如大排档）只要达到饱觉，能让他吃饱，就达到基本要求了。因为农民工的收入不高，不可能来购买你餐馆的轻音乐与豪华装修的费用。

餐饮的第二个层次是味觉。就是餐食不光吃得饱，味道还要好。体验消费者吃的餐馆，尤其像现在的农家乐，菜的特点就是有味道。农家菜不讲究颜色与看相，好吃就行，追求实在，这正好适应了一般休闲用餐者的需要。

餐饮的第三个层次是嗅觉。菜不光要吃得饱，有味道，而且闻起来香，以满足消费者嗅觉快乐的需要。嗅觉产品的供给具有特定的对象，老年人嗅觉不灵，而中小学生特别灵敏。肯德基之类的很注重以色香引诱消费者，味觉、嗅觉都比较齐全，并且容易吃饱，所以就容易被大中小学生和一般年轻市民接受。

---

[1] 萨缪尔森等：《经济学》（上册）（第12版），中国发展出版社1992年版，第197页。
[2] 陈惠雄：《陈惠雄解读快乐学》，北京大学出版社2008年版，第114—117页。

餐饮的第四个层次是视觉快乐。也就是说，饭菜不光吃得饱，有味道，闻起来香，而且看上去要好看。国内三星级以上的宾馆的餐厅往往就有这种要求。但需要注意的是，餐馆满足人们饮食需要的各个层次是有一定序列规则的。比如要想让菜的颜色、形状好，首先味道一定要好、要能够吃饱。不能只追求好看，味道不好，还吃不饱。要满足高一层次需要，低层次需要一般要先能够满足，本末倒置往往会导致经营失败。

餐饮的第五个层次是听觉。饭菜不光要吃得饱，味道好，看相好，最好在用餐场所还有点轻音乐，营造一种优雅的餐饮氛围，以满足人们在消费过程中听觉愉悦的身心体验需要。一些酒店的大厅里摆了钢琴、古筝，有人在演奏，让人们在饮食的同时，享受音乐的快乐，同时给人以听觉的享受。上海的一家川菜馆，下面顾客吃饭，台上还演一些滑稽戏。这样，一顿饭下来，满足了人们多个层次的快乐需要，加上菜的味道不错，生意自然要更加兴隆一些。

餐饮的第六个层次是特色，就是人家没有的你有，以满足部分食客对于新奇感的需求。在满足了饮食的一些基本需要后，特色往往成为部分消费者追求饮食快乐满足的一个新内容。一些餐馆的特色菜、招牌菜经常就是满足人们这方面的需要的。人在多个方面都有新鲜感需求，每天吃同一个菜可能就不行，经济学上叫边际效用递减。一些餐馆常常所称的特色菜，以特色招徕顾客，实际上就是以特色满足消费者的新需求。

餐饮的最高层次是感觉，这大概是饮食的最高境界。感觉就是置身于湖光山色等优雅环境之中，以获得饮食的多层次的全面享受。办在湖光山色中的高档餐馆，餐饮价格一般会比较高。杭州楼外楼面对的西湖风景很秀美。佳肴连同美景，全部被消费者"吃"进，菜价自然要贵点。这就是感觉或者叫体验，大概是饮食快乐的最高境界。而菜之所以有人愿意埋单，归根结底是在风景秀美的湖光山色中吃饭，消费者的幸福感会更高。

五 体验经济、快乐产业与幸福产业经济学

随着经济现代化发展过程中人们对闲暇需求的提高，一些经济学者尽管不同意快乐经济学的提法，却也倡导并开始注意到"快乐产业"的发展及其研究，从不同角度提出了一系列有助于快乐的产业发展思路，如娱乐产业、休闲产业、体验产业等。[①] 经济发展应该顺应社会发展需求，大力

---

① 尹世杰：《关于"快乐经济学"的几个问题》，《经济学家》2008 年第 1 期。

加强有利于人们快乐的产业的发展，这应当是一个必由的趋势。今天，游戏娱乐成为新的更加大众化的快乐满足手段。这种产业经济变化很值得我们研究。而要懂得这种变化的道理及其价值判断，人们的快乐需求内容的变化显然是核心性的原因。

幸福是人类行为的终极目的与经济社会发展的永恒主题，产业分工延伸实际上永远是紧密跟随人类自身的快乐需要层序的上升而展开的，是人类的快乐需要层次与苦乐的紧迫性差异根本性地决定了产业分工的秩序与产业演化方向。[1] 如前所述，世界上所有有意义的生产，都只有一个目的——生产快乐，也即生产让人们获得更多更好快乐幸福满足的物质条件，没有一个生产者行为是可以例外的。生产满足人们快乐（趋乐避苦）需要，是所有传统、现代、未来产业发展永恒的出发点与归宿处即终极目的。从这个角度说，所有的产业都是为满足人类快乐需要服务的产业，或者干脆叫快乐产业。今天，"产业幸福化、幸福产业化"已经渐成趋势，幸福经济学的一种新分支——"幸福产业经济学"也将呼之欲出。

所以，产业发展的核心问题实际上是如何更好地满足人们幸福需要的问题。而这实际上就提出了可能不仅需要有幸福经济学，而且还需要有幸福产业经济学，或者至少是把快乐幸福置于产业发展的核心地位来研究。快乐与幸福无所不在的终极目的贯穿力，使经济学与产业经济学在终极价值层面与产业的任一阶段发展上均脱离不了与人类幸福需要的联系。而一旦我们明白了幸福作为产业与经济社会发展的终极价值目的的道理，将会更有助于产业发展方向的选择，有助于满足人们多层次、多方面乃至是全方位快乐需要的产业发展，使人们获得更加幸福美好的生活，人—经济—社会—生态更加和谐地发展。

随着经济社会发展，人类的需求层次在逐步提高。需求层次提高，推动了传统产业部门扩展与新产业部门的诞生。随着收入提高与传统消费领域逐步满足，一种追求身心体验愉悦的产业经济应运而生，人们称为"体验经济"。由此，20世纪80年代一门新兴经济学——体验经济学逐渐产生。体验经济学认为，明示偏好比显示偏好更加可靠，即消费者"说出来"的消费快乐体验比"看得到"的购买行为在检测人们的实际效用方面具有更好的信度与效度，从而为幸福经济学的建立或者快乐重回经济学

---

[1] 陈惠雄：《国民生产各部门发生程序与人类快乐感需求增长同步性刍论》，《云南大学研究生论丛》1986年第1期。

"母学"地位提供新的理论基础。[①] 在体验经济中,休闲产业已经成为人们体验快乐的新兴产业,它强调的全程式、全方位乃至挖掘人类潜能的快乐体验,为提高人的幸福感提供了新的产业模式与消费方式。

从另一个角度,我们也可以直观地得到休闲的经济价值,从而显现出幸福作为终极价值在各层面行为上的通约性。表6-1以一个相对笼统的休闲概念粗略地估算了休闲的经济价值,尽管是在这个计算过程中对休闲的概念并没有清晰界定,所采用的计算方法也很粗略,但结果仍然揭示了大小和强度的次序。结果发现休闲的价值是国民收入的数倍,通常是2倍或3倍。由此我们会发现,经济产出对人类幸福的贡献其实是很小的,而休闲对于人类幸福的重要性却被我们忽视了。

表6-1　　　　　国民收入、非市场工作和休闲
（10亿美元,按1958年购买力计算）

年份	1929	1935	1945	1947	1954	1958	1965
国民收入	131.1	110.8	176.5	227.9	306.9	367.8	454.7
非市场工作的价值	85.7	109.2	152.4	159.6	211.5	239.7	295.4
市场工作和非市场工作的价值（前两行之和）	216.8	220.0	328.9	387.5	518.4	607.2	750.1
休闲的估计价值	339.5	401.3	450.7	466.9	523.2	554.9	626.9

资料来源:第1行来自 U. S. Department of Commerce, Office of Business Economics, The National Income and Product Accounts of the United States, 1929－1965, Statistical Tables。其他所有数据来自 Nardhaus, W., and J. Tobin, "Is Growth Obsolete?" *National Bureau of Economic Research*, General Series 96, Fiftieth Anniversary Colloquium V, Table A.16, p.53。

第三节　公平、效率与幸福

成人工作日的1/3以上时间在职业劳动中,人类生活的苦乐与职业劳动以及分配公平有紧密的联系。在生活福利主要依靠劳动提供的国家中,职业劳动、分配公平与幸福指数的联系就更加紧密。因此,幸福经济学有必要着重考察劳动、公平分配与幸福的关系,考察均衡劳动时间的形成,

---

[①] 陈湘舸、姚月红:《论幸福学在社会科学中的"母学"地位》,《甘肃社会科学》2009年第4期。

以及分配公平对幸福感的影响,以便使每个人的劳动时间分配与收入分配都能够产生最大化的幸福感。

一 劳动与幸福:均衡劳动时间的形成

劳动被定义为劳动力的消费过程,是以人自身的活动(体力脑力支出)来引起、调整和控制人和自然之间的物质变换的过程,通过有目的的活动来改变自然物。[①] 或者"劳动是心身所忍受的任何含有痛苦的努力,而以未来利益为全部目的或一部目的者"。[②] 这个目的就是通过劳动改变自然物以使人们的生活能够获得幸福。而劳动过程需要支出体力、脑力与放弃闲暇,具有或多或少,或强或弱的痛苦。因此,劳动本质上是以一种生命幸福(闲暇等)损失来换取另一种生命幸福(物质消费满足)的过程。

最先发现劳动苦乐均衡的是英国经济学家杰文斯。杰文斯认为,劳动就是心身所受的痛苦(负效用),劳动收益就是正效用(快乐),均衡的劳动时间——快乐最大化的劳动时间就是由劳动的边际收益等于边际成本来决定的。因此,在劳动痛苦与劳动收益(快乐)之间存在一个均衡点(见图6-2)。

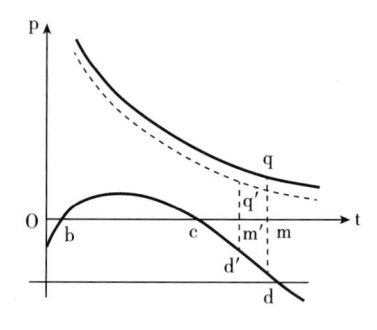

图6-2 劳动的边际效用与边际负效用曲线

图6-2中,横轴t为时间,纵轴P为边际效用和边际负效用。pq为劳动产品(工资)的边际效用曲线,bcd为劳动本身的边际效用曲线。该曲线表明,在ob时间内,劳动由一开始的不习惯(有痛苦)慢慢变得有

[①] 许涤新:《政治经济学辞典》(上),人民出版社1980年版,第104页。
[②] 杰文斯:《政治经济学理论》,商务印书馆1984年版,第133页。

味道，在 bc 时间内劳动本身具有正效用，即在一定时间点内工作能够给人们带来愉快。c 点之后，劳动开始产生边际负效用。在 m 点，劳动的边际负效用 md 正好等于劳动产品的边际效用 mq，故 m 点便是均衡的劳动时间。在工资不变的条件下，m 是劳动者愿意提供的最大劳动时间，产生最大幸福。它可以用以下公式表示：

$$dv/dt = dx/dt \cdot d\mu/dx \tag{6-1}$$

式中，v 为劳动（过程）的负效用，dv/dt 为劳动的边际负效用，x 为劳动产品，dx/dt 为劳动产出对时间的导数，μ 为劳动产出的总效用，$d\mu/dx$ 为劳动产出的边际效用。[①]

当单位时间的劳动者薪酬降低或者感觉受到不公平薪酬待遇时，即相当于图 6-2 中的杰文斯劳动边际效用曲线下移，均衡的劳动时间就会由 m（$qm=md$）点减少到 m'（$q'm'=m'd'$）。[②] 这时，劳动者可以通过选择降低自己的消费水平来节约自己的生命成本——减少劳动时间，以休闲得到的快乐来抵消因收入降低——消费减少造成的痛苦，在点 m' 建立新的劳动时间均衡，即在新的工资收入约束条件下，人们可能会建立起新的劳动时间均衡，以实现个体基于劳动与闲暇时间选择的幸福均衡。

因此，劳动供给曲线事实上不光是在超过了一定点后会使劳动供给曲线向后倾斜，而且在一定点以下同样会发生闲暇对劳动的低水平替代。人们只有在一定的薪酬基点上才愿意为社会提供自己的劳动，并形成多斜率的劳动——幸福均衡的劳动供给曲线（见图 6-3）。

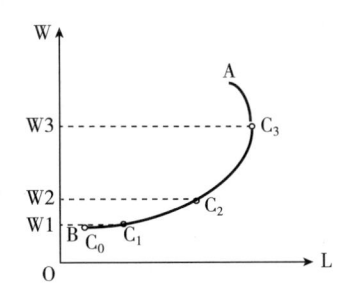

图 6-3　多斜率向后弯曲的劳动供给曲线

[①] 蒋自强、张旭昆：《三次革命和三次综合——西方经济学演化模式研究》，上海人民出版社 1996 年版，第 247 页。

[②] 这里的劳动时间为带质之量，即同一时间长度内实际付出的劳动之质会有变化。在劳动者受到不公平待遇或薪酬下降的情况下，有可能发生"磨洋工"的情况，以减少工时或一定工时内通过降低劳动消耗来平衡因不公平分配或降低薪酬产生的痛苦。

在图 6-3 中，W 代表工资率，L 代表劳动数量，AB 线为劳动供给曲线，C_1、C_2、C_3 为 3 个拐点。其中，C_0 点应为最低工资点，低于此点将停止劳动供给，将劳动时间转为休息、怠工、罢工甚至造反时间。C_0—C_1 为一段接近平坦的斜率，是劳动收益仅够维持劳动者自身生存时的劳动供给状况（劳动时间）。这段劳动供给曲线可以视为"单身汉劳动供给曲线"。由于收入低且仅够维持劳动者自己的生存需要，低收入的男子就难以获得结婚的经济条件。这一现象也被低收入阶层的结婚率更低的现象证实。而单身男子又因劳动行为缺乏像已婚者那样的激励动力，所以这又可以解释"单身汉懒惰"——单身男子一般总比已婚者愿意提供更少的劳动而喜欢更多的闲荡。以闲荡来弥补幸福缺失，增加快乐。[1]

从 C_1 点起，斜率也即工资率开始明显上升，C_1—C_2 段劳动供给曲线的斜率为正。该劳动供给阶段的劳动收入能够维持劳动者家庭的生存需要，劳动者能够结婚，婚姻有助于快乐效用提高，从而使一般劳动者的积极性显著上升。由于家庭婚姻较之单身汉具有更多的婚姻、亲情收益（快乐），这种快乐奖励常常使结婚者比单身汉明显勤快，并且愿意随着工资率的提高而提供更多的劳动。

从 C_2 点开始，工资率进一步提高，斜率进一步上升，劳动供给曲线开始变陡（要用劳动取代逐渐变得昂贵的闲暇，就必须支付比先前更高的报酬）。在 C_2—C_3 段中，劳动收益扩大到能够满足家庭成员的全部生存与发展（大量的人力资本培养费用）需要并有相当部分可用于积累。这种薪酬状况不仅能够满足劳动者和整个家庭的即期物质生活消费幸福需要，而且具有人力资本培养这样的远期（可持续）的快乐收益，从而使劳动者意愿提供的劳动进一步增加，劳动者因得到即期与远期收益的共同激励而雄心勃勃，干劲十足。这就可以解释一部分人为什么"越有钱越拼命"（也可以用替代效应与收入效应之间的关系来解释），高收入阶层管理工作人员反而工作特别起劲的原因。也即一些高收入阶层的工作积极性往往要大于一般工薪族、而结婚的工薪族的劳动积极性又往往大于单身族的原因。

C_3 点之后，当工资进一步增加时，收入的边际效用逐步下降，收入增长的效用逐渐小于闲暇的效用，继续增加劳动时间只会产生负效用（痛苦）。此时，劳动者愿意增加闲暇以替代劳动。工资率上升所带来的收入效应（收入增长而引起的闲暇需求增长与劳动时间供给减少）将大于替代效应（因工资率上升促使人们减少闲暇时间），因而导致劳动供给曲线向

---

[1] 陈惠雄：《快乐原则——人类经济行为的分析》，经济科学出版社 2003 年版，第 247 页。

后倾斜，曲线斜率为负。

显然，当工资高到足够的程度，人们就有能力享用更多的闲暇，而从事较少的工作。在关键的 C_3 点，提高工资率会减少提供劳动的数量，收入效应大于替代效应。而在 C_3 点之前，劳动供给随着工资的提高而增加，即替代效应大于收入效应。这个问题在现有经济学中已经解决。而在另一个关键的 C_1 点（参照图 6-2 的 m 点以右区域），同样是一个劳动痛苦（边际负效用）超过快乐（劳动产品的边际效用）的转折点。因此，并不一定是过高的工资率会引起劳动供给减少，过低的工资率同样会引起闲暇对劳动的替代，即低收入条件下的收入效应大于替代效应，从而扩大失业队伍，并降低人们对人力资本投入的意愿。低工资条件下出现的"用工荒"，就是一个例子。幸福经济学主张公平的工资率以激发人们的工作热情与幸福感。

二 公平、效率与幸福

在经济学上，效率是指付出一定经济成本后实现的经济收益大小；公平是指各生产要素之间在经济活动中付出与获得的比例相等；分配则把公平与效率问题紧密联系起来。分配涉及各行为主体的权益实现，关系到企业效率、社会公平与国家的可持续发展能力，并最终关系到最大多数人的幸福。公平与效率存在多重一致性演化均衡关系。为了提高企业与社会效率，初次分配与再分配都要坚持公平分配，并且两次分配的公平切点对于社会整体分配公平与最优效率、最大幸福均有重大意义。幸福经济学认为，初次分配与再分配越公平且两次分配之间越公平，企业效率与社会总效率（包括社会和谐、科技进步与可持续发展能力）与国民幸福将逼近最优值。[1]

（一）公平与幸福

公平是影响人类幸福的重要社会因素。数千年来，人类在正义与压迫、平等与效率、战争与和平之间，进行着无数次的社会选择与力量冲突，公平成为一种基本的社会选择和集体行动力量。公平是人类向往的目标，它具有不可抗拒的人性基础。这种人性基础追究到底，就是人们对于幸福与快乐的追求。然而，在公平问题上，人类却显示出极大的矛盾心态和行为的机会主义倾向：当处于弱势一方时，希望强势者能够给予公平；

---

[1] 陈惠雄：《交易行为、利润来源与公平—效率动态一致性均衡》，《马克思主义研究》2009 年第 12 期。

而当人们一旦成为强势群体时，又希望能够维持某种不公平的格局，以尽量保持在与弱势者相比较过程中产生的强势优势——一种基于比较的快乐心理。

人类在公平问题上的利己动机和有限理性显示得相当充分。许多世代过去，公平问题仍然没有显著改进。资本和政治选择加剧了当今社会的不平等。研究数据发现，美国工资和劳动补贴收入所占的收入份额从1970年的68%跌至2010年的62%，减少了将近1万亿美元；1929年经济大萧条之后的最富家庭占有的财富份额依然在持续增加；2012年最富1%的家庭拿走22.5%的财富，这是1928年以来的最大值；世界上最富有的85个人——比尔·盖茨、沃伦·巴菲特、卡洛斯·斯利姆等拥有的财富比世界上最穷的35亿人的财富都多。法国经济学家皮凯蒂和同事们的实证研究激起巨大反响，从"占领华尔街"运动到国际货币基金组织再到白宫纷纷回应。美国总统奥巴马表示，解决不平等和工资增长停滞问题是美国最大的挑战。而从1910年到2010年，美国以及欧洲国家家庭收入差距呈现正"U"形的扩大趋势，见图6-4。①

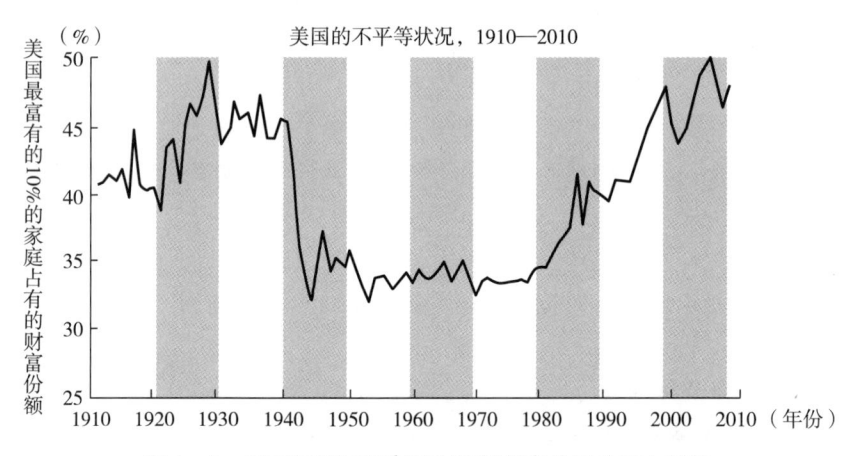

图6-4 近百年美国家庭财富份额贫富差距的扩大趋势

今天，财富与收入上的不平等仍然是现代人最为关心的公平话题，并且是产生幸福感差异的重要原因。2000年，世界上3个最大富翁的财产，相当于最穷的48个国家的国民生产总值。在美国，最富有的1%的人占全国19%的财富，而最低收入的20%的人口仅占财富的6%。在我国也存在

---

① 托马斯·皮凯蒂：《21世纪资本论》，中信出版社2014年版，第280—297页。

明显的"二八现象",即 20% 的人拥有 80% 的财富,基尼系数超过了 0.47。

显然,不公平的环境对于社会整体幸福生活具有极大的打击。不公平几乎成为影响人们心境和情绪的最重要外部因素。当今社会中,由收入与财富差异产生的生理性和心理性贫穷是社会管理的重大难题。由贫穷造成的社会承受力,说到底就是个痛苦承受力问题。而处于最低生活线以下的人们,不仅存在严重的心理性贫穷,更现实的是生理性贫穷,即面临着处于痛苦承受力临界的基本生存权问题。通过实行生活、医疗等社会保障制度,来解决这部分人们的生理性贫穷与基本民生的平等权利问题,以提升人们的幸福感与社会满意度,是当今发达国家和中国的普遍性做法。这种做法通过解决生理性贫穷来缓解因收入差距过分悬殊的矛盾,对解决心理性贫穷从而降低社会管理费用都有重大的社会政治效用。但如果一次分配本身缺乏公平,一次分配的不公平问题通过再分配来弥补,不仅会大量增加政府负担,而且会降低人们的工作积极性和整个社会效率,从而对一个国家国民的长期幸福会造成严重不利影响。[①] 今天的欧洲债务问题与社会保障能力的长期透支——一种对未来幸福的透支以换取当前平安无事的社会制度安排是有密切关系的。

在解释不平等的原因时,阿马蒂亚·森认为,由于各种先天、后天原因,形成了人的可行能力差异。不同人群的可行能力集相当程度上受制于社会的机制设计与制度安排。如果一个人的行为选择集合中没有包含足够实现某项功能活动所享有的可资利用的资源组合,那么,这个人就可能面临着某种可行能力被剥夺的威胁,进而造成人们之间的实质上的社会经济地位不平等和人们获取资源的不平等,使这些人从社会公平中获得的幸福感大大下降。阿马蒂亚·森提出的可行能力方法是研究平等、福利等规范性问题的一个操作框架,他认为要促使社会福利、幸福和平等性的提高,可以通过经济条件、社会机会、透明性保证、安全保障等方面的体制设置来改变不同群体的可行能力差异,以提高社会总福利水平,从而提高社会整体的公平感、幸福感与满意度。[②]

在公平与幸福、满意度关系研究上,亚当斯的公平理论(又称社会比较理论)说得比较明确。美国心理学家约翰·斯塔希·亚当斯(John Sta-

---

[①] 陈惠雄:《交易行为、利润来源与公平—效率动态一致性均衡》,《马克思主义研究》2009 年第 12 期。

[②] Amartya Sen, *Development as Freedom*, Oxford: Oxford University Press, 1999: 18.

cey Adams）提出：员工的激励程度来源于对自己和参照对象（referents）的报酬和投入的比例的主观比较感觉。亚当斯的公平理论认为，人们在工作中能否受到激励与感觉满意，不但受到他们获得报酬多少的影响，还受到他自己所付与所获与别人所付与所获比例是否公平的比较的影响。其公平理论模型为：

$$Qp/Ip = Qe/Ie \qquad (6-2)$$

式中，Qp 代表一个人对他所获报酬的感觉，Ip 代表一个人对他所做投入的感觉。Qe 代表这个人对比较对象所获报酬的感觉，Ie 代表这个人对比较对象所做投入的感觉。[①] 在经济学中，这种公平关系可以用"各要素投入成本与收入之比连续相等"来描述，其要素使用权交易的公平模型为：

$$R_1/C_1 = R_2/C_2 = \cdots = R_n/C_n \qquad (6-3)$$

其中，C 为要素成本，R 为要素收入，$1, 2, \cdots, n$ 为不同生产要素（资本、劳动、管理等要素）。式（6-3）表明，要素之间所付与所获比例相等，是分配公平的一个基本原则。只有实现要素所付与所获的比例公平，即"按要素贡献大小进行分配"，才能够实现收入分配公平，从而充分调动各要素积极性，使要素总效率为最高，各要素投入者产生的幸福感总和为最大。

（二）要素使用权交易与要素所有者幸福

存在于劳动、资本、技术、管理等生产要素之间的要素使用权交易（Transaction of Factors Usufruct）是经济组织内部的基本交易活动，也是要素间初次分配交易合约履行的基础。要素使用权交易行为、交易合约履行对初次分配公平、微观组织效率、要素所有者幸福具有决定性影响，要素使用权交易的公平性实际上成为组织效率与幸福感、获得感提升的关键，从而使构建公平社会分配体系成为实现最大可能效率与最大可能幸福的可靠途径。

由于要素使用权交易是组织内或组织间不同要素所有者之间对让渡各自要素使用权与对方达成的交易。要素使用权交易的公平性将不仅对组织内不同的要素所有者个体利益产生不同的损益性影响，而且将影响到组织效率与利益相关者的幸福。因此，要素使用权交易公平—效率关系探讨成

[①] Adams, J. S., Rosenbaum, W. B., "The Relationship of Worker Productivity to Cognitive Dissonance about Wage Inequities", *Journal of Abnormal and Social Psychology*, 1962, 46 (3): 161–164.

为研究分配幸福问题的一个理论基点。而劳动、技术、管理等要素收入的初次分配实际上是各要素所有者"相互交换其活动"的结果。如果各要素主体的交易地位平等，要素使用权交易合约公平，则各要素主体都能够获得与其付出（贡献）比例相等的报酬（收益），从而实现初次分配公平，形成基于分配公平的幸福感。

然而，强者与弱者是生物界与人类社会同在的普遍现象，"强者占优"的生物学规则使迄今为止的人类社会仍然难以摆脱其影响。有限理性与强者占优规则使在资本、劳动、管理、技术等要素使用权交易中，出现了分配天平倾斜。这种分配倾斜主要是由要素间的组织地位差异及其解决这种差异的制度安排决定的。① 由于不同要素所有者在同一组织中的地位差异，并受到市场类型、社会倾向性、制度与意识形态等因素最终形成的要素所有者之间抗衡与相容力量的复杂影响，使基于要素使用权交易合约的国民收入初次分配会大致建立在以下两种不同的交易行为模式基础之上，并产生两种截然不同的幸福均衡分配模式。

其一，建立于公平（类似于激励相容条件）的要素使用权交易合约基础之上，主要依靠并基于各要素效率形成要素收益与企业效率，实现各要素价值目标与组织价值目标的一致性。这种要素使用权交易行为称为"生产性努力"（Producing Effort）行为，企业利润主要来源于各要素效率与要素创造，此时的企业交易行为模式接近于现代企业"利益相关者"理论模式，其利益导向具有均衡一致性特征，形成有利于要素所有者共同幸福的分配模式。这种要素使用权交易模式主要通过在资本、劳动、技术、管理等要素间形成激励相容（Incentive Compatibility）的公平交易机制与剩余权分享机制，以最大化地有利于人力资本积累、货币资本积累、技术与管理创新，从而有利于各要素效率发挥至最大可能性边界，最终形成基于各要素主体生产性努力的要素效率型企业发展模式与利益公平分配的初次分配公平模式。此时各要素所有者的最优利益是均衡意义（要素效率充分发挥与要素收益按贡献率比例回报）下的最优利益，此时的企业利润是生产率意义上的"效益"，此时的幸福是要素所有者与利益相关者的共同幸福。

---

① 西方经济学一般认为，要素使用权交易价格高低主要受要素稀缺性影响，并以此来解释"无限可供给条件下"的劳动力低工资问题。实际上，稀缺性往往具有人为特征。劳动力低工资往往与资本受到某种制度支持的地位提升有关（如地方政府对于资本利益的倾向性保护）。此前我国的农村剩余劳动力与"民工荒"并存、劳动力低价与佣工稀缺并存现象，是稀缺定价理论无法解释的。对弱势群体利益的漠视与社会分配公平的体制性缺失才是其重要原因。

其二，通过压低一种要素使用价格来增加另一种要素收益，即建立于不公平的要素使用权交易基础上的初次分配模式。典型的如在资本与劳动之间的要素使用权交易中，通过压低劳动要素价格形成或扩大的企业利润与企业"效益"；在企业与环境（公共产权）的交易中，通过损害环境（少支付环境治理费用等）来降低企业成本、增加利润。这种要素使用权交易行为称为"分配性努力"（Sharing Effort）行为，即企业利润来源于对弱要素的利益剥夺而非要素创造。此时的交易行为模式服从于古典企业的"股东利益至上"模式，其利益导向具有单向度、非均衡性。在市场机制作用充分的条件下，尽管这种不公平的要素使用权交易也是基于"个体理性约束"（Individual Rationality Constraint），即弱要素所有权者签订合约得到的收益大于不签订合约可以得到的收益。然而，经验证明，这种通过压低弱要素价格形成的企业利润并非是各要素所有者均衡意义下的最优利益，而是转移分配了一部分弱要素利益的结果。这种基于分配性努力的要素使用权交易属于分配率型而非生产率型的交易模式与效率模式，其企业利润包含了对弱要素利益与幸福的某种剥夺。建立在这种要素使用权交易机制基础上的幸福模式是部分要素所有者的幸福，而非多数人幸福与所有要素所有者的幸福均衡。

第四节 可持续发展与人类幸福

今天，人类的生存性矛盾和危机，已经由以往的供给性危机转变为过剩危机与生态环境危机。环境对于今天与未来人类幸福的威胁，已经大大地超过了生产不足的威胁。保护资源与环境能够给人们带来的快乐在总体上已经超过了增加一般生产品给人们带来的快乐。在这样的生存与发展性矛盾转变的时机中，经济开发与环境保护已经需要重新排序。实现发展的可持续性，才是人类真正有理性地实现包括后代人在内的最大多数人的最大幸福的发展战略选择。针对可持续发展对于人类幸福的日益重要性，基于经济发展存在内能补充与熵增加两个重要的资源约束条件的原理，使我们必须把一般意义上的生产可能性边界修正为可持续的生产可能性边界，以实现人类可持续的幸福生活。

一 熵与系统均衡

幸福依赖于可持续发展，而可持续发展问题首先是由发展的资源约束条件造成的。从物理学角度,万物皆由能量生成,可持续发展在根本上涉及能量及其由之产生的各种具体物质资源的可持续性利用问题。在经济发展过程中,存在内能消耗、熵(无用能)增加和生态系统承载力三个系统性的问题,可持续发展问题实际上就是由此产生的。人类幸福依赖于人所依存的内外物理世界的微妙平衡。

由热力学第一定律发现,自然界能量的数量在传递和转化过程中保持不变,即能量守恒。然而,事实上能量守恒定律的一个更加重要的意义是表明,一个系统内能 U 的增加(变化),等于系统吸收外界的热量 Q 和外界对于该系统所做的功 W。即:

$$dU = dQ + dW \qquad (6-4)$$

一个经济系统要做功,要么就是消耗内能,要么就是吸取系统外部的能量。社会经济发展在本质上是一种能的使用、消耗和转化行为。发达国家因其在经济上居于"先发"地位,国际贸易中表现为资源输入,因而以占世界 10% 的人口,消耗了占世界 80% 的能源,足显其在吸取外部资源、增加"内能"上存在的优势。工业革命以来,西方国家突飞猛进式的经济发展,很大程度上就是以不断地吸取经济落后国家的资源为其条件的。而在发展中国家,因其经济技术落后,国际贸易中表现为资源型的初级产品输出,经济发展中的内能消耗与补充主要限于国内解决。这就是为什么发展中国家大量耗用能源会遇到严重的资源承载力约束,发达国家就没有,或者症状要轻得多的原因所在。这也是发展中国家经济发展中遇到的第一个约束,即内能消耗与补给约束。从这个意义上说,发展中国家国民的可持续的幸福生活需要更多地依靠"节约"而不是大力"消费"来实现。

继续这个问题,由热力学第二定律揭示,当物质形态转化时,会使某种能量受到一定的损失,这种不能再被转化作功的能量的总和就是熵。熵同样是一个表示系统内部特征的量。根据卡诺(S. Carnot)等的论证,在一个系统内部,随着能量的不断使用,不能再作功的无用能是不断累增的,即总的熵不断增加,由而形成了熵增定律。有机体系统要摆脱死亡,唯一的办法就是向环境中不断吸取负熵,以平衡熵增机制,维持系统均衡。在一个国家中,经济增长依赖于大量能源消耗的支持,而经济增长过程中消耗的大量能源,会导致熵的不断积累,包括与熵的具体化形式相联系"三废"的大量增加。熵增加会大大扩展经济发展的负外部性,导致生态系统失去平衡和生命维持系统功能弱化,产生了生态可持续性问题。而生态可持续性又是经济可持续性与社会可持续性的基础,是国民幸福可持续性的根本所在,由而使维持经济发展过程中的生态系统均衡成为实现国民幸福可持续发展的基本约束条件。

在熵平衡机制上,发达国家利用自己的科技优势和经济上游地位,通过向经济位势低的发展中国家大量吸取负熵(资源和利润),并大量转移高污染、高能耗产业以及熵扩散等负外部性输出行为,而维持了发达国家内部经济系统与生态系统的均衡发展,实现较高的国民幸福指数。发展中国家则完全不同,因其经济位势低,向系统外部特别是向发达国家吸取经济负熵与转移负外部性的能力要弱得多。① 正是这种发展的约束条件差异,造成了一些发达国家几乎是在肆无忌惮地挥霍能源,而处于经济低位势的发展中国家,则更多地要从本国内部吸取负熵来推动其经济发展,并把由经济发展带来的熵增加及其他负外部性积累在国内。这便构成了发展中国家经济发展过程中的另一个重要约束,即熵增加与负外部性约束。把内能消耗控制在经济资源能够承受的限度内,把熵增加控制在生物圈的承载力以内,既是对这两大约束条件的具体解释,也是发展中国家实现国民幸福的可持续发展的长期条件。②

因此,由于经济位差的存在,由于全球化所包含的资源全球配置与幸福全球配置的深重含义,使发达国家在经济全球化过程中居于显著有利的地位。在经济发展所需要解决的能补充和熵消弭两个关键约束条件上,发达国家因其处于高经济位势而通过向外部吸收经济资源、转移负外部性,而实现了持续的经济扩张和良性经济循环。这种经济负熵和负外部性可以扩展到一些夕阳产业、淘汰设备、垃圾的转移等,因为这些转移归根结底涉及高能耗与熵增加两大发展的关键问题。而在发展中国家,则因受到外能补充困难与内部熵增加的双重约束,处于不利的可持续环境。而这种不利的可持续环境事实上才是这些国家实现可持续的国民幸福的重大约束条件。

二 可持续发展与幸福的合作博弈

幸福的可持续性是一个非常重要的问题。如果说分配公平的关注点是多数人幸福与少数人幸福问题,可持续发展则更多地关注幸福的代际传承与代际提升问题。因为,"经济有发展、幸福无提高"的新发展悖论在西方国家实际上已经持续了半个多世纪,代际幸福感是下降的。幸福指数调

---

① "经济位差"一词是由物理学中的电位差概念借用而来,其指的是国家、地区间在经济发展上存在的水平差异和国际经济中的战略地位差异。
② 戴维·皮尔思、杰瑞米·沃福德:《世界无末日:经济学、环境与可持续发展》,中国财政经济出版社 1996 年版,第 44 页。

查表明，近半个世纪来西方国家经济发展的国民幸福成效几乎为零，在英国、美国甚至为负！当代年轻人不如父辈们幸福似乎已经成为一个一般性事实。在中国，近十几年来的国民整体幸福指数也一直处于停滞状态。而资源环境可持续性问题，正在成为全球性的国民幸福可持续性问题的新挑战。

今天，基于资源环境视角的幸福问题在一定程度上已经演化为发达国家与发展中国家两大集团之间的利益博弈关系。由于资源环境的全球性配置，"幸福博弈"在事实和思考问题的方法论上都是成立的。运用博弈论方法进行实施可持续发展的成本收益分析，并考虑其外部性问题，可以得到一个真正符合发达国家与发展中国家两大国家集团国民幸福的纳什均衡。我们把所有国家分成发达国家与发展中国家两个集团，设各自都可以有可持续发展与不可持续发展两种战略选择。这样就可以产生如下四种选择结果：

（1）假设两类国家集团都选择不可持续的发展战略，那么就都没有为此而需要付出的成本，当然也就没有由此而得到的收益。收益组合为（0，0）。

（2）发达国家集团单独实行可持续发展战略，设其成本为3，总收益为6。由于实施可持续发展战略具有正的外部性，发达国家得到5个收益，净收益为2（5减3），发展中国家则因此得到1个净收益。收益组合为（2，1）。

（3）发展中国家单独实施可持续发展战略。由于发展中国家的经济位势较低，向系统外部吸取负熵与转移负外部性的功能较弱，实行可持续发展战略更加合理。但因其满足水平与科技水平均较低，实行可持续发展的目前成本比发达国家稍高，设为4。而发展中国家因其区域广大且其环境、资源问题更为突出，实行可持续发展战略的全球效益会更加显著，总收益同样较发达国家单方面实行可持续发展战略为高，设为7。其中，发展中国家获得6个收益，净收益为2（6减4），其余1个净收益为发达国家获得。收益组合为（1，2）。

（4）发达国家集团与发展中国家集团同时实行可持续发展战略，设总收益为13，发达国家的成本为3，发展中国家的成本为4，净收益为6（13-4-3），各自获得3个净收益。其收益组合为（3，3）。

我们把这些数据构成一个纳什均衡模型（见表6-2）。

表6-2中，每栏的前一数字为发达国家的净收益，后一数字为发展中国家的净收益。从表6-2中不难看出，发达国家实行可持续发展的收

益分别为 3 和 2，实行非可持续发展战略的收益为 1 和 0。因而以实行可持续发展战略为优战略。而不论发达国家实行何种发展战略，发展中国家都以实施可持续发展战略的收益为最大，即 3＞2＞1＞0。（3，3）点为一个纳什均衡点。因此，根据经济发展过程中发生的能吸收、熵增加和系统均衡等约束条件，综合发达国家与发展中国家各自的经济位势和实行可持续战略的成本收益差异，可以得出结论，无论发达国家还是发展中国家，实行可持续发展都是实现国民最大幸福的最优战略选择。幸福战略的国家利益博弈实际上对于一个国家内部区域发展也是一样的道理，保护资源环境对于一个区域居民的可持续的幸福而言都是至关重要的。

表 6-2　　　　发达国家与发展中国家的幸福发展战略合作博弈

		发展中国家的战略	
		可持续发展	非可持续发展
发达国家的战略	可持续发展	3，3	2，1
	非可持续发展	1，2	0，0

今天，全球的环境与资源状况正在加速地急剧恶化。世界自然保护基金组织公布的 1999 年度全球环境指数显示，从 1970 年到 1995 年，全球环境指数下降了约 30%。这意味着在过去短短 25 年间人类拥有的自然资源减少了 30%，资源消耗量相当于过去几个世纪的总和。25 年间，全球森林面积减少了 10%，海水动物的数量减少约 35%，淡水动物和哺乳动物的数量则减少了 45%。世界自然保护基金发布的这类"全球环境指数"，因其数据权威可靠而被誉为"环境道琼斯指数"。而据最新的英国科学家在南极和欧洲的研究报告证实，在过去 40 年间，天空（大气层中的散逸层顶）下降了整整 8 千米，现代人类真正遇到了"杞人忧天"的问题。由于温室效应，大气层还将继续收缩，CO_2 浓度在下世纪会增加 1 倍，大气圈的这些变化对生物圈的影响无法预料。而发展中国家的局部资源与生态毁坏要更加严重。在我国，仅是西北、华北两地区缺水和南方几大水系水体的严重污染，就是一个极其严重的问题。北京人最感稀缺的居然是原本可以免费自由取用的新鲜空气和洁净的水。这些资源环境问题不能不发人深省，它将妨碍到国民可持续的幸福生活。

许多科学家相信，地球已经开始第六次物种大灭绝。世界自然基金会（WWF）发布的《地球生命力报告（2018）》对野生动物的生存情况做出了新的估计。报告说，自 1970 年以来，人类已经"消灭"了 60% 的哺乳动物、鸟类、鱼类和爬行动物。专家警告说，野生动物的灭绝已成为威胁文明的紧急情况。全球人口对食物和资源的巨大且不断增长的消费，正在摧毁经过数十亿年形成的生命网络，而人类社会最终依赖于这一网络来获得清洁的空气、水和其他一切。

基于上述，虽然发展中国家与发达国家都面临着可持续发展的难题，也尽管发达国家已经表现出尤其显性化的可持续发展行动。然而，由于发展中国家在吸取外能、约束熵增加机制与维护系统均衡方面显示出来的困难，以及现实生活中实际上存在的更加健康合理、更加节约资源、有利环境的国民幸福满足方式，使其采取可持续发展战略，对解决发展中国家的无论是生存问题的"近忧"还是可持续性问题的"远虑"，都要更为有利。减少那些效用被污染抵消的经济增长，减少碳排放，共同努力履行《巴黎气候协定》，增加对教育、科技、环保等公共支出的投入，分配上照顾一般公众的利益，保持良好的生态环境，会使人们的生活质量变得更高。而由于可持续性本身存在着内在的层次性以及发展中国家内部存在的区域发展差异，通过实施分层次的可持续发展战略，分别改善生态环境系统、经济环境系统和社会环境系统，从而最终实现幸福最大化的可持续发展战略。

第五节 有限生命成本约束条件下的幸福最大化

幸福经济学研究作为人类行为终极目的的幸福与作为实现幸福的手段——经济发展之间的关系。由于经济发展归根结底涉及成本问题，而幸福则是"收益"。因此，幸福经济学同样可以运用成本—收益分析来解释人类追求幸福的经济行为现象。科斯把所有问题都归结到"成本"之中来解释人类经济行为，而张五常则主要用约束条件下的最大化来解释经济学的基本规律。这给纷繁的经济现象理出了一个简捷的解析思路。而无论是大自然还是人类行为，皆有规律可寻。事实上，我们不可能找到任何现象是完全没有规律的。[①] 而只有找到基本经济规律，才能够使经济发展变得更加科学。那么，人类经济行为的基本规律是什么呢？幸福经济学又是如何解释这一人类经济行为的基本规律的呢？

[①] 张五常：《经济解释·科学说需求》，花千树出版社2001年版，第28页。

一 对资源稀缺性的重新诠释

人是经济活动的出发点、主体与归宿。而经济学归根结底是研究两方面的问题：一是人们开展经济活动的（终极）目的，二是实现目的的具有稀缺性的条件与手段。前一个问题涉及人类行为的根本动机，欲望，需要，需求，快乐，偏好，效用，这些概念就是研究动机问题的。现在的主流经济学尚处于数量分析——工程分析、实验分析的发展时期，对动机问题采取假设的态度。经济学的第二个问题即实现目的的稀缺手段，则需要精确无数个约束条件，这是现在主流经济学主要做的工作。

（一）关于稀缺性的再认识

从经济学角度考察，人们为获取快乐需要支付一定的成本，这种成本也就是每个人所拥有的资源，这种成本或者"资源"是"稀缺"的。这就形成了获取快乐的成本约束或者叫资源稀缺性约束。从消费者角度讲，这种成本约束的含义就相当于消费者行为理论中的预算约束线，你拥有的消费资源（钱）就只有那么多；从生产者行为角度讲，相当于最大生产可能性边界，你拥有的生产能力就只有那么大。在预算约束线条件上实现快乐幸福最大化目标，便成了人类经济活动需要解决的全部问题的根本所在。新古典经济学所指的稀缺资源既包括人力资源也包括其他存在稀缺性的经济资源，它们共同转化为人们获取快乐幸福的资源（成本）约束。现在需要深入论证的是，新古典经济学所说的资源稀缺性是否就构成人类获取幸福最大化的根本约束条件？[①]

现代经济学对稀缺性（Scarcity）一般的解释是：相对于人的欲望而言，资源（人力、土地、商品、技术、劳务）是不足的，存在着总是少于人们能免费或自由取用这些东西的情形。经济学家一般把这种情形称为稀缺性，把这类物品称为稀缺品。由于人类欲望的无限性，人力与非人力资源的有限性，以及由此两类稀缺资源生产与提供的物品的同样有限性——需要在零价格以上通过交换才能提供给消费者，这便形成了稀缺性矛盾和稀缺规律。西方经济学家普遍认为，稀缺规律是一切经济问题由以产生的根源，是经济学的基本出发点。由对稀缺资源进行合理配置和选择性利用并产生相应的生产、分配、交换与消费方式，以最大限度地满足人类需要，是经济学产生和存在的重要理由。这种资源观念，加上自然资源稀缺性问题日益严重的现实，几乎成为影响今天整个经济学界的一种不可动摇

[①] 陈惠雄：《对"稀缺性"的重新诠释》，《浙江学刊》1999年第3期。

的信念。

然而，实际的资源状况是否真的如经济学家们所认定的同时存在着两个稀缺？即人力资源稀缺与自然资源稀缺？这不仅仅是个关系经济学自身建设和对稀缺性问题选择解决途径的大问题，而且也是个涉及哲学、自然科学两个学科关于宇宙存在和人类未来命运的一些基本看法的大问题。犹如人们看到的，西方经济学从面对"稀缺性"矛盾开始，到面临"过剩性"矛盾结束。幸福经济学需要对实现与谋求幸福的具有稀缺性的手段问题做出解释，以便寻找到实现持久幸福的理论与方法。

(二) 宇宙开放空间中的潜在自然资源无限性特征

稀缺性是新古典经济学的理论起点，在无限欲望与有限资源之间却存在着许多没有说透的问题。西方经济学所认定的稀缺性规律是与宇宙的永恒发展法则相违背的。自然资源无论从其存在的绝对性而言还是从其相对于人类欲望的相对性而言，都是无限充裕的。人的欲望大于人类自身的能力——生命成本有限性或者叫人力资源稀缺性才是经济稀缺性的根源。因此，必须把解决经济稀缺性的根本点放在人类自身上，而把无限的自然资源变成为有限，造成大量生态资源的灭绝和毁坏，则正是人力资源稀缺的真实暴露。

西方经济学中的资源稀缺性是指以下三种情况或其中之一：即结构资源有限、总量资源有限（这两点指的是资源自身的稀缺性），以及资源相对于人类欲望的有限和相对稀缺。事实上，我们应当认识到，自然资源具有无限性特征。人类所伴随的是一个具有无限潜力的开放的宇宙资源系统，地球资源的这种客体无限性，在人类这个发展主体面前潜在着可供无限发展的能量。也就是说，从存在意义上讲，从客观存在世界与主观世界的辩证统一性看，可供人类利用的资源是无限的。资源的潜在性、潜在资源的无限性是人类所接受的地球与宇宙资源系统的根本特征。这也是我们进行资源问题的经济学研究并把它和哲学、自然科学规律统一起来的一个应有的思维基础。目前的经济学夸大了资源稀缺性的约束限度，忽略了开放系统中的资源还有更加重要的无限性的一面。这是造成现代经济学从解决稀缺性矛盾开始到面临过剩经济矛盾结束等理论与逻辑矛盾的重要原因。自人类社会诞生至今，从天然（采猎）经济到自然经济，从制造业经济到信息与知识经济，资源的链条在不断延伸。人类可以面对的是具有无限潜力的自然资源。这是从自然资源存在状况的绝对性上讲的。

从资源稀缺性的相对性讲，与人类无穷欲望相对应的恰是无穷的宇宙资源。自然存在本身与自然界在人类面前都不存在一条稀缺性规律。以辩证法观之，天地合阴阳而生，时间万物无不在对立统一之中。人类之无限的心界，必有一无限的天界与之对应，那就是宇宙。俗话说"心比天高"，然而，天高无界，这也就是人类无穷的快乐欲望与宇宙的无限境界的对应之处。西方经济学把无限欲望与有限资源约束下的选择问题列为经济学的逻辑起点，把解决稀缺性作为经济学的主要任务之一，并由此展开对整个经济学理论体系的架构，可见一开始便有迷途之嫌。以致当近一个世纪以来过剩问题堆积如山，并事实上已经成为工业化国家的首要矛盾时，经济学家们仍在孜孜不倦地从稀缺性入手，并在普遍的过剩性矛盾中寻求解决稀缺性问题的对策。现代全球经济发展面临的主要矛盾，与其说是由资源稀缺性导致的结果，还不如确切地说这是当工业生产力——人类自身能力发展到一定阶段后，由潜在资源的绝对充裕性和人类需要的相对（结构）有限性的矛盾必然伴生而成的产物。因此，对稀缺性问题必须重新认识，以便把实现人类幸福的资源约束理念建立在科学的方法论基础之上。

（三）人力资源稀缺是一切经济社会矛盾的总根源

基于上述分析，我们一般可以把资源稀缺性解释为以下六组矛盾，即：潜在自然资源无限与直接可用资源有限的矛盾；总量资源无限与结构（个量）资源有限的矛盾；直接可用资源有限与人类欲望无限的矛盾；欲望无限与能力（人力资源）有限的矛盾；人力资源与自然资源的潜力无限与人类欲望的个量和结构有限，从而导致生产过剩的矛盾；人的潜在欲望、潜在人力资源和潜在自然资源三者无限性的辩证统一。前面五对矛盾实际上都统一在第六对矛盾之中。即矛盾的统一性是矛盾的差异性和对立性存在的前提与基础并互为基础。如此，关于资源稀缺性便可以作出进一步的说明：

其一，从个量和直接可用角度看的资源可以是有限的，但潜在的总量资源是无限的。以个量资源的有限性来解释总体资源与潜在资源，扩大了资源稀缺性的界限并以此来作为人类获取幸福的约束条件是不正确的。这为幸福经济学解释人类幸福的无限可能解决了资源有限性约束的理论认知问题。

其二，相对于人的幸福需要而言，直接可用资源、个量资源以及由之引致的商品与劳务的供给可以是有限的、缺乏的。这也就是无限欲望与有限直接可用资源之间的矛盾，也是提升幸福指数与经济发展之间的现实矛盾。然而，新古典经济学在认识与界定这种有限性的"原因"，也即引起稀缺性矛盾的主要方面时，一般认为是在自然界的资源存在状态方面。即认为森林、矿藏、光温水土等资源条件的有限性是引起经济稀缺性的根本原因。并且，我们今天一直在这样强调。而事实的情况是，造成总量资源无限条件下的直接可用资源有限——造成经济稀缺性的根本原因是由于：人的欲望的无限性与人口过量增长产生的行动失控超过了可直接使用自然资源的量界，而直接可用人力资源（对科学认知）的有限性又限制了人类对于直接可用资源的养护与潜在资源的识别、利用而造成的。因此，造成资源稀缺性的根本原因在于"人"方面，而非自然资源的"物"方面。人力资源稀缺才是造成稀缺问题的实质与根源；人类幸福欲望无限性与人类自身能力有限性的矛盾，才是造成经济稀缺性的根本原因；人力资源稀缺才是人类实现快乐最大化的根本约束条件。

其三，人类欲望的潜力与总量是无限的（如长生不老的幸福愿望便是个无限性问题），但个量和结构的需要却可以是有限的（如对橘子、土豆等特定产品的需要）。人类需要的结构有限性以及人类高需求层次上对于一般物质产品需要的下降，便成为人类自身能力（表现为社会生产力）发展到一定阶段后形成生产过剩（危机）的重要原因，而自然资源的无限性则成为形成这种生产过剩的客观外部条件。这也证明了自然资源并不构成人类获取快乐的根本约束条件。而造成资源稀缺性的根本原因，或者说是产生稀缺性矛盾的主要方面，在人类自身，在于人力资源的稀缺。这些是对稀缺与约束条件问题必须建立的新认识！

二 经济学的基本规律：有限生命成本约束下的幸福最大化

上述分析可以看到，人的有限能力与无限欲望之间的矛盾是人类经济社会矛盾的总根源。实际上，世界中并不存在自然资源的绝对稀缺问题。自然资源的个量与结构上存在的稀缺性问题，要么由人类自身欲望大于能力的矛盾造成，要么则可以通过"替代"和"选择"来解决，也不构成稀缺性问题的重点。而第三种稀缺即由直接可用资源的稀缺引起的商品和劳务供给缺乏，确切地讲并不是自然资源本身的稀缺问题。这种稀缺情况根本上是由人力资源稀缺即人类自身能力的约束造成的。自然资源是一种客观存在，无论从其存在的绝对性而言，还是与人类欲望满足相联系的相对性而言，都是无限的。满足人类无穷欲望的自然资源是无限充裕的，这是主体幸福需要与客体资源在其无限性上的辩证统一。假如没有这种辩证统一，人类经济与科学技术进步可能就到达不了像今天这种地步。而引起人类需要永远都无法得到充分满足的根源，恰在于人类自身能力与欲望之间的矛盾，也即人力资源的稀缺性或者叫生命成本有限性矛盾。正是由于人的欲望的无限性和满足欲望的能力的有限性（包括控制人口增长与控制人类自身物欲能力的有限），加剧了可免费和直接使用资源的稀缺状况，引起了大量的经济难题。因此，人类快乐需要不能获得满足的根本原因或者叫引起经济稀缺性矛盾的主要方面，并不在于自然资源方面，而在于人力资源也即人的生命成本方面。人类认识、利用、改造与维护自然的能力不足，改善与控制人类自身行为的能力不强，才是制约人类实现最大快乐幸福，进而产生其他经济与社会矛盾的根源。因此，人力资源是第一资源或者说人力资源是第一稀缺资源是一个科学命题。

基于上述分析，人是一个矛盾体，人的能力与欲望的一分为二以及又在此基础上的合二为一，使人类经济社会发展的矛盾根源并统一于人类自身。人力资源稀缺性才是人类实现自身快乐满足的根本约束条件。从成本—收益角度解释，人力资源又可分解为人的体力、脑力和时间三个基本维度，人们为获得一定收益而以时间为维度支出的体力、脑力与心理负荷成本的总和构成人的生命成本。人类经济活动中取得的任何收益（快乐），都是人们付出相应体力、脑力与放弃休闲的结果。人做任何一件工作，都有一定的生命成本付出，即都要付出一定的体力、脑力与生命时间。世界是永恒的，资源是充分的，欲望是无限的，而生命是短暂的，人的生命成本是极其有限的。正是有限的生命成本（稀缺的人力资源）成为人类实现快乐最大化的根本约束条件。

因此，生命成本约束是获取最大幸福的根本约束条件，有限生命成本约束条件下的幸福最大化是支配人类经济行为和经济学的基本规律。人类经济活动的成本与收益归根结底是收敛于人类自身的。社会经济发展，归根结底是为了解决统一于人类自身的生命成本有限而快乐欲望无限的一系列矛盾。机械化、自动化、信息化，人类所有的经济技术进步，无不只朝着一个方向——生命成本最小化与快乐满足最大化目标努力。现代交通、通信工具的发明和使用，使人的时间使用更加节约，有限的生命变得更加有效，从而给人们带来更多的快乐满足。有限理性、机会主义等人类行为中难以克服的问题皆因生命成本有限而快乐欲望无限的矛盾而产生。如何在有限的生命成本约束条件下取得最大化幸福，是支配人类经济活动和经济学发展的根本规律。经济学的这一基本规律可以运用无差异曲线来表示。

图6-5中，X_1、X_2分别表示生命成本中的脑力、体力并都包含了使用脑力、体力时耗费的时间，AB表示既定的生命成本预算约束线（个体生命体有意愿支付的体力、脑力与时间所能够产生的最大效率），I_1、I_2、I_3为三条无差异幸福曲线，点E表示在AB线约束下能够实现的幸福均衡

点，且假定其他条件不变。它表明，人们能够实现的最大化幸福总是要受到其有限生命成本的制约。随着人类体能与智能的更多开发带来的生命体工作效率的提高，带动了科学技术革命和生态环境的更好治理，人们获得快乐的能力将进一步增强。也就是说，随着人类生命资源（主要表现为智力资源）的进一步释放，人们为获取快乐幸福支付的生命成本效率将逐步提高，成本约束线将向外移动并且斜率改变，并与幸福水平更高的无差异曲线相切，人们将获得更多的快乐幸福满足，并形成一条生命成本—幸福均衡曲线，见图 6-6。

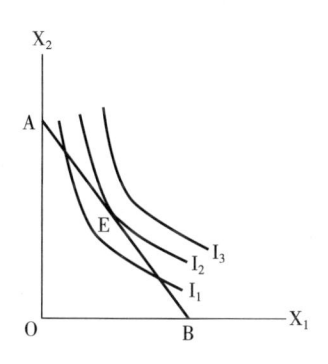

图 6-5　幸福均衡

图 6-6 中有三条预算约束线 AB、A′B′、A″B″，表示随着人类生命资源的释放及其由此带来的工作效率的进一步提高。AB、A′B′、A″B″分别和三条无差异曲线 I_1、I_2、I_3 相切于 E、E′、E″。这些点是人们在生命成本支付效率提高的情况下的最大幸福满足点或者叫生命成本—幸福均衡点。理论上讲，生命成本预算约束线 A″B″比 A′B′、A′B′比 AB 具有获得更多更好的快乐幸福满足的能力，从而能够与更高的幸福无差异曲线相切。连接 E、E′、E″，即得到图 6-6 的生命成本—幸福均衡 LH（Life Cost - happiness）曲线。

经济学是求证以尽可能小的生命成本付出而获取最大幸福收益之学。从这一基本规律出发，可以明白，所有的社会分工与经济发展要么使人们的生命成本得到更多的节约，要么使人们得到更多的快乐幸福满足，而这两者又是相互融通的。这对于我们无论是预期产业还是预期制度变迁均大有益处。可以洞见这样一种制度景象：由于现实经济技术基础上存在的个人幸福、集体幸福与最大多数人的最大幸福之间的多重复杂关系与矛盾，使私产制度安排成为今天人们获取快乐、减少因不确定性造成痛苦而必需的手段。然而，终有一日它会生产力高度发达与物质丰富而变得不重要。因为，没有私产缠心的制度会比私产制度更加幸福。这便是经济学基本规律的重要作用。

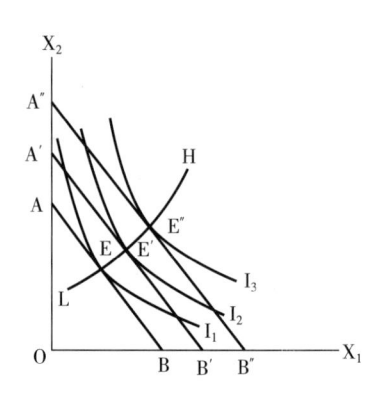

图 6-6　生命成本—幸福均衡曲线

　　人类行为的终极目的在于追求精神快乐。但事实上精神不能从精神来，只能通过消费与接受一定的物质对象包括自身体能的消耗来满足。因此，消费产生的直接原因是出于对健康、生命存在以及享受生活等方面的快乐需要，人类经济活动和经济—幸福关系的整个序列便由此衍生开来："消费"是满足给需要的，没有消费，幸福需要就无法得到满足；"生产"是提供给消费的，没有生产，消费就难予进行。在最简单的直接生产情况下，经济运行就是这两个环节。由于人类需要的多样性，在需要力的推动下，不仅要有产品和劳务"交换"，以满足更广泛的需要或提高满足的效果，从而使分工高级化和经济运行程序复杂化，使"分配"产生并介入到消费、生产与交换之间，使消费—生产—分配—交换构成一个基本的经济运行系统，而其终极价值目标就是经济运行主体人的幸福。因此，人类经济运行的基本系统范式，事实上就是在人类趋乐避苦的根本行为动机支配下展开的。人的有限生命成本约束条件下的幸福最大化成为支配人类经济行为的基本规律。人类的长期经济活动只有与这一规律不相违背，即经济活动始终真实地围绕节约人的生命成本并提高人的幸福感的终极目标努力，才能够真正实现"最大多数人的最大幸福"原则。

第七章　财富—幸福悖论

【本章导读】财富是国民经济发展的一个重要组成部分，或者说是经济发展的一个直接结果。本书开辟一章专门研究财富或收入与幸福的关系，是因为私人收入、国民收入、金融资产等作为经济发展的有代表性的显示性变量，自古典经济学以来一直被人们看作是影响幸福的最重要因素。财富＝幸福，是主流经济学关于经济发展的主要理由。第六章阐述的幸福与生产、幸福与消费、幸福与分配、幸福与生命成本的关系全部是基于人类主要经济环节与幸福的正向关系。然而，经济与幸福关系事实上并非如古典经济学以来主流经济学所认为的正相关关系。在某种意义上，正是财富—幸福悖论的持续出现，即财富增长不能导致幸福增长，甚至反而出现幸福感下降的情况，促进了人们对财富、经济增长与幸福关系的全面反思，促进了对作为工具价值的财富生产、物质消费、分配制度等各个经济环节与幸福终极价值关系的重新评估，推动了全球性的幸福经济学研究。事实上，财富之于人类，经济之于幸福，只有有限的工具价值意义，且财富的分配结构、财富分配的公平性对幸福的影响更加具有直接性，对钱的看法比钱本身更加能够影响一个人的幸福感。幸福经济学通过研究财富—幸福悖论来进一步加深对财富问题的幸福理解，为在什么样的目标与意义上增长财富提供理论支持。

　　财富或国民收入是经济学研究的主题之一，也曾经被认为是提高福利、增进快乐的核心要素。在相当长时间里面，财富增长被看作是幸福增长的同义语。财富论与GDP增长中心论大致反映了这一观点。然而，财富与幸福究竟有怎样的具体关系？财富的结构与本源是怎样的？人们为什么会追逐财富？拥有多少财富才是合适的以及收入—幸福悖论是如何产生、又该如何解决？在第六章中，主要从经济与幸福相互促进的正向关系角度讨论经济与幸福的系统关系，这一章将辩证地看待这一关系，从财富—幸福悖论关系视角深入研究财富的幸福效应，以便我们能够进一步深化对经济与幸福关系的认识，更好地为经济社会的科学发展、幸福发展服务。

第一节 关于财富的两个视角

关于财富的两个视角——自然财富与国民财富的观点不是一个创见性的理解，却没有多少主流经济学者愿意关注这个问题。原因之一是国民财富增长依赖于大量自然资源也即自然财富的消耗。在强调自然资源财富的情况下，会给专注于 GDP 增长的人的心里带来不快（痛苦），造成经济统计学上的情感障碍。然而，考虑到人类幸福对于资源环境依赖的系统性，对于森林、湿地、甘泉、清新空气等生命支持系统依赖的不可或缺性，以及当今世界人口、资源、环境之间存在的严峻矛盾，我们必须认真审视基于人类幸福的财富视角，克服对资源环境（绿水青山）财富的麻木不仁，纠正对金融财富过度热衷的拜物教倾向。[①]

一 经济学与人类学意义上的财富差异

财富，现代人们更多地把它理解为是人类劳动与自然资源的结合体，是人类劳动的产物。显然，这是一个狭义的财富概念，或者说是经济财富概念。司马迁在《史记·货殖列传》中说："天下熙熙，皆为利来；天下攘攘，皆为利往。"利者，现代术语中以利益、财富解。然而，事实上，财富并不只是一个仅仅与人类劳动创造或交换价值相联系的概念，更加重要的它是一个和人的生命存在意义相联系的概念。生命存在的意义是快乐，只有有助于生命快乐的东西才是完全或真正意义上的财富，生命既依赖于绿水青山而存在，也有赖于金山银山等国民财富手段的支持。因此，完整的财富概念应当从两个视角去理解。

在经济学与分配学意义上，只有产权易于界定且能够满足人们各种需要的劳动产品，才具有财富的意义。那些虽然能够满足人的需要，却是无限可自由取用、产权无法界定的物品，就不具备经济学与分配上的财富意义。西方经济学中把前一类物品称作经济物品，如住宅、汽车、衣服等，后一类称为自由取用品，如空气、阳光等。在经济学意义上的财富与价值

[①] 陈惠雄：《天下熙熙，谁个真识财富》，《中国国情国力》2000 年第 3 期。

概念中，包含人类劳动是最根本的特征。① 凡是不包含人类劳动的物质财富，都是自然财富。像阳光、空气、泉水、森林、海洋等。只有"劳动 + 土地"形成的财富才是真正包含人类劳动创造的价值并赋予经济学上的财富意义。劳动是经济学和分配学意义上的价值和财富的唯一来源。如马克思所说：价值实体不外是而且始终不外是已经耗费的劳动力——劳动，即和这种劳动的特殊的有用性质无关的劳动。② 而价值生产不外就是这种耗费的过程。所有以工资、利润、利息、租金等形式分配的收入与财富都不外乎是对于劳动者创造的价值与剩余价值在不同要素所有者之间的分配。这也就是劳动价值论的基本思想。因此，包含人的劳动，产权易于界定，成果易于分配并能够满足人们的消费需要的东西，是经济学意义上的财富的基本特征。

在人类学、社会学与幸福学意义上，凡是对人的生命存在和健康幸福的生活有意义的东西，都能够被人们称为财富。如衣服可以御寒，食物可以充饥，甘泉有助于养命，清新空气有助于呼吸等。的确，对于快乐与幸福的终极价值而言，凡是对人类生活有益（效用）的东西都是财富，都具有价值。空气、阳光、水、森林、食品、房子等，都是人类的财富。在20世纪60年代以前，经济学家们还很少重视社会学意义上的财富概念，没有人重视阳光、空气、水、沼泽对于人类生活的价值与意义。随着资源环境问题日益吃紧与生态经济价值的日益显现，人类学意义上的这种广义价值与财富观念才逐渐被人们所重视。有科学家测算，中国湿地每年产生价值高达2.7万亿元人民币。地球的森林、海洋、沼泽等资源每年无偿向人类提供总价值高达33万亿美元的财富，超过全球各国国民生产总值

---

① 本书不同意"稀缺价值论"观点。如果如此，人类只要把丰富的东西变成稀缺的，就可以创造价值。那样的价值论就没有幸福可言。如先把空气与环境弄脏，造成优质空气稀缺，然后再卖空气。最近一则报道，企业家陈光标就开始售卖新鲜空气，每罐4—5元。如上述论证，自然资源是无限丰富的，稀缺的只是人力资源。如果稀缺价值论指的是人力资源稀缺，则和劳动价值论同义。本书也大致不同意"效用价值论"。因为，阳光、空气对于生命的效用最大，却无交换价值。如果把效用理解为快乐、幸福的同义语，可以同意，但却不是有幸福效用的东西就有交换价值。比如亲情、宗教、清新的空气。不过，也有人这样进行折算：2007年，伦敦大学经济学家 Nattavudh Powdthavee 运用英国的"家庭盘区调查"分析得出，假如一个人从经常能见到家人和朋友的城市搬到另外一个不能常看见亲朋好友的城市，他需要每年多挣85000英镑来弥补由于远离这些人所失去的幸福。一个月见一两次朋友和亲人的价值相当于30000英镑的额外收入。
② 《马克思恩格斯全集》（第24卷），人民出版社1972年版，第428页。

之和。①

因此，财富的构造应当分为两大类，即自然财富和国民财富。自然财富是指存在于天地之间的所有自然资源，包括光、温、水、气、土、物种等物质资源。自然财富是国民财富的母本与基础，是人类赖以生存、生产与发展的基本条件。没有自然财富的存在，国民财富的创造便无从谈起。一个国家自然财富的丰裕程度，对国民经济发展具有重要影响。国民财富是指通过人力对自然资源的改造、加工而生成的符合人类需要的各种物质资料及其它们的货币形态，如面包、房屋、金融资产等。严格地说，所有人类制造的物质产品都不能称为人类"创造的"财富，只能说该财富包含了人类劳动创造的价值，或者叫作包含人类劳动创造的财富。因为，单凭人的双手无以"创造"任何东西，人们制造的各种物质产品都只能是人类劳动与自然资源的共同产物。

二 自然财富是国民财富的母本与基础

在以往的经济学观念中，人们更多地局限于对可供分配的国民财富即经济意义上的财富认识，而忽视财富之真正重要的人类学意义。其实，财富之所以为财富，归根结底是它对于人类幸福需要的有用性。无论是自然财富还是国民财富在其本质上均不超出于这一意义范式。财富的真正意义仅在于满足人的需要。人类学意义上的财富比经济学意义上的财富不仅其外延更为宽广，而且内涵也更加科学。只有站在生命幸福需要的角度，才能够获得对财富意义的充分理解。而国民财富只是人类对自然之物进行加工、利用、改造而产生的物质财富，即是包含了人类劳动的财富。人类经济活动的实质就是将自然财富通过人类劳动而改造成为满足人类需要的国民财富的过程。因此，人类经济活动实际上是一个将自然之物人为化的过程。或者说，国民财富增长的实质就是将本属自然的东西变成符合人类需要的物品的过程。把矿石炼为钢铁，把泥土变成房子，成为人类幸福需要的东西。在这一过程中，国民财富在增长，而自然财富却在减少。这一增一减的过程，显示了国民财富增长与资源环境之间的实质和矛盾。所以，国民财富增长有一个不可忽略的自然资本耗损成本。许多的国民财富增长实际上是以加倍的自然财富耗损为代价的。近代工业革命以来，国民财富的增长极其迅速，实际上是和物种灭绝、冰川融化等自然财富的极其快速

---

① 中国湿地每年产生的价值高达 2.7 万亿元人民币，参见 http://finance.sina.com.cn, 2005 年 11 月 26 日。

的消失并行发生的。正因为如此，GNP 也被一些经济学家称为"国民污染总值"（Gross National Pollution），或者叫"自然资源毁灭总值"（Gross Nature Perish）。

那么，我们究竟应当怎样来认识财富对于人类生活的意义呢？财富的真正意义与终极归宿仅仅在于满足人类的幸福生活需要。人们之所以需要面包、衣服、汽车、住房，只因为这些物质对象能给人们提供快乐与幸福的生活。而事实上人类的需要极其广泛，和谐的人际关系，优美的自然环境，创造与爱等，都是获得幸福感的重要内容。几乎存在的一切都会影响到人的情绪与心境，联系着人们生活的欢乐与痛苦。因而，被现代人视为几乎是唯一人生目标的金融资产与个人货币财富增值，实际上只是满足人类快乐需要的一个组成部分。在有关苦乐源调查中，收入因素只占人们幸福权重的 9.8%，而健康与亲情两者则占 51.6%。这个比例在发达国家也是接近的。[1] 这事实上已经给现代社会提出了一个什么是人类的充分而真正的财富，经济发展又如何真正满足人类的财富需要的事关经济学发展方向与人类未来命运的根本性的大问题。人类能否用少得多的金钱财富，少得多的自然财富毁坏，去获得更为广泛、更为充分的天人和谐与快乐满足？从而使自然资源和一定国民收入的总财富效用变得更大，使更多的人享受到由经济发展和环境保护带来的得益？由绿水青山带来的幸福财富（金山银山）效应，这个问题已经非常现实地提到了现代经济学面前。

美国经济学家格鲁奇说：在美国和其他发达的工业国家中，许多人都准备接受较低的经济增长率和较差的经济效率，以换取更舒适的城市、更好的自然环境保护、更少的个人和阶级歧视。[2] 可见，尽管道路曲折，后工业化时代中的人类的消费观、幸福观在逐渐改变，自然财富相对于国民财富而言将会起到日益重要的作用。今日中国"绿水青山就是金山银山"的政府纲领的实施正是这种财富观的巨大转变和切实进步。

基于幸福视角，自然资本与经济资本、自然财富与国民财富均是人们获得幸福生活的重要源泉。从经济系统是自然系统的一个子系统的观点出发，自然财富与国民财富具有同等甚至是更加首要的意义。人类行为的最终目的皆在于对精神快乐的追求，各种物质财富的生产与消费仅仅是实现精神快乐的一个手段。并不是人类制造与获得的物质财富越多，精神就越

---

[1] 陈惠雄、吴丽民：《收入增长与幸福指数演化——基于浙江的实证分析》，《现代经济探讨》2009 年第 6 期。
[2] 阿兰·G. 格鲁奇：《比较经济制度》，中国社会科学出版社 1985 年版，第 27 页。

快乐。这个问题已经被今天的许多研究所证明。如何以较少的物质与自然资源消耗来使人类接受一种更加合理、幸福的生活方式，达到物我、天人、劳逸之间的融合，并使人们从中得到更多的快乐满足，是未来科学技术进步与经济社会发展的一个根本性的重要方向。

第二节　财富与幸福关系的一般性讨论

财富是人类幸福的物质基础。经济学关注居民收入、国民收入指标，只因为它们与幸福生活有密切关联。财富对于人类幸福的作用是众所周知的，人们经常缺乏的是对财富在人类幸福框架中的位置的理解，缺乏对财富是如何构造人类幸福的结构的理解，缺乏财富与幸福关系的量化结构与趋势离合的理解。这里需要把财富、金钱与快乐的构造关系讲清楚，以便使我们对财富与生命幸福有一个比较全面的认识。

一　财富的三大幸福效用

金钱财富是人类劳动的凝结物，因而钱就具备了通约（交换）一切劳动产品的能力。而物质资料是人类幸福生活的基础，它具有不可推翻的物质变精神的心理规律作支持。由于财富只是满足快乐需要的工具手段，它从三个方面构建起满足人类幸福生活需要的物质基础逻辑。

财富的第一效用是能够提供给人们以合意的对象，以满足消费需要，并使人们从消费对象中得到快乐。在商品经济社会，如果没有用于交换物品的钱，基本消费都会大受影响，那就是痛苦。所以，财富的第一效用是幸福生活的物质基础与重要手段，经济发展要解决人们对基本物质生活需求的满足，国民收入初次分配与再分配归根结底是要保障最大多数人的物质需求问题。脱贫根本上就是要减少因财富匮乏产生的生命痛苦，建立物质丰富的幸福生活。如果生产力高度发达，但财富日益向金字塔尖的少数人集中，贫富差距日益扩大，许多人不能够获得衣食住行方面的物质保障，那样的财富效用就会大打折扣，并最终引起社会变乱。

财富的第二幸福效用是心身安全与"为所欲为"的行为心理基础。中国俗话说，家中有粮，心里不慌。不慌就是心安，心安便有快乐与幸福感。古希腊哲学家伊壁鸠鲁解释，快乐就是"身体的无痛苦和灵魂的无纷扰"。而要达到身体无痛苦的快乐和灵魂无纷扰的快乐，有余钱剩米是一个重要的心理安全基础。吃不饱、穿不暖会带来身体痛苦，债务危机会使灵魂纷扰。可见，金钱的效用不光是物质满足与生理需要方面的，而且还是心理安全、自尊等的重要的心理满足基础。由于足够的金钱财富能够提高人们应对突发事件的能力，增强应对环境变化的心理底气，从而较大地提高人们的生活满意度和幸福感，同时也有助于提高人们的社交水平，提高自我实现的能力，产生"为所欲为"（做想要做的事情）的行为心理能力。"财大气粗"实际上就是一种由金钱效用而表露出来的心理状态。

从经济学角度讲，人生活在世界上，有一个支付责任边界。即什么东西应该由你来支付，什么东西你不用管，不用管的就在你的支付责任边界以外。比如别人的吃饭问题，一般不用你管。但是一个家长，对一家人的衣食住行包括小孩读书、老人看病、儿女结婚等，都在其支付责任边界之内，而且这些事情有时候是无法预期的。据此，经济学上形成了"预防性储蓄"概念。这样，作为家长就必须有足够的钱来预防这些情况。一定数量的钱成为人们心理安全与心理愉悦的重要物质基础。[1] 所以，财富不仅仅是现代社会生命存在与生理需要的物质基础，而且还是提高心安快乐、满足自尊、人际交往、自我实现等方面需要的物质基础。用消费者行为理论来表达，当人们的金钱财富增加后，消费预算约束线提高到更高的效用水平，从而可能给消费者带来更高的幸福心理效用。幸福经济学无论从物质还是心理方面均坦然承认物质财富对于人们生活幸福的作用，并且把财富的幸福效用理解得更加广泛与全面。

财富的第三幸福效用是释放生命。2018年年底，中国境内居民住户存款总额达到72.44万亿元。那么多的储蓄，需要解释一个问题：人们为什么存钱？除了预防性储蓄外，金钱对于幸福还存在第三效用：节约或释放生命，使人们有限的生命资源在生命周期中得到更加有效的配置与利用。这也是钱能够释放生命、使生命更加安稳幸福的财富逻辑。[2]

人们的收入既可以作为消费基金用于消费，也可以作为生产基金用于投资。因此，财富对于节约生命的效用可以从消费与投资两个角度来讲。从投资角度出发，金钱对于生命的长期效用表现为货币生息与再生产功能。通过投资循环，参与国民收入的形成与分配。由于货币资本代表过去劳动——物化劳动，而物化劳动能以生产工具等形式节约活劳动，并提高劳动效率，因而货币资本（物化劳动的货币表现）存在着节约活劳动

---

[1] 何强、董志勇：《国民储蓄率的决定机制：基于幸福经济学的考察》，《统计研究》2016年第12期。
[2] 伊斯特林：《幸福感、经济增长和生命周期》，东北财经大学出版社2017年版，第164页。

（节约人的体力、脑力、时间即生命成本）的实际能力，从而使活劳动减轻，让人的生命得到释放。由于货币资本对节约生命成本与活劳动起作用，通过储蓄与投资加入再生产过程，财富就成为人们释放生命、减轻活劳动强度、获得幸福的一个重要因素。生命周期中，有许多需要用生命去做的事情，都可以用钱去做（以货币购买时间），让生命释放出更多的闲暇或者做更多的事情，使有限的生命变得更加有效，达到生命资源的幸福优化配置。如甲地到乙地购买普通火车票要 5 小时到达，购买贵一些的高铁票只需 2 小时到达。这节约的 3 小时与贵一些的票钱就是金钱对于生命的节约、释放以及金钱财富对于闲暇的购买能力。

二 恰到好处的收入是多少：一个理论假设

金钱对于人类幸福而言，具有物质满足、心理安全、释放生命三大效用。那么，对个人而言，究竟多少钱幸福感为最大？或者说，恰到好处的钱是多少？这个问题不好回答。问题的复杂性就在于：其一，钱的用途非常广泛，生理的、心理的、安全的、自尊的、实在的、炫耀的，几乎涉及人类需要的所有层次。钱多与钱少，从物质满足到自我实现，均可用到钱。也就是说，钱多钱少各有各的用途。钱多可以进行炫耀性消费，钱少则可以养家糊口。这就是为什么人们喜欢多多益善的钱的原因。其二，每个人对钱的偏好程度很不一样，有的人对钱比较看重，有的人对钱不是那么看重。对钱看重不看重，又和一个人的遗传、经历、社会环境、价值观、受教育程度、社会保障制度等相关。所以，光从是否看重钱这个方面来说，无法评定一个人的价值观好坏与幸福感的高低。

如果赚钱没有成本，如天上掉馅饼，似乎就是多多益善。然而，赚钱事实上都是有成本的。在正常的劳动供给条件下，工资收益要大于劳动者的身心成本支出（转化为补偿体力、脑力损耗所需的费用），这里形成的工资收益大于劳动成本支出的差额，是一种快乐净收益，并为劳动者的自身发展、繁衍后代和资金积累等快乐满足提供条件。而差额的大小则取决于劳动供给与劳动需求是否在均衡点附近发生及偏离均衡的程度。这个均衡点则是由劳动收益（快乐）等于劳动成本（痛苦）来决定的。随着劳动时间增加，休闲的稀缺性价值提高，而收入增加后的钱的边际效用下降。当劳动 1 单位时间赚钱所产生的效用等于休闲 1 单位时间产生的效用时（均考虑长期因素），就是一个人挣钱恰到好处的理论限度。再往下挣，就是得不偿失，即挣钱带来的快乐效用不能弥补由此增加的劳动过程中的生命成本损耗，就是无理性了。这也是杰文斯的劳动时间均衡和劳动供给曲线向后弯曲的思想。

根据杰文斯研究，随着劳动时间增加的收入增加，钱给人们带来的边际效用是递减的。由于人们开始对劳动不适应，有痛苦感，随着劳动的熟悉与组织环境的和谐，劳动会变得有味道，这表明工作也有快乐。但当劳动超过一定点后，比如超过一定劳动时间，或超过一定年龄，劳动又会由快乐变成痛苦，产生边际负效用，并随劳动时间或年龄增大而痛苦增多。这也就是我们要求按时休息与按年龄退休的道理。当赚钱带来的快乐，与为赚这个钱付出的成本（痛苦）相等的时候，这就是一个人恰到好处的钱。即在劳动痛苦与劳动收益—快乐之间存在一个均衡点。体现这一恰到好处的钱的均衡点的经济学模型如下：

$$\frac{dv}{dt} = \frac{dx}{dt} \cdot \frac{du}{dx} \tag{7-1}$$

式（7-1）中，v 为劳动的负效用，$\frac{dv}{dt}$ 为劳动的边际负效用，x 为劳动产品，$\frac{dx}{dt}$ 为劳动产出对时间的导数，u 为劳动产出的总效用，$\frac{du}{dx}$ 为劳动产出的边际效用。式（7-1）表示单位时间内劳动挣钱产生的负效用与该单位时间内取得的工资收入与该收入产生的消费正效用边际相等，就是一个人恰到好处的钱的理论解释。

这一理论同样可用以解释"以钱赚钱"即以投资取得收入的苦乐均衡问题。"以钱赚钱"就是以货币（或实物）作为"资本"投入并参与分配。以钱赚钱，事实上并不是一般想象的那样轻松，同样是需要支付生命成本的。首先，作为以钱赚钱的原始资本积累就大部分是生命成本付出的结果（要么自己付出，要么祖宗付出）；在生钱的过程中，为选择投资机会，研究投资决策，同样需要付出大量心理成本并冒财务风险。而随着钱的增多，钱的边际效用递减，生命成本递增，同样存在一个"以钱赚钱"恰如其分的均衡点。

三　人均国民收入 5000 美元是个重要转折点：一个经验证明

人均国民收入 5000 美元曾经是进入现代化的初步标志。虽然，有大量研究表明，人均国民总收入（Gross National Income，GNI）、国民生产总值（DNP）、国内生产总值（GDP）这些指标对国民福利的相关性并不十分密切。但在人们还没有达到丰衣足食的基本经济条件下，国民收入指标与人们的生活幸福感还是正相关的。① 根据一些研究经济与快乐问题的专家分析，当一个国家的人均国民收入达到 5000 美元以前（1990 年中等偏上收入国家的人均国民总收入为 2334 美元），收入增加与快乐增加有着比较紧密的联系。当人均国民收入达到 5000 美元后，虽然收入增加也能够对快乐产生影响，但增加的快乐呈现明显下降状态。正因为如此，从 20 世纪 50 年代以来，虽然美国人的实际收入提高了 6 倍，但人们感觉的快乐似乎并没有提高。金钱不能购买快乐的结论就是这样来的。

据此，对于一个国家来说，人均国民收入 5000 美元可能是个"幸福—收入"转折点。② 当一个国家的人均国民收入在 5000 美元（1990 年物价）之前，收入增长会导致人们的幸福指数增长，收入与幸福的相关性比较强，叫作正相关。5000 美元以后，相关性开始明显减弱，甚至是不相关了。这实际上就是一种"收入—幸福"悖论现象。而更加激进的相关研究表明，按照 1981 年物价，人均收入 3000 美元之后的快乐与收入增长就缺乏相关性了。③

那么，如何解决"收入有增长、幸福无提高"的问题呢？根据黄有光的研究，当人均国民收入达到 5000 美元以上后，因生理需要满足后导致的私人物品的边际效用下降，继续沿着增加私人品供给的经济发展思路，就会产生收入的幸福效用下降的情况。此时，政府应当通过税收政策、货币政策、产业政策等系统性的制度调整，把更多的政府收入用于教育、环境、交通等公共支出，让人们从公共产品中获得新的幸福之源，是解决收入—幸福悖论的重要举措。④ 因此，人均国民收入 5000 美元可以看作是政府财政支出方向改变——把财政收入更多地用于公共支出的转折点。只有这样，才能够使国民生产总值（GNP）增加与国民幸福（GNH）增长继续正相关，使经济发展产生最大的社会幸福效用。

图 7-1 中，实线是人均 GDP 增长—幸福感模式，虚线为通过增加教育、环境、生态环境、公共交通等公共产品支出以及提高分配公平性来提

---

① 吴丽民、陈惠雄：《收入与幸福指数结构方程模型构建》，《中国农村经济》2010 年第 11 期。
② 5000 美元是基于 1990 年物价和随着收入增加人们对支持同样幸福感需要的收入可能会提高的一个估计值，并参考了美国真实发展指数 GNI 与 GDP 指数在 1980 年前后发生的分叉情形。
③ 黄有光：《从偏好到快乐：通向一个更加完整的福利经济学》，《新政治经济学评论》（第 1 卷），浙江大学出版社 2005 年版，第 110—149 页。
④ 黄有光：《公平、效率与公共政策——为什么必须增加公共支出》，社会科学文献出版社 2003 年版，第 78 页。

升人们幸福水平的收入增长—幸福感改进策略模式。图 7-1 表明，收入—幸福悖论可以在理解幸福的系统内涵基础上，通过改变社会资源分配模式与增加公共产品投入来改变收入—幸福悖论状况的。这也意味着，在国民收入普遍提高后，增加教育、科技、环保、公共交通等公共产品供给，走共同富裕、天人共裕的道路并改变人们的幸福价值理念，是解决收入—幸福悖论的一种有效路径。

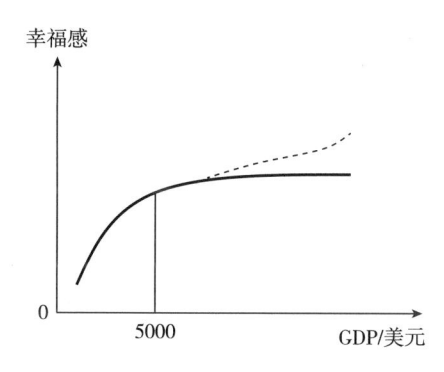

图 7-1 GDP—国民幸福感转折点及其改进策略

专栏 7.1 锄地与打高尔夫球：真实幸福比较

打高尔夫球与农民锄地是两种行为模式。看上去，打高尔夫球洋气、潇洒，属于高大上的快乐生活模式。锄地在田野，属于农民生活方式。表面上看，打高尔夫球者似乎是富人，人上人，比之锄地者似乎要幸福得多。

然而，仔细思量，真实幸福可能并非如此。高尔夫球球杆的样子像锄头，高尔夫球场就是个田野。走在高尔夫球场，差不多就相当于走在希望的田野上。挥动球杆打球，就相当于农民掘地的那个姿势，高尔夫球杆挥一下，也就相当于挥一锄头，差不多就是那么个道理。一些高尔夫球场很漂亮，那种漂亮差不多就是农村的田园风光。虽然，高尔夫球场也是个田野，但就原生态而言，可能还不如田野。

打高尔夫球为了什么呢？为了健康、锻炼身体，但就那个挥球杆和农民抡锄头对于健康的效果相比，可以断言，根本不如抡锄头有利于健康。

> 进一步说，打高尔夫还有远不如锄地的地方。据说，一些人打高尔夫球还赢钱，还是为了联络生意上的情感。农民锄地就没有这个心理负担，而且收获的是自己的劳动果实与实在的健康。一些农家乐开办锄地体验，就是一个提高人们真实幸福感的不错选择。
>
> 所以，一些表面上看起来快乐的事情，真实幸福可能并非如此。穷人与富人其实可以各取各的快乐。钱少可以在家做饭，下乡锄地。富人可以上馆子，打高尔夫球。真实幸福对人们的生活更重要。

第三节 财富—幸福悖论的理论解释

上面讨论了财富与幸福的一般性关系。这些关系并没有涉及财富—幸福拐点产生的理论解释。之所以这样讨论，是可以把财富与幸福的基础关系讲清楚。现在需要讨论更加深入的财富—幸福关系。由于财富—幸福正相关关系是古典经济学提出的一个理论推定。新古典经济学继承这一思想，并把基于"显示偏好"的购买力视作是体现幸福的一个具体标识。因为，财富增长必然导致购买力增大，购买力增大代表人们的偏好满足度提高，从而使幸福度必然上升。然而，随着财富—幸福悖论现象的发现，行为经济学将注意的视角转向幸福感的"明示偏好"（说出来购买多了是否真的幸福）时，人们发现由 GDP 增长而带来的购买力上升并没有引起消费者幸福感或者幸福指数的提高。财富的增加并不一定必然增加人们的快乐的情形，使收入—幸福关系问题的研究浮出水面。经济发展究竟是为了什么？是否存在经济发展的幸福极限？社会政策应当如何调整私人收入与公共支出的比例关系？这一系列事关经济发展战略决策的问题随之而来。

一 收入与幸福关系研究回顾

1974 年，美国南加州大学经济学教授理查德·伊斯特林第一次提出经济增长与快乐增长的相关性不一致问题。此后，越来越多的学者对"财富增加能否增加幸福"的问题展开研究，并通过各种实证与理论分析对此做出解释。1976 年，美国经济学家西托夫斯基出版了《无快乐的经济》一书，揭示了随着经济发展美国人的幸福情绪日益转向消极的现实。此后，Cummins, R. A. 就全球各国人们的快乐水平做了一个比较，其中东亚国家和地区快乐指数最低，但东南亚地区的经济却一直在高速增长。[1] 英国沃里克大学 David G. Blanchflower 和 Andrew Oswald 对收入和幸福关系进行研究，他们在研究中控制了某些个人的因素，结果表明，如果控制其他的因素不变，人们的幸福程度没有随收入增加而增加。丹尼尔·卡尼曼对"快乐水车"——收入增长快乐却不相应增长的享乐适应现象进行研究解释。[2] 黄有光从东亚国家教育模式、过分强调服从、秩序造成对个人自由精神的发挥与损害以及对快乐的漠视等方面，解释了东南亚国家出现的快乐鸿沟现象。[3] 奚恺元运用适应性理论、可评价和社会比较理论以及时间模式三种理论解释了为什么财富增长并不一定能够导致幸福增长的原因。[4] 田国强等将心理学和经济学中的攀比理论和"忽视变量"理论的基本思想统一起来，同时考虑了收入和非收入因素，在现代经济学中最为基本的帕累托最优标准和个人自利性假设下，进行幸福—收入悖论问题的探讨并给出相应的解决方案。[5] 为了更为详细了解田国强等关于收入之谜的研究解答，将其全文附于本章末。

新老古典经济学均以 GDP 为测度经济进步的主要评价指标，并假设增加财富就可以提高幸福效用。伊斯特林、卡尼曼、黄有光、奚恺元等经济学家的研究却一致表明，经济和社会发展到一定阶段，物质和货币的增长与幸福快乐的关系并不与传统经济学所预期的那样有紧密关系。显然，收入和幸福之间的关系是幸福研究中较早也是较多涉及的一个领域，很大程度上是因为收入和支出的数据容易获得。比如，1945—1970 年，美国共进行了 10 次这种类型的调查，结果如表 7-1 所示。表 7-1 总结了这些调查的结果，表 7-2 则显示了人们的自评幸福水平与其收入等级之间的关系。

结果表明，随着人们收入排序的提高，不太满意的人的比例下降了，很满意的人的比例上升了。但是，研究同样发现，在数十年时间里，各次调查的数据分布都很相似，甚至是有些过于相似。在大约 25 年的时间里，人均实际收入提高了 62%，但那些认为自己"很幸福""相当幸福"和

---

[1] Cummins, R. A., "The Second Approximation to an International Standard for Life Satisfaction", *Social Indicators Research*, 1998, 43 (3): 307–334.
[2] Kahneman, D., *Experienced Utility and Objective Happiness: A Moment-based Approach*, New York: Cambridge University Press and the Russell Sage Foundation, 2000: 673–692. A. (eds.), *Choices, Values and Frames*, Cambridge University Press, 2000.
[3] 黄有光：《经济与快乐》，台湾茂昌书局 1999 年版，第 74 页。
[4] 奚凯元、张国华、张岩：《从经济学到幸福学》，《上海管理科学》2003 年第 3 期。
[5] 田国强、杨立岩：《对"幸福—收入之谜"的一个解答》，《经济研究》2006 年第 11 期。

表7-1　　　人群中"幸福"比率的分布（美国，1946—1970）

A. AIPO 调查

时间	非常幸福	比较幸福	不很幸福	其他	样本数
1946 年 4 月	39	50	10	1	3151
1947 年 12 月	42	47	10	1	1434
1948 年 8 月	43	43	11	2	1596
1952 年 11 月	47	43	9	1	3003
1953 年 9 月	53	41	5	1	1979
1956 年 9 月	52	42	5	1	2207
1957 年 3 月	53	43	3	1	1627
1963 年 7 月	47	48	5	1	3668
1966 年 10 月	49	46	4	2	3531
1970 年 12 月	43	48	6	3	1517

B. NORC 调查

时间	非常幸福	颇为幸福	不很幸福	样本数
1957 年春	35	54	11	2460
1963 年 11 月	32	51	16	1501
1965 年 6 月	30	53	17	1469

表7-2　　　依据收入分组的幸福分布百分比

年收入（美元）	非常幸福（%）	颇幸福（%）	不很幸福（%）	样本数
少于 1000	20	52	27	200
1000—1999	22	57	20	207
2000—2999	23	62	15	259
3000—3999	31	55	14	290
4000—4999	36	57	7	390
5000—5999	37	54	9	322
6000—6999	46	50	4	237
7000—7999	48	48	4	141
8000—8999	43	51	6	148
10000—14999	48	48	3	120
15000 以上	53	38	8	66

"不幸福"的人的比例几乎没有发生任何变化。也就是说,我们的经济福利一直在升高,但我们并没有变得更幸福。这一研究也被心理学与社会学调查证实。20世纪50年代以来,美国人的幸福指数一直没有变化,自认为很幸福的人数反而有所下降,而英国人的幸福指数下降得则更为显著。

二 伊斯特林悖论

20世纪70年代,美国著名经济史专家、南加州大学教授理查德·伊斯特林发表了《经济增长可以在多大程度上提高人们的快乐》一文,通过对20多个国家的统计、抽样调查资料进行分析,得出了幸福不随收入增长而增长的收入—幸福悖论,也叫"伊斯特林悖论"。伊斯特林研究显示,通常在一个国家内,富人报告的平均幸福和快乐水平高于穷人。但是,如果进行跨国比较,穷国的幸福水平与富国几乎一样高,其中美国居第一,古巴接近美国,居第二。伊斯特林根据对1946—1970年美国资料的跨时分析得出的结果也颇令人困惑:尽管这期间平均美国家庭的人均实际收入增加了60%多,但这并没有使美国人的快乐程度明显增加。1947年年底,大约32%的人表明他们非常快乐,而到1970年,也只有33%的人认为他们非常快乐。[1] 到了2000年,这一数字反而下降到了30%。所以,伊斯特林悖论涉及关于幸福—收入关系的微观、宏观与跨时分析三对矛盾。伊斯特林对其发现的分析和解释是,尽管文化传统的差异会使某些国家人民的快乐感超过其他国家,但不同国家间的社会生活水平存在的差异会影响到人们的幸福感。一些越富有国家人们期望的也越多,因而降低了"财富振奋精神"(Wealth Lifts Spirits)的机会。伊斯特林幸福悖论演变的主要几个阶段如表7-3所示。

表7-3　　　　　　幸福悖论演变的几个主要节点[2]

作者	年份	研究性质	研究样本	主要论点
Easterlin	1974	提出论点	横断样本:巴西、印度、波兰等;时间序列样本:美国	从横断比较看,富人比穷人幸福,富裕国家的居民不一定比贫穷国家的居民幸福;从时间序列来看,收入和幸福感无关

---

[1] R. Easterlin, "Does Economic Growth Improve the Human Lot Some Empirical Evidence", in P. David, and M. Reder(eds.), *Nations and Households in Economic Growth*, New York: Academic Press, 1974.

[2] 晏小华等:《幸福悖论及其最新解释》,《心理科学进展》2018年第1期。

续表

作者	年份	研究性质	研究样本	主要论点
Veenhoven	1989	反驳论点	丹麦、比利时、英国等欧盟国家	最穷的国家是最不幸福的;第二次世界大战结束后欧洲经济和幸福感同步上升
Easterlin	1995	验证论点	美国、丹麦等欧洲9国以及日本	收入增长,幸福感没有随之增长;首次肯定了在横断比较中发现收入和幸福感正相关的结论
Hagerty & Veenhoven	2003	反驳论点	新增西班牙、葡萄牙、韩国、巴西、墨西哥、菲律宾等9个低收入国家	收入增长,幸福感随之增长
Easterlin	2005	验证论点	在1995年研究的基础上新增韩国、巴西、墨西哥、菲律宾等国家	收入增长,幸福感没有随之增长
Easterlin & Angelescu	2007	修正论点	全球100多个国家	确认了横断比较中收入和幸福感正相关的结论,值得注意的是,这是对此前"富裕国家的居民不一定比贫穷国家的居民幸福"观点的修正
Stevenson & Wolfers	2008	反驳论点	美国、日本等国家,覆盖范围非常广	收入和幸福感正相关,收入增长,幸福感随之增长
Easterlin & Angelescu	2009	验证论点	17个发达国家,9个发展中国家,11个转型国家	收入增长,幸福感没有随之增长
Easterlin et al.	2010	补充、修正论点	17个发达国家,11个转型国家,9个发展中国家,17个拉美国家	短期来看(10年以内),收入和幸福感正相关,收入增长,幸福感随之增长,收入下降,幸福感随之下降;长期来看(10年及以上),收入和幸福感无关
Easterlin	2016	验证论点	美国等21个发达国家,14个发展中国家,8个转型国家	支持Easterlin等(2010)的研究结论

三 财富—幸福悖论的主要成因

在西方经济学的一般性假定中,收入和幸福之间的关系是:"走向一致,强度显著,跨度无限"。所谓"走向一致"就是指收入与幸福始终呈正相关状态,两者运动方向相同,收入越高,幸福越大。"强度显著"就是指收入是决定幸福的最重要因子,甚至超过健康本身。"跨度无限"是指收入与幸福两者的正相关关系在时间和空间上没有边界,越有钱,越幸福。可以说,这种假定,既是新古典经济学关于收入—幸福关系的主要认识基础,也是世界上许多国家只注重收入增长、忽视其他的协同发展变量,实行以 GDP 为中心的发展战略的根本原因所在。今天,财富—幸福悖论或即"经济有发展,幸福无提高"的新发展悖论,已经成为现代经济社会发展面临的主要矛盾,也是幸福经济学需要从理论上进行解释与解决的核心问题之一。那么,财富—幸福悖论是如何产生的呢?经济学家们给予了以下主要解释。

(一) 财富增长的享乐适应

享乐适应是人们对于财富—幸福悖论的一种基本解释。心理学家认为,当人们获得一种满意的生活以后,人们会很快适应这种生活,并会感到平淡无奇。如你到一个洒满香水的房间,起初会感觉到香气带来的愉悦。但过不了多久,当你适应了以后,愉悦感就会减弱,甚至是没有感觉了。这种现象也被称为"快乐水车"。即一旦人们获得某种快乐之后,必须源源不断地获得供给才能够继续保持这种快乐水平,并且不会有起初的关于幸福的新鲜感。

关于享乐适应最具典型的一个心理学研究是 20 世纪 70 年代心理学家们对美国伊利诺伊州中彩票的人的调查。这些幸运的人都赢得了 50 万到 100 万美金的大奖。按说他们的生活会变得幸福很多,谁知还不到一年,他们谈起自己的时候,并不认为自己比其他没中奖的人更幸福。相反,他们觉得自己从日常生活中得到的乐趣反而没有以前多了。财富—幸福悖论也就是随着财富增长,生活条件改善,人们很快适应了这种生活之后,幸福感又会回到原来的水平,幸福指数就会一直徘徊不前。

最近 20 年来,我们的收入与生活水平提高了许多,但是许多人对财富增长的幸福感慢慢消失,得抑郁症的人却反而增加了许多。中国零点公司的调查表明,1995 年以来,中国人的幸福指数呈停滞现象。事实的情况是,当人们的收入增长到一定程度后,收入增长与人们幸福感的相关性会减弱。当人们适应他们新的收入和消费水平后,额外的物质资料和服务会带来额外的快乐，但这些效果通常只是短期的。享受的适应性过程再加之消费的社会性比较和竞争，从而使人们去追求更高的物质期望。所以，结果是收入增加了，但幸福水平却没有什么变化。因此，财富的边际效用递减，财富增加后的财富欲望增长，价值理念长期停留在物质财富上而未能上升到更加广泛的社会需要领域，都是人类发生财富的"享乐适应"的重要原因。

（二）水涨船高的财富攀比

随着整个社会经济发展，你的收入增长了，人家也增长了，存在着水涨船高的现象。也就是说，如果你的幸福参照系是人家的财富或收入水平，而不是幸福本身。那么，尽管你的收入增长了，但与人家的财富距离还是与从前一样，相互攀比，幸福指数就会难以提高。这种现象首先是由美国经济学家J. S. 杜森贝里（J. Duesenberry）于1949年在其相对收入消费函数假说（Relative Income Hypothesis）中提出来的。[①] J. S. 杜森贝里认为，消费者的消费支出不仅依赖于他的现期收入水平，而且还依赖于其他人的收入水平以及他过去曾达到的最高收入水平。个人消费与收入增长带来的幸福感受到周围人群收入与消费水平的影响。根据这一假定，相互依赖的幸福效用函数模型可以表达为：

$$U = U\left(\frac{C_0}{R_0}, \cdots, \frac{C_t}{R_t}, \cdots, \frac{C_T}{R_T}\right) \tag{7-2}$$

其中，U为消费者效用，R_t（$t = 0, 1, 2, \cdots, T$）是其他人消费的加权平均值，C_t（$t = 0, 1, 2, \cdots, T$）是个人消费。由于消费的示范效应，只有个人的消费（收入）相对于平均消费（收入）上升时，效用才会增加。由于财富与消费等均存在这种相互依赖的比较效用情形，攀比效应会减少人们的满足感与幸福感。

财富攀比效应理论研究表明，虽然绝对收入与快乐幸福水平有正相关关系，但与社会的平均收入水平（攀比水平）负相关，当社会变得更富裕时，攀比水平也会随着提高，从而使快乐水平保持不变。[②] 人们称这种解释为相对收入理论、参照组理论或者攀比理论，这也是社会比较理论（Social Comparison Theory）在心理学研究上的一种变体。例如，大量关于一个国家内的收入差距的研究表明，同样是中等收入阶层，与高收入阶层

[①] Duesenberry, James S., *Income, Saving and the Theory of Consumer Behavior*, Harvard: Harvard University Press, 1949.

[②] R. Easterlin, "Income and Happiness towards a Unified Theory", *Economic Journal*, 2001, 111 (473): 465–484.

比邻而居，相比于生活在中等收入阶层和低收入阶层聚集的地区，对生活的满意程度要低。[1] 而且，个体总是拿过去的收入对比现在的收入，人们能很快适应收入的增加，并将其作为新的正常值，但对收入的减少却无法很快适应。这就解释了 GDP 与幸福感之间为什么会存在短期的相关性而缺少长期的相关性。[2] 杜森贝里的相对收入假说也是对人类存在消费攀比的重要证明。

显然，在一个相互依赖、相互作用且具有外部性的社会整体中，人们不光关注自己的收入，同时他们的财富幸福感也依赖于对其他人收入增长状况的比较。别人的收入与消费成为影响自己幸福感的一个因素，幸福成为一个基于人际比较的相互依赖的函数。当人家的收入与消费提高得比自己还快时，尽管自己的收入与消费水平也在提高，但是相对收入可能没有提高或者反而下降了。这样，一些人的幸福指数同样会难以提高，甚至有抱怨。因此，一些经济学家认为，从相对收入水平对幸福感的影响而言，增加收入尤其是富裕国家继续增加收入，对幸福几乎没有意义。因为，一般而言，收入类商品比休闲、私人物品比公共物品、日常用品比健康和安全，具有更大的社会攀比度[3]。简言之，即物质类商品比非物质类商品的社会攀比度更高。人们更多参与到物质类商品的竞争与角逐之中，而对于人类幸福更为基础性的自然资源，这些自然资源是几乎没有竞争性和攀比性的幸福影响要素，却由于自由免费取用的原因被忽略了。

在第六章中，我们把物质资源区分为自然财富与加入人类劳动的国民财富两大类。其中，自然资源又可以区分为"需要加入人类劳动与无须加入人类的任何劳动，就可以直接满足人类的消费需要"的两大类自然资源。阳光、空气、甘泉、森林、沼泽、湿地、自然风光等便属于无须加入人类劳动就可以满足人类幸福需要的这类自然资源。在幸福的财富攀比效应方面，人类对蓝天、白云、阳光、空气等自然资源财富不存在攀比效应的问题。生态环境的幸福感对人类具有可持续性，这也与这类物质的公共物品性质（这不容易产生幸福攀比效应）有关。这些完全自然的东西对于

---

[1] E. Luttmer, "Neighbors as Negatives: Relative Earnings and Well-Being", *Quarterly Journal of Economics*, 2005, 120 (3): 963–1002.

[2] R. Easterlin and L. Aangelescu, "Happiness and Growth the World Over: Time Series Evidence on the Happiness–Income Paradox", IZA Discussion Paper No. 4060, Institute for the Study of Labor.

[3] Solnick, Sara J. and David Hemenway, "Is More always Better? A Survey about Positional Concerns", *Journal of Economic Behavior and Organization*, 1998, 37 (3): 373–383.

人类生命幸福存在的基础相关性以及不需要人类支付生命成本即能够自由获得幸福有关。越多的钱不一定越幸福，而越好的自然环境人们会越是感觉幸福。

从蓝天、白云、阳光、空气等自然资源的公共物品属性还可以得到一个重要的幸福经济学命题：人均收入达到一定水平后，增加公共支出将会极大地有助于提高人们的幸福水平。公共产品对于提升国民幸福感的作用，不仅仅表现在公共产品有助于最大多数人的最大幸福状况的公平性、实质性的物质改善，而且公共产品可以极大降低人们的攀比心理，从而从物质与心理两个层面来系统性地提升人们的幸福感。[1]

（三）心理性贫穷与期望水平

心理性贫穷是一个基于收入横向比较的心理概念，这与水涨船高的财富攀比论有点接近。现代社会中，人们的绝对贫困问题已经逐步解决，许多贫穷是在与他者的横向比较中产生的心理性贫穷。与心理贫穷相联系的还有收入期望。收入期望理论认为，人们对自己收入的一个关注点是对自己"过去—现在—未来"收入状况的一个系统评估，有许多实证性研究证实了收入期望对幸福感的影响。例如，伊斯特林就使用收入期望的概念，尝试解释幸福悖论的问题。[2] Bruno S. Frey 和 Alois Stutzer 利用德国的面板数据，采用个体自评量的满意度作为效用的替代指标，个体对其收入的评价作为期望水平的替代指标，研究了收入期望对效用的影响。这些研究的结果都表明，人们的效用受到期望水平的影响。[3] 这也就是说，人们的快乐幸福具有明显的相对性，是基于对他人、对自己的过去经验、现在的境遇、未来的期望等因素，综合做出的判断。当收入现状低于期望水平时，特别是这种期望水平又是基于公平感的负面原因，人们的幸福感就会降低。

需要指出的是，高期望值对人们的幸福感会构成显著不利影响。期望与现实之间的距离常常成为人们不快乐的重要原因。研究发现，即便是大的赢家，过高的期望值也会降低其满足程度。现代商品经济社会中，由于

---

[1] 黄有光：《从偏好到快乐：通向一个更加完整的福利经济学》，《新政治经济学评论》（第1卷），浙江大学出版社2005年版，第110—149页。

[2] R. Easterlin, "Does Economic Growth Improve Human Lot?", in P. David and M. Rede(eds.), *Nations and Households in Economic Growth: Essays in Honor of Moses Abramovitz*, New York: Academic Press, 1974.

[3] 布伦诺·S. 弗雷、阿洛斯基·斯塔特勒：《幸福与经济学——经济和制度对人类福祉的影响》，北京大学出版社2006年版，第88—91页。

财富的显性特征以及强烈的拜物教情结,驱使人们对相对收入地位的关注。"相对于其他人的经济地位"已经成为影响现代人们苦乐感的一个重要因素。这个关于相对收入的想法是广义期望水平理论的一个重要组成部分。对于地位的关注不是人类本性中新发现的方面,但是由于当今具有更广泛可能性的社会比较的出现,它被更加突出地强调,从而也成为研究收入—幸福悖论的一个重要思考因素。[①]

在另一个角度,期望理论认为决定人们快乐程度的一个重要因素是人们对幸福和快乐的"渴望"。这种渴望往往会随着收入的增加而增加。当人们的基本生活需要得到满足后,相对的而不是绝对的收入水平开始影响人们的幸福水平。期望值对人们的快乐和幸福程度起着越来越重要的作用,知足者常乐说的就是这个道理。而人们之所以会受收入期望的影响,财富中心主义与由此产生的对亲情、健康等更加广泛的幸福因素的忽视实际上是重要原因。[②]

(四) 内生定值理论

内生定值理论认为,人们的幸福感与基因、个性遗传有很大关系。有关调查发现,性格内向、悲观的人,幸福指数往往也较低,而10年前就快乐的人,今天依然快乐,对未来的快乐预期也仍然不变。这些特征符合幸福的内生定值理论假说。如果是这样,即便人均国民收入再增长,对快乐增长也不会有大的帮助。通过个性与幸福关系的研究表明,不同性格特征的人群其不同时期快乐感差异具有显著差异。抑郁型与挑剔型人群在不同时期的快乐感均较随和型与开朗型低。也就是说,个性遗传是影响快乐程度的重要因素之一,见表7-4。[③]

表7-4　　　　不同性格类型人群不同时期快乐感差异比较

	性格	目前快乐感	5年前快乐感	10年前快乐感	5年后快乐感
随和型	$\bar{X}$	6.78	6.63	7.16	7.67
	S	1.903	2.124	2.426	2.074
抑郁型	$\bar{X}$	5.90	6.57	7.33	7.21
	S	2.183	2.156	2.564	2.713

---

① R. Easterlin, "Explaining Happiness", *Proceedings of the National Academy of Sciences*, 2003, 100 (19): 11176-11183.
② 陈惠雄:《陈惠雄解读快乐学》,北京大学出版社2008年版,第218页。
③ 陈惠雄、吴丽民:《人格差异对于快乐感的影响》,《南京社会科学》2009年第11期。

续表

	性格	目前快乐感	5年前快乐感	10年前快乐感	5年后快乐感
开朗型	$\bar{X}$	7.19	7.15	7.60	7.99
	S	1.870	2.080	2.186	1.936
挑剔型	$\bar{X}$	6.33	6.94	7.25	7.34
	S	1.909	2.320	2.629	2.101
F		14.017	5.351	2.764	5.322
Sig		0.000	0.001	0.041	0.000

然而，R. Layard 指出，关于基因的幸福内生定值论是靠不住的。[①] 同时，需要指出的是，内生定值理论只是在解释个体之间面对同样情景下的幸福感状况差异有效。随着各种内外在条件变化，不同个体的幸福感实际上会发生改变，从而使内生定值理论实际上不能够成为解释国民整体出现"收入—幸福悖论"的理由。

（五）显性变量与隐性变量

显性变量与隐性变量的差异是关于收入—幸福悖论的另一个解释。一些学者认为，收入与消费行为是快乐的显性变量，是人们看得到的。看得见的东西更加容易被攀比，而被认为是影响幸福的重要因素。新古典经济学把偏好作为其核心概念，基于购买行为的"显示偏好"是幸福的代名词。即一般认为，购买越多，支付水平越高，人们获得的效用越高，人们就越幸福。这可以用具有不同效用水平的消费者预算线来说明。而健康、亲情、友谊、人际关系以及为获得收入付出的生命成本等因素往往比较隐蔽，是容易被人们忽视的隐性变量。人们一般更加关注那些显性的容易看得见的因素如汽车、房产、存款等，而把健康、亲情、人际关系等比较隐性的快乐因素忽视了。而事实上，在人们收入增长的过程中，健康、亲情、人际关系、生态环境损失与交通拥堵等引起的生命成本增加一直在上升，从而使这些隐性因素抵消了显性财富增长带来的快乐，并最终导致收入—幸福悖论的产生。

（六）小结

以上关于收入—幸福悖论问题的解释，从某些角度与局部说明了幸福悖论发生的原因。这些解释大多没有触及幸福悖论产生的根本性根源。由

[①] 理查·莱亚德：《快乐经济学——一门新兴科学的诞生》，（台湾）经济新潮社2006年版，第73页。

"经济有增长，社会无发展"到"经济有发展，幸福无提高"，凸显了横亘在现代化过程中面临的一个普遍性矛盾。我们认为，上述有些分析不够深入或者不够准确，并给出了本书关于幸福悖论问题的理论解释。

第一，由于人类感受器对于同一事物刺激存在边际效用递减的现象，有可能会产生财富或生活的"享乐适应"问题。但"享乐适应"比"痛苦适应"在幸福感的微分刻度上会高一个量值。也就是说，由有财富产生的享乐适应比贫穷产生的痛苦适应，总体上要幸福。这也就是，富国一般比穷国、同一国家中的富人比穷人的幸福指数要高的原因。这就是说，"享乐适应"本身实际上不能够成为解释"收入—幸福"悖论的理由。因为，随着收入增长，人们会在更高的幸福指数水平上产生享乐适应，结果是幸福指数随着收入的增长而有所上升，尽管幸福指数上升与收入上升不会成同一速率。这里更加深入的原因可能是，由于幸福不是单维因素导致的。人们获得更多收入常常需要付出的生命成本变多，食品安全、交通阻塞、环境状况、阶级歧视、社会公平等问题变得更加突出，从而抵消了由收入增加带来的幸福感增长，出现了表面上看上去是收入的享乐适应，而事实上却是附着在收入背后的其他因素的不利变化而使幸福感没有上升的情况。

第二，幸福的内生定值理论在解释不同性格的个体间的幸福感差异是有效的。然而，生存在社会中的人是相互依赖的，人们实际上会接受社会现实的影响，改造或者加深人们的某些天生的性格局限。如近半个世纪以来，无论是美国还是欧洲抑郁症的患病率都大大增长，美国青少年的抑郁症患病率达到1/3，感觉不到幸福的人越来越多。这证明，一味追求金钱的社会现实，使人们的性格变得更加不快乐了。所以，内生定值理论在解释个体的快乐感差异上是有意义的，但在解释国民整体幸福感上是无效的。或者，国民整体的幸福感内生定值低的话，那也定然是父辈们的生活环境普遍抑郁的结果，根源还是社会的问题。

第三，经济学家们更多地乐于把幸福悖论归结于财富攀比、相对收入以及"显性因子"等对人们幸福感的影响。其实，过分突出GDP的核心发展地位，忽视社会的整体协调发展；只是关注财富与收入的增长与比较，忽视了健康、亲情、生态、社会公正、分配公平等对于生命而言甚至是更加重要的影响因素，才是造成"幸福悖论"的真正重大原因。正如西托夫斯基所说，经济对人类的贡献是众所周知的，但缺乏的是理解经济在人类满足的整体框架中的位置，理解幸福的其他来源。人类幸福是自我、社会、自然三大系统共同影响的函数。影响人类幸福感的因素是全方位、系统性的，而非单向度的。目前，许多国家都存在着单向度重视经济增长而忽视健康、公平等其他幸福影响因素的情况，从而导致经济发展给人们提高的幸福感被其他因素所抵消，人均 GDP 增长被更加不公平的分配情况所掩盖。财富越来越集中于少数人之手的情况对幸福感产生了巨大的负面影响，从而出现幸福感随人均总收入增长而下降的情况。近半数美国人在死亡时几乎没有存款，且健康状况糟糕[①]，这是一个极其令人费解的发展悖论，却有助于我们理解美国人幸福指数下降的真实原因。

第四，如果不改变经济增长方式与分配方式及发展的目标用途，不改变金钱拜物教的价值取向，收入—幸福拐点一定存在。今天，人们实际上已经非常清楚，更多的钱与更多的幸福之间并不能直接画等号。GDP 对于人类幸福而言可能并非是一个长期有效的工具价值指标。这也是奚恺元等心理学学者提出要以幸福学弥补经济学的部分原因。当人均收入达到一定水平后，收入增长与快乐增长就呈现出弱相关状态。这种"收入—幸福"悖论情形一般可以运用马斯洛"需求层次论"包含的"基于金钱的不同质需要的弱通约、不通约性"原理来解释。即当人们的收入上升到基本需要满足以上层次时，金钱很难通约其他层次的需要，收入也就不再是强相关性的快乐、幸福影响因子，而此时的社会公平、正义、尊重、友谊、健康、亲情、生态环境、教育、文化、社区活力、自我实现对于人们的幸福生活会更加重要。因为，公平与正义这个原则本身就是要求产生最大限度的快乐与幸福。而这些需要的实现并不要用像生理需要一样的金钱来获得，这就是在经济增长到一定阶段后金钱与幸福产生弱相关性的根本性原因。解决的办法是改变经济增长方式与分配方式并扩大公共交通、教育、生态环境、社会保障等系统性的公共支出的比例而不再是以私人品满足为经济发展的重心。

需要再三强调，攀比因素与忽视变量的解释可能是表面的。金钱与收入之所以成为显性因素与攀比因素，归根结底还是社会过度重视金钱与 GDP 崇拜等行为的结果。不过，攀比因素与忽视变量问题却也揭示了现代社会存在的一个致命弱点，即仍然是以财富的享受、攀比、重视为核心来作为衡量快乐的唯一或最重要的东西。只关注经济与收入的增长与攀比，忽视了健康、亲情、生态、社会公正等对于生命而言更加重要的幸福要

[①] 据美国《赫芬顿邮报》8 月 30 日报道，美国麻省理工学院、哈佛大学以及达特茅斯学院的经济学教授联合研究显示，近半（46%）的美国人去世时几乎没有存款或存款低于 1 万美元（约合人民币 63492 元）。其中 19% 的人去世时为"零存款"。资料来源：www.chinadaily.com.cn/hqgj/bmoz/2012 - 9 - 2。

素，才是造成"收入—幸福悖论"的重大原因。[1]

四　GDP 指标缺陷与真实财富[2]

在收入与幸福关系问题上，目前的收入计算是以 GDP 为基础的。实际上，GDP 核算存在众所周知的缺陷。一些 GDP 增长甚至给人们带来灾难性后果，如环境污染导致的癌症发病率上升与医药 GDP 的大幅度增长。而一些能够产生正福利的活动（如家务活动）却没有计算其中，这导致 GDP 不能够反映人们的真实幸福生活。

在第五章阐述的各种幸福指标体系与幸福测量方法中，已经介绍了美国经济学家 Cobb 等提出的衡量一个国家或地区的真实经济福利的指标体系，即真实发展指标。其实，这个指标体系的意义不仅仅是提供了一种新的更加包容的幸福核算方法，它还包含着新的国民经济核算框架意义，包括社会、经济和环境三个账户。

真实发展指数（GPI）是对 GDP 的重要调整。因为 GDP 没有对增加福利和减少福利的经济活动进行区分，忽略了非市场交易活动的贡献，如家庭和社区、自然环境等。GPI 指数对 GDP 忽略的 20 多个方面进行了估计，把非市场服务如家庭工作和自愿活动进行货币化，从经济角度对国家福利进行测算。GDP 只考虑了给定年份的支出流，GPI 则考虑了自然和社会资本的耗竭，因而能反映现行经济活动模式是否可持续。GPI 还计算了经济活动中消耗的服务以及产品价值，不管这些服务和产品能否用货币表示。GPI 指出了用 GDP 表征财富的以下谬误。

（1）GDP 把每项支出都列加到福利当中，却并未考虑这些支出的目的及其影响。以此推断，一个拥有稳固婚姻的健康人，在家就餐、步行上班、不抽烟、不赌博，则他是一个经济学意义上的坏人。换句话说，经济学家所说的"增长"，并不总是与大部分人所认为的"好"意思相同。

（2）GDP 忽略了货币交换领域以外的关键经济职能。GDP 将没有报酬的活动排除在外，如家务劳动、照顾孩子、志愿者工作和闲暇时光等。父母们在做真实的工作，邻居们、各个社区、露天场所、河流与海洋、空气和树木等也一样。任何质疑这些东西的人可以试试没有它们的生活。这些东西带给我们的幸福感远比我们从市场上购买商品的感受好得多。然

---

[1] 马志远、刘珊珊：《中国国民幸福感的"镜像"与"原像"——基于国内外权威数据库的相互辅证与 QCA 适配路径分析》，《经济学家》2019 年第 10 期。
[2] 马克·安尼尔斯基：《幸福经济学：创造真实财富》，社会科学文献出版社 2007 年版，第 36—39 页。

而，GDP 却认为这些使生活可持续的事物没有价值，直到经济把它们毁掉，而我们不得不从市场上或向政府购买其代用品。于是，GDP 便反映出经济的"增长"。当父母不在家而孩子需要得到照顾或看护时，GDP 上升了，因为货币易手了。当家长自己在家照顾孩子时，GDP 停滞不前。而同样的这个家长去照看其他人的孩子，即"日托"时，GDP 则上升。当城市砍掉能遮阴的树木以便拓宽道路，而居民不得不为此购买空调避暑时，GDP 再次增长。这些看似使经济增长的行为，实际上没有出现真正增长。取而代之的是，过去我们免费享受的东西，现在要花钱了。社会和环境的恶化通过 GDP 这个近视镜，折射成所谓的"增长"。

（3）作为当前及未来经济发展的必要条件，自然资源没有被计入 GDP 中。即财富理念是狭义的。GDP 排除了自然资源资本、环境资源服务、人力资源、研究与开发等。所有重要的事情都只在眼前。当然也无暇顾及目前经济活动对子孙后代的影响。例如，GDP 将自然资源的损耗计为当期收入而不是资产清算。这种做法同时违反了基本会计准则和常识。类似的，储蓄没有使 GDP 增加，所以经济学家对日本的高储蓄率一直持批评态度。但是信用卡的透支消费（实际上可能是对个体幸福总值的一种透支）由于能给 GDP 带来暂时增长而备受青睐。

（4）GDP 完全忽略收入分配，以及不平等和贫穷的社会成本。对收入不平等和贫困，GDP 的变化是不敏感的。GDP 中包含一些比如犯罪、环境保护和汽车事故等有关的个人成本。

（5）GDP 没有直接测度在社会资本中的投资。社会资本包括在社区医疗保健、社会服务机构和民主进程等方面的投资。

GPI 指数的使用揭示出隐性的环境成本，以及某些既反映社会进步（如无偿工作的价值），也反映社会退步的因素。而这些因素在 GDP 中含混不清。有关专家研究显示，在 1950—1995 年，美国的 GDP 一直在上升，从人均 10000 多美元上升到接近 30000 美元，但美国的 GPI（真实财富指数）却从 70 年代中期开始持续下滑。20 世纪 90 年代，美国年均 GDP 增长率为 1.4%，而 GPI 却在以年均 2.7% 的速率下降。种族歧视、贫富差距、环境与交通成本等这些可能就是导致"收入—幸福"悖论出现与幸福感下降的真实原因。

与此接近的是，雷锋克等提出的与真实发展指标思想相接近的"真实财富"概念。真实财富由人力资本、社会资本、自然资本、人造资本、金融资本 5 个资本子模块组成。把所有与人类幸福相关的因素考虑在内，有利于人类可持续发展和将产生良好感受的因素经过定量后计为正面因素，把消耗自然资源与环境在内的使人类财富减少的因素经过定量后计为负面因素,对所有因素进行综合集成以后形成"净财富",或称为真实财富,并用其来表征人类的真实幸福状况。

其中,"人力资本"是指个体的思维、身体素质、精神状况和个人能力;"社会资本"是指社会交往中的个人关系的质量和能力,包括信任、诚实、共同的价值观,包括对他人的宽容度等;"自然资本"是指足够的物质蕴藏和储备以便提供足够的自然资源供给,以及维持生存必需的生态系统;"人造资本"包括机械、工具、耐用型物品等;"金融资本"包括货币和其他流动资产,以及用于各类交易和借贷时可替代和接受的支付物。①

基于真实财富的理念,可以采用生命循环的方法进行评价。真实财富评价是对家庭、企业、社区、城市、州、省或国家的福利状况进行的综合"体检"。真实财富评价是一种特别有用的工具,允许机构或社区为资产的可持续发展制订计划,减少所有的福利赤字,实现真正的可持续发展,为人类留下丰富的遗产,并为人类可持续的幸福建立更加可靠的衡量体系。②真实财富评价的生命循环包括一系列步骤,如图 7-2 所示。

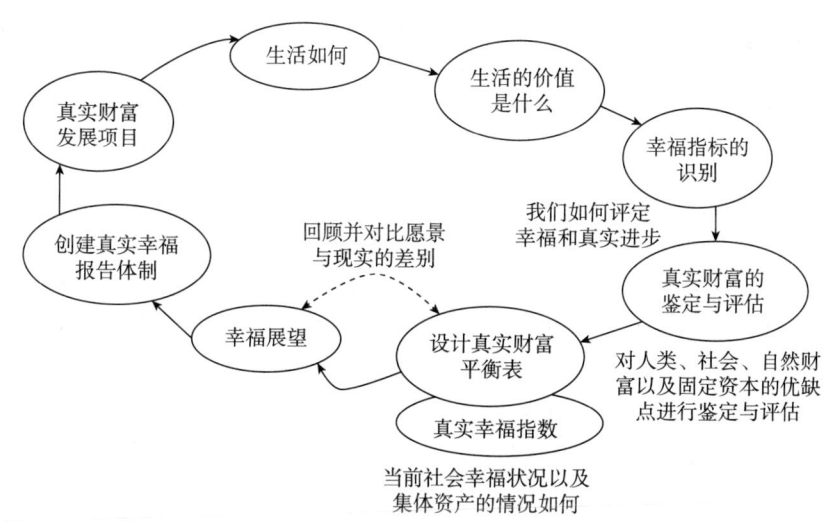

图 7-2 马克·安尼尔斯基管理公司的"社区真实财富模型"

---

① 马克·安尼尔斯基:《幸福经济学:创造真实财富》,社会科学文献出版社 2007 年版,第 96 页。
② 苏玲玲等:《社区环境对居民主观幸福感的影响:时间维度的作用》,《城市发展研究》2019 年第 9 期。

第四节 收入与幸福关系实证研究

收入与幸福关系是幸福经济学研究的一个核心命题。国民收入或国民生产总值（GDP）代表着经济社会发展的一个集成性的指标，而国民幸福则代表着人们对这种发展状况的感受。因此，收入是通过何种路径对幸福产生影响，从而进一步深入发现收入—幸福悖论的不同国家与区域特征，是幸福与经济关系研究的核心问题之一。其研究结果可以对我们的经济社会发展质量与人民对发展的幸福感、满意度问题以切实的分析检验，并为经济社会发展政策调整提供服务。收入与幸福关系实证研究的方法大同小异，本节主要以笔者主持开展的收入—幸福关系的调查数据为基础，提供一种可参考的理论方法。

一 收入—幸福相关性假说

自从1974年伊斯特林悖论提出之后，关于收入与幸福相关关系研究就成为幸福经济学研究的主要选题之一，并有越来越多的学者通过各种实证与理论分析方法对幸福悖论加以验证。由于研究的角度、数据取样等的差异，关于收入—幸福关系的理论研究大致形成了以下五种假说。

1. "收入—幸福"强相关论

经济学曾经的前提假设是财富必然导致幸福。所以，只要研究财富增长（亚当·斯密）并分配公平（大卫·李嘉图），幸福自然就会到来。这就是收入—幸福强相关论的由来。Ed Diener 在回顾前人研究中发现，各国平均收入（通常以人均 GDP 或购买力平价衡量）与各国平均幸福感之间的相关度都很高，各种不同研究的平均相关系数约为 0.6。[1] Knight 等采用了工具变量法，结果发现收入对幸福感的影响系数从 0.17 上升到了 0.58。[2] Powdthavee 采用工具变量法后也发现之前收入对幸福感的影响被

---

[1] Ed Diener, Biswas - Diener, R., "Will Money Increase Subjective Well - Being? A Literature Review and Guide to Needed Research", *Social Indicators Research*, 2002, 57 (2): 119 - 169.

[2] Knight, J. et al., "Subjective Well - being and Its Determinants in Rural China", *China Economic Review*, 2009, 20 (4): 635 - 649.

低估了。① 在国内，邢占军的研究结果显示，在现阶段中国，收入与城市居民幸福感之间具有一定的正相关；地区富裕程度不同会对二者之间的关系产生影响；高收入群体幸福感水平明显高于低收入群体。② 罗楚亮则从相对收入与绝对收入的角度进行研究，结果显示，即便控制了相对收入效应，绝对收入与主观幸福感之间仍具有显著的正向关联。③ 田国强、朱建芳、官皓、周春平等的研究也得到了相似的结论。

2. "收入—幸福"弱相关论

另一种观点认为，由于幸福影响因素的广泛性，国家财富的增加并不必然导致国民幸福指数的提升，同时，就个人而言，收入越多也并不一定越幸福。应用截面数据实证检验，Campbell 等的研究发现，个人收入对幸福感产生的影响很小。Haring 等也发现，收入与主观幸福感之间的平均相关仅为 0.17。可见，收入与幸福只有着非常微弱的正相关关系，相关系数一般在 0.2 左右。④

3. "收入—幸福"无关论

经验表明，收入指标无法全面衡量国民生活质量，有时，GDP 指标还会引致不良的发展路径：国家追求 GDP 最大化、企业追求利润最大化以及个人追求收入最大化。在国家、企业、个人的"最大化"发展过程中，导致其付出了太多的代价——高昂的生态成本、经济成本、社会成本和人性成本，最终导致收入增长与幸福感无关。有些研究发现，收入对幸福感没有显著的影响，或者其影响力度非常有限。另外，幸福的内生定值理论、攀比理论等也几乎排除了收入增长对于幸福的正负相关性影响。⑤

还有一些专家认为，金钱既不能买到幸福，也买不到生活质量。赚钱比赛是个人非理性选择的结果，这一非理性选择不仅不能提升幸福指数，反而会因为过度竞争、资源浪费等负效应而降低幸福指数。黄有光通过对东南亚各地区经济增长速度非常快但却导致人们幸福指数下降的现象提出"快乐鸿沟"的概念。当然，黄有光教授的这一结论是在针对当下过度追逐金钱而放弃其他福祉的行为时做出的结论。黄有光同样认为，收入—幸

---

① Powdthavee, N., "How Much does Money Really Matter? Estimating the Causal Effects of Income on Happiness", *Empirical Economics*, 2010, 39 (1): 77–92.
② 邢占军：《我国居民收入与幸福感关系的研究》，《社会学研究》2011 年第 1 期。
③ 罗楚亮：《绝对收入、相对收入与主观幸福感——来自中国城乡住户调查数据的经验分析》，《财经研究》2009 年 11 期。
④ 李静、郭永玉：《收入与幸福的关系及其现实意义》，《心理科学进展》2010 年第 7 期。
⑤ 陈惠雄：《"快乐经济学"的质疑与释疑》，《学术月刊》2010 年第 3 期。

福关系是存在相关性转换的,当收入超过一定水平,无相关或负相关的情况才会发生。①

4. "收入—幸福"倒"U"形关系

持该观点的学者认为,在基本生存需求没有得到满足之前,收入与幸福之间是正相关关系,但当收入达到一定水平之后,幸福不但不再随收入的增加而增加反而有下降的趋势。代表人物有卡尼曼、黄有光等。

5. "收入—幸福"反向相关论

即幸福正向影响收入而不是收入正向影响幸福。这也是幸福的人会收获更多的人生财富与建立良好人际关系理论的由来。近年来,有越来越多的观点认为,在幸福与收入之间更加可能的情形是快乐导致收入增长,而不是相反。②

二 收入—幸福关系传导机理研究

目前,关于幸福与收入关系的研究主要选择收入的客观评价指标与主观幸福指数的调查数据进行计量回归分析,收入指标的选择主要有国家(地区)之间与国家(地区)内部的视角、宏观与微观的研究视角区分、横截面数据与时间序列数据的视角区分等。由于幸福感是个体对客观存在状况的主观感受,每一个体的幸福因子圈大体都是由个体、家庭、工作、收入、社会、自然六大因素逐级外推组成,六大因子之间又紧密联系、相互影响,从而形成幸福影响因素的复杂系统。每一个体的内在系统又与其他系统(如其他个体、地域整体的经济社会发展状况等)之间存在着交互影响与比较关系。今天,我们需要研究与验证收入在多大程度上影响着人们的幸福感,收入影响幸福感的路径是怎样的?以及我们应当如何倡导一种科学的幸福观以引导人们正确认识财富的作用?

一般而言,客观实际的收入水平决定着人们的主观收入满意度,而主观收入满意度影响着人们的收入—幸福感,即收入对于幸福感的影响往往是通过收入满意度而产生作用的,而不是收入的绝对值。基于这一逻辑,本研究假设主观收入满意度在客观收入与幸福指数之间起到中介传导作用,且主观收入满意度对幸福指数的预测作用显著高于客观收入,即收入对幸福的传导路径有直接(客观收入—幸福指数)与间接(客观收入—

---

① 黄有光:《快乐之道——个人与社会如何增加快乐》,复旦大学出版社 2013 年版,第 72—78 页。
② 肖恩·埃科尔:《快乐竞争力》,中国人民大学出版社 2012 年版,第 32—35 页。

主观收入满意度—幸福指数）两条，收入满意度比客观实际的收入水平对幸福指数的影响会更显著。也就是说，在收入—幸福关系中，人们对收入的主观满意度比实际的收入水平更加直接与重要。一个人的收入水平不够高，但是其满意度比较高（感觉公平、社会环境良好等），就会产生比较高的收入—幸福感水平；相反，一个人的收入虽然比较高，但是由于公平性、付出的生命成本较大等原因，其满意度却可能不会高，从而会导致比较低的收入—幸福感。由于收入仍然是目前反映经济发展的最主要的个体经济状况指标，而个人收入实际上是通过收入满意度而间接影响幸福指数，其影响作用达到了统计上的显著水平，即主观收入满意度在客观收入与幸福指数之间起着部分或完全中介传导变量的作用。这一借助于中间传递变量的研究方法是幸福经济学必须重视的，也是其把幸福与收入之间的主客观因素有机结合起来研究的比较具有特色与贡献的研究方法。

三　收入—幸福关系研究设计

（一）幸福问卷设计与数据获得

本研究幸福指数调查问卷设计的理论机理与指标构建在第五章中已经做了比较充分的说明，可以作为幸福指数调查的核心指标与基础问卷。由于调查需要，在基本原理不变的情况下，在具体调查研究中，幸福指数调查允许有一定的项目变动。本研究的收入—幸福指数调查分别选择了在经济发达的浙江省和经济欠发达的江西省两个地区进行。浙江省的调查于2012年8月展开，采取纸质问卷实地调研为主并进行实地访谈，共获得有效问卷1093份。江西省的调查于2013年10月展开。调查以调查问卷形式为主，附之以课题组成员实地访谈、考察。调查问卷按照类型抽样的方法在分类市民中开展随机调查，在不同年龄段人群进行随机抽样。本研究在江西省共发出调查问卷3000份，收回2936份，回收率为97.87%，有效问卷2891份。

（二）变量及操作

幸福感是被解释变量。幸福的测量可以采用客观或主观的标准，其中主观幸福感是自我描述的快乐与痛苦的程度。主观幸福感相对简单，调查常采用"总体而言，您对自己的幸福感评价怎样"，要求被调查者根据"非常不幸福"到"非常幸福"给予相对应的分数估值，以此评断被调查者的幸福程度。本研究对自我幸福状况的整体评价分为10个判断维度，并分别对当前、5年前、10年前和5年后的幸福情况做出自我评价。采用该问题设计的理论依据主要是基于幸福来源于个体对当期、回忆与憧憬预期三个时段的理解。尽管基于多年回忆判断或憧憬的幸福预期缺乏普遍性的理论效力，但对于部分高年龄段的被调查者仍然具有参考价值。

经济状况是影响人们幸福状况的主要因子之一，是解释变量。收入是经济状况的一个可以统计获得或者明确自诉的代表性指标。本研究讲的客观收入是指通过调查问卷获取的个体或家庭户收入，并分别以浙江省和江西省的调查数据与统计数据为比较样本，分别分析客观收入状况与主观收入满意度之间的相关关系，以验证区域内部二者之间是否存在显著的相关关系，解释收入—幸福之谜的中国区域特征。客观收入指标主要采用"人均月收入"和"家庭资产"来代表客观收入与资产情况。主观收入指标采用基于幸福感影响因子圈的6大一级指标体系理论中的经济状况一级因子：收入状况和资产状况。被调查者根据家庭收入状况和资产状况的满意程度在1—10分打分。本次调查设计的浙江省有22个幸福影响主因子满意度指标，江西省有28个幸福影响主因子满意度指标。

（三）描述性统计结果

从表7-5可以看出，尽管被调查区人群的客观收入（平均月收入和家庭资产）有较大的差距，主观收入（收入满意度和资产状况满意度）并不是很满意，平均满意度达到5.37。但是居民幸福感相对较高，达到了6.83分。这说明，其他方面的因素对居民主观幸福感起到了积极的作用。实证分析中，除了考虑收入因素外，还考虑相应的控制变量，主要有性别、年龄、婚姻状况、就业状况、身体健康状况、文化程度、可信赖的亲友状况、常住地属性等。

表7-5　　　　　变量的描述性统计（样本数=3984）

变量	变量描述	均值	标准差	最小值	最大值
幸福感	1表示非常痛苦，10表示非常幸福	6.83	0.68	1	10
客观收入	平均月收入+家庭资产	540000	5668146	100	11000000
主观收入满意度	1表示非常不满意，10表示非常满意	5.37	2.56	1	10
性别	1=男性，0=女性	0.46	0.49	0	1
年龄	受访者受访时的年龄	43.62	19.73	20	68
婚姻状况	1=未婚，2=已婚，3=离异，4=再婚，5=丧偶	2.18	0.68	1	5

续表

变量	变量描述	均值	标准差	最小值	最大值
就业状况	1=正常就业, 2=临时就业, 3=失业, 4=无业, 5=离退休	2.10	0.57	1	5
身体健康状况	1=很不健康, 2=不太健康, 3=一般, 4=比较健康, 5=很健康	3.27	0.84	1	5
文化程度	1=初中及以下, 2=高中、中专, 3=大专, 4=本科, 5=研究生	3.07	0.54	1	5
可信赖的亲友状况	1=很多, 2=较多, 3=一般, 4=较少, 5=很少	3.95	0.59	1	5
常住地属性	1=省会城市, 2=地级市, 3=县级市, 4=小城镇, 5=乡村	2.96	0.68	1	5

（四）模型设计

根据本研究的理论假设和文献回顾整理，我们构建了客观收入、主观收入满意度与居民幸福感的回归模型：

$$HAPPINESS = \alpha income + \beta satisfaction + \gamma Ц + \varepsilon \qquad (7-3)$$

式（7-3）中，客观收入衡量指标为 $income$，主观收入衡量指标为 $satisfaction$，Ц 是控制变量矩阵，ε 为回归模型的误差项，α、β 和 γ 为相应系数。

被解释变量 HAPPINESS 是本研究用来衡量居民幸福感的指标，但作为一种主观感受，幸福目前尚无法用仪器来测量，因而居民幸福感的具体数值 $HAPPINESS^*$ 无从直接知晓，但我们可通过问卷调查的形式大致了解到被调查人群的幸福感水平。我们用 $HAPPINESS^*$ 低于一定临界值 C_1 时，"非常不幸福"就会被受访者感受到，高于临界值 C_1 但低于 C_2 时，"不幸福"就会被感受到，以此类推。具体表达式如下：

$HAPPINESS = 1$，如果 $HAPPINESS^* \leq C_1$

$HAPPINESS = 2$，如果 $C_1 < HAPPINESS^* \leq C_2$

$HAPPINESS = 3$，如果 $C_2 < HAPPINESS^* \leq C_3$

$HAPPINESS = 4$，如果 $C_3 < HAPPINESS^* \leq C_4$

$HAPPINESS = 5$，如果 $C_4 < HAPPINESS^*$

其有序概率回归方程：

$$\ln\left[\frac{P(HAPPINESS \leq j \mid x)}{1 - P(HAPPINESS \leq j \mid x)}\right] = c_j - \left(\alpha + \sum_{k=1}^{15} \beta_k x_k\right)(j = 1, 2, 3, 4) \tag{7-4}$$

用 P_j 表示 $P(HAPPINESS = j \mid x)$ ($j=1, 2, 3, 4$),则上式可表示的方程组合为:

$$\begin{aligned}
\ln\left(\frac{P_1}{1-P_1}\right) &= \ln\left(\frac{P_1}{P_2+P_3+P_4+P_5}\right) \\
&= c_1 - \left(\alpha + \sum_{k=1}^{15} \beta_k x_k\right) = \beta_{01} - \sum_{k=1}^{15} \beta_k x_k \\
\ln\left(\frac{P_1+P_2}{1-P_1-P_2}\right) &= \ln\left(\frac{P_1+P_2}{P_3+P_4+P_5}\right) \\
&= c_2 - \left(\alpha + \sum_{k=1}^{15} \beta_k x_k\right) = \beta_{02} - \sum_{k=1}^{15} \beta_k x_k \\
\ln\left(\frac{P_1+P_2+P_3}{1-P_1-P_2-P_3}\right) &= \ln\left(\frac{P_1+P_2+P_3}{P_4+P_5}\right) \\
&= c_3 - \left(\alpha + \sum_{k=1}^{15} \beta_k x_k\right) = \beta_{03} - \sum_{k=1}^{15} \beta_k x_k \\
\ln\left(\frac{P_1+P_2+P_3+P_4}{1-P_1-P_2-P_3-P_4}\right) &= \ln\left(\frac{P_1+P_2+P_3+P_4}{P_5}\right) \\
&= c_4 - \left(\alpha + \sum_{k=1}^{15} \beta_k x_k\right) = \beta_{04} - \sum_{k=1}^{15} \beta_k x_k
\end{aligned} \tag{7-5}$$

这样,只要解释变量与随机误差项是相互独立的,参数就可以通过最大似然法进行估计,且参数将是一致估计量。

四 实证结果分析

(一) 居民幸福感回归基本结果

Ferrer-i-Carbonell 和 Frijters 等认为,无论居民幸福感是连续变量(基数)还是有序变量(序数),只要回归模型设定正确,用 OLS 方法回归和 Ordered Probit 或 Ordered Logit 模型回归,两者在参数估计和显著性上没有什么区别,存在一致性。[1] 鉴于此,对居民幸福感使用 Ordered Probit 进行全样本回归,表 7-6 为 Ordered Probit 估计。

表 7-6 是 Ordered Probit 估计结果。在表 7-6 中的模型 1 显示,在纳入客观收入变量以及包括个体特征的控制变量后,结果显示,变量收入的

---

[1] Income and Wellbeing, "An Empirical Analysis of the Comparison Income Effect", *Journal of Public Economics*, 2005, 89 (5-6): 997-1019.

估计系数为正,且通过了1%的显著性水平检验。这说明,客观收入能够显著提高中国居民的主观幸福感。[①] 平均而言,客观收入指数每上升0.1,居民"潜在主观幸福感"将上升0.026。其原因是收入作为居民生活的经济基础地位依然显著存在。[②]

表7-6　　居民幸福感全样本回归:Ordered Probit 估计

被解释变量:幸福感	模型1	模型2	模型3	模型4
客观收入	0.215*** (0.047)		0.124*** (0.042)	0.105*** (0.051)
主观收入满意度		0.203*** (0.016)	0.136*** (0.037)	0.107*** (0.024)
客观收入×主观收入满意度				0.145*** (0.015)
性别	-0.064*** (0.012)	-0.038* (0.053)	-0.084* (0.024)	-0.068* (0.036)
年龄	-0.135*** (0.016)	-0.216*** (0.020)	-0.216*** (0.019)	-0.236*** (0.058)
年龄平方	0.482*** (0.023)	0.426*** (0.020)	0.369*** (0.023)	0.408*** (0.028)
婚姻状况	0.026*** (0.016)	0.032*** (0.012)	0.069*** (0.019)	0.045*** (0.026)
就业状况	0.052* (0.021)	0.035* (0.035)	0.048** (0.024)	0.037** (0.018)
身体健康状况	0.241*** (0.025)	0.218*** (0.026)	0.251*** (0.028)	0.215*** (0.020)
文化程度	0.016*** (0.035)	0.018** (0.027)	0.009** (0.042)	0.016** (0.016)
可信赖的亲友	0.146*** (0.026)	0.128*** (0.042)	0.146*** (0.043)	0.172*** (0.017)
常住地属性	-0.023* (0.013)	-0.024* (0.017)	-0.016* (0.008)	-0.015* (0.011)

---

① 吴丽民、陈惠雄:《收入与幸福指数结构方程模型构建——以浙江省小城镇为例》,《中国农村经济》2010年第11期。
② 官皓:《收入对幸福感的影响研究:绝对水平和相对地位》,《南开经济研究》2010年第5期。

续表

被解释变量：幸福感	模型1	模型2	模型3	模型4
Wald 值	1332.56	1384.23	1357.06	1346.85
伪 R^2	0.086	0.072	0.067	0.061
样本数	3984	3984	3984	3984

注：*** 表示在 1% 上的显著性水平；** 表示在 5% 上的显著性水平；* 表示在 10% 上的显著性水平，下同。

模型2显示，主观收入满意度对居民幸福感影响显著且通过了1%的显著性水平检验。这说明，主观收入满意度能够显著提高中国居民的主观幸福感。平均而言，主观收入满意度指数每上升0.1，居民"潜在主观幸福感"将上升0.020。

模型3中，本研究进一步在回归方程中控制了客观收入变量 income。此时，变量主观收入满意度仍然在1%的水平下显著，但其系数绝对值较之模型1有大幅下降。这说明，增加客观收入，可能是主观收入满意度促增居民幸福感的主要渠道。平均而言，客观收入、主观收入满意度指数每上升0.1，居民"潜在主观幸福感"将分别上升0.012和0.014。

模型4中，本研究将客观收入与主观收入满意度的交互项纳入回归方程，此时，交互项的估计系数为正，且通过了1%水平的显著检验。这说明，随着居民客观收入的增长，主观收入满意度对居民幸福感的促增效应在递增，这意味着主观收入满意度对居民幸福感具有促增效应，从而印证了主观收入满意度是客观收入与居民幸福感的中介作用观点。

上述研究显示，其他控制变量的估计结果基本上与现有文献保持一致。[1] 在性别上，男性比女性一般具有更低的幸福感，这可能是与男性承担更多养家的家庭责任有关。[2] 在年龄上，年龄与幸福感之间呈正"U"形曲线关系，这与已知的研究文献结论是一致的。但 Graham 的研究表明，拉美国家男性比女性更幸福。[3] 婚姻状况上，已婚提高了幸福感，离婚降低了幸福感，这说明婚姻能充实和丰富居民的家庭生活。就业方面，有工作的居民幸福感更强。健康水平上，健康水平显著提高了居民的幸福感。从教育状况来看，学历更高的人往往意味着高收入、高机遇与高社会地

---

[1] 李文彬、赖琳慧：《政府绩效满意度与居民幸福感》，《中国行政管理》2013年第8期。
[2] 陈惠雄：《既定收入条件下消费者支出均衡的决定》，《中国工业经济》2016年第4期。
[3] Graham, C., "Insights on Development from the Economics of Happiness", *The World Bank Research Observer*, 2005, 2: 201–231.

位，因而有更高的幸福感。从可信赖的亲友状况来看，人际关系好的居民幸福感更高。从常住地属性来看，农村包括小镇居民的幸福感最高，这是最近十年来中国居民幸福指数人群结构发生的最大变化，这和城市的交通拥堵、空气污染、生活压力等存在密切关系。①

（二）收入分层、城乡分层与区域分层

表7-7给出了分层的回归结果。我们将客观收入由高到低进行排列，位于75%到100%的为高收入居民，其他为低收入居民。与此同时，我们按照常住地属性分为农村居民和城镇居民两类，而根据本研究的实地调查情况将区域分为浙江省和江西省。根据收入分层的回归结果，可以发现，客观收入、主观收入满意度及其交互项对高收入阶层的幸福感没有显著影响，但对低收入阶层的幸福感有显著影响。我们认为，低收入者对幸福感有显著影响主要是由于"负向隧道效应"和"相对剥夺感"导致的，而高收入者的幸福感没有影响，是因为高收入者本身是财富拥有者，对收入的敏感度并不高。这一发现与罗楚亮的观点是一致的。② 不管是城镇居民还是农村居民，通过回归结果可以发现，客观收入、主观收入满意度及其交互项对幸福感均有显著影响。其原因在于，虽然我国的经济总量在全球排名第二，但人均绝对收入还比较低，收入依然是保障生活、获得幸福的重要来源之一。

表7-7　　　　　　　　　　收入的分层估计

被解释变量： 幸福感	高收入居民 (1)	低收入居民 (2)	城镇居民 (3)	农村居民 (4)	浙江省 (5)	江西省 (6)
客观收入	0.136 (0.016)	0.261*** (0.020)	0.106** (0.012)	0.138*** (0.013)	0.103** (0.016)	0.206*** (0.062)
主观收入满意度	0.215 (0.0248)	0.125*** (0.016)	0.143*** (0.026)	0.162*** (0.018)	0.157*** (0.024)	0.205*** (0.025)
客观收入× 主观收入满意度	0.162 (0.035)	0.210*** (0.035)	0.264*** (0.061)	0.215*** (0.042)	0.206** (0.018)	0.168*** (0.013)
性别	-0.141 (0.021)	-0.130 (0.015)	-0.106 (0.011)	-0.153 (0.027)	-0.146 (0.024)	-0.124 (0.013)

---

① 邢占军：《输出型福祉指数指标构建及在山东三个发达县市的应用》，吴国宝：《福祉测量：理论、方法和实践》，东方出版社2014年版，第96—104页。
② 罗楚亮：《收入增长与主观幸福感增长》，《产业经济评论》2017年第3期。

续表

被解释变量：幸福感	高收入居民 (1)	低收入居民 (2)	城镇居民 (3)	农村居民 (4)	浙江省 (5)	江西省 (6)
年龄	-0.183 (0.022)	-0.173 (0.053)	-0.164 (0.054)	-0.135 (0.026)	-0.244 (0.035)	0.152 (0.051)
婚姻状况	0.320*** (0.025)	0.308*** (0.035)	0.314*** (0.026)	0.328*** (0.037)	0.305*** (0.056)	0.306*** (0.026)
就业状况	0.215*** (0.086)	0.206*** (0.036)	0.215*** (0.053)	0.210*** (0.064)	0.224*** (0.072)	0.237*** (0.061)
身体健康状况	0.185*** (0.043)	0.026 (0.049)	0.133*** (0.045)	0.135*** (0.035)	0.106*** (0.050)	0.165*** (0.036)
文化程度	0.257*** (0.063)	0.261*** (0.052)	0.273*** (0.058)	0.251*** (0.062)	0.201*** (0.052)	0.225*** (0.048)
亲友状况	0.252*** (0.053)	0.216*** (0.051)	0.277*** (0.058)	0.213*** (0.052)	0.206*** (0.037)	0.214*** (0.062)
常住地属性	-0.136** (0.022)	-0.103** (0.027)	-0.146** (0.029)	-0.124** (0.044)	-0.132** (0.081)	-0.117** (0.043)
Wald值	526.15	506.41	547.82	516.24	564.27	558.06
伪 R^2	0.062	0.076	0.068	0.067	0.060	0.071
样本数	1691	2293	1948	2036	1093	2891

根据城乡分层的回归结果，客观收入、主观收入满意度及其交互项对农村居民、城镇居民均有显著影响，但在经济比较发达的地区，收入与幸福指数之间的相关系数弱于经济欠发达地区。也就是说，在目前阶段，提高收入依然是提升居民幸福感的主要手段之一，特别是在经济相对落后的地区，收入的提高可以在较大范围内提升当地居民的幸福指数。但在高收入地区，收入—幸福指数的正相关关系已经弱化。这符合伊斯特林悖论现象，符合经济学的收入的边际效用递减规律，即收入对幸福的边际效用递减，同时也符合黄有光等研究的收入—幸福拐点现象，即人们的收入—幸福关系随着收入不断增长而导致幸福指数上升幅度减缓甚至是幸福无增长、负增长的现象。

2012—2013年的调查表明，浙江省居民的绝对收入远高于江西省，幸福指数反而不如江西省高，是比较典型的跨区比较中的收入—幸福关系的伊斯特林悖论现象。当年，伊斯特林进行美国与古巴的收入—幸福指数比较时，基本上就是这样的情形。这种情况说明：第一，并不是收入越高，就越幸福。在幸福指数的跨区比较中这种情况尤其明显。第二，在同区域内，收入与幸福指数有正相关，但同区域内随着收入增长其幸福指数的增长速率也是下降的，即收入—幸福的正相关性随着收入增长而逐步趋弱。需要说明的是，这种不同地区的收入—幸福差异往往还与为获得相应收入付出的生命成本（工作压力、交通拥堵等）相关。尽管一些地区的人们获得的收入较高，但当人们为获得较高收入付出的生命成本也较大时，幸福指数不会因收入较高而提升，反而有可能会因工作与生活压力等原因而比相对较低收入地区人们的幸福指数为低。

浙江省与江西省的回归模型分析结果显示，在地区内部，客观收入对幸福指数的直接影响程度比较低，其对幸福指数的传导路径是以主观收入状况满意度为中介变量的。且这一传导规律在不同经济发展状况的地区具有同质性。这提示我们，除了绝对收入之外，还有很多因素影响着经济与收入满意度。其中包括相对收入、参照收入、收入公平性、房价等指标。同时，绝对收入通过经济满意度而间接影响幸福指数的结论也说明，在经济发展过程中需要同时考虑到经济发展对个体、社会、生态等影响因素以及个体在这些因素上的主观感受。比较分层回归的控制变量，发现在性别、年龄以及就业状况等方面与全样本回归基本一致。

上述通过区域内与跨区比较的方法探索了地区之间以及区域内收入与幸福指数之间的传导机理，丰富了收入—幸福关系研究的跨区比较分析视角。研究者注意到，地区比较对收入—幸福关系研究是一个重要的理论视角。研究结果显示，虽然区域内部客观收入与幸福指数之间的相关性达到了统计上的显著水平，但跨区比较，客观收入水平对幸福指数的预测效果不显著，客观收入状况通过主观收入满意度而间接预测幸福指数的效果非常显著。收入的主观满意度在客观收入与幸福指数之间起到完全中介作用。这表明，在对"收入—幸福"关系研究中，不能只注重地区或个体的客观收入状况，而应该充分考虑到由于文化、区域、竞争、房价、分配公平性环境等因素所影响到的个体对客观经济状况的主观感受。因此，在检验收入与幸福关系时，仅考察收入因素往往是不够的。收入满意度是基于收入的一种更加集合反映人们主观感受的要素。在一个收入相对比较低但是分配公平、社会和谐、成长性良好、生态优良、没有拜金主义的地方，也许人们的收入满意度会更高，从而有更多的幸福感。这给我们的公共政策选择有极其重大的提示意义，也揭示出幸福经济学对收入问题具有更加正面与全面的研究视角。

（三）主观收入满意度对不同居民群体幸福感影响的异质性分析

上述对全样本、收入分层、城乡分层以及区域分层的研究，存在一个共同的结论，在收入与幸福感之间存在收入满意度的中介作用，并可以借此部分解开"伊斯特林悖论"之谜。由于主观收入满意度对不同收入阶层、城乡居民和不同区域居民的影响存在异质性。由此，我们认为，不同居民群体同样对主观收入满意度存在差异，而这些差异可能从侧面反映出现实的生存环境。如虽然收入比较高，但是由于高房价等支付压力而使生活压力加大，并表示为收入满意度反而较低。

为了探索这些差异，表7-8给出了包含文化程度、健康状况、就业状况、亲友状况与主观收入满意度交互项的回归结果，可以发现：第一，主观收入满意度与文化程度的交互项系数显著为正，这说明学历越高，居民的幸福感也高，教育水平依然能间接提升居民幸福感。第二，主观收入满意度与健康状况的交互项系数显著为正，这说明更高的健康水平对居民幸福感的提升作用不可忽视。第三，主观收入满意度与就业状况的交互项系数显著为正，这说明就业状况体现着居民的面子、尊严、地位等象征意义，因而对居民幸福感有强烈影响。第四，主观收入满意度与亲友状况的交互项显著为正，这说明良好的人际关系对居民幸福感有重要影响。

表7-8　　　　主观收入满意度对不同居民群体的影响异质性

被解释变量：幸福感	文化程度 模型1	健康状况 模型2	就业状况 模型3	亲友状况 模型4
客观收入	0.226*** (0.081)	0.205*** (0.064)	0.143*** (0.053)	0.215*** (0.061)
主观收入满意度	0.137*** (0.026)	0.143*** (0.020)	0.127*** (0.035)	0.151*** (0.027)
主观收入满意度×文化程度	0.255*** (0.061)			0.161*** (0.026)
主观收入满意度×健康状况		0.216*** (0.047)		
主观收入满意度×就业状况			0.257*** (0.052)	

续表

被解释变量：幸福感	文化程度 模型1	健康状况 模型2	就业状况 模型3	亲友状况 模型4
主观收入满意度×亲友状况				0.179*** (0.037)
性别	-0.162** (0.021)	-0.106* (0.050)	-0.129** (0.036)	-0.122** (0.042)
年龄	-0.225*** (0.052)	-0.272*** (0.015)	-0.214*** (0.026)	-0.235*** (0.017)
婚姻状况	0.129*** (0.028)	0.108*** (0.024)	0.135*** (0.036)	0.126*** (0.016)
就业状况	0.231*** (0.065)	0.268*** (0.052)	0.214*** (0.046)	0.267*** (0.023)
身体健康状况	0.356*** (0.052)	0.305*** (0.036)	0.318*** (0.053)	0.312*** (0.071)
文化程度	0.135*** (0.025)	0.173*** (0.031)	0.126*** (0.051)	0.158*** (0.046)
可信赖的亲友程度	0.236*** (0.045)	0.271*** (0.037)	0.264*** (0.048)	0.214*** (0.033)
常住地属性	0.162** (0.062)	0.126* (0.035)	0.183** (0.051)	0.125** (0.048)
Wald值	1147.26	1116.27	126.53	1187.15
伪R^2	0.115	0.107	0.105	0.113
样本数	3984	3984	3984	3984

"收入—幸福"悖论已经引起国内外学者越来越多的关注。本书运用收入满意度作为中介变量来研究收入与幸福关系，把以往忽视的主观收入满意度对居民幸福感的影响置入研究视域，是一次重要的理论尝试。本研究运用收入的两个维度——客观收入和主观收入满意度来重新解释中国的"伊斯特林悖论"现象，强调收入对幸福的传导路径有直接（客观收入—幸福指数）与间接（客观收入—主观收入满意度—幸福指数）两条，主观收入满意度比客观收入水平对幸福指数的影响会更显著。主观收入满意度在客观收入与幸福指数之间起到完全中介作用。上述结论的政策含义在于，政府应继续致力于提高居民的客观收入，特别是低收入者的收入水平

包括工资性收入和资产性收入。同时，政府应通过公众传媒等手段，加强精神生活、灵魂生活，逐步扭转不良消费文化带来的炫富、攀比之风，树立正确的财富观和消费观，营造和谐的社会氛围，让居民对自己的收入有更为准确的评价，并从公平分配、降低生活压力等营造优良环境，为最终跳出中国的"伊斯特林悖论"奠定现实基础。

第八章　幸福与行为问题的广义视角

【本章导读】幸福是心身一体化基础上人们的一种心理感觉或认知体验，受个体心理、经济、社会、环境等系统因素的影响，涉及心理学、社会学、神经科学等广泛的知识与研究领域。即便是经济与幸福关系研究也不能够离开对经济以外因素的关注，个性、人口因素、制度因素、环境因素等都对人类幸福产生深刻而广泛的影响，并与经济因素交互作用。因此，本章除了对个性、人口、社会等因素对幸福的影响进行理论阐述外，还将从经验上重点分析婚姻、性别、制度、社会支持、生态环境等因素对人类幸福的影响，这对完善幸福框架的系统分析、更加全面地理解幸福的结构具有实际意义。如同贝克尔用统一的经济学分析方法把经商、婚育、从政等人类行为统统纳入成本收益分析一样，幸福经济学主张用人类行为的统一原则即幸福原则来解释经济学与人类行为。需要理解的是，非经济因素与经济因素对于幸福的影响也是相互作用的。婚姻、个性、价值观、制度等非经济因素实际上影响着现实的经济行为并交互影响着人类幸福。

幸福作为人类活动的根本目的，其影响因素极其复杂，几乎涉及所有人文社会科学的内容，同样也涉及地球科学、医学与生命科学、工程科学等几乎所有自然科学的研究内容。因为，所有科学研究的终极目的仍然是人本身的健康、快乐与幸福问题。正如弗雷和斯塔特勒多次指出，识别决定幸福的影响因素才是研究主观福祉的真正目的。综观对幸福的影响因素研究，归纳起来，应有六种决定因素：①个性因素，如乐观、外向、自控等；②人口学因素，如性别、年龄、婚姻等；③经济因素，如收入、失业和通货膨胀等；④情形性因素，如与家庭的关系、与同事亲戚朋友的关系、工作条件等；⑤制度或社会因素，如权力集中程度、民主权利、公共品供给；⑥环境因素。这六种因素和第五章阐述的六大幸福影响因子圈理论具有接近的序列规则，只是这里的归类视角有所变化。在系统阐述幸福原理、幸福整体影响要素结构、经济与幸福关系、财富—幸福悖论基础上，本章将对影响幸福的非经济因素及其经济与非经济因素对幸福的交互作用进行探讨,以便将这些因素整合到幸福的整体分析框架之中,增强我们对幸福整体性的理解,避免出现单纯经济因素的幸福评估偏见。

第一节 幸福的非经济基因的理论性分析

一 个性因素

个性(individuality)是指一个人具有一定倾向性的和比较稳定的心理特征的总和,也即个人显著的性格特征、态度或习惯的有机结合。在心理学上,个性也叫人格。一个人的个性或人格特征受先天遗传的"内生定值"与后天社会"相互作用"的综合性影响,具有共同性和差异性、稳定性和可变性、独立性和统一性等特征。人格心理学上通常用类型论和特质论这两种方式描述和刻画人格。前者是根据如快乐型、独立型或交际型等来描述人格类型;但因其过于粗糙,因而被特质论取代,特质论被看作是一种完整的神经心理结构,可由人的外部行为推知。

幸福是人类的一种愉悦的主观感受。长期以来,众多领域的学者一直在探讨影响人类快乐的因素,以期为改善和提高人们的生活质量找到相应的解决途径。在影响快乐与幸福感的诸多因素中,个性是其中的一个稳定的强有力的预测因子。美国国家研究院的成人心理学家保罗·考斯塔(Costa, P. T.)和他的同事对5000名美国成年人进行了一项长达10年的跟踪调查后得出结论:"个人持久的特征对快乐有很大的影响。"他们指出,不管一个人的性别、种族、年龄,也不管他的婚姻状况、工作、住处是否改变,在一开始调查时就快乐的人在10年之后仍然快乐。[1] 正如心理学家 E. Diener 所言,在预测幸福感时,人格因素即使不是最好的预测指标,至少也是最可靠、最有力的预测指标之一。[2] 而在人格因素的架构中性情倾向和特质能对主观福祉产生显著性影响。

从性情倾向角度出发,一种解释认为一个人的幸福或不幸福是由其基因决定的,这种推测归结于个人神经系统内生的天生差异。对于天生倾向于体验具体水平的主观福祉的强有力的证据来自遗传率的行为—基因研

---

[1] 邢占军:《主观幸福感测量研究综述》,《心理科学》2002年第2期。
[2] 邢占军:《几种常用主观幸福感量表在我国城市居民中的试用报告》,《健康心理学杂志》2002年第5期。

究。Tellegen 等对在不同环境下成长的同卵和异卵双胞胎进行研究。他们发现在不同家庭成长的同卵双胞胎比一起长大和分开长大的异卵双胞胎更具有相似性。另外,在相同家庭成长的双胞胎并不比分开成长的双胞胎更具相似性。Tellegen 估计基因可以解释大约 40% 积极情绪的差异和 55% 消极情绪的差异。[1]

  从特质与认知倾向角度出发,认为个人特质对人们的幸福感具有重要影响。主要研究包括:外向性与神经质对主观福祉的影响;控制对主观福祉的影响;自尊特质对主观福祉的影响。对于外向性与神经质对主观福祉的影响得到了大部分研究者的支持。研究发现,虽然许多的个性特征都与主观幸福感(SWB)有关,但他们在对诸如信任、情绪稳定性、控制点、自尊与外向等个性特征研究表明,在这些因素中得到最多理论与实证研究的因素是外向性与神经质。[2] 因而,近年来美国、加拿大、英国、澳大利亚等国家的许多理论和实验工作都集中于研究 SWB 与外倾和神经质之间的相关关系。[3] 从美国、澳大利亚、英国和加拿大等国家的大学生被试所进行的研究表明,幸福感与外向性的相关在 0.41—0.49,与神经质的相关在 -0.57— -0.39。[4] 而且,当运用复合的、种类不同的测量方法来研究外倾和愉快之间的关系时,相关经常达到 0.80。Fujita 在用结构方程建模评估神经质和消极情感之间相关的强度时得到类似的高相关。[5] Lucas 和 Diener 对 39 个国家的跨文化研究也证实了外向是快乐的核心成分。[6] 这些研究也和笔者的中国城乡居民幸福指数调查分析相一致。[7] 由于这些研究结果的一致性,许多研究者认为外向性性格对幸福有所帮助,而神经质性格能够导致不幸福。这种相互影响的关系是很强的。一个主要原因可能是外向性人对奖励很敏感,当他们面对这种奖励刺激因素时,他们会经历一

---

[1] Tellegen, A., Lykken, D. T., Bouchard, T. J., "Personality Similarity in Twins Reared Apart and Together", *Journal of Personality and Social Psychology*, 1988, 54 (6): 1031 – 1039.
[2] 张贵良等:《婚姻幸福及其相关因素的研究》,《社会研究》1996 年第 4 期。
[3] 王芳、陈福国:《主观幸福感的影响因素》,《中国行为医学科学》2005 年第 14 期。
[4] 傅红春、罗文英:《上海居民收入满足度的测定与分析》,《管理世界》2004 年第 11 期。
[5] 辛自强、池丽萍:《快乐感与社会支持的关系》,《心理学报》2001 年第 5 期。
[6] 周长城、袁浩:《生活质量综合指数建构中权重分配的国际视野》,《江海学刊》2002 年第 1 期。
[7] 吴丽民、陈惠雄:《收入与幸福指数机构方程模型构建——以浙江省小城镇为例》,《中国农村经济》2010 年第 11 期。

种更为积极的情感。① 因为与另人为伴的许多情形都比独处更为令人愉快，所以外向性的人比内向性的人更为积极主动地寻求那些社交情形，这样外向性的人的主观福祉水平就会有所提高。因此，外向性的人所拥有的更高幸福水平可以用他们在与别人积极互动中花费更多时间进行解释，而且在面对同样的刺激因素与事件时，他们的反应态度也会比别人更为积极。外向性人即使在独居时、工作没有太多社交时或者生活在偏远的农村时也会比那些内向性的人更快乐、更幸福。②

通过对主观福祉的影响研究发现，预期的控制也是一个与主观福祉相关的特征。Lachman 和 Weaver 发现控制信念缓和了低收入对主观福祉的影响作用。③ 那些期望自己生活更美好的人往往会努力工作来实现自己所定目标。相反，那些预感到失败的人会中止对实现自己所定目标的努力。对于那些乐观主义者来说，这类行为会导致更多的成功，而对于那些悲观主义者来说，这类行为会导致更多的失败。如此看来，乐观主义者会更幸福一些。他们不将这种低收入状态视为不可改变的，而确信他们能改变这种情形。结果，这样的低收入者的不幸福程度比那些处于同一状态中的悲观低收入者的不幸福程度要低。然而我们很难决定这种乐观精神和预期的控制能力就是更高水平幸福的原因或结果。幸福的人们往往更多回忆好事情，因为他们乐观地以一种积极的方式解释自己生活中的事情。相反，那些常常沉浸于自己过去生活中的不幸事件中的人们往往会有较低的主观福祉。④

另外，自尊这种特质与幸福的关系也是积极而强烈的。Veenhoven 发现自尊与幸福感的关系为 0.5 或更高，一些研究甚至发现自尊同幸福感的相关度超过了外倾性同幸福感的相关度。当然，自尊与幸福之间的这种关系可能并不具有普遍性，只在那些崇尚个体主义的西方文化中成立。在那

---

① Lucas, R. E., and Fujita, F., "Factors Influencing the Relation between Extraversion and Pleasant Affect", *Journal of Personality and Social Psychology*, 2000, 79 (12): 1039 – 1056.

② Diener, E., Larsen, R. J., and Emmons, R. A., "Person and Situation Interactions: Choice of Situations and Congruence Response Models", *Journal of Personality and Social Psychology*, 1984, 47 (3): 580 – 592.

③ Lachman, M. E., and Weaver, S. L., "The Sense of Control as a Moderator of Social Class Difference in Health and Well - being", *Journal of Personality and Social Psychology*, 1998, 74 (3): 763 – 773.

④ Seidlitz, Larry, Diener, Ed., "Memory for Positive Versus Negative Life Events: Theories for the Differences between Happy and Unhappy Persons", *Journal of Personality and Social Psychology*, 1993, 64 (4): 654 – 664.

些注重集体主义与共同体主义的文化中，家庭与团体关系的价值被视为高于其他一切，因而和谐才是与生活满意度具有紧密关系的概念，而不是自尊。[1] 可见，情绪倾向、特质、认知等个性特征及其在具体文化背景中的差异化表现，是影响人们幸福的重要因素。而这些个性因素对幸福的影响被认为是与收入增减无关的。

近年来，个性因素对幸福感的影响越来越多在更为具体的人格特质中凸显出来，并受到了研究者的关注。比如，乐观主义、权威主义、物质主义（消费主义）、感恩、核心自我评价、无聊倾向、好奇心和宽恕性等。例如，Boyce 等认为，消费确实可以增加人们的幸福，但是至今仍然没有证据能够推翻金钱和幸福之间薄弱的关系，学术界不应该鼓励用消费来提高幸福感，否则只会让人们忽略一些对幸福而言更重要的东西。[2] 而 Furnham 和 Murphy 在澳大利亚完成一项关于金钱信仰和行为的问卷调查，对不同指标进行因子分析得出那些把金钱与权力和自由联系在一起的人往往对生活的许多方面（财务、朋友、家庭生活）不那么满意；而把金钱与安全联系在一起的人对自己的财务和健康更满意；那些视金钱为爱的人在生活的大部分方面都很幸福，尤其是家庭生活。[3]

二 人口学因素

在最早对幸福的研究中，人们认为幸福感所体现出来的个体差别是由于某些社会人口统计及结构变量引起的，一些诸如年龄、性别、婚姻状况和教育的因素是幸福的主要决定因素。在本研究中这些因素主要归入家庭或亲情元素。即福祉方面的个人差异被归因于一些由年龄、婚姻状况和家庭及社会教育等所决定的社会群体。

（一）年龄

研究者一般认为，年轻、已婚及收入水平高的人相较于其他人群而言，能够获得更大幸福。许多人也相信老年人比年轻人更不幸福。在某些方面，老年人确实有一些客观的不好境况：他们的健康往往不好，收入往

---

[1] Kwan, V. S., Bond, M. H., and Singelis, T. M., "Pancultural Explanations for Life Satisfaction: Adding Relationship Harmony to Self-esteem", *Journal of Personality and Social Psychology*, 1997, 73 (5): 1038–1051.

[2] Boyce, C. J., Daly, M., Hounkpatin, H. O., et al., "Money may Buy Happiness, But Often So Little That It does not Matter", *Psychological Science*, 2017, 28 (4): 544–546.

[3] Furnham, A., & Murphy, T. A., "Money Types, Money Beliefs, and Financial Worries: An Australian Study", *Australian Journal of Psychology*, 2018, 20 (7): 1–7.

往也较低，而且大多数人都已鳏寡孤独。但反对者认为，诸如年龄等的社会人口统计因素对幸福感的影响是适度中性的，只能解释幸福感个体差异的一部分或者说是一小部分。大量研究报告显示，虽然伴随着年龄增长，健康、对死亡的恐惧等客观事实日益凸显，老年人也并不一定比中年人或年轻人的幸福感要低。进一步地，相对于传统理论，一些学者提出人们的幸福感可能随年龄的增长而增加的观点。Carstensen 认为，伴随年龄的增长，人们对情感的控制能力也增强了，人们越来越能控制自己的情感，以至于幸福感随之上升。随着年龄的变化，情感的作用和对情感的认知也发生了变化，这使老年人有更大的情感控制能力来获得更大的幸福感。[1]

随着统计技术的发展，年龄与幸福关系的研究有了突破性的发展。一些经济学家研究表明，年龄与幸福的关系可以用曲线的形式表示。一种观点认为年龄与幸福之间呈"U"形关系。[2] 他们在控制健康因素及其他因素的前提下，研究者发现40岁时的幸福度最低（男人为43岁，女人为40岁）。人们在小于40岁和大于40岁时都是比较幸福的。这也许是，人们到中年时可以放弃一些抱负与理想从而能更好地享受生活。中国一部分学者通过实证研究也表明，年龄与幸福感之间呈"U"形关系，如黄嘉文利用CGSS数据研究发现，年龄与居民幸福感呈"U"形关系，即随着年龄的增加，居民的幸福感随之降低，但到达一定年龄后，其幸福感开始上升。[3] 当然，也有一部分学者提出年龄与幸福之间的关系并非一律呈现"U"形关系的。[4]

（二）婚姻

人们一般认为，婚姻有助于幸福，否则就没法解释人们为什么热衷于结婚。根据社会因果观点，婚姻关系产生高水平的幸福感主要因为婚姻可以为人们提供奖励、社会支持及社会控制，尽管另外一些社会关系可能也会提供这些益处，但是它们却不可能像婚姻关系那样以相同方式或在相同程度上提供奖励、社会支持及社会控制。许多针对不同国家和时间的研究与调查显示，婚姻确实能提高人们的幸福水平。那些已婚者所报告的主观

---

[1] L. L., Carstensen et al., "Emotional Experience in Everyday Life across the Adult Life Span", *Journal of Personality and Social Psychology*, 2000, 79 (4): 644 – 655.

[2] Blanchflower, D. G. and Oswald, A. J., "Well – Being Over Time in Britain and the USA", *Journal of Public Economics*, 2004, 88 (7 – 8): 1359 – 1386.

[3] 黄嘉文：《教育程度、收入水平与中国城市居民幸福——一项基于CGSS2005的实证分析》，《社会》2013年第5期。

[4] Easterlin, R., "Life Cycle Happiness and its Sources", *Journal of Economic Psychology*, 2006, 27 (4): 463 – 482.

福祉水平比那些未婚者、离婚者和鳏寡者所报告的幸福水平都要高。那些已婚女人比那些未婚女人更幸福，那些已婚男人比那些未婚男人更幸福。

在一项关于婚姻、性别与幸福的关系研究中发现，已婚人群的幸福感与五年后幸福感预期均高于未婚人群。[①] 该研究将婚姻状况划分为四类，在 1135 个有效统计样本中，未婚 533 人，已婚 555 人，离异 32 人，再婚 15 人。运用单因素方差分析，在不同时期已婚人群与未婚人群的幸福感差异均达到显著水平，见表 8-1。

表 8-1　不同婚姻状况人群不同时期快乐感单因素方差分析

	十年前快乐感	五年前快乐感	目前快乐感	五年后快乐感
F	42.916	5.487	10.978	4.685
Sig.	0.000	0.004	0.000	0.009

在性别与婚姻的关系分析中，未婚人群中女性的幸福感在不同时期均高于男性。在时间纵向上看，未婚人群的幸福感呈"U"形，即对以往幸福的回忆要优于目前的幸福感，而对未来婚姻幸福的预期也优于目前，但没有十年前幸福程度好。这表明，由于对未来预期的不确定性，未婚人群更愿意沉浸在对以往幸福的回忆上。在已婚人群中，男性与女性的幸福感基本相同，只是在对十年前幸福感的回忆上，女性明显高于男性，这可能与女性在婚后需要承担更多的责任以及其他婚姻惠利不及男性有关。整体来看，已婚人群中男性与女性的幸福感是呈上升趋势的，特别是对十年后的幸福预期要明显高于目前幸福感，见表 8-2。

表 8-2　不同婚姻状况人群中性别差异与幸福感比较

	未婚		已婚		离异	
	男性	女性	男性	女性	男性	女性
五年前幸福感	7.02	7.26	6.70	6.76	6.00	5.90
目前幸福感	6.48	6.96	7.02	6.95	5.76	6.10
五年后幸福感（预期）	7.97	8.20	6.56	6.91	7.53	6.48
十年后幸福感（预期）	7.40	7.88	7.83	7.84	6.35	7.48

---

① 吴丽民、陈惠雄、黄琳：《婚姻、性别与幸福》，《浙江学刊》2007 年第 1 期。

进一步应用双因素方差分析来分析性别与婚姻对快乐感差异影响的显著性（见表8-3），F检验结果显示，性别因素对幸福感的主效应的显著性概率为0.264，没有达到显著水平，但婚姻因素对幸福感的主效应达到显著水平，且婚姻与性别的交互作用对幸福感的影响也达到显著水平。这就意味着，虽然单纯的性别差异对不同时期的幸福感没有显著性影响，但性别因素与婚姻因素的交互作用对幸福感的影响却达到显著性水平。

表8-3　　　　婚姻、性别对幸福感影响的双因素方差分析

source	Type Ⅲ sum of squares	df	Mean square	F	Sig.
校正模型	86.593[a]	5	17.319	4.748	0.000
截距	12901.587	1	12901.587	3536.740	0.000
婚姻	53.391	2	26.695	7.318	0.001
性别	4.551	1	4.551	1.247	0.264
婚姻×性别	23.602	2	11.801	3.235	0.040
误差	4647.394	1274	3.648		
总体	64740.000	1280			
校正总体	4733.987	1279			

注：a. R square = 0.018（Adjusted R Square = 0.014）。

关于婚姻与幸福，还有一种提问是到底是婚姻带来幸福还是幸福有助于婚姻？这可能是一个相互促进的问题。当然，持两种观点的都有。至少，我们在这里看到了，婚姻是影响人类幸福的一个非经济的重要因素，并且和性别差异因素结合在一起，影响着人们的幸福感。如马歇尔所说，就是穷人也能够在婚姻、亲情等方面找到无上快乐的源泉，而这些是非常重要的幸福因素。当然，今天的婚姻越来越多地和经济收入因素交织在一起，使得幸福经济学必须考虑婚姻与收入的交互影响进而影响幸福感。而这种经济与其他非经济因素的交互影响甚至会渗透到对个性的相互作用的影响，即收入状况、经济压力导致人们的性格改变，从而影响人们的身心健康与生活幸福。

（三）教育

一般观点认为，任何为提升幸福感而做出的努力都离不开教育的重要作用，就像任何为发展经济而离不开教育的重要作用一样。但实际上，教育与幸福感之间所存在的关系如同教育与经济增长之间所表明的关系一样十分微妙。归纳起来，教育与幸福感之间一般存在四种关系：不相关或弱

相关、正相关、负相关、正负效应并存。

在不相关或弱相关关系上,美国著名心理学家 Seligman 就指出,学历高的受教育者并不比没有受教育的人更加幸福。人口统计因素中的教育程度可能不是获得主观幸福感的先决条件。[1] 一些研究发现,教育只能解释成年人幸福的1%—3%。如果不控制财富,教育对主观幸福感有影响,但一旦控制了财富以后,教育对主观幸福感的作用非常弱,并且不具有统计显著性。[2]

在正相关方面,一般认为教育对主观幸福感会产生积极影响,受过良好的教育是主观幸福感程度较高者的基本特征之一。Blanchflower 和 Oswald 研究发现,教育年数对幸福有正效用,并指出,这并非由于收入的效应,教育是独立于收入起作用。[3] 伊斯特林通过由 GSS 提供的生命周期数据揭示教育和满意度具有明显的正相关性,那些拥有较长教育年限的人比那些教育年限较短的人有更高的满意度。[4]

虽然肯定教育对幸福有积极影响的学者占了大多数,但仍有一部分学者认为两者之间可能存在的关系是消极的。也就是说,教育与人们的主观福祉呈负相关关系,并且他们还给出了大量的经验性数据。其解释是,教育程度越高,预期水平也会相应提高,而主观福祉是建立在现实结果与主观预期的差距基础上的。教育程度越高,人们产生的过高期望与现实差距会产生不好的影响。[5] 另一种解释认为,教育与幸福的负相关性主要和"教育过度"有关。即过度的努力学习、过大的压力伤害了孩子们的健康,影响其幸福感。最近的一项研究表明,发达国家和中国等发展中国家青少年的抑郁、焦虑症发病率呈现明显上升趋势,这种情形与过度教育压力有关,从而会最终降低人们的幸福水平。

因此,教育与幸福的关系是正向作用还是负向作用似乎并不是一个确定的事情,即正负效应并存。这要取决于教育本身的许多环节以及教育与其他影响因子的交互作用。教育对幸福有正负效应,其原因可能在于人既受制于教育也受惠于教育。教育的目的本是人的幸福,但教育有时违背了

---

[1] Seligman, E. P., *Authentic Happiness*, New York: The Free Press, 2002: 266-267.

[2] 傅红春:《满足与幸福的经济学》,格致出版社、上海人民出版社2008年版,第168页。

[3] Blanchflowe, D. G. and Oswald, A. J., "Is Well-being U-shaped over the Life Cycle?", *Social Science & Medicine*, 2008, 66 (4): 1733-1749.

[4] Easterlin, R. A., "Explaining Happiness", *Proceedings of the National Academy of Sciences of the United States of America*, 2003, 100 (9): 11176-11183.

[5] Belfield, A. and Harris, D., "Economic Principles for Education: Theory and Evidence", *Economics of Education Review*, 2002, 22 (2): 756-769.

自己的本性，使人变成非人或他人。正如卢梭所言，教育的问题在于强使一种土地滋生另一种土地上的东西，强使一种树木结出另一种树木的果实，使人幸福的教育，变成不幸福的来源之一。有幸福学专家认为，教育与幸福既有正相关关系，也有负相关关系。正相关关系表现在：授受教育、享受教育，本身就是幸福；负相关关系表现在：教育对幸福标准的拔高效应。教育对幸福观的生成有导引功能，这种导引功能有时是积极的，有时是消极的。有些人认为求知的过程是令人幸福的，而有些人则认为宁愿干苦活也不愿意接受教育。同时，受教育越多，眼界开了，比较的参照标准提高了，就可能对自己的境况感到痛苦或不幸。① 而教育体制、价值观教育、受教育过程负担、教育投入与经济周期、受教育的专业结构与就业需求结构等问题，都极其复杂地影响着人们的幸福感，加深了教育对幸福的复杂而多样的影响。

三　职业因素

幸福研究提出了一种不同于传统经济方法的理论。传统经济学观点认为，工作会挤占闲暇，因而被视作幸福的负效用。尽管有工作能增加幸福，而没有工作会导致不幸福，因为这与收入相关，却并非是指工作本身。所以，尽管人们需要工作，但这并不能证明人们就喜欢工作，而是因为劳动与工作能够带来收入，由收入保障生命需要，满足其他方面的幸福感。当然，适度的劳动、愉悦的工作环境与工时等，是工作本身包含的幸福要素。因而，幸福研究对作为生活中心活动的工作提出了一种更为现实同时也更为人性化的观念。这样，工作满意度（Job Satisfaction）作为幸福研究的特殊层面有着紧密联系。对于经济学来说，工作满意度对产生更好的生产率是有正相关关系的。然而，最近研究的工作满意度与工作表现之间的因果关系也是：那些具有积极情感的人，在工作中也会表现良好并满意自己的工作，提高工作的创新能力。而那些生产积极性不高的工人也很容易对工作与生活感到不满。这就是幸福研究的一种新颖的观点，认为快乐情绪导致工作积极性提高，进而增强组织竞争力。提倡快乐能够提升经济竞争力，从而增进个人与社会的幸福。②

另外，关于失业对幸福的影响，幸福研究为人们带来了非常清晰的结论。大多数经济学家都将失业视为一种不幸且应尽力避免的事件。人们认

---

① 布鲁尼、波尔塔：《经济学与幸福》，上海人民出版社2007年版，第3页。
② 肖恩·埃科尔：《快乐竞争力》，中国人民大学出版社2012年版，第251页。

为，失业的损失很重，它不是人们所愿意的，因而它会给人们的整体生活带来不幸福。当然，自愿失业除外。因为自愿失业没有效用损失，不会对人们的幸福产生实质影响。因为人们之所以选择失业，在于人们等待会出现期望更高的福利，这样也就不会影响人们的幸福。丹尼尔·卡尼曼对人们一天中所经历的各种活动进行的抽样调查显示，绝大多数令人愉悦的活动都发生在工作之外——休闲与体育活动、与亲友用餐或与孩子玩耍等。其他研究的幸福调查发现，与亲密的友谊、可感知的健康状态或者社区活动相比，工作与幸福的相关度并没有那么大。

但是幸福研究的结论与此形成鲜明对比，所有使用幸福数据开展的研究都发现，失业会给那些受其影响者带来重大不幸。Tella、MacCulloch 和 Oswald 使用欧洲晴雨表数据，研究表明那些失业者的自我报告幸福水平比那些同等条件下非失业者所报告的幸福水平要低很多。[1] Frey 和 Stutzer 所作的研究也显示，失业所报告的幸福平均分值为 6.56，而非失业者报告的幸福平均分值为 8.21（满分为 10 分）。[2] 显然，失业对福祉有一种非常明确的消极效应。因为失业会产生压抑与焦虑，对未来的生活失去足够的保障，从而会导致自尊的丧失。同时，工作能够为人们在社会中找到定位，没有工作就会导致孤立或缺乏组织支持，这种孤立的生活状态很难使人过上一种满意或幸福的生活。

四 社会关系

人际交往、人际信任、有效规范等是社会关系的产生基础和具体体现。社会关系是人们在共同的物质和精神活动过程中所结成的相互关系的总称。社会关系的存在是行动者为了实现各自的幸福需要而相互进行各种交流、交换活动的结果。社会关系不仅是社会结构的组成部分，同时也是一个人嵌入于社会组织中的重要资源，具有重要的社会支持作用，成为人们获得幸福感的一个重要源泉。因此，社会关系、社会的公平公正状态以及人们在社会中获取资源的能力，成为影响主观幸福感的重要因素。大量研究显示，社会关系是对个人生活满意度主观测量最重要的测量指标之一。社会关系对于个体的主观福利、纯收入均有着较强的影响。因为，良

---

[1] Tella, R. D., MacCulloch, R. J., Oswald, A. J., "Preferences over Inflation and Unemployment: Evidence from Surveys of Happiness", *American Economic Review*, 2001, 91 (1): 335-341.

[2] Frey & Stutzer, "What can Economists Learn from Happiness Research?", *Journal of Economic Literature*, 2002, 40 (2): 402-435.

好的社会关系更加容易获得社会支持与资源。社会资本理论研究认为，改善个人的社会关系有助于改善全体国民的生活质量进而提升幸福感。

世界价值调查通过对 1980—2000 年 11 个欧洲国家的实证分析数据显示，社会资本及其变化可以解释人们的主观幸福变化趋势。英国新经济学基金会提出在决定个人幸福感的关键因素中，个人的社会关系和社区活动占 40%。同时，社区、朋友和邻居关系对主观幸福感有显著影响。[1] Bartolini 等针对 1975—2004 年美国的研究发现，社会网络和信任等社会资本能够显著提升居民幸福感，并将美国居民幸福感在这一时期的下降主要归结为社会资本水平的降低。[2] Wen‐Chun Chang 采用 2003 年台湾社会发展趋势调查数据研究了包括非营利性组织、志愿者组织、社会和社区参与、信任在内的社会资本各个维度对主观幸福感的影响。[3] 虽然从目前很多研究结果来看，社会资本与居民幸福感之间的正相关关系是显著的，也符合公平、和谐的社会关系有利于人们群体的幸福感的生成的理论逻辑，但是社会资本与居民幸福感之间的正相关关系，也可能是由幸福感高的居民更乐于与人交往和参与公共事务所引起的。但是，不管怎样，良好的社会关系、和谐的社会氛围能够增强人们的幸福感，这是一个重要的基本事实。

近年来，国内学者对社会资本与生活满意度关系的研究也逐渐重视。侯志阳根据 2005 年全国城乡居民生活综合研究项目的农村部分调查数据，应用多元回归模型分析社会资本对农民生活质量的影响结果表明，社会网络、社会信任以及社会参与（选举、参与村民委员会日常工作和决策）对农民身心健康和生活满意度的影响都具有统计显著性。[4] 裴志军利用浙北某农业县 344 份问卷调查，实证分析了家庭社会资本、相对收入与主观幸福感的关系。家庭社会资本用人际信任、制度信任、社会网络和共同愿景等四个维度测量。结构关系模型分析的结果显示，农村家庭社会资本中的

---

[1] Helliwell, J. F. and Putnam, R. D., "The Social Context of Well‐being, Philosophical Transactions of the Royal Society of London", Series B, *Biological Sciences*, 2004, 359 (1449): 1435–1446.

[2] Bartolini, S., Bilancini, E. and Pugno, M., "Did the Decline in Social Capital Depress Americans' Happiness?", Working Paper, Department of Economics, University of Siena, 2008.

[3] Wen‐Chun Chang, "Social Capital and Subjective Happiness in Taiwan International", *Journal of Social Economics Emerald Group Publishing*, 2009, 36 (8): 844–868.

[4] 侯志阳：《社会资本与农民的生活质量研究》，《华侨大学学报》（哲学社会科学版）2010 年第 3 期。

这四个维度对主观幸福感均有显著影响，尽管不同因素的影响程度有差异。[1] 亓寿伟基于 CGSS2006 的调查数据，从社团参与、信任、社会交往和政治身份等社会资本角度探讨了其对居民幸福感的影响，发现社会交往和政治身份对幸福感有正向相关关系，而社团参与对幸福感没有影响，信任对幸福感的影响因信任对象不同而存在差异。[2] 孟祥斐基于深圳和厦门的数据考察发现，社会凝聚及其分维度（社会信任、利他倾向、社会认同和社会参与）均对居民幸福感有重要影响。[3] Dunn 和 Aknin 研究了金钱的亲社会行为，通过调查和实验的检验表明，这种亲社会支出虽然较少，却显著地给被试者带来幸福的体验。[4] 刘成奎等基于中国综合社会调查数据发现，社会资本能显著提升居民幸福感。对不同收入群体而言，社会资本对高收入群体幸福感影响更强，而且社会资本扩大不同收入阶层的幸福感差距。[5]

五 政府质量与制度因素

政府是执行国家权力、管理社会公共事务并形成相应制度与体制的组织。不丹把政府善治、荷兰把政府对腐败的有效监管作为实现国民幸福的核心指标。显然，政府组织及其政策的最终目的，是增加国民幸福。但是，在一些经济学家看来，政府对幸福的作用具有两面性：一方面，市场的良序运行需要政府来维护，以纠偏和修正市场的失灵；但另一方面，政府组织自身也可能存在组织失灵（政府失灵）的情况，进而侵蚀社会福利，降低国民幸福总值水平。因此，在理论上能够使市场失灵和政府失灵的成本最小，或者使社会福利最大的政府组织，就是最优的政府组织结构。因此，政府是否以及能够在多大程度上提高其辖区居民的幸福感，是评判政府质量优劣的一个重要标准，从而也使政府成为经济之外与经济交

---

[1] 裴志军：《家庭社会资本、相对收入与主观幸福感：一个浙西农村的实证研究》，《农业经济问题》2010 年第 7 期。
[2] 亓寿伟：《转型期中国居民主观幸福感的计量分析》，博士学位论文，华中科技大学，2010 年。
[3] 孟祥斐：《社会凝聚与居民幸福感研究——基于深圳与厦门的数据考察》，《天府新论》2014 年第 1 期。
[4] Dunn, E. W., Aknin, L. B., Norton, M. I., "Prosocial Spending and Happiness: Using Money to Benefit Others Pays off", *Current Directions in Psychological Science*, 2014, 23 (1): 41–47.
[5] 刘成奎、任飞容、王宙翔：《社会资本、公共服务满意度与居民幸福感》，《首都经济贸易大学学报》2019 年第 4 期。

互影响居民幸福感的重要因素。

由于政府行为大多通过相应的制度规范来实施，从而使政府与制度这两个概念交织在一起，并被认为制度实际上成为政府行为的文本依据，许多研究中的政府与制度、政府质量与制度质量是不加区分的。Helliwell 和 Huang 用 1981—1997 年世界价值调查所获得的数据研究表明，政府质量的差异与居民主观幸福感呈显著关系。[1] Radcliff 也发现政府的意识形态与主观幸福感有显著的正相关关系。[2] 目前，政府质量主要用世界银行发布的世界治理指数来衡量。世界治理指数包括：公民言论自由程度、政治稳定程度、政府的成效、政府的管理效率、社会法治程度和政府控制腐败的能力六个指标。研究结果显示，政府质量对居民主观幸福感有显著的正效应。[3]

关于政府质量与居民幸福感影响机制研究表明，政府质量不仅直接影响居民主观幸福感，而且还间接影响居民幸福感。对于间接因素的作用机制主要涉及经济增长、收入分配、公共支出结构等，从而与经济因素交互在一起。陈工等利用 CGSS（2006）数据评估了政府规模对居民幸福感的影响，发现政府规模过大显著降低了居民幸福感，且对中西部、农村和低收入居民的损害更大，但政府质量能够削弱过大的规模对于幸福感的不利影响。[4] 陈刚、李树采用 CGSS（2006）数据分析了政府质量与居民幸福感的关系，研究表明，无论政府质量在总体指标上还是在分项指标上（政府效率、公共物品供给和财产权利保护）都显著影响居民幸福感。这些研究显示了政府质量作为居民幸福感的重要促增渠道，对提升居民幸福感具有显著促进作用。[5] 幸福经济学研究必须关注政府、制度因素对国民幸福的影响及其与经济因素结合后产生的交互影响，从而形成幸福经济学研究的完整理论体系。

---

[1] Helliwell, J. F. and H. Huang, "How is Your Government? International Evidence Linking Good Government and Well-being", *British Journal of Political Science*, 2008, 1 (38): 595–619.

[2] Radcliff, B., *The Political Economy of Human Happiness*, Challenges to Democracy, Palgrave Macmillan UK, 2001.

[3] 张克中、何凌云：《政府质量与国民幸福：文献回顾与评论》，《国外社会科学》2010 年第 7 期。

[4] 陈工、何鹏飞、梁若冰：《政府规模、政府质量与居民幸福感》，《山西财经大学学报》2016 年第 3 期。

[5] 陈刚、李树：《管制、腐败与幸福》，《世界经济文汇》2013 年第 4 期。

六 自然资本

自然资本是指从自然环境中能够导出有利于满足人类生产生活需要的自然资源存量,包括水资源、土地、矿物等,还包括森林、草原、沼泽等生态系统及生物多样性。人类作为自然进化和发展的结果,自然资本对人的幸福有其基础性的幸福影响。经济学家从最初关注收入与幸福的必然性联系,到对收入以外因素的考察以及对宏观变量和微观变量的共同考察,从最初财富必然导致幸福的肯定到财富导致幸福的怀疑,再到将注意力放到不同制度与环境对幸福的影响程度的考察,都试图尽可能寻找出幸福的决定因素,以及如何从系统性方面提升人们的幸福水平,进而更好地进行资源的合理配置与利用。由于全球气候变暖对人们幸福感的影响,环境学家日益关注自然资本、环境因素对幸福的日益显著的影响。Rehdanz 和 Maddison 研究表明,气候变量对幸福水平有非常显著的影响。[①] 许多学者的研究都得到了类似的结论,并日益关注自然资本消耗对于人类可持续命运的影响。

然后,从理论上讲,由于生态环境的公共产品属性,基于人们对私有产权的损益更加敏感和对当下苦乐比远期苦乐更为敏感的人类行为特征,生态环境容易受损进而对人类长期幸福构成不利影响,这是人类发展史中的一个基本事实。水资源枯竭、物种灭绝、温室效应等问题与经济增长并行不悖,以环境牺牲为代价的经济增长正在成为人类幸福的掣肘,经济增长通过碳排放等作用反过来负面作用于人类幸福,成为收入—幸福悖论发生的一个确凿的反面证据。因此,制定并不断完善生态环境保护政策,保护自然资本的可持续利用,成为维护人类可持续幸福生活的必然行为逻辑。从实证上看,Welsch(2002)、Luechinger(2009)、Smyth 等(2008)、Levinson(2012)以及杨继东和章逸然(2015)等大量研究均表明空气污染显著损害了当地居民的幸福感。Zhang 等(2017)在控制了天气等因素后,空气污染显著降低了居民的即时幸福感(Ferreira et al.,2013;Darcin,2014)。李梦洁(2015)从环境规制考察环境污染对居民幸福感产生的绝对和相对的剥夺效应,并认为,居民对中央政府及所在地地方政府环境保护绩效满意度越高,幸福感越强。[②] 李顺毅(2017)直接

[①] Rehdanz, K. and Maddison, D., "Climate and Happiness", *Ecological Economics*, 2005, 52(1): 111–125.

[②] 李梦洁:《环境污染、政府规制与居民幸福感》,《当代经济科学》2015 年第 5 期。

聚集于绿色发展对居民幸福感的影响，结果表明，绿色发展总体上有利于增强居民幸福感。[1] 叶林祥、张尉（2020）从收入水平考察了居民对环境污染的幸福程度。结果表明，收入水平越高，居民对空气污染越敏感，因此主观空气污染越严重，且收入水平越高，环境污染对居民幸福感的负面影响越大。[2]

第二节　经验分析：非经济基因幸福计量函数

现代国家大多建立在市场经济制度基础之上，然而各国政府在市场经济中的控制力并不一致，并且普遍都实行不同程度、不同侧面的市场干预与政府管制。改革开放以来，为了发展经济，中国出台了一系列政策措施来刺激经济发展和提高民生福祉水平。改革开放政策制度的制定与出台起着至关重要的作用。因此，荷兰与不丹都把政府善治与政府效率作为影响国民幸福的核心指标。在我国，除了改革开放制度作用外，生态环境因素同样对居民幸福起着极其重要的影响作用。南水北调、"两山理论"等一系列水治理、生态治理工程和理念彰显了政府对生态环境的重视以及制度变迁对国民幸福的基础性的重要影响。基于这一思路，本节把制度因素和生态环境作为非经济因素的主要分析对象，以深入理解非经济因素对人们幸福生活的影响。而制度变迁与生态环境是影响现代人类行为的重要的非经济变量。显而易见的是，制度与生态环境又与经济发展有着紧密的联系，这是幸福经济学关注制度与生态问题的内生视角。

一　制度因素对居民幸福感的影响

本节拟运用 CGSS（2005）数据，系统论证中国改革开放以来所执行的制度对居民幸福感的影响。制度与政策属于政治学范畴，但又是对经济发展产生影响的制度因素，这是本节选择这一非经济因素的理论考量之一。[3] 由于人类行为大多是在现实的制度框架内进行的，因此制度安排对

---

[1] 李顺毅：《绿色发展与居民幸福感——基于中国综合社会调查数据的实证分析》，《财贸研究》2017 年第 1 期。
[2] 叶林祥、张尉：《主观空气污染、收入水平与居民幸福感》，《财经研究》2020 年第 1 期。
[3] 蒲德祥：《通往幸福之路：古典经济学的幸福思想研究》，人民出版社 2016 年版，第 219—223 页。

国民幸福具有整体性的显著影响。[①]

(一) 模型构建

Ferrer–i–Carbonell 和 Frijters 等认为,无论居民幸福感是连续变量(基数)还是有序变量(序数),只要回归模型设定正确,用 OLS 方法回归、Ordered Probit 和 Ordered Logit 模型回归,两者在参数估计和显著性上没有什么区别,存在着一致性。对此,本节将用三种方法进行回归分析,以为结果一致性提供说明。为了考察制度对中国居民幸福感的关系,以制度为自变量,以幸福为因变量将 OLS 回归模型设定为:

$$happiness = \alpha_0 + \alpha_1 institution + \alpha_2 \ln GDP_i + \Pi Z + \eta + \varepsilon \tag{8-1}$$

式 (8-1) 中,$institution$ 是衡量制度的指标,Z 是控制变量矩阵,η 是省际虚拟变量,ε 是回归模型的误差项,α、β 和 Π 是相应系数。

Ordered Probit 模型通常假定存在一个连续潜在变量,即本节实证研究的被解释变量,记为 $happiness$,该变量无法被直接测度,但又能够代表被解释变量;当 $\mu_{j-1} < happiness < \mu_j$ 时,$happiness = j$ ($j = 1, 2, 3, 4, 5$),$\mu_0 - \mu_5$ 为阈值。因此,能够得到关于潜在变量 $happiness$ 的回归方程:

$$happiness_i = \beta_0 + \beta_1 institution + \beta_2 \ln GDP_i + \varphi control_i + \varepsilon_i \tag{8-2}$$

其中,待估参数由 β_i ($i = 0, 1, 2, 3, 4, 5$) 表示,γ 表示待估矩阵,ε 为模型残差项,假设 ε 服从标准正态分布。标准正态分布的分布函数用 $\Phi(\cdot)$ 表示,则居民幸福感的条件概率密度函数和对应的潜变量回归方程为:

$$\Pr(happiness = f | X) = \Pr(\mu_{j-1} < happiness < \mu_j | X) = \Phi[\mu_j - f(X) | X] - \Phi[\mu_{j-1} - f(X) | X] \tag{8-3}$$

$$f(X) = \beta_0 + \beta_1 institution + \beta_2 \ln GDP_i + \gamma control_i \tag{8-4}$$

Ordered Logit 模型的基本形式如下:

$$P(y = j | \chi_i) = \frac{1}{1 + \exp[-(\alpha + \beta \chi_i)]} \tag{8-5}$$

其中,y 代表居民幸福感,y 赋值为 $j = (1, 2, 3, 4, 5)$;χ_i 表示影响居民幸福感的第 i 个因素 ($i = 1, 2, \cdots, m$),m 是影响因素的个数。建立累计模型:

$$\text{Logit}(P_j) = \ln[P(y \leq j)/P(y \geq i+1)] = -\alpha_j + \beta \chi \tag{8-6}$$

其中,P_j 是居民对幸福感的评价属于某一程度的概率,$P_j = P$

[①] 布伦诺·S. 弗雷、阿洛伊斯·斯塔特勒:《幸福与经济学——经济和制度对人类福祉的影响》,北京大学出版社 2006 年版,第 193 页。

$(y=j)$,$j=1,2,3,4,5$;$(\chi_1,\chi_2,\cdots,\chi_m^T)$ 表示一组自变量；α_j 是模型的截距；β 是一组与对应的回归系数。在得到和的参数估计后，某种特定情况发生的概率就可以通过下式得到：

$$P(y\leqslant j|\chi)=\frac{\exp(\alpha_j+\beta\chi_i)}{1+\exp[-(\alpha_j+\beta\chi)]} \qquad (8-7)$$

（二）数据来源

本节数据来源于中国人民大学调查的中国综合社会调查数据库（CGSS2005），该调查按中国人口普查的方法以中国 28 个省市的区县单位为调查对象进行访问调查，总样本人数为 10372 人，其中，农村样本为 4274 人，城市样本为 6098 人。[①] 由于本节重点考察制度对居民幸福感的影响，因此，对"您认为政府在下列这些方面的投入应该是增加还是减少呢？""总体来说，您认为政府是否应该或有责任提供下列福利呢？""您对政府在下列工作方面的表现是否满意呢？"状况回答为"无法选择"的进行删除，最终得到 7239 个数值。

（三）变量定义

首先，本节用于衡量居民主观幸福感的指标来自受访者对调查问题"总体而言，您对自己所过的生活的感觉是怎么样的呢？"要求被受访者在 1—5 个等级中作出回答，并分别对应着要求受访者在所提供的答案中作出选择："1"代表"非常不幸福"、"2"代表"不幸福"、"3"代表"一般"、"4"代表"幸福"、"5"代表"非常幸福"。从表 8-4 对所有人分布可以看出，回答"非常幸福"的比例为 5.39%，回答"幸福"的比例为 40.27%，回答"一般"的比例为 45.03%，回答"不幸福"的比例为 8.43%，回答"非常不幸福"的比例为 0.88%，从总体上看，幸福的人还是占了绝大部分比例，其比例为 45.66%，说明我国居民还是比较幸福的。从户籍状况分类发现，城镇居民报告"幸福"和"非常幸福"的比例之和为 48.08%，比农村居民的相应比例 46.06% 要高一点。从收入等级分类发现，高收入者报告其为"非常幸福"和"幸福"的比例为 53.84%，明显高于低收入者报告的比例 40.76%，而与此同时，低收入者报告其"非常不幸福"和"不幸福"的比例 14.33%，明显高于高收入者的比例 5.54%。从地域分类发现，东部地区的居民报告其"非常幸福"和"幸福"的比例为 49.21%，比中西部地区 41.55% 要高很多。

---

① http://cgss.ruc.edu.cn/.

表 8-4　　　　　　　　　居民主观幸福感状况

幸福感	所有人	户籍状况		收入等级		地域	
		城镇	农村	低收入	高收入	东部	中西部
非常不幸福	0.88	0.71	1.21	2.51	0.72	0.68	1.52
不幸福	8.43	4.82	7.36	11.82	4.82	5.75	7.85
一般	45.03	46.39	45.37	44.91	40.62	44.36	49.08
幸福	40.27	42.35	40.85	36.94	46.25	43.27	36.47
非常幸福	5.39	5.73	5.21	3.82	7.59	5.94	5.08

其次，对于制度变量指标，一般都认为，制度质量与政府质量是相似的概念。为此，本研究以政府质量来表示制度变量。政府质量在 CGSS2005 中是以"您对政府在下列工作方面的表现是否满意呢？"的回答作为其政府质量指数。但由于 CGSS2005 对这一问题的回答是通过 9 个分项的回答来完成的，从 1—6 个等级中选择一个回答，其分别表示从"非常满意""满意""一般""不满意""非常不满意""无法选择"。对于受访者选择"无法选择"这一项的，我们用"一般"来加以代替，最终我们得到一个 1—5 个等级的指标体系。然后，我们对一指标体系进行反向设置，用 1—5 个指标从"非常不满意"到"非常满意"这一顺序设置等级。经过这一处理后，我们对这 9 个分项指标采用主成分分析，得到三个主成分，并分别命名为政府效率、权利保护和公共品供给。最后，我们再通过主成分分析法对政府效率、权利保护和公共品供给三个指数赋予相应的权重，并最终得到一个介于 0—1 的取值，该取值代表了政府质量指数。表 8-5 最终得到了 26 个省市的政府质量指数。从表 8-5 显示来看，政府质量指数高的有北京、天津、广东、上海、江苏、浙江，都集中于沿海一带。在各分项指标中，政府效率排在前三的有广东、山东、上海；权利保护排在前三的有广东、江苏、福建；公共品供给方面排名前三的是上海、浙江、广东。

表 8-5　　　　　制度质量指数及其分项指数排名前 10 的省份

省份	政府质量指数	省份	政府效率指数	省份	权利保护指数	省份	公共品供给指数
江苏	0.877	广东	0.887	广东	0.977	上海	0.946
广东	0.871	山东	0.877	江苏	0.975	浙江	0.944
北京	0.852	上海	0.874	福建	0.964	广东	0.942

续表

省份	政府质量指数	省份	政府效率指数	省份	权利保护指数	省份	公共品供给指数
上海	0.839	江苏	0.842	浙江	0.961	江苏	0.936
浙江	0.829	浙江	0.835	北京	0.953	山东	0.914
天津	0.817	福建	0.821	湖北	0.946	福建	0.894
福建	0.814	湖南	0.814	湖南	0.936	北京	0.889
重庆	0.81	河南	0.812	四川	0.925	重庆	0.883
四川	0.792	北京	0.805	天津	0.924	天津	0.878
湖南	0.788	四川	0.804	河北	0.918	湖北	0.878

最后，居民主观幸福感除了受以上变量影响外，还可能受到个人和宏观经济变量的影响。因此，我们还考虑相应的控制变量。其中，居民收入以 CGSS2005 "您 2004 年的全年总收入是多少元？包括工资、各种奖金、补贴、分红、股息、保险、退休金、经营性纯收入、银行利息、馈赠等所有收入在内"的回答作为其收入变量。其他个体特征变量有性别、年龄、政治身份、宗教信仰、婚姻状况、工作状况、接受教育程度、居住状况、自评健康状况、自评收入情况、自评生活水平、与亲戚朋友的密切程度、与邻居的熟悉程度、与同龄人相比社会经济地位、与三年前相比社会经济地位。所在省份统计变量有收入支出、人均 GDP、收入分配、人口数。此外，在回归方程中还控制了各省份的虚拟变量。

（四）统计描述

表 8-6 是本节描述性统计数据，其结果显示，居民主观幸福感的平均值是 3.503，介于"一般"和"幸福"之间，这一结果与中国居民幸福感的调查结果相一致。[①] 同时，在样本省份中，政府质量指数的平均值为 0.61，标准差为 0.12，说明样本省份间的政府质量感受差异并不是很大，而从其分项指标的指数均值和标准差来看，政府效率指数差异最小，公共品供给指数差异最大。[②] 其他个体特征变量结果显示，受访者中男性占 49.3%，中共党员占 13%，宗教信仰占 12%，单身占 13.5%，有工作占

[①] 陈刚、李树：《政府如何能够让人幸福？——政府质量影响居民幸福感的实证研究》，《管理世界》2012 年第 8 期。

[②] 刘宏：《财富对主观幸福感的影响研究——基于微观数据的实证分析》，《南开经济研究》2013 年第 8 期。

73.6%。从与亲戚朋友的密切程度来看处于一般到密切之间,与邻居的熟悉程度来看,占63.8%,说明社会交往还是比较高的。

表8-6　　　　　　变量的描述性统计(样本数=7239)

变量	变量描述	均值	标准差	最小值	最大值
主观幸福感	1表示非常不幸福,5表示非常幸福	3.503	0.748	1	5
政府质量指数	该年政府质量情况	0.61	0.12	0.16	0.74
政府效率指数	该年政府效率情况	0.58	0.16	0.24	0.82
权利保护指数	该年权利保护情况	0.52	0.19	0.22	0.87
公共品供给指数	该年公共品供给情况	0.64	0.23	0.17	0.90
个人去年收入	受访者2004年全年的个人收入	8693.539	12593.2	0	400000
性别	1表示男性,0表示女性	0.493	0.489	0	1
年龄	受访者2005年时的年龄	45.852	13.854	18	94
党员	1表示党员,0表示其他	0.13	0.36	0	1
宗教	1表示有宗教信仰,0表示无	0.12	0.31	0	1
婚姻状况	已婚占79.3%、离异占1.6%、丧偶5.3%				
就业状况	工作占68.6%、失业占16.3%、离退休占15.1%				
教育水平	受教育的年数表示	8.35	4.16	0	23
自评健康状况	1表示非常好,6表示非常不好	2.894	1.405	1	6
自评收入情况	1表示非常合理,4表示非常不合理	1.428	0.563	1	4
自评生活水平	1表示最下层,5表示最上层	2.375	0.839	1	5
与亲戚朋友的密切程度	1表示非常不密切,5表示非常密切	3.260	0.835	1	5
与邻居的熟悉程度	1表示熟悉,0表示不熟悉	0.638	0.429	0	1
与同龄人相比社会地位	1表示较高,3表示较低	2.328	0.603	1	3

(五)全样本对居民幸福感的回归分析

根据模型构建,为了验证制度影响居民幸福感的一致性,本节对居民幸福感同时使用三种方法进行全样本回归,表8-7为回归结果。

表 8-7　　居民幸福感全样本回归

被解释变量 幸福感	(1) OLS 估计	(2) OLS 估计	(3) Probit 估计	(4) Probit 估计	(5) Logit 估计	(6) Logit 估计
制度	0.228*** (0.036)	0.193*** (0.015)	0.206*** (0.015)	0.126*** (0.017)	0.218*** (0.014)	0.116*** (0.054)
收入对数×制度		0.103*** (0.046)		0.127*** (0.058)		0.132*** (0.072)
男性	-0.112*** (0.042)	-0.106*** (0.036)	-0.124*** (0.057)	-0.113*** (0.064)	-0.137*** (0.035)	-0.125*** (0.045)
年龄	-0.026*** (0.034)	-0.020*** (0.032)	-0.028*** (0.036)	-0.021*** (0.035)	-0.027*** (0.026)	-0.025*** (0.031)
年龄平方	0.297*** (0.029)	0.283*** (0.021)	0.256*** (0.023)	0.225*** (0.027)	0.246*** (0.028)	0.227*** (0.031)
宗教	0.038 (0.015)	0.038 (0.013)	0.056 (0.018)	0.031 (0.015)	0.036 (0.016)	0.031 (0.010)
城镇居民	-0.143*** (0.029)	-0.141*** (0.024)	-0.117*** (0.023)	-0.183*** (0.028)	-0.124*** (0.029)	-0.113*** (0.027)
已婚（参照组）						
单身	-0.318*** (0.030)	-0.315*** (0.037)	-0.375*** (0.025)	-0.418*** (0.036)	-0.415*** (0.032)	-0.427*** (0.039)
离婚	-0.512*** (0.021)	-0.517*** (0.023)	-0.424*** (0.028)	-0.516*** (0.025)	-0.510*** (0.021)	-0.425*** (0.025)
丧偶	-0.315*** (0.034)	-0.327*** (0.016)	-0.315*** (0.025)	-0.328*** (0.046)	-0.343*** (0.014)	-0.318*** (0.016)
教育程度小学（参照组）						
中学与高中	0.147*** (0.015)	0.115*** (0.016)	0.124*** (0.053)	0.113*** (0.014)	0.153*** (0.048)	0.124*** (0.054)
大专以上教育程度	0.124**** (0.041)	0.115*** (0.024)	0.125*** (0.035)	0.143*** (0.031)	0.115*** (0.030)	0.138*** (0.031)

续表

被解释变量 幸福感	(1) OLS 估计	(2) OLS 估计	(3) Probit 估计	(4) Probit 估计	(5) Logit 估计	(6) Logit 估计
目前有工作（参照组）						
失业	-0.138*** (0.031)	-0.114*** (0.038)	-0.143*** (0.031)	-0.181*** (0.035)	-0.120*** (0.034)	-0.110*** (0.032)
离退休	0.051 (0.035)	0.052 (0.031)	0.057 (0.025)	0.054 (0.037)	0.054 (0.030)	0.051 (0.024)
在校或其他	0.315*** (0.051)	0.304*** (0.050)	0.225*** (0.057)	0.342*** (0.051)	0.318*** (0.043)	0.372*** (0.047)
健康状况非常好（参照组）						
较好	-0.307*** (0.031)	-0.343*** (0.030)	-0.324*** (0.034)	-0.373*** (0.024)	-0.285*** (0.037)	-0.342*** (0.035)
一般	-0.516*** (0.043)	-0.517*** (0.040)	-0.505*** (0.042)	-0.513*** (0.031)	-0.511*** (0.042)	-0.517*** (0.032)
不好	-0.327*** (0.051)	-0.315*** (0.054)	-0.325*** (0.057)	-0.372*** (0.051)	-0.346*** (0.054)	-0.328*** (0.053)
自评收入情况非常合理（参照组）						
合理	-0.224*** (0.038)	-0.217*** (0.037)	-0.225*** (0.039)	-0.219*** (0.034)	-0.175*** (0.035)	-0.212*** (0.030)
不合理	-0.279*** (0.035)	-0.343*** (0.030)	-0.318*** (0.034)	-0.316*** (0.032)	-0.324*** (0.032)	-0.327*** (0.038)
自评生活水平上层（参照组）						
中层	-0.225*** (0.031)	-0.240*** (0.034)	-0.272*** (0.032)	-0.216*** (0.034)	-0.246*** (0.037)	-0.275*** (0.038)
下层	-0.117*** (0.031)	-0.115*** (0.031)	-0.114*** (0.037)	-0.128*** (0.031)	-0.146*** (0.027)	-0.137*** (0.034)
与亲戚朋友的密切程度非常密切（参照组）						
密切	-0.216*** (0.048)	-0.215*** (0.072)	-0.272*** (0.081)	-0.227*** (0.072)	-0.216*** (0.021)	-0.234*** (0.045)
一般	-0.175*** (0.048)	-0.147*** (0.043)	-0.115*** (0.044)	-0.133*** (0.047)	-0.124*** (0.046)	-0.127*** (0.037)

续表

被解释变量 幸福感	(1) OLS 估计	(2) OLS 估计	(3) Probit 估计	(4) Probit 估计	(5) Logit 估计	(6) Logit 估计
不密切	-0.294*** (0.037)	-0.211*** (0.015)	-0.221*** (0.042)	-0.241*** (0.034)	-0.227*** (0.016)	-0.243*** (0.040)
与邻居的熟悉程度	0.216*** (0.037)	0.247*** (0.030)	0.226*** (0.037)	0.245*** (0.031)	0.223*** (0.036)	0.261*** (0.037)
与同龄人相比社会经济地位差不多（参照组）							
相比较低	-0.324*** (0.028)	-0.327*** (0.024)	-0.355*** (0.027)	-0.324*** (0.026)	-0.319*** (0.021)	-0.318*** (0.027)
相比较高	0.126*** (0.061)	0.117*** (0.062)	0.132*** (0.067)	0.118** (0.065)	0.172*** (0.062)	0.116*** (0.062)
与三年前相比社会经济地位差不多（参照组）							
相比下降了	-0.257*** (0.048)	-0.214*** (0.041)	-0.217*** (0.046)	-0.215*** (0.045)	-0.213*** (0.041)	-0.252*** (0.047)
相比上升了	0.212*** (0.027)	0.227*** (0.041)	0.271*** (0.045)	0.218*** (0.040)	0.282*** (0.045)	0.237*** (0.049)
共产党员	0.125*** (0.046)	0.114*** (0.047)	0.174*** (0.045)	0.127*** (0.042)	0.127*** (0.045)	0.134*** (0.040)
基尼系数	-0.427*** (0.060)	-0.414*** (0.067)	0.502*** (0.064)	0.514*** (0.069)	0.472*** (0.062)	0.442*** (0.060)
人均财政支出对数	-0.112*** (0.035)	-0.112*** (0.032)	-0.106*** (0.031)	-0.125*** (0.038)	-0.124*** (0.028)	-0.168*** (0.027)
人均 GDP 对数	0.116*** (0.065)	0.114*** (0.064)	0.175*** (0.062)	0.183*** (0.065)	0.146*** (0.068)	0.173*** (0.067)
人口总数	0.126*** (0.031)	0.142*** (0.035)	0.175*** (0.032)	0.135*** (0.042)	0.149*** (0.041)	0.175*** (0.052)
人口总数平方	-0.117*** (0.025)	-0.101*** (0.037)	-0.113*** (0.035)	-0.143*** (0.032)	-0.149*** (0.031)	-0.124*** (0.034)
Wald 值	1125.246	1113.246	1143.571	1172.483	1136.725	1163.527
P 值	0.000	0.000	0.000	0.000	0.000	0.000
伪 R^2	0.118	0.107	0.125	0.112	0.118	0.127
样本数	7239	7239	7239	7239	7239	7239

注：*** 表示在 1% 上的显著性水平；** 表示在 5% 上的显著性水平；* 表示在 10% 上的显著性水平，下同。

表8-7第（1）列和第（2）列为OLS估计结果：第（1）列纳入制度变量，结果显示，制度变量的估计系数在1%水平上显著为正。在第（2）列，将制度与居民收入的交互项纳入回归方程，此时交互项的系数为正，且在1%水平上通过了显著性检验。这说明，随着居民收入增长，制度对居民主观幸福感的促增效应在递增。这意味着，制度对提升居民主观幸福感有重要作用。其可能原因：第一，政府质量的提升能够促进经济增长，因为中国居民主观幸福感的提升仍然还要靠经济增长；第二，提高政府质量有利于"隧道效应"的形成并能有利于收入机会公正性和收入不平等现状，而收入机会公平性和收入不平等的改善能增加居民主观幸福感；第三，提高政府质量能优化公共支出结构，公共支出结构能显著影响居民主观幸福感特别是中低收入者的幸福感，因此，加大公共支出结构效率可能促增居民主观幸福感；第四，政府质量对社会非正式制度（如信任）的影响进而会影响居民主观幸福感，因为信任等社会资本按制度经济学的观点会减少交易成本，增强人们彼此之间的社会发展，进而对社会非正式制度能显著提升居民主观幸福感；第五，按斯密所言，自然自由的正义制度能够保护人们的权利免受侵害，因此，提高政府质量不仅能保护人们的权利，而且按弗雷所言，还能创造"程序效用"，使居民主观幸福感得到提升。[①]

表8-7中第（3）列和第（4）列为Ordered Probit估计结果。在第（3）列中，纳入制度后也在1%的水平下通过了显著性检验。这说明，制度能够显著地提高居民幸福感。第（4）列中加入收入与制度的交互项，交互项的估计系数为正且在1%下通过了显著性检验，这说明，制度对居民幸福感的增加效应是随着居民收入的提高而增加的。这与OLS的估计结果具有一致性。第（5）列和第（6）列的Ordered Logit估计结果与OLS估计以及Ordered Probit估计基本一致。

从表8-7中的三种估计方法对控制变量的估计结果来看，每一种估计方法对控制变量的估计都基本一致，为了便于说明，我们以Ordered Logit估计来说明其控制变量。从其估计结果来看，与现有文献的研究发现基本是一致的。[②]其中，男性在1%上的水平下显著为负，这说明，与女性相比，男性的幸福感更低，这可能跟男性比女性承担更多的责任有

[①] 弗雷、斯塔特勒：《幸福与经济学：经济和制度对人类福祉的影响》，北京大学出版社2006年版，第173页。
[②] 米健：《中国居民主观幸福感影响因素的经济学分析》，博士学位论文，中国农业科学院，2011年。

关。年龄的回归系数在1%的水平下显著为负与年龄的平方的回归系数在1%的水平下显著为正,这说明我国居民的幸福感随年龄的增长而变化的"U"形关系和国际上的研究保持一致。在婚姻状况方面,从估计结果看,单身、离婚、丧偶都比已婚者的幸福感低,这意味着婚姻是人们幸福生活的重要影响因素。而宗教对人们幸福感的影响并不显著,这可能和宗教比较缺乏有关。

关于就业状态,估计显示,失业者比全职工作者的幸福感要低,但在校学生对于就业状态的幸福期待比全职者要显著得多。这说明失业对于居民幸福感的影响非常重要,不仅关系到生存问题,还关系到"体面"的面子问题,这符合行为经济学上讲的显示性满足的问题。而在校学生对工作的期求表明工作对幸福感非常重要。从教育对居民幸福感的回归结果显示,受到中学及以上教育的个体都显著地高于没有受过教育的个体。这可能与知识经济时代受过较高教育者能够具有较强的社会适应性,进而获得"体面"的就业机会和较高收入有关,证实了教育与幸福感的正相关关系。[①]

另外,从比较分析中看出,健康状况对居民幸福感的影响非常显著,对于健康状况非常好的人来说,都比健康不好、一般的人感到幸福。与亲戚朋友的密切程度不密切的、一般的,其与密切和非常密切相比,对居民幸福感都显著地要低。与邻居的熟悉程度越熟悉,居民幸福感越高。与同龄人相比社会经济地位相对较低,显著降低了居民幸福感,但与同龄人相比社会经济地位相对较高,显著提高了居民幸福感。与三年前相比社会经济地位下降了的降低了居民幸福感,上升了的增加了居民幸福感。中共党员的身份对居民幸福感有显著的正效应。此外,基尼系数与居民幸福感呈显著的负相关效应,这说明收入差距确实对居民幸福感有影响。人均GDP对居民幸福感产生正的显著效应,这说明就目前我国的情况而言,保持合理的经济增长与可持续的经济增长仍然是获得幸福的重要源泉。

(六) 分项回归结果

上面的实证研究结果表明,制度能显著增加居民主观幸福感。但是,对于它们的分项指标来说,可能对居民幸福感的影响会存在一些差异。因此,本小节同时采用有序模型(Ordered Probit)和普通最小二乘法(OLS)进行逐步回归估计。

[①] 刘小鸽、司海平、庞嘉伟:《地区代际流动与居民幸福感:基于代际教育流动性的考察》,《世界经济》2018年第9期。

本小节把制度质量或政府质量的三个指标,即政府效率、权利保护和公共品供给逐步纳入回归方程,从表 8-8 可以看出,政府效率、权利保护和公共品供给都显著增加了居民幸福感。这说明了政府在公平执法、秉公办事、维护社会公平以及提供医疗和教育方面对提升居民幸福感是极为重要的。在第(1)列中政府效率对居民幸福感的影响为 19.2%,在第(2)列中加入权利保护后变为 15.4%,而权利保护本身对居民幸福感的贡献为 20.2%且在 1%的水平下显著为正。在第(3)列中当三个变量全部纳入回归方程后,政府效率的贡献为 12.9%,权利保护的贡献为 18.5%,公共品供给的贡献为 28.6%且在 1%的水平下显著为正。第(4)列为 OLS 估计结果,除了其系数有差别外,其显著性水平并没有什么区别,在 1%上仍然表现为显著为正。

表 8-8　　　　　　制度质量对居民幸福感的分项估计

被解释变量:幸福感	(1)	(2)	(3)	(4)
政府效率	0.192***	0.154***	0.129***	0.125***
	(0.026)	(0.078)	(0.070)	(0.087)
权利保护		0.202***	0.185***	0.204***
		(0.025)	(0.083)	(0.063)
公共品供给			0.286***	0.229***
			(0.126)	(0.208)
个体特征变量	Yes	Yes	Yes	Yes
省份变量	Yes	Yes	Yes	Yes
Wald 值/F 统计值	1210.17	1285.78	1202.39	1123.54
P 值	0.000	0.000	0.000	0.000
伪 R^2/调整 R^2	0.107	0.114	0.121	0.128
样本数	7239	7239	7239	7239

(七)分群回归结果

经济发展对不同人群的影响是不同的,因而对不同人群的幸福感可能存在差异,对此,本小节为了进一步考察制度对居民主观幸福感的影响,我们将样本群体分为低收入居民和高收入居民、城镇居民和农村居民以及东部居民和中西部居民且进行 Ordered Probit 回归。表 8-9 为政府质量的分项指标对不同群体的有序 Probit 回归结果。首先,我们根据收入水平划分低收入者和高收入者两个样本。结果显示,政府效率、权利保护和公共品供给显著增加了低收入者的幸福感,而对高收入者的幸福感并不显著。可能原因是,低收入者由于自身能力和外在环境的限制使自己并不具有获得所需要的收入,因而更需要政府提供一系列的政策措施来增加低收入者的财富。其次,从城乡差异的样本看,政府效率、权利保护和公共品供给对城镇居民并不显著,但农村居民在其1%水平下显著为正,这说明农村居民更需要政府有所为,因为农村的地方保护意识和资金短缺使对农村居民的幸福感影响很大。最后,从地域差异的样本看,政府效率、权利保护和公共品供给对东部居民并不显著,但中西部在其1%水平下显著为正,这说明东部地区由于法律制度较完善,因而在影响上并不显著,而中西部地区由于法律制度建设相对滞后,因而在其影响上显著为正。这意味着政府针对中西部地区所在的农村低收入者一方面要给予更多的政策保护,如在教育、医疗和住房上提供一系列的优惠措施以提高居民的幸福感,另一方面要考虑增加低收入者的财富而不仅仅是增加其收入来增加居民的幸福感。

表8-9　制度的分群估计

被解释变量:幸福感	高收入居民(1)	低收入居民(2)	城镇居民(3)	农村居民(4)	东部居民(5)	中西部居民(6)
政府效率	0.137 (0.032)	0.102*** (0.039)	0.301 (0.035)	1.112*** (0.020)	0.105 (0.028)	0.235*** (0.026)
权利保护	0.274 (0.148)	0.219*** (0.109)	0.242 (0.148)	0.250*** (0.135)	0.261 (0.126)	0.284*** (0.135)
公共品供给	0.362 (0.221)	0.325*** (0.240)	0.348 (0.214)	0.362*** (0.248)	0.318 (0.227)	0.307*** (0.216)
个体特征变量	Yes	Yes	Yes	Yes	Yes	Yes
省份变量	Yes	Yes	Yes	Yes	Yes	Yes
Wald值	548.31	519.83	587.39	619.33	847.86	837.21
P值	0.000	0.000	0.000	0.000	0.000	0.000
伪R^2	0.087	0.079	0.084	0.081	0.082	0.074
样本数	3041	4198	4531	2708	4852	2387

(八)小结

上述运用CGSS2005数据考察了制度对居民主观幸福感的影响。实证研究表明,总体而言,制度对居民幸福感有显著的正效应。从分项回归结果看，政府效率、权利保护和公共品供给对居民幸福有显著正影响。从分群回归结果看，政府效率、权利保护和公共品供给对高收入者、城镇居民和东部居民不存在显著性，但对低收入者、农村居民和中西部居民有显著的正效应。基于上述分析，为了促进居民幸福感的全面提升，政府有必要采取以下两个方面的政策措施：一方面要推进供给侧制度改革，构筑幸福制度，建立幸福导向的公共政策体系。由于制度建设对低收入者、农村居民和中西部居民幸福感的促进作用远大于高收入者、城镇居民和东部居民，制度供给要在提高政府效率、财产权保护和公共品供给方面以更大的力度加强管理水平，建立完善的利益诉求和监督机制以推动制度创新。另一方面，财政转移支付制度改革方面应该给予低收入者、农村居民和中西部居民以更大的倾斜，使其切实体会到制度供给的实惠，提高其幸福感。制度供给与完善的最终目的在于推动每个人的能力能够得到充分发挥，每个人在追求自己幸福的同时也能够增加整个社会的幸福。[①] 我国幸福社会转型的效率，归根结底取决于在一定制度保障与政府领导下的人民群众的积极性和创造性的发挥，以步入繁荣和幸福之路。

二 水幸福指数：以钱塘江为例的分析

水是生命之源，经济之要，生态之基。水资源作为人类生存与经济发展的基础资源，是影响人类幸福生活的另一个基础性的重大影响因子。老子《道德经》说：上善若水。水为人类至善资源，也如幸福之于人类之至善。因此，研究水幸福感对于收入以外其他幸福因素的重视、对于幸福经济学体系建设均具有重要意义。而水资源与经济发展经常是一对深刻矛盾，工业化发展对于水资源的依赖会加大水资源稀缺性约束，经济增长引发的水污染会导致居民水幸福感下降并抵消收入增长带来的幸福感。这里以钱塘江为例，对水资源环境变化与流域居民幸福感的相关性及其结构进行实证研究，以便我们了解更多的非经济因素对人类幸福的影响。

（一）水与幸福

改革开放以来，伴随着经济的快速发展，钱塘江流域需水量急剧增加，水污染及水质型缺水较为严重，用水冲突频发，出现了"山青水不绿"的山水协同机理被分离的现象。[②] 由于工业化快速发展导致的水资源

[①] 梁城城：《地方政府财政行为如何影响居民主观幸福感：来自中国的经验证据》，《贵州财经大学学报》2017年第7期。

[②] 陈惠雄：《工业化过程中的人地关系演化与生态悖论》，《中国工业经济》2009年第8期。

配置与利用结构变化,钱塘江流域水污染、水田旱地化等严峻的水资源环境形势深刻影响着流域经济社会可持续发展和流域居民幸福。据此,2013年年末浙江省提出实施治污水、排涝水、抓节水、保供水、防洪水的"五水共治"公共政策,倒逼经济结构转型升级(显示出生态保护与经济增长之间的辩证矛盾),以系统提升流域、区域居民生活的幸福水平,实现居民用水幸福感提升。

近年来,关于水幸福感研究已经有了实质性进展,在提升水幸福感研究的理论层面,已经有相关研究集中探讨了水资源管理目标与居民幸福感的互动机制。潘护林等从资源配置角度,对幸福导向的水资源管理问题进行了经济学探索。[①] 程国栋院士等以张掖市为例,提出了面向幸福的水资源管理规划方案,方案将水资源问题解构成总量控制、水资源利用公平体系建设和提高水资源效率三个问题。[②] 黄斐构建了钱塘江流域水幸福综合指数,包含水与健康、水资源可持续性、水相关收益与费用、水技术与经济贡献、水公平、水生态环境六个分指标。[③] 这些成果增进了我们对水与幸福之间联系的理解,对相关流域水资源治理并增进人们的幸福感有借鉴研究意义。

(二)水幸福感

水幸福感是指流域或泛流域居民因受水资源环境影响而产生的幸福(痛苦)感受。水资源幸福感研究旨在全面反映水对人们生产、生活产生的苦乐感受的影响。经济学视角的幸福研究一般认为,幸福包含主客观两个方面,幸福的客观性主要是指影响人们幸福感产生的客观的经济、社会、生态环境基础,其中就包括重要的水资源环境。本研究采用"水幸福感"概念是为了反映水与人的幸福生活之间的重要联系,并利用一些客观数据去检验水资源环境对人们幸福感产生的主观影响。基于本书前述的主客观内生一致性幸福生成理论,幸福影响因子包括健康、家庭、收入、职业、社会、环境状况六大系统因子,本研究把它们转化为水与幸福的六个具体指标体系,即居民水幸福感主要通过水与健康、家庭用水、水相关成本与收益、节水技术与制度设计、用水公平与供给保障、水生态环境六个

[①] 潘护林、陈惠雄:《幸福导向的水资源配置理论模型与实证研究》,《商业经济与管理》2017年第4期。

[②] 程国栋、徐中民、钟方雷:《张掖市面向幸福的水资源管理战略规划》,《冰川冻土》2011年第6期。

[③] 黄斐:《钱塘江流域杭州段居民水幸福指数模型构建与实证研究》,硕士学位论文,浙江财经大学,2015年。

因子来分析。

其一，水是人类生存的客观基础，是人类健康的必要条件。健康是影响幸福的基础因子，因此水与健康的相关关系在水幸福影响因子中占有重要地位。其二，家庭用水便捷与使用成本降低，会增进家庭成员间的亲情感，提升家庭成员在日常生活中的水幸福水平。其三，用水是人们生活、生产必须考虑的成本约束，水价上升影响着居民的日常生活，干旱区农业灌溉用水成本上升影响着农民的经济收益，从而构成影响流域居民生产、生活幸福的一个重要因素。其四，水产业、节水技术与水资源管理制度对流域居民整体幸福有重要影响，钱塘江上游支流东阳江与义乌市的水权交易就是一次良好的水管理制度尝试。其五，水是经济社会发展的重要资源，用水公平、用水秩序与用水安全保障等为用水主体提供稳定的社会环境。其六，水生态环境包括水质、水量、水景观等指标，对人们的日常幸福生活有直接的影响。

据此，本研究选择了如上的六维度"水幸福影响因子"，使用德尔菲法进行指标体系修正，建立水幸福指标体系并以钱塘江领域为例进行实证分析验证。本研究的水幸福客观指标体系主要参考了基于经济社会发展的幸福指标体系前期研究成果，[①] 在水幸福客观指标体系基础上，建立对应的水幸福主观指标体系，两者结合共同构成流域水幸福指标体系。流域水幸福客观指标通过相应的客观统计数据获得，水幸福主观指标则主要采用流域居民幸福指数问卷调查获得。钱塘江流域水幸福指数对应的客观指标，包括六个一级指标，每个一级指标对应若干二级指标。在对二级指标进行相关分析与因子分析后，得出一级指标的权重，建立多元回归模型。水幸福感指标体系如表 8-11 所示。

（三）实证分析

钱塘江流域是中国典型的东部沿海河流域，介于东经 117.62°—121.87°和北纬 28.17°—30.48°，流域面积约 5.5 万平方千米，属于亚热带季风气候区，主要涉及浙江省省内杭州、绍兴、金华、衢州 4 个地级市，共 21 个县（市、区），浙江省境内面积达 48413 平方千米，占全省陆域面积的 47%。干流钱塘江长约 670 千米，有南源兰江与北源新安江，均发祥于安徽省休宁县。两源在杭州市建德县梅城处交汇，之后，称为富春江，经桐庐县、富阳市，在东江嘴处融入浦阳江。之后，合称为钱塘江，

---

① 陈惠雄、潘护林：《基于经济社会发展的幸福指标体系：构建与解释》，《社会科学战线》2015 年第 3 期。

最终向东流入东海。杭嘉湖、萧绍宁平原因钱塘江流域河口特有的水文沙土冲积和滋养，土地肥沃，成为江南富饶的鱼米、丝绸之乡。

本研究建立的客观水幸福指标体系和主观水幸福指数指标体系相互对应。其理论机理是幸福的主观性必定对应着相应的客观实在性基础。在六大幸福指数影响因子圈理论机理基础上，本研究设计了相对应客观指标的主观题目来体现对应的主观幸福感指标状况，最终分析流域水幸福指数。本研究数据来源于2015年7月、8月的调研，调研范围位于钱塘江流域浙江段衢州、金华、绍兴、杭州四地市，调研问卷形式为自陈量表，共计发放1350份，1182份被认定为有效问卷，有效率为87.6%。水幸福感各主观指标分5等级，分析中将各等级从低到高赋1—5分。数据处理工具为SPSS21.0，调查对象的人口统计变量属性见表8-10。

表8-10　样本特征

属性	类型	人数	百分比（%）	属性	类型	人数	百分比（%）
性别	男	570	48.2	流域段	杭州	369	31.2
	女	612	51.8		绍兴	293	24.8
居民类型	农村居民	673	56.9		金华	252	21.3
	城市居民	509	43.1		衢州	268	22.7
身体状况	很不健康	27	2.3	职业	农民	243	20.6
	不太健康	82	6.9		企业单位	141	11.9
	一般	217	18.4		事业单位	158	13.4
	比较健康	421	35.6		公务员	121	10.2
	很健康	435	36.8		其他职业	519	43.9
年收入	3万元以下	302	25.5	年龄	15—25岁	195	16.5
	3万—8万元	352	29.8		26—35岁	226	19.1
	8万—15万元	147	12.4		36—45岁	364	30.8
	15万—30万元	128	10.8		46—55岁	247	20.9
	30万元以上	253	21.4		55岁以上	150	12.7
	合计	1182	100				

由表8-10可知，调查对象在年龄、居民类型、身体状况、职业、年收入、地区等层次分布合理，对钱塘江流域居民整体用水体验有较好的反映。

1. 相关分析

因量表中的指标是通过问卷设计中的问题来反映基于流域水环境的主观幸福感状况的，并和客观指标具有一定的对应性。如表 8-11 中的 I_1 "月均生活饮用水状况"指标，在调查问卷中通过"您觉得您家生活用水充足吗？"的主观感受按照 1—5 分的等级进行打分。这样，通过问卷调查的主观水满意指标，就能够对相应的客观水资源状况指标有一个对应的反映，形成理论上的主观对客观的工具性替代指标，并能够把"看得见"的客观水质状况"说出来"，以更加确切表达人们对水资源、水质状况的内心苦乐感受。本研究采用 Pearson 相关系数分析来研究钱塘江流域居民主观水幸福感与各项客观指标之间的相关关系（见表 8-11）。

表 8-11　　　　水幸福客观指标体系及其相关系数分析

评价维度	关键因素	评价指标	单位	指标属性	与总体水幸福指数的 Pearson 相关系数
水与健康	用水水量	I_1 月均生活饮用水状况	方/人	正向指标	0.069（*）
	用水水质	I_2 家庭用水水质优良天数	天/年	正向指标	0.349（**）
	水娱乐	I_3 年均水娱乐次数	次/年	正向指标	0.209（**）
家庭用水	取用水时间	I_4 家庭日均取水用时	时/天	负向指标	-0.119（**）
	用水冲突	I_5 家庭成员用水理念冲突次数	次/年	负向指标	-0.108（**）
		I_6 家庭成员用水冲突发生次数	次/年	负向指标	-0.246
水相关收益	水收益率	I_7 单方水收益值	元/年	正向指标	0.051
	税费负担	I_8 水费占收入比	%	负向指标	-0.031（*）
	水相关收入值	I_9 水相关收入比	%	正向指标	0.117
节水技术与制度设计	专业培训	I_{10} 节水技术培训次数	次/年	正向指标	0.082（*）
		I_{11} 水务行业技术培训次数	次/年	正向指标	0.102
		I_{12} 水务管理技能培训次数	次/年	正向指标	0.153
	制度设计	I_{13} 水资源制度完善度	%	正向指标	0.191（**）
		I_{14} 水纠纷发生率	次/年·万人	负向指标	-0.259（**）

续表

评价维度	关键因素	评价指标	单位	指标属性	与总体水幸福指数的Pearson相关系数
用水公平与供给保障	水公平	I_{15}水基尼系数（个体与团体）	%	负向指标	-0.239（**）
		I_{16}水事会议公众参与率	%	正向指标	0.086（*）
	水供给保障	I_{17}污水收集管网覆盖率	%	正向指标	0.206（**）
		I_{18}供水排水管网覆盖率	%	正向指标	0.287（**）
		I_{19}水功能区水质达标率	%	正向指标	0.174（**）
水生态环境	水质环境	I_{20}水质优良率	%	正向指标	0.158
	水量环境	I_{21}人均水资源量	%	正向指标	0.201（**）
		I_{22}旱涝灾害发生率	%	负向指标	-0.184（**）
	景观环境	I_{23}水域景观面积占比	%	正向指标	0.123（**）

注：**表示 $p<0.05$（双侧），*表示 $p<0.1$（双侧）。

由表8-11可知，钱塘江流域的居民水幸福指数与家庭生活用水水质状况、年均水娱乐次数、水资源制度完善度、水功能区水质达标率及人均水资源量等的相关度比较高。另一方面，其与家庭日均取水用时、水基尼系数（个体与团体）、水纠纷发生率及旱涝灾害发生率等的负相关度比较高（绝对值越大说明对水幸福感的负面效应越大），这说明上述各因素对钱塘江流域居民水幸福感产生了较大的负面效应。在水资源管理过程中，相关水部门要更加注重制度设计和用水公平，合理配置水资源，减少地区之间、上中下流域之间及行业之间的用水冲突；合理制定水价，制定阶梯型水价制度，实现个体和团体的用水公平。同时，增强应对旱涝灾害的能力，完善预警机制，建设和更新水利设施等。上述分析为幸福导向的钱塘江流域水资源管理对策的制定提供了相应的依据和方向。

2. 不同人群总体水幸福指数差异状况分析

本分析将针对不同的人口统计口径与问卷中总体水幸福感指标之间的相关关系，剖析钱塘江流域不同群体的用水体验差异。方差分析结果如下（见表8-12）。

由表8-12可知，水幸福感在不同性别、年龄、职业、居民类型、年收入状况组间无显著差异。身体状况、流域两个属性对总体水幸福指数的组间p值分别为0.011、0.001，表明流域和身体状况对钱塘江流域居民水幸福指数有着较显著影响。随后，通过均值分析来探讨身体状况、流域对总体水幸福指数均值的影响。根据调查问卷中的第31项题目"近一年您因水资源而产生的幸福感受如何？"的分值统计得出各个地区的总体水幸福指数均值。

表8-12　　　　　　　　　　　方差分析结果

变量	分组	平方和	Df	均方	F	显著性
性别	组间	5.721	8	0.901	4.901	0.051
年龄	组间	1118.189	8	249.018	1529	0.118
流域	组间	72.197	8	14.886	6.291	0.001
职业	组间	12.371	8	4.288	0.521	0.881
居民类型	组间	12.761	8	3.182	1.881	0.291
身体状况	组间	23.019	8	7.102	12.918	0.011
年收入状况	组间	8.102	8	2.399	2.019	0.071

钱塘江流域居民的总体水幸福指数均值受不同健康状况的影响大小不同。身体状况较好的人的水幸福感得分较高，均值接近3.4，而很不健康、不太健康的满意度最低，均值为2.7。出现上述差异的原因可能由于身体较差居民认为引起自身不健康的原因之一是不良的水环境所致。相比较而言，身体比较健康的居民生活态度相对积极，故对总体水幸福满意度也较高。此外，水幸福感的地区总体均值均在3分以上。其中，衢州市的居民水幸福指数最高为3.5（5分值，满分为5分），而钱塘江流域杭州段居民的水幸福指数最低，也大致反映出两个地域的水质量差异给人们幸福感带来的差异性影响，并与客观的水资源环境状况相一致。

3. 因子分析

本次调查水幸福感具体层面指标的 α 系数为0.868，说明调查量表的信度良好，问卷整体可靠稳定。通过对问卷中20项测评分指标进行因子分析，建立变量间的相关系数矩阵，相应的KMO值为0.801，Bartlett检验显著性水平为0.000。这表明相关矩阵是非单位矩阵，整体数据分布近似于正态分布，可以进行探索性分析。

因子分析的旋转成分矩阵如表8-13所示，将6个维度分别命名为水与健康因子、水与亲情因子、节水技术培训因子、水与社会因子、水生态因子、水相关收益因子。

表 8-13　　　　　　　　　旋转成分矩阵

维度	水与健康因子1	水与亲情因子2	水与社会因子3	节水技术培训因子4	水生态因子5	水相关收益因子6
家庭饮用水水质状况	0.772					
家庭生活用水充足状况	0.701					
家庭生活用水对健康的影响	0.767					
水循环使用情况		0.661				
生产生活取水便利状况		0.691				
水费占收入状况						0.808
水价合理情况						0.842
节水技术培训次数				0.891		
当地生产生活用水公平状况			0.709			
参与水资源管理的意愿			0.466			
对水资源管理决策影响程度			0.371			
对水资源政策满意状况			0.691			
水资源开发状况			0.599			
水纠纷发生状况			0.311			
污水处理和收集能力			0.443			
本地水利设施完善程度			0.491			
水质总体状况			0.577			
水资源丰富程度					0.883	
水资源环境及开发管理情况					0.801	
水域景观资源状况					0.899	

上述六大因子基本涵盖了基于幸福指数六因子的水幸福客观指标体系，这说明上述指标体系具有较为雄厚的微观基础作支撑。同时，主观水幸福感和客观指标体系之间存在一定的差别。其中，节水要素单独成为一个因子，水与社会因子包含客观指标中的水与社会发展、用水公平等要素。具体地，第一个因子与水量水质等基础用水情况相关性较强，代表了居民对用水健康的需求；第二个因子则与用水便利程度关联较为密切；第三个因子则代表了用水公平、管理政策等社会因素的影响；第四个因子与节水技术培训相关性较强；第五个因子说明的是水生态环境及水景观等对

居民用水幸福的影响；第六个因子则与水价和水收益相关。因而，钱塘江流域居民水幸福感的影响因子依重要度可分别命名为水与健康、水与亲情、水与社会、节水技术培训、水生态、水相关收益。各因子贡献率如表8-14 所示。

表 8-14　　　　　　　　　　　因子贡献率

因子	特征值	解释变量（%）	累计解释变量（%）
水与健康因子（F1）	2.866	23.109	23.109
水与亲情因子（F2）	1.801	15.649	38.758
水与社会因子（F3）	1.492	12.567	51.325
节水技术培训因子（F4）	1.412	11.840	63.165
水生态因子（F5）	1.098	9.985	73.15
水相关收益因子（F6）	1.073	9.757	82.907

4. 水幸福指数测算

由因子分析中六大因子解释变量权重（表 8-14）可知钱塘江流域水幸福感各因子得分，主观水幸福指数的加权汇总公式则为：

$$F = (23.109 \times F1 + 15.649 \times F2 + 12.567 \times F3 + 11.840 \times F4 + 9.985 \times F5 + 9.757 \times F6)/82.907$$

式中，F 为水幸福指数综合得分；$F1$ 为水与健康因子；$F2$ 为水与亲情因子；$F3$ 为水与社会因子；$F4$ 为节水技术培训因子；$F5$ 为水生态因子；$F6$ 为水相关收益因子。各地市的因子得分见表 8-15。

表 8-15　　　　　　　　　　　因子得分

流域	水与健康（F1）	水与亲情（F2）	水与社会（F3）	节水技术培训（F4）	水生态（F5）	水相关收益（F6）	综合得分	综合得分排名
杭州市	-0.3089	0.1928	0.0716	-0.0459	-0.1231	0.3105	-0.023	4
绍兴市	-0.2712	0.0729	0.2916	-0.0386	-0.0789	0.2768	0.0059	3
金华市	-0.0760	-0.0226	0.2015	0.2367	0.0412	0.1029	0.0560	2
衢州市	0.2354	0.3432	-0.1976	-0.1705	0.3267	0.3245	0.1536	1

从表 8-15 可以看出，F 综合得分结果从大到小依次为衢州市、金华

市、绍兴市和杭州市,此结果与前文的不同流域居民总体水幸福指数均值所反映的水幸福指数相互印证。

(四) 小结

通过上述钱塘江流域水幸福感调查数据分析,近 2/3 的被调查者对钱塘江流域水环境总体评价为比较满意和满意,仍有约 1/3 的被调查者满意度不高,其水资源环境状况有待进一步改善。钱塘江流域流经的四个地级市中,水幸福指数得分最高的为衢州市,金华、绍兴居中,杭州市得分最低,这与实际的水生态状况相一致,并反映出水质对于钱塘江下游居民生活幸福的困扰。加大流域产业转型升级力度,对不同流域分段施策,通过更加灵活有效的财政转移支付方式改善上游流域出水质量等,是改善钱塘江流域水环境,提升流域居民水幸福感的重要公共政策举措。

由水幸福指数调查分析可知,钱塘江流域居民认为当前水资源管理应当投入更多资源来保障基于水的健康生活、完善水资源管理制度和保护水生态环境。水幸福指数与水质状况、水娱乐、水制度完善程度、水功能区水质达标率及人均水资源量等的正相关度比较高;而与家庭日均取水用时、家庭成员用水理念是否冲突、用水不公平、水纠纷发生率及旱涝灾害发生率等的负相关度比较高。因而在具体政策上,钱塘江流域管理部门和其他相关部门应重点关注水质对居民健康的影响,以水质治理为核心,提高排污收费标准,建立与完善排污权市场及其相关交易制度,完善污水处理设施,突出治理流域水质环境,尤以钱塘江流域杭州段为水质治理重点。在水与亲情方面,要提高用水便捷程度,完善供水系统,同时注重家庭用水循环,从调查情况分析,解决这类问题尤以钱塘江流域金华、兰溪段为重点。在水与社会方面,加强节水宣传、水相关技术培训、水事会议制度与水价听证会制度建设,鼓励居民参与水事管理,提高管理效率,很大程度上有助于居民水幸福感的提升,这一点尤以衢州市流域段为重点。在水生态环境方面,增加生态用水配置和调度,加大绿化覆盖率,水利风景区建设开发,改善环境质量,提升水资源观赏价值,这一情况尤以钱塘江杭州、绍兴段为重点。基于上述流域居民水幸福感实证分析,我们可能需要改变传统的流域整体划一的水资源管理思路,充分注重和考虑不同流域段居民因水环境变化而产生的迫切的对水资源环境问题,在水资源管理实践中按流域段采取具体的水管策略与用水改进机制,特别是对水幸福感较低的地区和层面重点加强水质管理,才能实现全流域居民用水满意度与水幸福感的整体提升。

第九章 幸福经济学的公共政策含义

【本章导读】 幸福不仅是个人选择与经济发展的终极价值目标，同样也是衡量政府治理效能的终极价值标准。人民幸福应是一切公共政策的出发点与归宿处。幸福经济学理论及其基于经济社会发展的幸福指标体系可以体现与转化为多方面的宏观经济政策，包含着重要的公共政策含义与信息。从全球治理经验看，各级政府是谋求人民幸福的关键主体，公共政策与制度设计是走向幸福国家治理的核心环节。在前述幸福经济学理论与实证研究基础上，本章阐述幸福经济学的公共政策含义，为经济社会发展提供一个幸福导向的政府绩效目标设计与公共政策思路。主要包括幸福导向的政府绩效目标与评价指标设计、幸福导向的经济政策理论机理与政策研究等，从而形成幸福学说、幸福经济理论、经济—幸福关系实证分析、幸福导向的公共政策四大模块相互一致的幸福经济学理论体系。

第一节 幸福导向的政府绩效目标与评价机制

一 政府善治与国民幸福：一个全球治理经验

英国哲学家休谟说："一切人类努力的伟大目标在于获得幸福。"公民的普遍幸福是执政的最高准则。居民幸福感既受制于个人特质同时又与社会制度和政府行为密切相关，政府在增进国民幸福感中扮演着重要的角色。现代政治文明基本达成了一项普遍的社会共识，即政府存在的目的是为了保障人们平等的生命权、自由权和追求幸福的权利，政府行为的科学性与国民幸福息息相关。政府行为的出发点和落脚点都应是为了增进最大多数人民的最大幸福。与此同时，政府占有绝对的资源，拥有统一性和强制性权力。国家质量和治理绩效是决定公民幸福水平的重要因素。因此，解析政府绩效目标对公民幸福感的影响既是分析与改善政府工作的重要手段,也是幸福经济学研究的重要内容之一。①

政府对民众的影响涉及政治、经济、文化、社会、生态等各个方面。公众健康、家庭和谐、工作满意、社会公平、生态优良等都需要政府的积极作为,需要政府为公众提供满意的社会环境与制度保障。有学者指出,国家治理质量和政府治理绩效是决定公民幸福水平的重要因素。② 因此,公民幸福感既是分析与改善政府工作的重要手段,同时也是检验基于经济社会发展的幸福指标体系的必要的研究分析环节。

21世纪初以来,政府越来越关注经济发展与幸福的影响关系,幸福导向的发展研究成为政府决策的全球性热点。2006年,加拿大经济学家安尔尼斯基的《幸福经济学》基于幸福资本理论,把中国政府绩效指标与幸福指标、真实发展指数等有机结合起来,探讨国民幸福与政府行为之间的内生逻辑关系。2008年法国总统萨科奇组织了斯蒂格利茨、阿马蒂亚·森等20多位经济学家进行"以幸福测度经济进步"的研究,这是一种以幸福为核心价值检验经济发展成效、治理社会的公共管理思维。2010年英国首相卡梅伦下令实施GNH(国民幸福总值)核算计划。英国政府提出的国民幸福账户(NWBA)概念很有意义,认为幸福账户比财富账户、幸福核算比GDP核算更加重要。这是继不丹开展幸福核算后,一种新的政府治理趋势。国民幸福总值核算的政策思维内含了对英国自20世纪50年代以来随着收入增长而不断下降的幸福指数现象的反思。

2007年,《光明日报》进行了近一年的经济学视野中的幸福与快乐的理论讨论,中国政府与媒体开始注重把人民的幸福感、满意度、获得感来作为执政的检验标准。全球性的国家治理经验表明,人民幸福对于国家治理与经济发展的意义都是根本性的,而政府善治则成为提升国民幸福感的非常关键的因素。当一个国家的治理与经济发展不是以国民幸福总值(GNH)为中心,而是以国民生产总值(GDP)为中心时,就容易顾此失彼,从而对多数人幸福的环境造成损害,对弱势群体失去照顾,使人民的幸福不可持续,国家难以长治久安。

二 内生性储蓄与不出清市场:幸福为什么需要政府调节

在研究政府治理对于提升国民幸福感的有效性之前,必须阐明一个重

---

① 王冰:《快乐经济学的发展及其公共政策内涵》,《光明日报》(理论版)2006年10月9日。
② 刘军强、熊谋林、苏阳:《经济增长时期的国民幸福感——基于CGSS数据的追踪研究》,《中国社会科学》2012年第12期。

要的经济学理论问题——政府对于经济运行宏观调控的必要性。这是我们提出幸福经济学的公共政策含义及其政府在公共管理中提升居民幸福感具有积极作用的基本理论前提。

在马克思主义经济学、（新）政治经济学和宏观经济学中，政府在市场经济运行中能够起到积极的调节作用，以减少市场失灵引起的无效率与无序性波动，进而增加人们的幸福感，这在理论上是毫无疑义的。然而，在微观市场理论中，对政府调控市场一直是排斥的。现有的一些西方经济学理论认为，市场本身可以实现最优调节以达到国民最大幸福目标，政府是无用的甚至是一个坏政府。这种理论建立在瓦尔拉斯一般均衡论（Walrasian Equilibrium）基础上。该理论的实质是说明现代市场经济可以处于稳定的自动均衡状态，不需要政府的调节与干预，社会可以和谐、稳定地运行下去。我们需要对这一微观理论假说进行辨析，并尽可能运用一些最新的研究成果。

消费者均衡与一般均衡论以消费者花光全部收入作为核心假说条件，这一消费者均衡假说成为市场自动均衡、自动出清的核心理论基础。然而，由于人类具有累积特性，消费者事实上并不消费完自己的全部可支配收入，事实上的消费者支出均衡点是在收入线之内（而非线上）的某个点，如图9-1所示。①

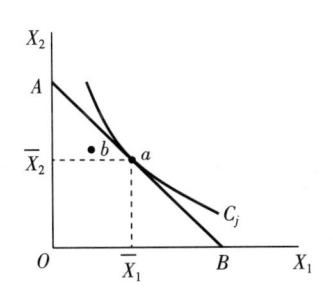

图 9-1 消费者的均衡：a 点还是 b 点？

图9-1中，AB 为消费者预算约束线，表示的是消费者可支配收入水平，C_j 为无差异曲线，表示的是消费者均衡条件，a 为消费者用既定收入购买两种商品时的均衡点，$(\overline{X}_1, \overline{X}_2)$ 为消费 X_1、X_2 两种商品时的均衡消

---

① 陈惠雄：《生命成本、异质收入与一种新消费者行为理论的构建》，《中国工业经济》2013年第11期。

费量。按照现有理论，消费者不可能在 AB 线外实现消费者均衡，因为没有那么多钱；也不可能在 AB 线内的 b 点实现消费者均衡，因为钱还没有花完，消费者没有达到最大效用。

事实上，消费者在购买商品时，一般并不消费完全部收入，存在一个随收入获取难度变化而变化的支出均衡决策过程。这样，消费者购买商品的货币支出量相对于其收入而言就是可变的，是一个小于既定收入而理论上又是指向效用最大化的可变量。符合一般性事实的消费者均衡点是在 AB 线之内的某个点，如图 9-1 中的 b 点，而不是 AB 线上的 a 点。这个消费者行为事实对支出由收入外生给定的消费者均衡理论具有质的改变。因为，当把消费者均衡支出小于既定收入的客观事实被还原与揭示出来时，就会改变支出由收入外生给定的理论假定，改变与缩小消费者预算约束空间，继而改变一般均衡论的无剩余假设与自动出清的市场理论。而一旦证明了市场无法自动出清，政府调节与宏观经济调控就是改善国民幸福水平、提升人民幸福感的必需手段。

基于此，一组新的消费者均衡条件为：

$$P_1 X_1 + P_2 X_2 + \cdots + P_n X_n = I \tag{9-1}$$

$$\frac{\mathrm{d} U_L}{\mathrm{d} T_L} = \frac{\mathrm{d} I_e}{\mathrm{d} T_L} \times \frac{\mathrm{d} U_C}{\mathrm{d} I_e} \tag{9-2}$$

$$P_1 X_1 + P_2 X_2 + \cdots + P_m X_m = I_e \tag{9-3}$$

$$\frac{MU_1}{P_1} = \frac{MU_2}{P_2} = \cdots = \frac{MU_m}{P_m} = \lambda \tag{9-4}$$

式中，I 为消费者的既定收入，X 为商品，P 为价格，MU 为商品的边际效用，λ 为不变的货币边际效用，U_L 表示消费者为获取收入付出生命成本产生的负效用，T_L 代表以时间为计量单位的消费者在生产过程中付出的生命成本。式（9-1）为基于既定收入的消费者约束条件，式（9-2）为消费者支出均衡条件，[①] 式（9-3）为消费者均衡约束条件，式（9-

---

[①] 表示随着消费者为获取单位收入付出的边际生命成本增加而增加的边际负效用。I_e 表示消费者的当期均衡消费支出（$I_e < I$），U_C 表示消费品产生的正效用。式（9-2）表明，当消费者在生产过程中付出生命成本产生的负效用（$\mathrm{d} U_L/\mathrm{d} T_L$）与该时间内生命成本付出后获得的收入（$\mathrm{d} I_e/\mathrm{d} T_L$）及以该收入购买消费品产生的正效用（$\mathrm{d} U_C/\mathrm{d} I_e$）边际相等时，才是实现了生产者与消费者决策一致性且基于生命成本付出—收益（效用）边际均衡的消费者支出均衡。

4）为基于"支出均衡"约束的消费者购买商品的"使用均衡"条件。①

由于消费者事实上不是把所有收入都用于当期消费以实现消费者均衡的，即消费者有一个支出均衡决策过程，消费者收入减去消费支出形成储蓄，即有：$S = I - C$（S 为储蓄，I 为收入，C 为消费支出），这样就形成了微观经济学中代表性消费者的内生性储蓄，并和宏观经济学的国民经济运行理论相一致。代表性消费者的支出均衡行为导致了微观储蓄的内生形成，进而证明了市场自动出清与自动均衡的基本不可能性，政府介入与宏观调控就成为实现经济均衡有序发展、提升国民幸福感的重要途径。

需要说明的是，由于人的累积性偏好和一般具有考虑未来消费的行为思维，使人类的劳动时间均衡会超过当期商品消费效用与劳动负效用的生命成本支出均衡水平，从而成为消费者在作为生产者时获得的既定收入 I 大于其当期实际消费支出的客观基础。这事实上也揭示了消费者生命资源最优配置的理论视角。② 即当消费者考虑到为获取单位收入付出的生命成本时，消费支出决策会更加追随现实的获取收入的难易程度而定。这样，市场自动均衡的假设就是不成立的，市场出清理论可能是反市场事实的。这样，即便是市场经济条件下，政府调节与宏观调控也是必需的手段，政府调节、政府引导成为通向经济社会发展幸福之路的必要与重要手段。③

三 地方政府绩效与居民幸福感

地方政府绩效简而言之即政府管理行为的产出，是各级地方政府在管理社会公共事务、提供公共服务过程中所取得的效益和成绩。④ 良好的政府绩效是政府保持其合法性的重要前提。近年来，国内学者也对政府治理绩效与居民幸福感之间的关系进行了研究，郑方辉所作的全国调查显示，"为民办实事""缩小收入差距""依法行政""打击贪污腐败"可以提升居民幸福感的受访者比例分别为 70%、51.3%、45.4% 和 43.5%。⑤ 陈刚等研究证实政府质量（政府绩效）对居民幸福感有显著影响，较之经济增长而言，政府治理的主观绩效（让人民满意的程度）对居民幸福感的促进

---

① 该组模型的具体推演过程参见陈惠雄《既定收入条件下消费者支出均衡的决定》，《中国工业经济》2016 年第 4 期。

② 倪志良：《幸福经济学》，南开大学出版社 2017 年版，第 296 页。

③ 陈惠雄：《生命成本：关于消费函数理论的一个新假说》，《中国工业经济》2005 年第 8 期。

④ 倪星：《中国地方政府治理绩效评估研究的发展方向》，《政治学研究》2007 年第 4 期。

⑤ 郑方辉：《2012 中国政府绩效评价红皮书》，新华出版社 2012 年版，第 86—102 页。

效应更加显著。① 李文彬等以广东省为例，从政府的主观绩效视角检验了政府绩效满意度与居民幸福感的关系，并从不同的绩效维度做了具体分析。② 以上研究表明，不论是政府主观治理绩效还是客观治理绩效，均对居民幸福感有显著的正向影响。

在研究方法层面，目前定量研究政府绩效与居民幸福感之间的关系主要有三种方法：一是运用回归分析建立以政府绩效为自变量、居民幸福感为因变量的回归方程；二是采用路径分析解决政府绩效是通过何种途径影响居民幸福感，每条路径的影响强度如何；三是采用结构方程模型分析政府绩效影响居民幸福感的机理，以及两者之间是否存在中介变量等。然而，这些方法都存在固有的困境，这种困境表现在：一是如何处理作为政府整体层面的绩效数据和居民个体层面的幸福感数据两者之间的关联；二是以单纯主观或客观数据衡量政府治理绩效，忽视了政府绩效客观表现与居民的主观感知。

本研究采集了浙江省 11 个地市的政府绩效以及居民幸福感相关数据，选用多层线性模型（Hierarchical Linear Model）分析处理政府的客观治理绩效与政府主观治理绩效（居民对政府绩效的主观评价）对居民幸福感的影响。在指标方面，主要选用了人均 GDP、人均财政教育支出、人均财政社会保障和就业支出、城乡居民收入比、城镇登记失业率以及建成区绿化覆盖率 6 个指标作为衡量地方政府客观治理绩效指标。这些指标被认为是能够影响居民幸福的重要客观因素。同时，选取了收入水平满意度、社会公平满意度、社会保障满意度、公共服务满意度以及生态环境满意度作为衡量地方政府主观治理绩效指标。居民幸福感则采用整体幸福感的衡量方法，即通过对问题"综合考虑所有的因素，您觉得幸福吗"的回答来衡量。此外，还将性别、就业状况、文化程度、健康状况等作为控制变量。

根据研究目标，实证分析中设定了 4 个二层线性模型，并对各模型进行参数估计。根据参数估计结果，从地方政府客观治理绩效与居民幸福感、地方政府主观治理绩效与居民幸福感以及地方政府主客观治理绩效一致性的讨论三个方面进行分析。

（1）模型 I 是随机效应的单因素方差分析，也称零模型，该模型在设计中既不添加层 1 的自变量，也不添加层 2 的自变量，目的在于获得组间方差占总方差的比例，以检验因变量是否具有层级结构。模型设为：

---

① 陈刚、李树：《政府如何能让人幸福？》，《管理世界》2012 年第 8 期。
② 李文彬、赖琳慧：《政府绩效满意度与居民幸福感》，《中国行政管理》2013 年第 8 期。

层1：$H = \beta_0 + r$ (9-5)

层2：$\beta_0 = \gamma_{00} + \mu_0$ (9-6)

(2) 模型Ⅱ是仅加入层1中个体的背景信息，如性别、就业状况、文化程度、健康状况等控制变量，其模型设定为：

层1：$H = \beta_0 + \beta_1(B_1) + \beta_2(B_2) + \beta_3(B_3) + \beta_4(B_4) + r$ (9-7)

层2：$\beta_0 = \gamma_{00} + \mu_0$；$\beta_1 = \gamma_{10} + \mu_1$；$\beta_2 = \gamma_{20} + \mu_2$；$\beta_3 = \gamma_{30} + \mu_3$；$\beta_4 = \gamma_{40} + \mu_4$ (9-8)

(3) 模型Ⅲ是在模型Ⅱ的基础上加入居民对政府治理绩效的主观评价，即政府主观治理绩效指标，如收入水平满意度、社会公平满意度、社会保障满意度、公共服务满意度以及生态环境满意度等，旨在分析政府主观治理绩效对居民幸福感的影响，模型设定为：

层1：$H = \beta_0 + \beta_1(B_1) + \beta_2(B_2) + \beta_3(B_3) + \beta_4(B_4) + \beta_5(S_1) + \beta_6(S_2) + \beta_7(S_3) + \beta_8(S_4) + \beta_9(S_5) + r$ (9-9)

层2：

$\beta_0 = \gamma_{00} + \mu_0$；$\beta_1 = \gamma_{10} + \mu_1$；$\beta_2 = \gamma_{20} + \mu_2$；$\beta_3 = \gamma_{30} + \mu_3$；

$\beta_4 = \gamma_{40} + \mu_4$；$\beta_5 = \gamma_{50} + \mu_5$；$\beta_6 = \gamma_{60} + \mu_6$；$\beta_7 = \gamma_{70} + \mu_7$；

$\beta_8 = \gamma_{80} + \mu_8$；$\beta_9 = \gamma_{90} + \mu_9$ (9-10)

(4) 模型Ⅳ是最终模型，即在模型Ⅲ的基础上加入政府客观治理绩效，这一模型解释了地方政府客观治理绩效对居民幸福感的影响。模型设定为：

层1：$H = \beta_0 + \beta_1(B_1) + \beta_2(B_2) + \beta_3(B_3) + \beta_4(B_4) + \beta_5(S_1) + \beta_6(S_2) + \beta_7(S_3) + \beta_8(S_4) + \beta_9(S_5) + r$ (9-11)

层2：

$\beta_0 = \gamma_{00} + \gamma_{10}(O_1) + \gamma_{20}(O_2) + \gamma_{30}(O_3) + \gamma_{40}(O_4) + \gamma_{50}(O_5) + \gamma_{60}(O_6) + \mu_0$；

$\beta_1 = \gamma_{10} + \mu_1$；$\beta_2 = \gamma_{20} + \mu_2$；$\beta_3 = \gamma_{30} + \mu_3$；$\beta_4 = \gamma_{40} + \mu_4$；

$\beta_5 = \gamma_{50} + \mu_5$；$\beta_6 = \gamma_{60} + \mu_6$；$\beta_7 = \gamma_{70} + \mu_7$；$\beta_8 = \gamma_{80} + \mu_8$；

$\beta_9 = \gamma_{90} + \mu_9$ (9-12)

模型设置后，采用HLM6.08软件对模型的参数进行估计，主要研究结果如表9-1所示。

模型Ⅰ计算出来的组内相关系数ρ为0.106，这意味着居民幸福感存在分层结构，居民幸福感得分的方差3.026中，属于11个地级市之间的差异所造成的变异程度为0.322，大概占方差的10.6%，其余89.4%则由个体层面的相关因素决定。根据Cohen的建议是属于中度关联程度，不可

表 9-1　　多层线性模型回归结果

	模型Ⅰ	模型Ⅱ		模型Ⅲ		模型Ⅳ	
	系数	系数	标准化系数	系数	标准化系数	系数	标准化系数
固定效应							
常数项	6.895***	4.204***		4.317***		6.272**	
控制变量							
性别		0.433***	0.142	0.320**	0.110	0.342***	0.111
就业状况		0.103**	0.068	0.111**	0.054	0.105**	0.054
文化程度		-0.025	0.063	0.011	0.050	0.008	0.054
健康状况		0.514***	0.084	0.322***	0.066	0.326***	0.067
地方政府主观治理绩效							
收入水平满意度				0.204***	0.033	0.203***	0.033
社会公平满意度				0.218***	0.041	0.219***	0.101
社会保障满意度				0.246***	0.050	0.246***	0.124
公共服务满意度				0.222**	0.051	0.222**	0.051
生态环境满意度				0.053*	0.030	0.054*	0.030
地方政府客观治理绩效							
人均GDP						0.172**	0.013
人均财政教育支出						0.106***	0.041
人均财政社会保障和就业支出						0.153***	0.096
城乡居民收入比						-0.312***	-0.053
城镇登记失业率						-0.021***	-0.036
建成区绿化覆盖率						0.076	0.024
随机效应							
层1方差 σ	2.704	2.565		1.557		1.558	
层2方差 tau	0.322	0.154		0.618		0.233	
P	<0.001	<0.001		<0.001		<0.001	
信度	0.703	0.710		0.692		0.638	

续表

	模型Ⅰ	模型Ⅱ		模型Ⅲ		模型Ⅳ	
	系数	系数	标准化系数	系数	标准化系数	系数	标准化系数
组间相关ρ	0.106						
方差削减比例：个体层面		0.051		0.424		0.424	
县级层面						0.276	

注：level-1 unites = 530，level-2 unites = 11；＊表示 $p<0.05$，＊＊表示 $p<0.01$，＊＊＊表示 $p<0.001$。

忽略组间的差异。[1]

模型Ⅱ的运行结果表明，个体的性别、就业状况以及健康状况作为控制变量，显著地影响居民幸福感，但这些因素只解释了居民幸福感个体方面差异的5.1%，可见有更重要的自变量解释居民幸福感这一因变量。基于此，在模型Ⅲ中引入了政府治理主观绩效指标，此时，个体层面模型的整体解释能力达到了42.4%，相比模型Ⅱ，其居民个体方面的解释能力有了较大提升，这得益于地方政府主观治理绩效指标的引入，这也说明了地方政府主观治理绩效是影响居民幸福感的重要因素。

模型Ⅲ不仅从总体上给出了居民个体因素（控制变量）和地方政府主观治理绩效对居民幸福感的影响，同时对各个具体指标对居民幸福感的影响也有详细描述。作为地方政府主观治理绩效指标，从数据上来看，在0.05的显著性水平下，均会对居民幸福感产生正向的显著影响。同时，从各具体指标来看，相较而言社会公平满意度、社会保障满意度以及公共服务满意度对居民幸福感的影响较大，而收入水平满意度和生态环境满意度对居民幸福感的影响略小。这样的结果也从一定程度上解答了"幸福停滞"现象，即在经济发展到一定阶段，经济可能对居民幸福感的影响不那么明显，尤其是经济的绝对值，反而其他非经济因素对居民幸福感的影响更多，比如民生福利等方面。而生态环境满意度相对其他指标对居民幸福感的影响稍小，这可能源于居民的环保意识，以及生态环境的免费公共产品性质使居民对其缺乏如同私人物品一样的敏感性。

---

[1] Cohen, J., *Statistical Power Analysis for the Behavioral Aciences* (2nd ed.), Hillsdale, NJ: Eribaum, 1998.

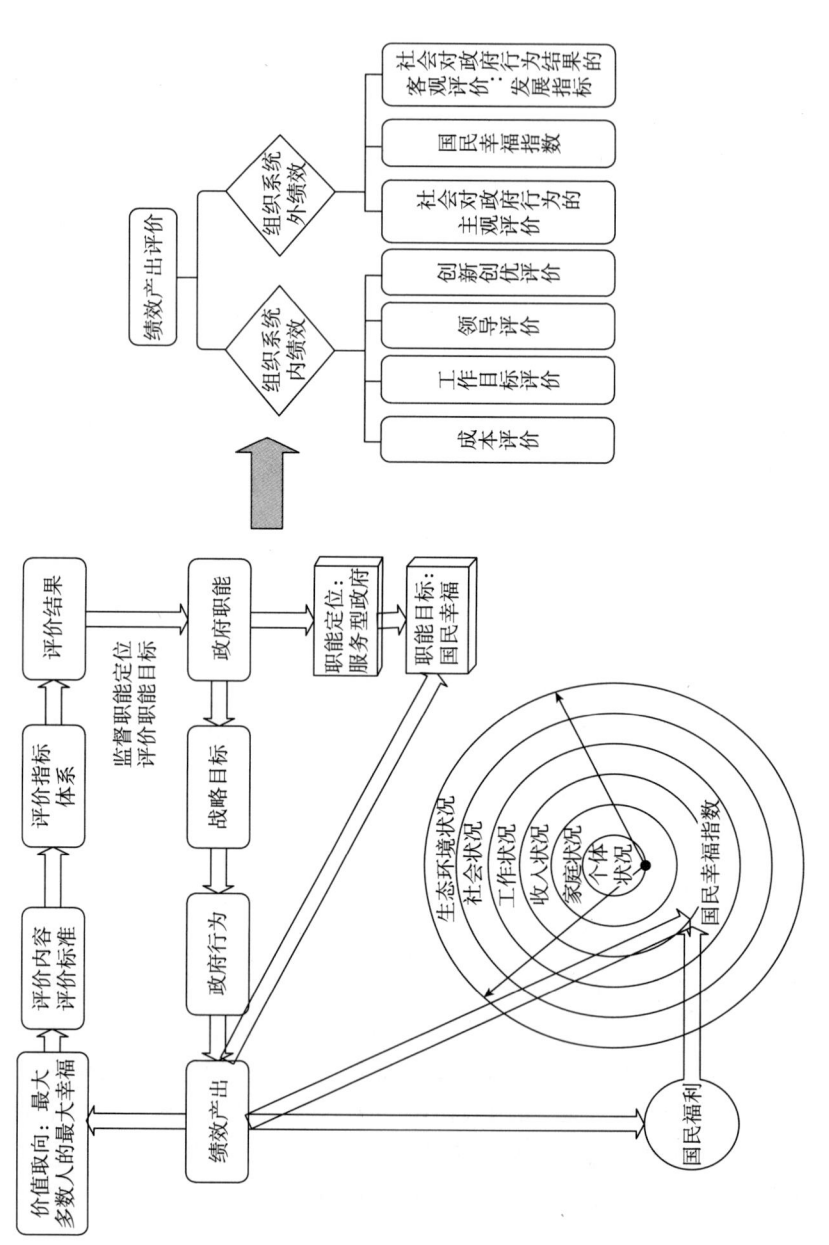

图 9-2 幸福导向的政府绩效评价技术路线图

模型Ⅳ在模型Ⅲ的基础上引入了人均 GDP、人均财政教育支出、人均财政社会保障和就业支出、城乡居民收入比、城镇登记失业率以及建成区绿化覆盖率 6 个地方政府客观治理绩效指标，以观察浙江省 11 地市政府客观治理绩效对该地区居民平均幸福感的影响。结果显示，模型Ⅳ可以解释 27.6% 的 11 地市间的居民幸福感的差异，且模型Ⅲ个体因素及地方政府主观治理绩效对居民幸福感的影响关系没有发生较大改变。与此同时，研究也发现 6 个地方政府客观治理绩效指标中，除建成区绿化覆盖率在 0.05 的显著性水平下对居民幸福感的影响不显著外，其他指标均对当地居民幸福感产生显著影响。通过标准化系数，可以观察 5 个影响显著的客观绩效指标对居民幸福感的影响大小，可知人均财政社会保障和就业支出影响最大，为 0.096，而人均 GDP 影响相对较小，为 0.013。同时，从地方政府治理领域来看，民生福利维度相对经济增长维度和纯公共产品的提供维度对居民幸福感的影响更大。可见，GDP 的绝对数量对居民幸福感的影响并不大，人们更加有可能关注相对经济地位或自身感知的经济满意度，这一点也可以结合模型Ⅲ中主观收入水平满意度这一变量得到解释，显然主观收入满意度的标准化系数为 0.033，大于人均 GDP 的 0.013，此外相对剥夺（Relative Deprivation）也可以解释这一结果。Stoneman 认为，在失业率更低、人均福利支出更高的地方，人们在社会经济地位方面的相对剥夺感也更低，从而越有可能有较高的幸福感。[1]

参考相关研究，可以把幸福感纳入政府绩效考评指标体系中去，根据本节研究需要，并结合第五章第四节基于经济社会发展的幸福指数指标体系设计原理，设计出幸福导向的政府绩效评价体系，设计原理如图 9-2 所示。

第二节　资源承载力与和谐生产制度

生产是满足人类幸福需要的基本经济手段，又经常成为损害资源环境进而妨碍人类长期幸福的人类行为根源，这是一对可持续发展矛盾。对于人类幸福而言，生产行为本身就是一把"双刃剑"。如何把个体与组织的生产行为与社会长期、整体的幸福目标结合起来，构建一种面向人类整体与可持续幸福的生产者行为激励—约束机制，并最终导向生产者行为对于

---

[1] Stoneman, Paul, *This Thing Called Trust: Civic Society in Britain*, Palgrave Macmillan, 2008.

人类整体幸福的自动努力，是一种重要的政策导向与机制设计。

一　面向幸福的生产函数

生产是一种连接投入与产出的过程，是实现人类幸福、提升幸福感的基础手段。从道家思想阐论，生产是一种用已有（生产要素）生未有（产品）的运动。以有生无，无然后有，有再生无，如此生生不灭，周而复始，便是生产。投入产出，若能互生，则有无相生，生产将久盛不衰，谓为可持续；若是互克，则以有生无，无然后克有，有无相胜相克，一投一产互相对立，终有一日，有无以再有，无则无由以生，生产同其主体——人类一同变得难以持续。可见，生产不是一个孤立的过程，它受已有的资源环境、人类需要的影响，并且又反过来影响这些东西，成为影响人类可持续幸福生活的基础手段。

从幸福经济学角度出发，生产发展存在三个基础约束条件：一是生产能力，包括生产力以及对应的生产关系与体制机制；二是资源环境适应性，包括资源承载力，人口、资源环境与生产力的整体适应性和层次适应性；三是国民幸福水平（一般用幸福指数来表征）。其中，国民幸福水平是生产发展的终极价值目标，同时也是作为引导与激发生产发展的最根本动力而存在的；包括科学技术在内的生产能力是经济增长与生产发展的主要动力手段；资源环境是生产能力赖以发展的基础承载条件，三者共同构成和谐生产的主要系统要素条件。发展生产，没有相应的生产能力不行；有了生产能力，资源环境超载不行；有了生产能力并符合生态承载力要求，但是不利于幸福目标的生产方式也不行，比如用50个单位的生态福祉牺牲换取30个福祉单位的GDP增长，这样的增长还不如不增长。

生态资源承载力可以用生态足迹指标来衡量。我国的人均生态足迹已经达到2.1公顷，而人均生态承载力只有0.8公顷，我国要维持生态平衡就需要2.5个国土面积。如果全世界都像美国那样消耗资源，人类需要5.3个地球。所以，实现人类幸福必须考虑多个环节，要改变现有的末端治理型生产方式，只有这样才能够实现生产发展与资源承载力、幸福目标的一致性。而在积极心理学、积极组织行为学中，幸福（快乐）实际上又是作为一个积极的生产要素与管理手段而存在的。[①] 在哲学上，快乐、幸福也同时是作为目的与手段而存在的，幸福既是经济发展的终极目的，同样也是国民经济运行的永续动力源泉。因此，幸福目标的生产函数可以表

---

① 埃科尔：《快乐竞争力》，中国人民大学出版社2012年版，第78页。

达为：

$$Q = f(H, C, R) \qquad (9-13)$$

其中，Q 为面向幸福的生产函数，H 为生产过程中的幸福或快乐要素，C 为生产能力，R 为资源环境承载力。在这里，和谐幸福的生产函数取决于生产过程本身能够给予生产者的快乐、科学技术能力以及相适应的资源环境承载力。当生产管理者意识到生产过程本身就是一种快乐的动力源泉并和资源承载力相适应时，生产就会变得和谐、幸福与可持续（这些目前是同义语）。因此，注重生产过程本身的快乐体验与愉悦同样是幸福经济学研究生产函数并促进生产和谐、幸福、可持续发展的一个重要因素。而在以往的生产函数理论中，只关注劳动、资本等生产要素，快乐与资源环境承载力要素是不予考虑的。

二 可持续生产能力的生态测度

经济增长与生态足迹之间的演化关系是分析区域资源环境承载力与经济可持续发展能力的重要手段，而可持续能力归根结底是一种幸福能力或者叫幸福生产能力，也即提升人们幸福生产、生活水平的能力。运用生态足迹理论，可以有效分析经济增长与可持续能力之间的关系，分析幸福生产函数中资源环境承载力（R）是否能够足以支撑可持续的幸福生活。

生态足迹是一组基于土地面积的量化指标，由森林、草地、耕地、水域、化石燃料用地、建筑用地六大类面积组成。生态生产性土地概念的提出与对不同生态面积的均衡化（等量化）处理，使生态足迹分析法为各类生态资本度量提供了统一的分析框架和基础。由于 EF 分析法具有较强的可操作性，已经成为分析各国生态状况变化、评估可持续发展能力的有力工具。通过生态足迹测度分析，能定量判断一个区域的发展是否处于生态承载力的范围内，从而给经济生产的幸福发展、和谐发展做出有效决策。

从 20 世纪 90 年代开始，国际上开始进行生态足迹研究。运用生态足迹测量方法可以对一个国家或地区生态足迹的时间序列与地理分布进行系统研究，以深化认识区域经济发展的可持续能力与资源环境承载力状况。[①] 根据 Wackernagel 等研究，生态足迹的一般计算步骤是：①划分消耗项目，计算各主要消耗项目的消费量，并考虑贸易调整量；②利用平均产量数据，将各消耗量折算为生物生产性土地面积；③通过均衡因子把各类生物生产性土地面积转换为等价生产力的土地面积，将其加总计算出生态足迹

---

① 刘建兴：《中国生态足迹的时间序列与地理分布》，硕士学位论文，东北大学，2015 年。

的大小量值；④通过产出因子计算生态承载力，并与生态足迹比较，分析可持续发展的程度。① 生态足迹计算的一般公式如下：

$$EF = N[ef = \sum (aa_i) = \sum (C_i/P_i)] \qquad (9-14)$$

其中，i 为消费商品的类别，P_i 为第 i 种消费商品的平均生产能力，C_i 为第 i 种商品的人均消费量，aa_i 为 i 种消费商品折算的人均生产土地面积，N 为人口数，ef 为人均生态足迹，EF 为总的生态足迹。

由式（9-14）可见，生态足迹是人口数和人均物质消费需要的生产土地面积的一个函数。由于人类利用资源的能力以及人口数量是动态变化的，因而生态足迹也是一个动态变化的指标。在生态足迹模型中主要计算生物资源的消耗和能源消耗，生物资源消耗主要包括农产品、动物产品、林产品、水果和木材等生产品；能源消耗主要考虑原煤、洗精煤、焦炭、汽油、煤油、柴油、液化石油气、热力、电力等。由于生态足迹是一种计算区域资源消耗的有效方法，各种生物资源和能源消费的足迹构成了一个地区的生态足迹。在生物资源消费的计算中，一般采用联合国粮农组织（FAO）1993 年公布的世界平均产量资料来处理生物资源生产面积的折算。计算足迹时将能源的消费转化为化石燃料生产土地面积，并采用世界上单位化石燃料生产土地面积的平均发热量为标准，将当地能源消费所消耗的热量折算成一定的化石燃料土地面积。

这里采用对浙江省生态足迹分析的一个案例，说明其在区域可持续发展能力方面的分析经验。根据统计数据整理，并运用上述生态足迹计算方法，浙江省的生态足迹计算结果见图 9-3。从图 9-3 中可以看出，1990—2006 年浙江省生态足迹的演变可分为四个阶段。第一阶段：1990—1993 年，浙江省的生态足迹与生态承载力的差距，即生态赤字保持相对稳定。第二阶段：1993 年后，国内宏观经济持续走热，浙江省的生态足迹也随之扩大，至 1996 年达到该阶段的一个峰值，为 0.8470gha。② 第三阶段：1997—2000 年，我国开始了以通货紧缩为主导的宏观调控，国民消费逐渐理性回归，生态足迹也随之缩小，期间浙江省的生态承载力基本保持恒定，生态赤字稳定在 0.8gha 左右。第四阶段：2001—2005 年，受国

---

① Wackernagel, M., Rees, W., *Our Ecological Footprint: Reducing Human Impact on the Earth*, New Society Publishers, 1996.
② 生态足迹的单位，国际上一般采用"gha"（Global Hectare），即"全球性公顷"，1 个单位的"全球性公顷"，相当于 1 公顷具有全球平均产量的生产力空间。我国也有学者用公顷（hm^2）作为生态足迹的单位。这里采用国际通用的"gha"作为生态足迹的单位。

家积极财政、货币政策以及城市化政策的影响,浙江的房地产业迅速崛起,使浙江省的生态足迹迅速扩大。期间随着城市化推进,大量耕地被占用,生态承载力有所下降,生态赤字逐年增大,至 2005 年生态赤字达到 1.2372gha。[1]

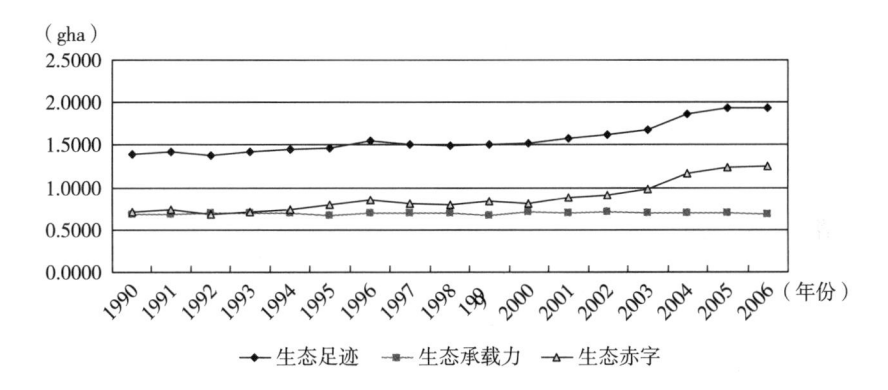

图 9-3　1990—2006 年浙江省的生态足迹演变

2008—2013 年,浙江省的人均生态足迹继续呈现总体上升趋势,化石燃料是导致浙江省区域生态赤字上升的主要因素之一。显然,生态压力状况本质上表现为人类对生态环境消耗及生态环境供给之间的比较,是显示区域可持续发展的一个重要测量角度。[2] 生态压力状况既受生态足迹的影响也受生态承载力状况的影响,通过改变生产方式与消费方式降低区域生态赤字,通过提高区域生态承载力以提升生态承载水平,是实现幸福导向的经济发展的主要可持续因素。

三　和谐生产与快乐竞争力

幸福生产函数中的生产过程幸福（H）是作为促进幸福的生产手段而存在的。这是今天幸福经济学应该非常强调的一个重要的生产要素。快乐工作即生产过程中本身的快乐体验,已经成为提升人们幸福感与企业生产力、创造力的重要因素。而各种生产关系和谐则是实现生产过程

---

[1] 陈惠雄、鲍海君:《经济增长、生态足迹与可持续发展能力——基于浙江省的实证研究》,《中国工业经济》2008 年第 8 期。

[2] 沈伟腾、胡求光:《浙江省生态足迹测算及其时空分异特征分析》,《科技与管理》2017 年第 3 期。

幸福、提升企业竞争力的重要基础，是集成处理生产与人类幸福的基本关系准则。

所谓和谐就是指事物相互间的协调一致、人与人之间的和衷共济、物物之间的相生相长。它与西方经济学中经常应用的"均衡"概念既有联系，又有区别，它不仅是指厂商之间、供需之间、成本与价格之间的均衡与供应链协调，更是指事物与行为之间的相互促进、相生相长的辩证运动关系。世间万物是一个联系的整体，环环相扣，始有万类之均衡。经济生产与人类幸福的关系同样如此。注重整体性的和谐与协调发展，以解决发展的不平衡、不充分问题，既是东方天人合一文化的一个重要内涵，也是现代协同论的思想灵魂。

由于人在世界的主体性地位，成就了世界的属人性质与人化特征。实现和谐生产发展追求的关键在于人，在于人的发展价值观，而其路径则是实现人与人、人与社会、人与自然的和谐发展，并在生产发展的同时促进人的全面发展。由于现代社会中的城乡、区域、经济社会发展仍然不充分、不平衡，就业、社会保障、收入分配、教育、医疗、资源环境等问题与矛盾仍然比较突出，实现人与自然、人与人的和谐生产发展，就成为解决这些系统性矛盾的主要路径与基本手段。

幸福生产函数揭示，生产过程快乐既是提升生产者、管理者幸福指数的重要因素，也是促进经济有效发展的重要手段，并成为提高生产效率的一个积极组成部分，这是以往的生产函数理论所忽视的。今天的积极组织行为学、积极心理学、幸福管理学、快乐竞争力理论等就专门研究这个问题。在现代知识背景条件下，人们的行为心理已经有了不同于以往生产者的巨大变化，传统的命令式组织行为与管理观念受到了巨大挑战。现代公司竞争力更多地依赖于科学技术创新，而科技创新更多地来源于人们的积极创造性行为，即一个愉悦的生产环境与工作过程。这样，构建一种系统性的人与人和谐的生产组织制度，将是实现幸福生产、快乐工作的重要促进因素。这主要包括通勤时间的控制、公平的分配制度、合适的事业空间、良好的工作环境、组织支持与职业关怀等。

谷歌（Google）是一个以快乐工作促进科技创新的另一个案例。人们从 Google 旗下公司生产的阿尔法狗（Alpha Go）即第一个人工智能机器人战胜围棋世界冠军的事例中进一步认识了谷歌在新科技创新方面的成就。而谷歌取得的业绩绝非偶然。Google 非常注重员工快乐工作情绪的调动。谷歌每天给员工供应三餐，都是自助餐的形式，还允许员工带朋友来谷歌餐厅免费午餐，而且每天都是不同的菜谱。职场人都羡慕 Google 员工

"天下美食敞开吃"的幸福生活，Google 也借此成为职场人最向往的工作地，成为最具吸引力、最具幸福感和最有活力的企业之一。"乐业"——让每个参与生产的劳动者、管理者与科技人员都快乐地在自己的岗位工作并出色完成任务，已经成为幸福经济学关注的下一个目标。

当今世界，想尽一切办法让员工快乐工作，已经成为一个全球性的经济管理理念。因为，人们看到了，快乐工作成为一个企业几乎是战无不胜的竞争法宝，即快乐竞争力。一项涉及全球 48 个国家、27 万人和 200 多项子课题的调查与研究证明，以人为本的快乐可以在工作、健康、社交、创造力等几乎所有方面都带来成功，快乐的人与工作状态更加容易成功。[1] 如法拉利公司实行"人本环境方程式"的工作场景设计，就是一个以人的快乐为本的生产管理理念。法拉利公司把人放在企业的中心位置来考虑，围绕着人的需要和快乐来建造工厂的设施，借此创造一个出色的工作环境，大大提高了员工的创造力与生活质量。由于员工在企业中亲身体验着以人为本的管理理念，员工就把法拉利公司的人本理念融入汽车制造中去，把对人的舒适、安全程度做到极致。使生产汽车的人和汽车消费者都从中感受到快乐，从而保持着法拉利公司长盛不衰的品牌竞争力优势。

在经济全球化时代，随着贸易纷争与利益再分配过程中的博弈力量扩大，当今世界面临着全球性的不和谐发展的深刻矛盾。文化与发展水平差异，人口、资源、环境之间的矛盾等，都影响着经济均衡与可持续发展，也制约着人们的幸福指数提升。而人与人、人与自然之间的和谐相处是可持续发展与提升幸福感的重要因素。事实上，现实生活中存在着更加健康合理、更加节约资源、更加有利环境的快乐满足方式与生产方式。减少那些效用被污染抵消的经济增长，增加对教育、科技、环保等公共支出的投入，分配上更加照顾一般公众的利益，保持良好的生态环境，增加生产过程中的快乐工作体验等，都会使人们的工作、生活变得更加幸福并有利于技术创新与效率改善。[2] 而由于和谐生产与可持续发展本身存在的层次结构，根据幸福导向的生产函数的提示，通过实施分层次的和谐生产发展战略，分别改善经济系统环境、人文系统环境、生态系统环境的制度构建，以促进人与人、人与自然的和谐、幸福发展，见表 9-2。

---

[1] 肖恩·谀科尔：《快乐竞争力》，中国人民大学出版社 2012 年版，第 32—35 页。
[2] 何凌云、秦尊文：《主观幸福感、效用与社会福利》，《学习与实践》2019 年第 9 期。

表9-2　　　　　　　幸福产业发展的三层次公共政策

	层次	内涵
1	改善经济政策环境，系统提升产业发展能力	集成运用立法、公共政策与市场手段，增加教育与科技投入，约束末端治理型经济增长方式，鼓励发展低能耗、高科技产业，构建公平分配政策体系，实现经济可持续发展
2	改善人文与组织环境，全面提升工作幸福感	确立幸福导向的公共政策与政府治理目标，增进人文关怀，传播快乐工作理念与政策导引，改变传统管理方式，实施积极组织行为管理与快乐管理，增加生产过程快乐体验，全面提升员工的快乐竞争力与工作幸福感
3	改善生态资源公共政策环境，系统提升生态承载力	通过财政转移支付、生态环境保护政策等公共政策手段并结合市场手段，系统提升产业结构，跨流域水资源治理，湿地与耕地保护，改善人文—生态—水文的系统协调能力，保护生物多样性，实现生态可持续发展

第三节　生命成本与可持续消费政策

　　幸福经济学认为，幸福是包括消费行为在内的人类行为的唯一目标。因此，幸福经济学并不把越来越多的消费品看作是必然的幸福加码，并运用行为经济学的"显示偏好"与"明示偏好"、"决策效用"与"体验效用"的差异来说明。同时，幸福经济学从广义财富与广义效用视角，把蓝天、白云、森林、湿地等自然资源消费对人类增加的幸福感计算在内，从而扩大人类消费与偏好满足的来源并与绿水青山就是金山银山的理论视角相呼应。在平衡消费与储蓄方面，本书基于消费者生命成本学说，重视储蓄对于人类幸福积累的现实与长期意义，主张平衡消费与储蓄的关系，并为此构建与完善相应的公共政策体系。

一　佛教经济学消费观

　　佛教经济学（Buddhist Economics）是一种基于佛教思想形成的经济理念。英国经济学家舒马赫（E. F. Schumacher）在《小的是美好的》一书中从劳动观、商品观、利益观、消费观、生活观、资源观六个方面，提出了与现代经济学极其不同的佛教经济学思想。① 此后，泰国佛学家帕宇陀（P. A. Payutto）出版《佛教经济学》一书，阐述了比较系统的佛教经济学理念。② 盛行佛教的不丹王国提出的关于生态保护、社区活力、冥想等72个幸福指标，同样可以视作与佛教相关联的幸福理念，并可以为此建立一种相应的制度体系。

佛教经济学被认为是一种争取天人、物我、群己和谐相处的"和平经济学"。舒马赫认为，执着于追寻物质消费而忽视精神目标的生活是如何空虚与不满足。这一理念与现代经济学家的消费观是格格不入的。现代经济学习惯于按人均消费量来衡量"生活水平"，历来认为一个消费较多的人比消费较少的人"境况优越些"，显然就更加快乐。佛教经济学认为这种看法极不合理：既然消费只是人类福利的一种手段，目的就应当是以最少的消费求得最大限度的福利。例如，衣着的目的既是御寒和美观，那么，就应该是花费尽可能少的资源消耗来实现这个目的。而不是像现代化西方那样去追求复杂的裁制，那就很不经济了。还有，在生产方面，许多反季节、遍地盖大棚的种植行为，过度养殖的叠鸡笼养鸡现象，过度的化肥农药施用，都是基于短期经济利益的行为，导致土壤污染、板结与水系、肥力退化，最终给行为主体——人类消费及其身体健康以极大的伤害。看似很"经济"的人类行为其实是很不经济的——因为它生产的产品给消费者的身心健康以极大的不快。

佛教经济学提炼出了三个基本理念，即"适足经济"理念、"和合共生"理念、"国民幸福总值"理念。三个基本理念构成一个逻辑的整体：有"适足""和合"的发展，才会有"国民幸福总值"的收获。三个基本理念也体现了佛教经济学与主流经济学的巨大差异。所谓适足经济就是合理、适度的经济发展并通过诚实、勤奋、知识来取得生活需要的物质，而不是通过大量的机会主义的虚拟金融交易来规避个人风险。只有这样，人们才会"知足常乐"，也才能形成真正的"可持续发展"。如甘地所言：地球能够满足人们的物质需求，但不能满足人们的贪欲。这就是适足经济的基本信念。

佛教经济学的"适足经济"与主流经济学强调的生产者利润最大化、消费者效用最大化的理论目标形成了巨大差异。佛教经济学认为，无论有

---

① E. F. 舒马赫：《小的是美好的——一本把人当回事的经济学著作》，译林出版社2007年版。
② P. A. 佩尤托：《佛教经济学》，宗教文化出版社2016年版。

生命还是无生命的事物，使其痛苦（或损失）最小化才是最重要的，因为人类对损失比获得更敏感。这样的差异，又源于两者对欲望的理解。主流经济学强调，人们积累的财富越多（这些财富有时就是他人的损失），就越能满足欲望、增加效用；佛教经济学认为，减少损失或痛苦的重要性，可减少人们对物质财富的过度欲望，并增加满足感和幸福感。毫无疑义，行为经济学的"损失厌恶"概念已经验证了佛教经济学具有更加可靠的人类行为心理依据。佛教经济学是想通过最佳消费方式使人获得最大限度的满足，而现代经济学家是想通过最佳生产方式来尽量扩大消费并获得满足。幸福经济学支持佛教经济学的这些理念并相互支持，因为维持一种寻求实现最佳消费方式的幸福生活方式所需投入的力量，比不断追求最大消费量所需投入的生产力量与资源消耗要小得多，也更加有利于可持续的幸福生活。

二 生命成本：关于消费者幸福均衡的一种新视角

和新古典经济学的纯消费者假设与同质收入假说（不考虑消费者获取收入的成本与难易程度）不同，幸福经济学认为，消费者用于消费的收入需要通过生产行为才能够获得，是需要付出成本与代价的。也就是说，我们一般可以假定每个消费者都要以生产者身份向市场提供专业化劳动获得的收入来进行消费。[①] 这样，消费者为获得单位收入需要付出生命成本，且不同消费者作为生产者时为获得同一单位收入付出的生命成本经常是存在差异的，这就使他们的消费决策存在差异，并非消费越多就越幸福感。[②]

（一）生命成本消费函数模型

生命成本消费者行为理论认为，消费在本质上是为了满足消费者生命快乐的需要，生命为消费付出的代价是影响消费决策行为的关键约束因子。由于消费者支付行为即消费者"成本"支出，而消费品效用则是消费者"收益"。因此，消费者如何在既定生命成本（痛苦或者叫负效用）付出后实现最大消费效用（快乐），便成为消费决策的最优选择问题。幸福经济学非常看重这种均衡，看重为获得幸福生活付出的包含在消费者生命付出中的各种成本，而不是一味地鼓励消费的当期快乐最大化。根据生命

---

① 杨小凯：《当代经济学与中国经济》，中国社会科学出版社1997年版，第27页。
② 陈惠雄：《生命成本：关于消费函数理论的一个新假说》，《中国工业经济》2005年第8期。

成本假说，消费者的消费倾向不仅受到收入的影响，更重要的是受到为获得该收入付出的生命成本大小的制约。因为，收入只不过是消费者支付生命成本后获得的货币收益表现。因此，消费函数必须把为获得收入 Y 付出的生命成本考虑在内，基于生命成本假说的消费函数为：

$$C = F(Y, T_L) \tag{9-15}$$

基于生命成本假说的消费函数模型可以写为：

$$C = a + \frac{1}{T_L + 1}Y + \mu \tag{9-16}$$

式（9-16）中，a 为影响居民基本生活消费支出的变量，可以用必需的基本生活消费支出水平来描述，T_L 代表以时间为计量单位的消费者在劳动过程中支付的生命成本，Y 表示消费者生命成本付出后得到的收入，$[1/(T_L+1)] \times Y$ 为引致消费。在消费支出 C 和收入 Y 等数据已知的情况下，就能够估算不同消费群体为获得一单位收入支付的生命成本和由此决定的边际消费倾向，并把往期消费支出的消费"习惯资本"等作为修正参数 μ。

(二) 实证分析

下面运用美国与中国居民的收入、消费支出经验数据对生命成本消费函数理论进行经验验证并构建相关的消费函数统计估计模型。

本研究的样本数据分别选取 1964—2011 年美国居民人均可支配收入、人均消费性支出年度数据（按 2005 年价格进行可比折算），1978—2011 年中国居民人均可支配收入、人均消费性支出及平均工资数据（按 1978 年价格进行折算，考虑到与美国数据的对比性，均按照相应年份的年度平均汇率折算成了以美元为计量单位）建立消费函数统计模型，检验基于生命成本假说的消费函数模型是否能够用来描述中美两国居民的消费行为。

1. 研究变量

①因变量：消费支出（C_t），以年人均消费性支出为代理变量。②自变量：引致消费（$[1/(T_L+1)] \times Y_t$），其中 Y_t 为可支配收入；T_L 为生命成本，以消费者获得单位收入在劳动过程中耗费的标准时间（以简单劳动时间为单位换算成的劳动时间）为计量单位，本书以每小时工资（Average Hourly Earnings，AHE）的倒数 1/AHE（AHE = 人均年工资/2008 小时）为其代理变量，按照 2008 小时为国际通用的一个劳动力一年的工作总小时标准统一进行标准化处理。

2. 描述性统计

样本指标的基本统计情况如表 9-3 所示。

表 9-3　　　　　　　　中美两国相关变量的基本情况　　　　单位：美元、小时

	可支配收入		年消费支出		每小时工资		生命成本	
	均值	标准差	均值	标准差	均值	标准差	均值	标准差
美国	16298.71	11124.37	14883.98	10411.33	9.92	5.18	0.15	0.11
中国	840.76	816.54	460.75	447.44	0.597	0.54	3.1	1.8

资料来源：中国部分来自中华人民共和国统计局《中国统计年鉴（2012）》，中国统计出版社2012年版；美国部分来自 The U. S. Government Printing Office，http://www.gpoaccess.gov/eop/tables08.html。

从表 9-3 可知，1964—2011 年美国居民年人均可支配收入均值为 16298.71 美元，标准差为 11124.37 美元；年消费支出均值为 14883.98 美元，标准差为 10411.33 美元；每小时工资均值为 9.92 美元，标准差为 5.18 美元；生命成本均值（获得 1 美元平均需要的工作时间）为 0.15 小时，标准差为 0.11 小时。而 1978—2011 年中国居民年可支配收入均值为 840.76 美元，标准差为 816.54 美元；年消费支出均值为 460.75 美元，标准差为 447.44 美元；每小时工资均值为 0.597 美元，标准差为 0.54 美元；生命成本均值为 3.1 小时，标准差为 1.8 小时（根据中美两国居民的工作时间、劳动强度、工作压力等综合因素，本书简化假设中美两国居民单位工作时间内支付的生命成本接近）。[①]

3. 经验证据

为研究生命成本（T_L）、可支配收入（Y_t）与消费支出（C_t）之间的关系，进一步研究消费者行为对获取收入付出的生命成本（代价）与收入对消费者产生的正效用的边际均衡反应，不妨对各变量建立如下回归模型：

$$C_t = \alpha + \beta \frac{1}{(1+T_L)} Y_t + \mu_t \qquad (9-17)$$

其中，α 为截距项，β 为待估计参数，μ_t 为误差项，C_t 表示 t 期消费，Y_t 表示 t 期收入，μ_t 包括消费的惯性影响等。式（9-17）表明，消费是过去历年收入的函数并受到对未来收入预期的影响，以往为获得每元收入

[①] 获取单位收入付出的生命成本定量分析与相关国家间收入—生命成本付出关系的比较研究，一般可以通过岗位（间）劳动所付与工资所获的比例差异和分配公平模型来分析和解决，也可以通过生命价值估算方法来解决。另外，为获取同一单位收入支付生命成本差异对消费支出决策构成的具体影响，则可以采用行为经济学方法，通过实验观察劳动付出相同而收入不同的两组员工的消费决策行为差异，来进行实验分析。

付出的生命成本大小对现期消费支出具有决定性的影响。

下面以 1964—2011 年美国居民人均可支配收入、人均消费支出及平均工资的统计数据为样本，运用 Eviews5.0 软件分析发现，各变量原始散点图显示各变量均存在着非零的起始点与明显的时间趋势，ADF 检验表明各变量的一阶差分值均是平稳的，为 I（1）变量；协整检验表明，中美两国经济变量间可以尝试建立协整模型进行分析。运用模型（9-17）进行回归，得到时间序列样本下的美国居民消费函数回归方程为：

$$\hat{C}_t = 380.7366 + 0.968114 \frac{1}{1+T_L} Y_t \qquad (9-18)$$

t 值：（5.694473）（266.0455）

$R^2 = 0.999351$，　　　F 值 $= 70780.21$

同理，以 1978—2011 年中国居民人均可支配收入、人均消费支出及平均工资的统计数据为样本，用 Eviews5.0 统计分析软件对各经济变量检验表明，各变量间存在着协整关系。运用模型（9-17）进行回归，得到时间序列样本下的中国居民消费函数回归方程为：

$$\hat{C}_t = 149.6686 + 0.787041 \frac{1}{1+T_L} Y_t \qquad (9-19)$$

t =（17.44295）（62.70806）

$R^2 = 0.991928$，　　　F 值 $= 3932.301$

从中美消费函数估计的模型可知，两模型的拟合优度 R^2 都很高，并且两个模型的残差序列皆为白噪声，这表明两个回归模型是稳定的，均具有显著性统计意义。由回归系数的 t 值与相应概率值可知，中美两国居民为获得每元收入的生命成本支出与收入水平均对消费支出的影响达到显著性水平，证实了幸福经济学理论中包含的人们获取收入付出的生命成本影响消费支出决策的消费函数理论假说的可靠性。

按照时间序列，可以把中美两国居民人均可支配收入、人均消费性支出、消费率及边际消费倾向变化情况描述为图 9-4 之（1）、（2）、（3）和（4）。

从图 9-4 可以看到，中美两国居民的收入、消费支出均呈增长趋势，但美国的居民消费率上升，中国居民消费率下降，从而形成了中美两国居民消费率呈现一个扩大的喇叭口形态［图 9-4 中（3）］。1990 年后，中国居民消费率下降的速度是显著的。而美国居民在过去 40 多年来的边际消费倾向与消费率却呈现出比边际收入增长更快的迹象。即随着收入增长，美国居民的边际消费倾向与边际收入增加相比不降反升［图 9-4 中

388　幸福经济学导论

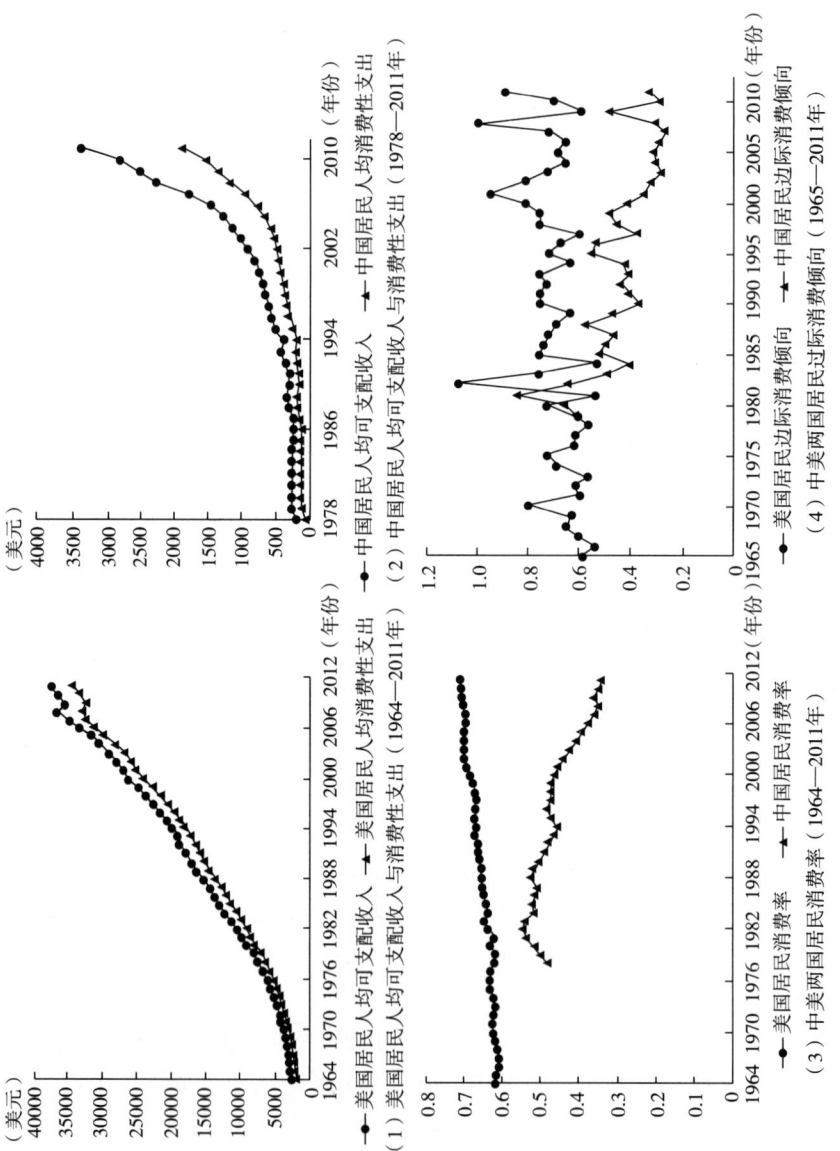

图 9-4　中美消费函数比较

(4)]，这和美国居民不断提升的负债情况相一致。在某种程度上，现代信用体系下的超前消费、透支消费也助长了美国居民尤其是新生代的即时消费倾向。而美国的这种边际消费倾向不断抬高的现象［图9-4中(1)］并没有给消费者增加幸福感，反而因为负债而导致幸福感降低。由于挣钱需要付出生命成本，过度透支消费导致了消费者的幸福失衡。[①] 在2012年前，中国的情况和美国的刚好相反，即随着居民收入增长，消费率与边际消费倾向都呈下降趋势［图9-4中(2)］，呈现出边际收入曲线向右上而边际消费倾向曲线向右下离散延伸的典型的凯恩斯消费函数模型特征［图9-4中(3)］。

下面截取6个代表年份的截面数据以进一步比较与显示中美两国居民在收入与消费支出均上升的情况下的消费率背离变化现象，见表9-4。

表9-4　　中美两国居民收入水平和居民消费率比较　　单位：美元

年份	人均可支配收入 美国	人均可支配收入 中国	人均消费性支出 美国	人均消费性支出 中国	消费率 美国	消费率 中国	每小时工资 美国	每小时工资 中国
1964	2408		2144		0.62		2.4	
1978	7220	226.38	6413	109.26	0.62	0.49	6.1	0.18
1986	13540	260.92	12036	143.94	0.65	0.52	9.6	0.18
1996	21355	582.00	19553	335.45	0.67	0.49	12.8	0.37
2006	33183	1475.14	31126	790.16	0.70	0.38	16.8	1.33
2011	37035	3376.75	34363	1900.04	0.71	0.35	18.9	1.84

资料来源：中国部分来自中华人民共和国统计局《2012中国统计年鉴》，中国统计出版社2012年版；美国部分来自The U. S. Government Printing Office，http://www.gpoaccess.gov/eop/tables08.html。

从表9-4的单位小时工资比较可以看出，2011年美国居民每小时平均工资收入是中国居民的10.28倍，假如中美两国居民单位工作时间内付出的生命成本(体力、脑力与心理负荷总和)相当，这就意味着中国居民为获得同一元收入付出的生命成本比美国居民大10倍以上。同时，由1964—2011年美国居民的经验数据可得出 $\Delta C_t/Y_t = \Delta[\alpha/Y_t] + \Delta[\beta/(1+T_L)] > 0$，表明1964—2011年美国居民的消费率呈递增状态。而由1978—

[①] 陈惠雄：《中美消费经济现象悖论：基于生命成本论的分析》，《经济学家》2004年第4期。

2011 年中国居民的经验数据则得出 $\Delta C_t/Y_t = \Delta[\alpha/Y_t] + \Delta[\beta/(1+T_L)] < 0$，显示 1978—2011 年中国居民的消费率呈递减状态。

然而，值得注意的是，2012 年以来，中国居民的边际消费倾向出现了快速上升现象，居民储蓄率明显下滑。尤其是新生代的透支消费现象值得警觉。这主要和在优越的经济景气环境中长大而注重于当期快乐的眼前消费加上政府的刺激消费政策、不合理的房价等因素有关。而当消费者因信用消费、网络消费等诱惑引起当期消费支出增长而收入没有增加时，消费者因对苦乐感的短期与长期感受差异，会加大消费快乐的短期贴现率。这种透支未来消费资源的经济刺激手段只能短期有效，而且对消费者总福祉会产生不利影响。当消费者的持久收入稳定递增而为获得收入付出的生命成本呈现边际递减时，消费者将谋求在更高效用与更低生命成本付出条件下的新的消费者支出均衡水平。这种新的消费者均衡点与体验消费、出格消费等新兴消费模式的出现，展示了人类消费趋乐模式的新空间。这种消费需求新空间有赖于供给侧结构性改革的配合，否则将会使追求更高效用水平的消费者因供需结构失衡而产生消费者行为"变异"，到境外抢购马桶盖、抢奶粉、抢电饭煲，就是这种消费者新均衡追求下的行为新失衡，导致对居民长期幸福的不利影响。①

（三）基于生命成本假说的消费政策含义

据此，基于生命成本假说的幸福经济学消费理论的公共政策含义可以概括如下：

（1）当一个国家的居民收入持续增长，但财富主要掌握在具有艰苦奋斗经历的老一代手里，新生代消费还不足以改变整个消费格局时，受记忆效应与习惯资本等行为生命周期中的心理因素影响，消费者主要群体仍然是消费的"计划者"而非"行动者"，居民整体的边际消费倾向仍将偏低，长期中仍然会有边际消费倾向小于平均消费倾向的情况，即 MPC < APC，而不会是弗里德曼看到的 MPC = APC。这种状态下的消费市场启动特别困难，除了应切实提高普通劳工的收入分配水平外，公共投资支出与出口贸易可能是重要的公共政策与市场选择。

（2）根据生命成本假说，当消费者长期且多数处于付出生命成本较大而收入偏低的状态，消费者的长期边际消费倾向必然偏低，即长期中有 MPC < APC。中国持续 30 多年的低消费率且不断下降的边际消费倾向就是一个实际例证。实证数据分析表明，1990 年以后中国居民获得每元收入

---

① 陈惠雄：《既定收入条件下消费者支出均衡的决定》，《中国工业经济》2016 年第 4 期。

的生命成本下降明显。然而，由于生活成本的急速上升在相当一部分低收入居民身上超过了获得每元收入的生命成本下降速率，从而使这部分消费者身上的生活压力进而是延压到劳动过程中的挣钱压力反而加大了，因而出现了表面上看起来获得单位收入的平均生命成本下降而实际上生命承压增大，导致消费率持续下降的情况，并反映为收入分配差距大、生活成本高、消费市场难启动的系统性矛盾。通过改善相关的社会资源要素来切实提高弱势群体的可行能力集，是一个可行的制度安排。

（3）当消费者因信用消费、网络消费等诱惑引起当期消费支出增长而收入没有增加时，消费者因对苦乐感的短期与长期感受差异，会加大消费快乐的短期贴现率。这种透支未来消费资源的经济刺激手段只能短期有效，而且对消费者总福祉会产生不利影响，对现有产业结构提升会产生"滞留"效应，因而是需要谨慎选择的。

（4）幸福经济学的消费理论强调"避苦"优先于"趋乐"。也就是说，人们的消费与生产行为中"避苦"应当成为优先的决策条件与公共政策选择。行为经济学证明了这种选择的科学性。比如，我们的可持续发展行为可以避免让消费者受到长期的生态毁坏苦难，比那些不顾消费者身体健康而获取高利润的生产行为（如为了让甲鱼快速生长而采取冬天加温的办法）更加可取，更加节约生态资源的消耗。这个案例可以推广到无数的生产与消费行为中，并给我们的公共政策以实质性的幸福经济发展的科学指引。

三 可持续消费政策

可持续消费又叫绿色消费，是与幸福经济学、人本经济学乃至佛教经济学互通的"节约"消费理念。人本经济学强调以人为本而非以物为本的消费观念，强调"寓富于天，天人共富"的天人合一富裕理念。而人之本为快乐、幸福，满足人类快乐幸福是一种包括空气、阳光、绿水青山在内的广义效用，而并非只有人造的国民财富的狭义效用。这一理念与绿色消费、可持续消费理念形成一种相互支持的理论关系。[①] "秀色就是money"[②] "绿水青山就是金山银山"的根本要义是绿水青山本身就是满足幸福生活需要的源泉。

显然，可持续消费转换为绿色消费理念，这就比佛教经济学提出了一

[①] 陈惠雄：《人本经济学原理》，上海财经大学出版社1999年版。
[②] 陈惠雄：《莫道湖光无价值，楼外楼上卖春色》，《经济学消息报》2000年4月25日。

种更加容易被现代经济学与事实接受的理论思想。绿色消费理念归根结底是为了满足人类可持续的幸福生活需要,或者是为了避免痛苦生活环境(如空气污染、水污染、土地污染等)而提出的一种有利于人类健康的消费理念。以绿色消费促进绿色发展,扩大绿色产品供给。[1] 绿色消费的内容非常宽泛,不仅包括绿色产品,还包括物资的回收利用、能源的有效使用、对生存环境和物种的保护等,涵盖生产、流通、消费行为的各个方面。绿色消费或可持续消费是一种以适度节制消费,避免或减少对环境的破坏,崇尚自然和保护生态等为特征的新型消费行为和过程,它可以减少经济发展对生态环境的损害,使人们获得更加可持续的幸福生活与幸福发展。

可持续消费包含三个层次的公共政策含义:一是从政府与公共媒体层面倡导绿色消费理念,注重环保、节约资源和能源成为政府绩效考评、制定消费与产业政策的重要依据。同时,建立与健全推进绿色消费的法律法规体系,以作为绿色消费发展的制度保障。二是进行消费行为过程性制度管控,即在消费过程中,注重对垃圾尤其是固体废弃物的处置,与循环利用产业政策相配套,制定推进绿色消费的经济政策,扶持绿色产业和产品的发展,最大可能降低消费对环境的污染。三是构建与金融、市场手段相配套的鼓励绿色消费的公共政策治理体系,如选择未被污染或有助于公众健康的绿色产品成为公共政策引领(包括财政与金融支持、税收减免)的优先选项、推行政府绿色采购等。[2] 而所有这些行为只有一个目的:就是通过可持续消费实现人们可持续的幸福生活。

第四节 面向幸福的分配公平政策

分配关系到企业效率、社会公平、人民幸福与国家的可持续发展能力。本节通过解析生产性努力与分配性努力的生产者行为差异,重点阐述公平与效率、初次分配与再分配之间存在的多重一致性演化均衡关系,以及财政转移支付、税收效应等在区域、人群、教育、生态环境、代际等之间的多向均衡目标,以实现人民的持久幸福生活。公平是实现人类幸福、提升幸福感的一个重要因素。为了提高企业与社会效率,初次分配与再分

---

[1] 李岩:《以绿色消费推动绿色发展》,《光明日报》2018年10月26日。
[2] 林斌、刘方棫:《消费资源论》,中国财富出版社2015年版。

配都要坚持公平分配。① 当然，公平分配不是平均分配，两次分配的公平基准与效率向度不同：初次分配主要解决按要素贡献的分配公平问题；再分配主要解决按社会不同群体需要的公平分配问题。两次分配公平及其两次分配间公平切点及其相关制度安排对于社会整体分配公平与最优效率、最大幸福的产生具有重大意义。②

一 要素使用权交易行为中的生产性努力与分配性努力

存在于劳动、资本、技术、管理等生产要素之间的要素使用权交易是企业组织内部的基本交易活动，也是要素间初次分配交易合约履行的基础。要素使用权交易的公平性既是提升组织效率的重要因素，也是构建社会公平分配体系、实现为人民谋幸福的现实途径。

这里所说的"要素"是指存在于企业组织内外部的稀缺的生产要素，包括劳动、资本、技术、管理等。要素使用权交易是指组织内或组织间不同要素所有者之间对让渡各自要素使用权与对方达成的交易。各要素所有者以一定的合约形式交易（交换、让渡）其使用权并在初次分配中获得各自的要素分配收益。要素使用权交易的公平性不仅对组织内不同的要素所有者个体利益产生不同的损益性影响，而且将影响到组织效率。劳动、技术、管理等要素收入的初次分配实际上是各要素所有者"相互交换其活动"的结果。如果各要素主体的交易地位平等，则各要素主体都能够获得与其付出（贡献）比例相等的报酬（收益）。因此，要素使用权交易公平—效率关系探讨构成幸福经济学研究公平分配问题的一个理论基点。只有准确理解了基于公平分配的公平与效率一致性关系，才可能真正构建起包括初次分配与再分配在内的达到最大幸福的公共政策均衡体系。

然而，由于有限理性与强者占优规则使在资本、劳动、管理、技术等要素使用权交易中出现了分配天平倾斜，这种分配倾斜主要是由要素间的组织地位差异及其解决这种差异的制度安排决定的。由于不同要素所有者在同一组织中的地位差异，并受到市场类型、社会倾向性、制度与意识形态等因素最终形成的要素所有者之间抗衡与相容力量的复杂影响，使基于要素使用权交易合约的国民收入初次分配会大致建立在以下两种不同的交易行为模式基础之上，并对基于分配公平的幸福感产生重要影响。

---

① 程恩富：《现代马克思主义政治经济学的四大理论假设》，《中国社会科学》2007年第1期。
② 陈惠雄：《交易行为、利润性质与公平——效率动态一致性均衡》，《马克思主义研究》2009年第12期。

其一，建立于公平（类似于激励相容条件）的要素使用权交易合约基础之上，主要依靠并基于各要素效率形成要素收益与企业效率，实现各要素价值目标与组织价值目标的一致性。这种要素使用权交易行为称为"生产性努力"行为，企业利润主要来源于各要素效率与要素创造，此时的企业交易行为模式接近于现代企业"利益相关者"理论模式，其利益导向具有均衡一致性特征。这种要素使用权交易模式主要通过在资本、劳动、技术、管理等要素间形成激励相容的公平交易机制与剩余权分享机制，以最大化地有利于人力资本积累、货币资本积累、技术与管理创新，从而有利于各要素效率发挥至最大可能性边界，最终形成基于各要素主体生产性努力的要素效率型企业发展模式与利益公平分配的初次分配公平模式。此时各要素所有者的最优利益是均衡意义（要素效率充分发挥与要素收益按贡献率比例回报）下的最优利益，此时的企业利润是生产率意义上的"效益"，此时各要素所有者整体的获得感与幸福感为最大。这也正是公共政策在分配方面期望实现的最大幸福目标。

其二，通过压低一种要素使用价格来增加另一种要素收益，即建立于不公平的要素使用权交易基础上的初次分配模式。典型的如在资本与劳动之间的要素使用权交易中，通过压低劳动要素价格形成或扩大的企业利润与企业"效益"；在企业与环境（公共产权）的交易中，通过损害环境（少支付环境治理费用等）来降低企业成本、增加利润。这种要素使用权交易行为称为"分配性努力"行为，即企业利润来源于对弱要素的利益剥夺而非要素创造。此时的交易行为模式服从于古典企业的"股东利益至上"模式，其利益导向具有单向度、非均衡性。在市场机制作用充分的条件下，尽管这种不公平的要素使用权交易也是基于"个体理性约束"，即弱要素所有权者签订合约得到的收益大于不签订合约可以得到的收益。然而，经验证明，这种通过压低弱要素价格形成的企业利润并非各要素所有者均衡意义下的最优利益，而是转移分配了一部分弱要素利益的结果。这种基于分配性努力的要素使用权交易属于分配率型而非生产率型的交易模式与效率模式，其企业利润包含了对弱要素利益的某种剥夺。此时的幸福感只具有个别要素意义，其余被剥夺利益的要素所有者在分配方面会产生不公平的痛苦感，从而使社会整体的幸福感、最大多数人的幸福感难以随着经济增长而提升，"经济—幸福"悖论也就随之发生了。

综上所述，要素使用权交易行为可以区分为"生产性努力"与"分配性努力"两类。生产性努力与分配性努力两种行为的分界点是各要素主体产权权益（收益）相对于贡献而言的削弱或加强的程度，其幸福导向的公平分配模型为各要素贡献与要素获得的比例相等：

$$T_r = r_1 + r_2 + \cdots + r_n \tag{9-20}$$
$$T_y = y_1 + y_2 + \cdots + y_n \tag{9-21}$$
$$y_1/r_1 = y_2/r_2 = \cdots = y_n/r_n \tag{9-22}$$

其中，r 为资源，y 为收益，T_r 为一定时期内投入于企业的各种要素资源（劳动、资本、管理、技术等）的总和，T_y 为该时期内企业的总收益。r_1、r_2、$\cdots$、r_n 为各要素主体向企业所作的资源投入，y_1、y_2、$\cdots$、y_n 为各要素主体投入资源后各自获得的收益。模型（9-22）表明，各要素产权主体从组织中获得的收益与其向组织提供的资源（贡献）的比例相等。根据边际收益与边际成本相等的生产者均衡原理，此时各要素因获得了与各自贡献比例相等的收益，因而能够激励其把各自的效率发挥到"充分"水平，从而实现了均衡的企业内部相关者利益也即最大化的各要素收益。此时的企业利润来源于各要素的"生产性努力"，企业利润的性质是"效率"或者叫"效益"，此时各要素所有者加总的获得感与幸福感最大。

二 公平与效率内生一致性的理论逻辑

近几十年来，全球性的收入差距都在扩大，并突出表现在资本要素对劳动要素的初次分配不公平方面。[①] 当企业利润（全部或部分）来源于强要素对弱要素的"分配性努力"，即建立于资本对劳动、企业对环境（公共产权）的要素使用权不公平交易制度基础上时，企业利润的性质实际上只是"收益"而非"效益"，是"分配率"（因分配不公而产生的所谓效率）而非"生产率"。[②] 这种企业利润并非就是效率或效益，而是侵占了普通劳工和子孙后代的资源环境利益，提高了当期资本收益率的结果。当我们把这种不公平的要素使用权交易行为现象结合于初次分配分析时，可以获得关于收益与效益、公平与效率关系的更加清晰的理论分析。

当组织内的要素使用权交易处在均衡的利益交易机制条件下［如式（9-22）条件所示］，每个行为主体在要素交易过程中获取与其努力（贡献）程度相一致的初次分配收益，其各要素产权主体权益没有被过分加强或削弱的情况发生，即各要素实现了各自充分的产权权益。在这种要素主

---

① 托马斯·皮凯蒂：《21世纪资本论》，中信出版社2014年版，第36—72页。
② 分配率是指劳动报酬总额占国内生产总值的比重。我国劳动报酬占GDP总额偏低的情况表明，我国企业利润中的相当部分是因劳动报酬过低的"分配率"而产生，而非基于要素创新的"生产率"。

体产权权益界定清晰、交易公平的条件下，产权的生产性努力行为激励与分配性努力行为约束功能得到明确行使，从而能够使各要素效率得到充分（均衡）发挥，达到各要素效率的最大值，形成分配公平与效率提高的均衡一致性。

当组织内某要素的权益被削弱，一般就有相应的要素权益被加强。被削弱权益的要素因不能够实现充分权益产生的"剥夺感"而不会把自己的生产性努力——要素效率发挥到充分水平，从而引起该要素效率降低。而权益被加强的要素，因其加强的收益并非来自于自身的生产性努力，而是来自于对被削弱权益一方要素收益的转移性分配，此时尽管企业利润率可以很高，但显然不是由要素高效率产生的，而是转移分配了部分弱要素利益的结果。所谓的企业"效益"实际上只是（或部分是）基于对弱要素利益进行分配性努力形成的"收益"，而非真正基于生产性努力的"效率"。事实证明，"股东利益至上"（Shareholder Primacy）的单向度"损人"交易行为机制，并不能导致"利己"的长期后果，而由此形成的竞争力路径依赖则可能导致企业可持续发展能力与员工幸福感的同时丧失。

因此，效率实际上离不开公平，效率与公平具有同向一致性动态演化特征。没有公平便没有效率，缺乏公平便缺乏效率，初次分配离公平越远，企业效率就越低，尽管此时的企业利润率可能也会较高，但是从技术创新角度来看是不可持续的。企业越是能够基于要素贡献率公平地分配收益，就越能够发挥全要素效率。真正的企业效益与效率必然是建立在公平分配基础上的。这也是我国有关马克思主义经济学者坚持公平与效率同向一致性变动关系及其两者并重与统一的理论思想的道理。① 缺乏公平分配正当性基础的企业收益，不仅无法形成有效率、可持续的微观组织生产率基础，更加不利于宏观经济效率提高与社会稳定。这就是基于交易行为分析的公平与效率的一致性，以及分配公平对于企业效率与国民幸福感提高的根本性意义。

三 幸福经济学的公平分配政策含义

经济发展是人类幸福的物质基础，而分配与再分配公平则是实现最大多数人的最大幸福目标的重要手段。无论理论还是事实都证明，财政、税收、货币等政策工具的科学运用会有助于实现幸福目标，并把政府行为从GDP目标转向到追求公平正义的宏观制度安排上来。在某种意义上，无论

---

① 卫兴华：《关于公平与效率关系之我见》，《经济学动态》2007年第5期。

是经济资源、生态资源、教育资源还是社会资源，都存在着一个公平分配问题。因此，分配政策是幸福经济学的一个重要内容。幸福经济学认为，公平与效率实际上是同一个问题的两个方面，几乎所有的分配与再分配结构关系均表明，公平分配是获得效率的根本性前提条件，两者存在同向一致性变动关系。因此，公平是效率的基础，这是幸福经济学制定分配政策的内生性要求。运用生产者均衡原理与亚当斯的公平感理论可以证明，只有实现初次分配公平，才能够实现企业效率最大化。运用消费者均衡原理证明，只有实现再分配公平，才能够实现再分配资源的社会效率（效用）最大化，公平与效率存在着显著的一致兼容关系。[1] 因此，实行公平分配政策是推动经济社会和谐发展、幸福发展的重要环节。公平分配政策主要包括以下几个方面。

（一）构建公平的初次分配政策体系

实行按要素贡献与按劳分配相结合的初次公平分配政策，是实现公平—效率—幸福一致性的重要分配政策原则。分配一般实行市场调节、政府调节相结合并有行业协会、工会组织积极参与等多方调节手段，工资的完全市场定价或政府定价都可能不利于整体幸福社会的构建。实行按要素贡献分配的分配政策，有利于调动各方面要素所有者的积极性，实现公平与效率相统一的最大幸福原则。而在按要素贡献分配方面，人的劳动（包括技术劳动、管理劳动等）是一切国民财富与价值创造的源泉，国民财富（生产工具等物化劳动）归根结底是由人类劳动创造的。这就是按要素贡献分配必须首先尊重按劳分配的基本原则的理论依据，且尊重人的劳动首创精神，是体现公平—效率一致性原则、提升公平分配幸福感的基础。基于这一原则，在个人所得税、营业税征收、最低工资标准等制度设计方面全面构建出公平—效率一致性的幸福分配制度体系。

初次分配公平是目前我国分配公平中存在的最大问题，分配率是体现初次分配公平的重要指标。在发达国家，目前分配率普遍都在54%—65%。而我国职工工资总额占GDP的比重逐年下降，1991年为15.3%，2005年下降到11%，目前全国平均也就在12%—16%。在某种意义上，初次分配中劳动工资收入偏低，已经成为我国内需市场偏小、外贸依存度高、经济社会发展失衡、利益冲突加剧的重要诱因。国民收入初次分配公平性是整个社会收入分配公平的基础，只有通过初次分配平衡了资本利益

---

[1] 杨汝岱、朱诗娥：《公平与效率不可兼得吗——基于居民边际消费倾向的研究》，《经济研究》2007年第10期。

与劳动利益的关系,才能从全局平衡社会总体利益格局,进而促进经济和社会协调发展。实施积极工资政策,提高普通劳工工资收入在社会分配中的比重,成为我国实现国民收入分配公平、改善宏观经济运行系统条件的重要的制度安排。①

（二）再分配公平与国民幸福

再分配是政府对要素收入进行再次调节的过程。由于初次分配与再分配的公平基准与效率向度不同。一次分配的公平基准是生产能力或按贡献的公平分配,也是实现社会和谐的分配基础。② 二次分配的公平基准是按非物质生产部门与相关社会成员消费与发展需要的公平分配。初次分配的效率向度是企业的微观组织及其利益相关者的个体效率与幸福感,再分配的效率向度是国家的宏观经济社会效率与社会整体幸福感。由于再分配包含的"生命权"平等往往比初次分配的"生产权"公平具有更加基础的社会意义,并且再分配包含了"以强扶弱"的利他主义社会政策趋向,从而使再分配更加注重公平的分配原则体现了重视生命权平等的社会分配的道德价值内涵。这些政策制度安排大致包括：动产税和不动产税、社会保障制度、生态补偿政策、教育与医疗公平政策、科学技术创新支持政策体系、失业救济、其他财政转移支付等。

由于目前全球性的贫富差距扩大化的趋向,初次分配中的制度安排事实上已经扩大了人们的可行能力差异,进而造成人们之间实质上的获取资源的不平等和社会经济地位的不平等。因此,社会再分配就更加需要在维护人们的生命权、发展权平等方面形成优良的制度供给,以便让人们在再分配基础上形成社会良序结构,促进社会的平等与幸福发展。

显然,再分配过程大量是以不同群体、地区、流域、组织间财政转移支付的形式进行的。而由于生产要素的自然分配是生产要素技术与经济分配的前提与基础,自然资源的地理分布又是劳动（人口）资源地理分布的自然基础。土地与劳动的自然分配构成各个区域不同的经济地理分布,并成为区域经济差异与各区域生产要素自然集结的重要原因。③ 这样,在进行财政转移支付时,适当性原则就非常重要。由于财政转移支付是以各级政府之间所存在的财政能力差异为基础,以实现各地公共服务水平的均等

---

① 陈惠雄：《要素使用权交易的效率模式与积极工资政策效应分析》,《中国工业经济》2003年第12期。
② 邓聿文：《国民收入初次分配公平是社会和谐基础》,《上海证券报》2006年7月31日。
③ 陈惠雄：《资源层次、经济重心与区域经济的多元合作发展》,《中国工业经济》2004年第8期。

化为主旨，而实行的一种财政资金转移或财政平衡制度。[①] 过度的财政转移支付，比如财政支持对经济落后区域的过度开发，反而会对其生态承载力与经济承载力产生不利影响，进而在看似均等化服务的公共政策目标下产生了不可持续的发展后果。

（三）财政转移支付与再分配公平的多向均衡特征

初次分配与再分配之间同样有一个公平与效率问题，两次分配间的公平与效率关系是相互联系的，为了充分实现初次分配与再分配公平，也即实现企业效率与社会效率最大化，[②] 两次分配之间是否公平成为一个至为关键的影响因素。假如我们把国民收入看作是一个大蛋糕，初次分配与再分配之间如何切，税率与税负是一个关键环节。而公平应是政府税收的首要原则，坚持税负公平与税制公平，对于把握好两次分配的公平切点，实现社会整体分配公平、社会生产力最优效率与最大幸福的产生均意义重大。

据此，税收理论认为，税收弹性系数（税收收入增长率与经济增长率之比）保持在 1.0—1.2 较为恰当。但是自 1994 年以来，我国税收一直持续高速增长，如果考虑到大量非税负担，我国实际宏观税负水平还要大大高过此比例。尽管我国的税收增长率从 2008 年的 18.85%（当年 GDP 增幅为 9.65%）下降到 2017 年的 10.74%（当年 GDP 增幅为 6.90%），但是税收弹性系数仍然偏高，税收痛苦指数问题值得正视。此外，我国税负结构不公的矛盾也较为突出，一度主要表现在：内资企业税负重，外资企业税负轻；工薪阶层税负重，富裕阶层税负轻；以及有些花很大征收成本征缴上来的税收被滥用的现象。[③] 这些都会影响到社会公平分配并加剧初次分配不公。而初次分配与再分配越公平且两次分配间越公平，企业效率、社会总效率（包括社会和谐、科技进步与可持续发展能力）与国民幸福将越逼近最优值。这样，就提出了公共财政税收政策优化以便为社会提供更加有效的公共资源配置的问题，使财政资源更好地为提升国民幸福指数服务。由于公共产品不具有排他性，在引入公共产品的财税政策资源配置后，将改变单纯私人物品的竞争性消费与排他性消费性质，提高资源配

[①] Berk, K., "Does Money Make Us Happy? The Prospects and Problems of Happiness Research in Economics", *Journal of Happiness Studies*, 2018, 19 (4): 1-5.
[②] 社会效率不是一个经济概念，甚至企业效率也不只是个经济概念。SA8000 所强调的企业社会责任，显示了现代企业效率包含的社会责任内涵与企业行为的道德价值。
[③] 马国川：《我国税负过重应予调整》，《国际金融报》2005 年 6 月 6 日。

置效率，增加公民整体的幸福感。① 这也就是许多幸福经济学家都提出来当国民收入达到一定水平，一定要增加教育、卫生、道路、环境等公共支出以提升国民幸福感的重要原因。而控制通货膨胀、降低失业率、构建全覆盖的社会保障体系、努力消除贫困等，是幸福经济学关注的与分配公平相一致的其他公共政策目标。

第五节　代际幸福均衡与生态治理政策演化

光、温、水、气、土是生态资源的基本元素，代际幸福均衡就是要在当代人与后代人之间在基础性的生态资源配置与利用上形成可持续机制，建立代际账户，实现代际最大幸福目标。在幸福经济学极其重视的生态方面，由于生态机制与资源承载力在现代经济技术干预下发生了系统性的变化。生态补偿政策、流域水权协调制度、化肥补贴政策等一系列事关可持续与代际幸福的制度设计都必须做出调整。这些公共政策改进与机制完善，都是幸福经济学关注代际幸福均衡的确定不移的新目标。幸福经济学不仅在于指出建立代际账户、维护可持续平衡方面的具体的代际幸福均衡问题，更加在于指出经济、社会、生态发展政策调整的一般性方向，保证资源环境的代际均衡与可持续发展。

一　代际账户与幸福均衡

最大多数人的最大幸福原则是一个包括后代人幸福在内的幸福可持续目标。所谓代际幸福均衡是指每一代人都在自己的生产力条件与资源承载力约束下，实现其最大幸福目标。当每一代人都能够在这样的约束条件下实现尽可能大的幸福感时，随着代际延续就实现了幸福的代际最大化即幸福的代际均衡，使历代人的幸福加总为最大。

由于人类在幸福问题上同样存在着短视倾向，即对于当期苦乐更加敏感而忽视对未来的幸福关怀，由而造成幸福的代际失衡。由于生态资源优化配置所关注的社会、经济、生态效益多目标间通常存在矛盾，其中经济目标强调将生态资源配置于高经济产出的经济部门，社会目标强调将生态资源优先保证居民特别是弱势群体的基本生产生活需要，而生态目标则要求必须保证生态环境的可持续利用与代际平衡。现实中，由于生态资源的

---

①　倪志良：《幸福经济学》，南开大学出版社2017年版，第305页。

有限性约束和多用途配置，为了最大化生态资源的经济产出，人们往往以挤占生态资源的可持续利用为代价，其结果往往是在有限生态资源约束下在多目标间顾此失彼，并在经济利益驱动下把资源过度配置于经济生产与获取短期机会利益，而事关人类持久幸福、代际幸福的生态福祉被忽视。

因此，生态资源配置的多目标兼顾与失顾是一对长期而复杂的经济社会发展矛盾。导致这一矛盾的主要原因之一是人们对经济社会发展的幸福终极价值目标缺乏清晰的认识，并由此形成了GDP拜物教以及急功近利的经济发展形态，对后代资源环境的可持续利用构成了严重的不利影响。幸福的代际均衡问题把生态资源的代际配置上升到资源管理与人类行为的一般性角度来认知，提出并谋求生态资源配置与利用的代际均衡，以实现当代发展与后代人利用资源的协调，实现幸福的代际均衡目标。

在财政转移支付、养老保险等领域，国际上已经较早开展了财富的代际平衡与代际核算研究，这种研究旨在对财富的代际需求进行估算并实现公平配置，以建立起人们稳定的生活保障与安全预期。[1] 因为，一种令人焦虑的现实情形是，在一个长周期中，比如一百年，人们发现财富的配置并没有更加均衡，而是变得差异更大。这意味着后代的更多人会面临着比前辈们事实上更加不利的生活处境。据此，专家们建立了代际账户（Generational Account）来进行代际核算，以解决社会财富支持的代际不平衡问题。[2] 从幸福经济学角度出发，幸福的代际均衡问题则是注重如何在可持续发展基础上实现人类（代际）的最大幸福问题，以避免生态破坏给子孙后代造成的苦难，并运用生态账户（Ecological Account）等方法来进行代际生态平衡核算。当然，幸福经济学也同样注重财富的代际公平分配问题，如果生态与财富分配的代际趋势是越来越对未来的多数人不利，则社会就一定会出现"财富有增长，幸福无提高"的幸福悖论现象，这正是幸福经济学的公共政策导向要极力解决的问题。[3]

在幸福经济学中，一个可行的代际幸福均衡衡量方法是运用社会净福利函数来进行运算。社会净福利函数是一种从当期GDP中扣除恢复生态系统代际循环需要的支出后得到的一个指标，它保证了生态资源在代际之间的可持续利用，可以作为幸福代际可持续的一个替代性计算工具，计算

---

[1] 高如云：《代际平衡与代际核算》，《中国软科学》2001年第7期。
[2] 龚锋、余锦亮：《人口老龄化与代际财政不平等——基于代际账户核算法的模拟分析》，《统计研究》2018年第1期。
[3] 潘护林、陈惠雄：《幸福导向的水资源配置理论模型与实证研究》，《商业经济与管理》2017年第4期。

公式为：
$$W(k, t) = G(k, t) - C(k, t) \tag{9-23}$$

式中 $W(k, t)$ 为第 t 个时间段选择第 k 个方案时所对应的净福利 W；$G(k, t)$ 为第 t 个时间段选择第 k 个方案时所对应的 GDP；$C(k, t)$ 为第 t 个时间段选择第 k 个方案时恢复生态系统代际良性循环所需要的支出，C 主要包括恢复生态系统需要的各种费用。

代际幸福均衡考虑的实际上也就是可持续发展目标，包括代际幸福最大化和生态资源可承载力等。基于经济净福利的幸福最大化可以理解为包括经济效益、社会效益和环境效益的最大化。幸福最大化用 N 时段内"净福利"最大表示，即：

$$\max \sum_{t=1}^{n} \frac{W(k,t)}{(1+r)^t} \tag{9-24}$$

式中，$W(k, t)$ 为第 t 个时间段选择第 k 个方案时所对应的净福利，t 为从现在到未来的一个时段，t 取值为 1，2，…，n。一个时间段可以若干年，视研究需要而定。如每 5 年为一个时段，100 年预测期为 $n=20$。K 为第 t 个决策时段的经济决策变量方案，r 为第 t 个时段的贴现率。[1] 该模型蕴含了追求当代经济福利的同时，也把代际的生态资源可承载与福利可持续考虑在内。

为此，为了实现幸福的代际可持续，当代经济发展不能以资源环境牺牲为代价，发展应在地球生命支持系统的承载能力之内。其中，资源可承载与生态系统可承载成为实现幸福代际均衡的基本约束条件，即：

$$W_x \leq Wk_{\max} \quad （资源可承载）$$
$$W(k, t) \leq W_{ec} \quad （生态系统可承载） \tag{9-25}$$

其中，W_x 为资源总需求量，$Wk_{\max}$ 为最大可供资源量，W_{ec} 为对应生态系统承载能力阈值的净福利。实现基于当代经济发展又不妨碍其后代对资源环境利用的经济发展的约束条件就如式（9-25）所示，它提示了资源环境承载力对于幸福代际均衡的硬约束性。

二 人地关系演化中的公共政策改进

土地对于人类幸福、人口繁衍和区域经济社会发展的作用是根本性的。生态资源与人类的经济社会发展是一个联系的整体，环环相扣，始有万类之均衡。历史上我国北方及西部一些地区的宜人环境实际上远胜于东

---

[1] 左其亭、窦明、马军霞：《水资源学教程》，中国水利水电出版社 2008 年版，第 86 页。

部沿海地区。否则,就没有中国第一个经济文化重心在黄河中下游而非长江中下游的道理。从人地关系演化过程看,天然经济、自然经济、近现代制造业经济与后现代经济发展,其每一经济阶段发展对于生态环境的影响都是转折性的。这意味着,实现幸福可持续的公共政策也需要不断做出调整。在天然经济与自然经济阶段,山青水绿是一个自然的因果链,山水具有内生一致性的维系关系。然而,在人类行为高度介入地理环境的情景下,近现代社会的人地关系已经发生了巨大改变。理解人地关系演化的现代机理,是我们构建科学、有效、适宜的生态保护政策、实现代际幸福均衡的重要举措。

(一)人地关系协同的传统机理与现代演化

在农业为主的传统社会中,水生态保护主要取决于林草与湿地保护。这种山—地—水循环保护机理的形成得益于两个条件:一是反生态的人类建筑少,没有工业污染或者污染极轻微;二是人类生活污水通过养殖业吸收与农作物施肥得以净化。人类活动的生态足迹在生态承载力范围之内,人地生态系统具有比较稳定的良性循环机制。在这种情况下,只要保护好山林、草木、土地,生态资源环境必定能够得到良好保护。所以,传统社会中养护山林与水土保持是内生联系的,治山得水、山青水绿成为传统社会人地关系良性循环的自然机理模式,公共政策的重点在于维护好森林、草地、湿地和耕地。

然而,近现代工业化在不断改变资源使用结构、产业结构、人类生活方式与劳动生产率的同时,也使人地关系成为一个复杂的生态结构系统。由于近现代工业与居民生活区不断扩大,大量工业污水和生活污水排入河流,导致了水体富营养化和污染日益严重。可以看到的是,现今我国南方大部分地区山林茂密,但是日益减少的山溪水经过工农业生产与生活使用,进入江河湖泊的水已经污染了。长江、黄河、太湖、滇池,无一例外地受到了现代化生产与生活污染。近现代工农业生产与现代化生活排放具有相当的反自然性质,工业污染与生活污水对水体的破坏造成了水质性危机,这一矛盾在中国南方水乡表现得尤其突出。水质性危机成为现代生态保护的新矛盾,并使山青水绿的自然联系机理受到破坏。而人粪尿等有机肥缺乏使用,又加大了农业化肥的施用量,结果是加剧了土地板结与水土化学污染。现代社会人地山水关系面临的新矛盾,南方大范围的水质性危机及其并联起的水资源短缺实际上就是这种人地关系新冲突的现实反映,并极大地加剧了生态环境的治理难度。

(二) 水生态补偿政策改进

传统社会中的山水生态关系决定了人们对于山林涵养的重视，"天人合一"论就是这种思想的一种表露。遵循这种思路，21世纪初以来，包括浙江等在内的大量地区实施了"生态公益林补偿制度"。通过对山区、林区居民的财政补助政策和上游地区的财政转移支付，以达到禁伐树木、实现山林生态保护与水资源保护的目的。这种公共政策选择显示了遵循传统山水关系内生一致性的治理思路。

然而，近40年来，中国农村产业结构、农民就业结构、劳动生产率以及农民生活模式等均发生了重大变化。由于乡镇工业大规模发展与城市化进程加快，农民进城打工的收益远大于上山砍柴的收益。在浙江，农民上山砍柴一天能够供一个四口之家8天左右的生活柴火之用，打工一天的收入用来购买煤气，则可以满足2个月的生活燃料需要。烧煤气能够给生活带来巨大便利与劳动节约，因而使大量农民放弃砍柴而改用烧液化气。由烧柴改烧液化气，由砍树盖房到改用钢筋水泥盖房，这一变化的经济意义与生态意义均十分重大，它联系着农民劳动生产率、收入结构、生活方式等一系列重大改变。正是这一系列变化使现代农村的人地关系发生了重要改变，并使区域山林树木资源得以自然养护。

因此，工业化带来的现代农村经济生活系统的整体性改变，大大减轻了对山林资源的使用。社会分工使砍柴伐木没有效率，即便没有生态公益林补偿的公共政策制度安排，不保护山林也已经不会失去树木。况且，只要砍柴还存在效率，山林补偿制度可能就很难起作用。这里提出了一个重要的公共政策选择问题：全国一些省份均实行的"生态公益林补偿示范区"制度，可能正在失去它固有的效率。由于工业现代化导致的燃料结构、建材结构和工农业生产、生活方式改变，水资源管理政策就应该进行相应变化。即把财政支持重点由生态公益林补助改为区域流域出水断面的水质检测与达标补助，财政支持由"山上"转为"地表"与"地下"，通过改良城乡生产生活污水的生态化治理，改善地下水环境，加强各个地区和流域水资源出口的检测与奖惩管理，取消化肥、农药补助政策以减少土壤污染，实施系统性的污水处理、监管与排污纳管工程，实施河长制下的长效考核机制与体系，由补山（生态公益林补偿）改为补水（按出水等级奖惩），由化肥补贴改为有机肥奖励，由无偿用水逐渐增加有偿的水权交易，是公共政策适应经济社会发展和生态环境变化的有效制度选择。

三 构建面向代际幸福的以水安全为基础的生态资源管理政策体系

生态系统是人类幸福、经济社会可持续发展的根本寄托，而水土生态状况则是维系整个生态系统可持续发展的根本基础。温室效应、水土流失、荒漠化、冰川融化等，所有的生态环境问题最终都是一个水安全问题。在经历了工业化高速发展后，全球性的人地山水关系的协同状态均已经发生了巨涨落式的演变。以经济增长为中心的生态资源配置模式，加速了水土污染、温室效应、酸雨与生态系统退化、生态产品短缺以及我国的生态外交压力的剧增。因此，根据生态资源环境状况与工业化进程、产业结构变化，集成考虑生态环境治理政策并把这些政策导向人民最大可能的幸福生活而不是最大可能的 GDP，是生态管理政策改进的科学目标。

（1）确立与后代共享资源环境的可持续发展观，建立整体与分层相结合的生态保护制度体系。人是世界的主体，人类是靠世代交替而组成的生命运动。人只有在"类"中存在，人类只有在历史整体中存在，历史整体中的人类只有在与其他生物类同存共荣，才能显示其主体性的价值与意义。而资源环境往往因地理条件不同而形成梯度约束，进而构成具有结构与层次的生态系统。因此，必须形成与后代休戚与共的资源共享新意识，并为此构建整体保护与分层保护相结合的严格的生态保护政策体系，实现资源代际可持续利用与经济社会的可持续发展。[①] 人类开采利用资源之时应该有未来观念，建立一种新的资源管理时空观，设计出以为后代创造宽松的生存环境为己任的公共政策体系。[②] 因此，积极运用财政转移支付政策，坚持退耕还林，大面积种林草以涵养水土，是干旱区域生态治理的基本途径。治理水土，提高土地保墒能力，是我国富水地区的基本生态任务。在中国，西部水生态治理是个具有国家战略意义的大幸福问题。青海湖被称为中华水塔，长江、黄河、澜沧江均发源于此。中国的自然地理西、中、东一脉相承，西为根，东为冠，根不得养，冠又何得其盛。因此，把恢复与养护西北水土生态资源和保护黄河、长江等提到我国生态资源整体可持续发展的公共政策战略高度，是一个重大的为人民谋幸福的国家战略制度安排。[③]

[①] 陈惠雄：《中国区域发展梯度约束与和谐社会战略构局》，《中国工业经济》2006 年第 9 期。

[②] 舒基元、姜学民：《资源代际管理与可持续发展》，《中国人口·资源与环境》1999 年第 1 期。

[③] 陈惠雄：《种草：西部大开发的根本战略》，《决策与信息》2000 年第 2 期。

（2）为实行开端治理的工业现代化发展建立一系列生态保护制度安排。由于近现代工业化发展从根本上改变了人地关系中的资源依赖关系，工业生产方式的某些"反自然"性质及其地矿金属资源对于地表生态具有的对抗（腐蚀）性质，使生态系统的稳定性受到巨大威胁。著名历史学家李伯重教授提出，要把水资源保护提高到中华民族统一与稳定的特大战略高度来认识。水造就了所有民族的历史，而中国的历史则最清楚地证明了这一点。秦统一中国以后，治水更成为国家最重要的任务之一。水和统一的问题成为我们正确认识中国历史的一个关键，同时中国人也付出了比其他任何民族更多的努力来治水和维护统一。① 今天，尽管山青水绿仍然是现代社会水生态稳定的一个基本维度，但已经不是唯一的维度。东部流域过度依赖资源环境消耗的工业化模式已经打破了山青水绿的内生均衡系统。这使我们在继承山水一体化维护机制的同时，应该更多考虑导致山青水不绿的现代水生态管理的突出矛盾。改变末端治理型工业化模式，促进产业转型升级，改进生态管理的财政支持目标，运用经济、社会、政治、科技等多途径构建开端治理的工业现代化发展政策与制度体系，使我国的人地山水关系改善取得显著的治理效果。

（3）改变基于比较经济利益的生态资源配置导向，实行以人民幸福为中心的生态资源可持续利用政策机制。基于比较利益的生态资源配置会对经济社会可持续发展与国民幸福产生不利影响，并最终成为加剧水、空气、土壤等系统性生态危机的重要原因。例如，由虚拟水贸易带来的我国流域经济格局变化②——由于过分屈从于比较经济利益，东部雨水丰润区大面积放弃水稻种植而改种旱作经济作物，致使钱塘江、珠江等流域局部地区因水田大面积消失引起山水气土条件改变而致土地逐步干旱化，而黑河等干旱区流域种植的粮食则通过粮食等虚拟水贸易方式反而支持水资源丰富的南方地区粮食市场。这种基于比较利益的战略性的双逆向选择加剧了东西部流域水资源的同时恶化态势。因此，建立幸福导向的经济、生态、区域协调发展的生态资源配置政策与管理机制，是实现人类幸福的重要的公共管理手段。③

---

① 李伯重：《水与中国历史——第 21 届国际历史科学大会开幕式的基调报告》，《思想战线》2013 年第 5 期。
② 虚拟水概念由学者 Tony Allan 于 1993 年提出，是指生产商品和服务所需要的水资源数量。包含在产品中的水（虚拟水）通过商品与服务贸易可以转移到其他地区，从而对虚拟水输入地区产生节水效应。
③ 陈惠雄、王晓鹏：《黑河流域居民水幸福感实证研究》，《冰川冻土》2016 年第 3 期。

（4）构建以水安全为核心的整体生态安全制度体系，为全世界人民谋幸福。水安全已经成为现代政治经济社会安全的重大战略问题。近现代化过程表明，人是水环境恶化的主体，水的问题归根结底是人的问题，水生态是人生态与社会生态问题的一个反映。必须充分认识与高度关注这种人地水关系的战略一致性，管水归根结底是要管人。今天，中国的治水和用水面临着史无前例的空前挑战。根治水生态和整个生态环境系统一定要调整人类行为价值取向，并建立起以水安全为核心的整体生态安全制度体系。只有切实落实以人民幸福为最高目标的经济发展理念，放眼于经济之外的人类整体与终极价值目标来集成处理生态资源在现代生产、生活、效率、平等与可持续发展中面临的系统性问题，化解现代化背景中人—地—山—水之间的矛盾冲突，才能够真正建立一个生态安全为基础的幸福社会与幸福世界。

参考文献

1. Amartya Sen, *Development as Freedom*, Oxford: Oxford University Press, 1999.
2. Adams, J. S., Rosenbaum, W. B., "The Relationship of Worker Productivity to Cognitive Dissonance about Wage Inequities", *Journal of Abnormal and Social Psychology*, 1962, 46 (3): 161 – 164.
3. Alessandrini, D., Jivraj, S. and Zokaityte, A., "Exploring Well – Being and Gross National Happiness in Sustainable Development Policy Making", *Indian Journal of International Economic Law*, 2015, 7: 52 – 88.
4. Bartolini, S., Sarracino, F., "The Dark Side of Chinese Growth: Declining Social Capital and Well – Being in Times of Economic Boom", *World Development*, 2015, 74 (6): 333 – 351.
5. Berk, K., "Does Money Make Us Happy? The Prospects and Problems of Happiness Research in Economics", *Journal of Happiness Studies*, 2018, 19: 1 – 5.
6. Bhuiyan, M. F., Szulga, R. S., "Extreme Bounds of Subjective Well – being: Economic Development and Micro Determinants of Life Satisfaction", *Applied Economics*, 2017, 49 (14): 1 – 28.
7. Bian, Y. J., L. Zhang, J. Yang, X. Guo & M. Lei, "Subjective Well – being of Chinese People: A Multifaced View", *Social Indicators Research*, 2015, 121 (1): 182 – 198.
8. Conchita D' Ambrosio, Markus Jäntti, Anthony Lepinteur, "Money and Happiness: Income, Wealth and Subjective Well – being", *Social Indicators Research*, 2019.
9. Crespo, R. & B. Mesurado, "Positive Psychology: From Happiness Economics to Flourishing Economics", *Journal of Happiness Studies*, 2015, 16 (4): 931 – 946.

10. D. Kahneman, A. Tversky, *Experienced Utility and Objective Happiness: A Moment – Based Approach*, Cambrige University Press and the Russell Sage Foundation, 2000.
11. Daniel Kahneman, "A Survey Method for Characterizing Daily Life Experience: The Day Reconstruction Method", *Science*, 2004, 306 (5702): 1776 – 1780.
12. Diener, E., Eunkook, M. S., Richard, E. et al., "Subjective Well – being: Three Decades of Progress", *Psychology Bulletin*, 1999, 125 (2): 276 – 302.
13. Diener, E. D., Diener, R. B., "New Direction in Subjective Well – being Research: The Cutting Edge", *Indian Journal of Clinical Psychology*, 2000, 27 (1): 21 – 33.
14. Diener, R., Emmons, R. A., Larsen, R. J. et al., "The Satisfaction with Life Scale", *Journal of Personality Assessment*, 1985, 49 (1): 71 – 75.
15. Duesenberry, Jamess, *Income, Saving and the Theory of Consumer Behavior*, Harvard: Harvard University Press, 1949.
16. E. Luttmer, "Neighbors as Negatives: Relative Earnings and Well – being", *Quarterly Journal of Economics*, 2005, 120: 963 – 1002.
17. E. d. Diener, Christe K., Napa Scollon, Shigehiro oishi, Vivian dzokoto, & Eunkook mark suh, "Positity and the Construction of Life Satisfaction Judgments: Global Happiness is not the Sum of its Parts", *Journal of Happiness Studies*, 2000, 1: 159 – 176.
18. E. D. Diener, N. G. Weiting, James Harter, Raksha Arora, "Wealth and Happiness across the World: Material Prosperity Predicts Life Evaluation, Whereas Psychosocial Prosperity Predicts Positive Feeling", *Journal of Personality and Social Psychology*, 2010, 99 (1): 52 – 61.
19. E. D. Sandvik, E. D. Diener & Larry Seldlitz, "Subjective Well – being: The Convergence and Stability of Self – Report and Non – Self – Report Measures", *Journal of Personality*, 1993: 61 (3): 318 – 342.
20. "Experienced Utility and Objective Happiness: A Moment – based Approach", Ch. 37, in Kahneman, D. and Tversky, A. (eds.), *Choices, Values and Frames*, New York: Cambridge University Press and the Russell Sage Foundation, 2000.

21. Fabian, M., "Happiness and Economic Growth: Lessons from Developing Countries", *Economic Record*, 2016, 92 (296): 143 - 145.
22. Graham, C., Zhou, S., Zhang, J., "Happiness and Health in China: The Paradox of Progress", *World Development*, 2017, 96 (3): 231 - 244.
23. Han, C., "Explaining the Subjective Well - being of Urban and Rural Chinese: Income, Personal Concerns, and Societal Evaluations", *Social Science Research*, 2015, 49: 179 - 190.
24. Helliwell, J. F., Layard, R., Sachs, J., *World Happiness Report* 2017 *Chapter* 3: *Growth and Happiness in China*, 1990 - 2015, New York: Sustainable Development Solutions Network, 2017: 1 - 36.
25. Hideyuki, M., "Measuring Socio - Economic Factors and Sensitivity of Happiness", *Journal of Happiness Studies*, 2017, 18 (2): 463 - 504.
26. Hirai, T., Comim, F., Ikemoto, Y., "Happiness and Human Development: A Capability Perspective", *Journal of International Development*, 2016, 28 (7): 1155 - 1169.
27. Huang, J., Wu, S., Deng, S., "Relative Income, Relative Assets, and Happiness in Urban China", *Social Indicators Research*, 2016, 126 (3): 971 - 985.
28. Jackson, J. J., "Free to be Happy: Economic Freedom and Happiness in US States", *Journal of Happiness Studies*, 2016, 18 (4): 1207 - 1229.
29. Jiawen Huang, "Income Inequality, Distributive Justice Beliefs, and Happiness in China: Evidence from a Nationwide Survey", *Social Indicators Research*, 2018, 142.
30. Jie Zhou, Yu Xie, "Does Economic Development Affect Life Satisfaction? A Spatial - Temporal Contextual Analysis in China", *Journal of Happiness Studies*, 2016 (17): 643 - 658.
31. John Stuari Mill, *Utilitarianism*, Dover Publications, INC, 2007.
32. Kahneman, D. and Tversky, A., *Experienced Utility and Objective Happiness: A Moment - Based Approach*. Cambrige University Press and the Russell Sage Foundation, 2000.
33. Kahneman, D., "New Challenges to the Rationality Assumption", *Journal of Institutional and Theoretical Economics*, 1994, 150: 18 - 36.
34. Kahneman, D., *Experienced Utility and Objective Happiness: A Moment -*

based Approach*, New York: Cambrige University Press and the Russell Sage Foundation, 2000: 673 - 692. A. (eds.): *Choices, Values and Frames*, Cambridge University Press, 2000.

35. Kanhneman, D., Wakker, P. & Sarin R., "Back to Bentham? Explorations of Experienced Utility", *The Quarterly Journal of Economics*, 1997, 112: 375 -406.

36. Kraut, R., and M. Burke, "Internet Use and Psychological Well - being: Effects of Activity and Audience", *Communications of the ACM*, 2015, 58 (12): 94 -100.

37. Li, Jiayuan, "Why Economic Growth did not Translate into Increased Happiness: Preliminary Results of a Multi - level Modeling of Happiness in China", *Social Indicators Research*, 2016, 128 (1): 241 -263.

38. Liang, Y. & J. Shen, "Subjective Well - being and Its Determinants in China: An Empirical Study Based on Survey Data", *Research in Applied Economics*, 2016, 8 (3): 635 -649.

39. Luo, C. L., "Income Growth and Happiness Growth in China", *Review of Industrial Economics*, 2017 (4): 1 -19.

40. M. Schmitt & J. C. Jvchtern, "The Structure of Subjective Well - being in Middle Adulthood", *Age and Mental Health*, 2001, 5 (1): 47 -55.

41. Malthus, T. R., *An Essay on the Principle of Population*, Reprinted, London: Macmillan, 1966.

42. Martin Schroder, "Income Inequality and Life Satisfaction: Unerlated Between Countries, Associated Within Countries Over Time", *Journal of Happiness Studies*, 2017 (21): 176 -191.

43. Michael McBride, "Relative - Income Effects on Subjective Well - being in the Cross - Section", *Journal of Economic Behavior & Organization*, 2001, 45 (3): 251 -278.

44. Musa, H. D., Yacob, M. R., Abdullah, A. M., et al., "Enhancing Subjective Well - being through Strategic Urban Planning: Development and Application of Community Happiness Index", *Sustainable Cities & Society*, 2017, 38: 184 -194.

45. Oishi, S. & Kesebir, S., "Income Inequality Explains Why Economic Growth does not Always Translate to an Increase in Happiness", *Psychological Science*, 2015, 26 (10): 1630 -1638.

46. R. Easterlin and L. Aangelescu, "Happiness and Growth the World Over: Time Series Evidence on the Happiness – Income Paradox", IZA Discussion Paper No. 4060, Institute for the Study of Labor.
47. R. Easterlin, "Does Economic Growth Improve the Human Lot Some Empirical Evidence", in P. David and M. Reder (eds.), *Nations and Households in Economic Growth*, New York: Academic Press, 1974.
48. R. Easterlin, "Income and Happiness towards a Unified Theory", *Economic Journal*, 2001, 111 (473): 465 – 484.
49. R. Easterlin, "Does Economic Growth Improve Human Lot?", in P. David and M. Rede (eds.), *Nations and Households in Economic Growth: Essays in Honor of Moses Abramovitz*, New York: Academic Press, 1974.
50. S. Silverstein, "Happy? Let's Sum It Up", *Los Angeles Times*, 2006 – 7 – 3.
51. Salinas – Jiménez, M. D. M., Artés, J., Salinas – Jiménez, J., "Educational Mismatch and Job Aspirations: A Subjective Well – being Analysis Using Quantile Regression", *International Journal of Manpower*, 2016, 37 (1): 115 – 134.
52. Sehee Han, "Social Capital and Interlocal Service Collaboration in US Counties", *Regional Studies*, 2017, 51 (5): 1 – 15.
53. Stefanie, S., Jongsay, Y., "Happiness, Income and Heterogeneity", *Singapore Economic Review*, 2016, 61 (3): 1 – 23.
54. Sujarwoto Sujarwoto, Gindo Tampubolon, "Decentralisation and Citizen Happiness: A Multi – level Analysis of Self – rated Happiness in Indonesia", *Journal of Happiness Studies*, 2015 (16): 455 – 475.
55. Sulemana, I., "Are Happier People More Willing to Make Income Sacrifices to Protect the Environment?", *Social Indicators Research*, 2016, 127 (1): 447 – 467.
56. Susan, A. D., Ilona, B., Amanda, C. A., *The Oxford Handbook of Happiness*, Oxford University Press, 2013.
57. Szabo, A. & G. Ujhely, "Choice and Happiness in South Africa", *Economics Letters*, 2017, (155): 28 – 30.
58. Tiwari, A. K., Mutascu, M., "The Relationship between Environmental Degradation and Happiness in 23 Developed Contemporary Economies", *Management of Environmental Quality: An International Journal*, 2015, 26

(2): 301-321.

59. Yew, K., Wang, N. G., "Happiness Surveys: Some Comparability Issues and an Exploratory Survey Based on Just Perceivable Increments", *Social Indicators Research*, 1996: 1-27.

60. Yew, K., Wang, N. G., "Happiness Surveys: Some Comparability Issues and an Exploratory Survey Based on Just Perceivable Increments", *Social Indicators Research*, 1996: 38.

61. Yew, K., Wang, N. G., "Happiness Surveys: Some Comparability Issues and An Exploratory Survey Based on Just Perceivable Increments", *Social Indicators Research*, 1996, 38: 1-27.

62. Yew, K., Wang, N. G., "The East-Asian Happiness Gap: Speculating on Causes and Implications", *Pacific Economic Review*, 2002, 7 (1): 51-63.

63. Andrews, F. M., Robinson, J. P.:《性格与社会心理测量总览》(上册), 台北远流出版公司1997年版.

64. 阿兰·G. 格鲁奇:《比较经济制度》, 中国社会科学出版社1985年版.

65. 阿兰·卡尔:《积极心理学——关于人类幸福和力量的科学》, 中国轻工业出版社2008年版.

66. 阿马蒂亚·森:《以自由看待发展》, 中国人民大学出版社2002年版.

67. 柏拉图:《理想国》, 外文出版社1998年版.

68. 贝克尔:《人类行为的经济分析》, 上海三联书店、上海人民出版社1996年版.

69. 边沁:《道德与立法原理导论》, 商务印书馆2000年版.

70. 曹建飞:《关于幸福指数理论研究的文献综述》,《兵团经济研究》2011年第8期.

71. 陈灿普:《劳动的解放: 洛克政治哲学中的货币问题》,《政治思想史》2019年第6期.

72. 陈池波、李成豪:《收入不平等、再分配偏好与居民主观幸福感研究》,《财政研究》2016年第12期.

73. 陈根法、吴仁杰:《幸福论》, 上海人民出版社1988年版.

74. 陈工等:《政府规模、政府质量与居民幸福感》,《山西财经大学学报》2016年第3期.

75. 陈惠雄、吴丽民:《国民快乐指数调查量表设计的理论机理、结构与测量学特性分析》,《财经论丛》2006 年第 5 期。

76. 陈惠雄、吴丽民:《收入增长与幸福指数演化——基于浙江的实证分析》,《现代经济探讨》2009 年第 6 期。
77. 陈惠雄、刘国珍:《快乐指数研究概述》,《财经论丛》2005 年第 3 期。
78. 陈惠雄、王晓鹏:《黑河流域水幸福感实证研究》,《冰川冻土》2016 年第 3 期。
79. 陈惠雄、吴丽民:《城乡居民苦乐源实证研究——基于浙江省的分析》,《中国农村经济》2006 年第 3 期。
80. 陈惠雄、杨坤、王晓鹏:《流域居民水幸福指标体系构建原理与实证研究——以钱塘江为例》,《财经论丛》2017 年第 4 期。
81. 陈惠雄:《"快乐"的概念演绎与度量理论》,《哲学研究》2005 年第 9 期。
82. 陈惠雄:《"快乐经济学"的质疑与释疑》,《学术月刊》2010 年第 3 期。
83. 陈惠雄:《陈惠雄解读快乐学》,北京大学出版社 2008 年版。
84. 陈惠雄:《基于经济社会发展的幸福指标体系:构建与解释》,《社会科学战线》2015 年第 3 期。
85. 陈惠雄:《既定收入条件下消费者支出均衡的决定》,《中国工业经济》2016 年第 4 期。
86. 陈惠雄:《交易行为、利润来源与公平—效率动态一致性均衡》,《马克思主义研究》2009 年第 12 期。
87. 陈惠雄:《快乐经济学的理论难点、发展向度与现实价值》,《光明日报》(理论版) 2006 年 11 月 20 日。
88. 陈惠雄:《快乐论》,西南财经大学出版社 1988 年版。
89. 陈惠雄:《快乐与幸福理论对于经济社会发展的战略意义》,《光明日报》2007 年 5 月 29 日。
90. 陈惠雄:《快乐原则——人类经济行为的分析》,经济科学出版社 2003 年版。
91. 陈惠雄:《全球化:经济位差与发展理性》,《世界经济与政治》2002 年第 12 期。
92. 陈惠雄:《人本经济学原理》(第 2 版),上海财经大学出版社 2006 年版。
93. 陈惠雄:《社会幸福:基于学说史的视角》,《社会科学战线》2014 年第 2 期。

94. 陈惠雄：《生命成本：关于消费函数理论的一个新假说》，《中国工业经济》2005 年第 8 期。
95. 陈惠雄：《中国应自我克制 GDP 增长》，《国际先驱导报》2004 年 12 月 30 日。
96. 陈惠雄：《资源约束与发展中国家的可持续发展战略》，《中国人口·资源与环境》2000 年第 4 期。
97. 陈世清：《幸福经济》，中国时代经济出版社 2005 年版。
98. 陈湘舸、姚月红：《论幸福学在社会科学中的"母学"地位》，《甘肃社会科学》2009 年第 4 期。
99. 陈湘柯、刘孝菊：《幸福革命与幸福实践》，《浙江大学学报》（人文社会科学版）2011 年第 3 期。
100. 陈屹立：《家庭债务是否降低了幸福感？——来自中国综合社会调查的经验证据》，《世界经济文汇》2017 年第 8 期。
101. 陈瑛：《人生幸福论》，中国青年出版社 1996 年版。
102. 陈振凯：《发改委官员称：北京人均储蓄 7.1 万元》，人民网，2009 年 9 月 4 日。
103. 程恩富：《现代马克思主义政治经济学的四大理论假设》，《中国社会科学》2007 年第 1 期。
104. 程国栋、徐中民、徐进祥：《建立中国国民幸福生活核算体系的构想》，《地理学报》2005 年第 6 期。
105. 达林·麦马翁：《幸福的历史》，上海三联书店 2011 年版。
106. 樊娜娜：《城镇化、公共服务水平与居民幸福感》，《经济问题探索》2017 年第 9 期。
107. 冯友兰：《觉解人生》，浙江人民出版社 1996 年版。
108. 弗兰克·梯利：《伦理学概论》，中国人民大学出版社 1987 年版。
109. 傅红春、罗文英：《上海居民收入满足度的测定与分析》，《管理世界》2004 年第 11 期。
110. 龚锋、余锦亮：《人口老龄化与代际财政不平等——基于代际账户核算法的模拟分析》，《统计研究》2018 年第 1 期。
111. 顾海兵、嵇俊杰：《"快乐经济学"之三大批判》，《学术界》2008 年第 2 期。
112. 顾海兵：《我对快乐经济学的不同看法》，《光明日报》2007 年 6 月 19 日。

113. 郭进等：《户籍歧视与城市移民的幸福感缺失——包含非收入因素的扩展分析》，《山西财经大学学报》2018 年第 4 期。
114. 何凌云、秦尊文：《主观幸福感、效用与社会福利》，《学习与实践》2019 年第 9 期。
115. 何强、董志勇：《国民储蓄率的决定机制：基于幸福经济学的考察》，《统计研究》2016 年第 12 期。
116. 贺京同、那艺、郝身永：《决策效用、体验效用与幸福》，《经济研究》2014 年第 7 期。
117. 赫伯特·马尔库塞：《爱欲与文明》，黄勇、薛民译，上海译文出版社 1987 年版。
118. 赫希曼：《欲望与利益》，上海文艺出版社 2003 年版。
119. 胡成恩：《虚构的幸福与善好的功能——拉康对边沁功用主义伦理学的另类解读》，《道德与文明》2018 年第 11 期。
120. 黄播：《阿马蒂亚·森自由视角下经济学的伦理回归》，《广西社会科学》2016 年第 11 期。
121. 黄有光：《从偏好到快乐：通向一个更加完整的福利经济学》，《新政治经济学评论》（第一辑），浙江大学出版社 2005 年版。
122. 黄有光：《经济与快乐》，（台湾）茂昌书局 1999 年版。
123. 黄有光：《快乐应是人人与所有公共政策的终极目的》，《经济学家茶座》2008 年第 5 期。
124. 黄有光：《效率、公平与公共政策——扩大公共支出势在必行》，社会科学文献出版社 2003 年版。
125. 黄有光：《宇宙是怎样来的》，复旦大学出版社 2011 年版。
126. 霍鹏等：《城镇化的迷思：户籍身份转换与居民幸福感》，《农村经济问题》2018 年第 1 期。
127. 蒋丽等：《城镇化能提升居民幸福感吗？——基于区域和个体层面的多层模型研究》，《公共行政评论》2017 年第 12 期。
128. 蒋自强、张旭昆：《三次革命和三次综合——西方经济学演化模式研究》，上海人民出版社 1996 年版。
129. 杰里米·里夫金、特德·霍华德：《熵：一种新的世界观》，上海译文出版社 1987 年版。
130. 杰文斯：《政治经济学理论》，商务印书馆 1984 年版。
131. 克拉克、塞尼克、肖辉：《GDP 增长能否提升发展中国家的国民幸福感？》，《国外理论动态》2015 年第 12 期。

132. 李路路、石磊：《经济增长与幸福感——解析伊斯特林悖论的形成机制》，《社会学研究》2017 年第 5 期。

133. 李铭、左官春：《经济增长与幸福感背离的制度经济学阐释》，《华东经济管理》2019 年第 2 期。

134. 李顺毅：《绿色发展与居民幸福感——基于中国综合社会调查数据的实证分析》，《财贸研究》2017 年第 1 期。

135. 李幼穗、吉楠：《主观幸福感研究的新进展》，《天津师范大学学报》（社会科学版）2006 年第 2 期。

136. 理查·莱亚德：《快乐经济学——一门新兴科学的诞生》，（台湾）经济新潮社 2006 年版。

137. 梁城城：《地方政府财政行为如何影响居民主观幸福感：来自中国的经验证据》，《贵州财经大学学报》2017 年第 7 期。

138. 梁竹苑等：《神经经济学：探索人类决策行为的神经基础》，《中国社会科学报》2010 年 7 月 29 日。

139. 蔺丰奇：《从 GDP 到 GNH：经济发展价值坐标的转变》，《人文杂志》2006 年第 6 期。

140. 刘国珍、陈惠雄：《幸福的测度：一个测量范式的综述》，《财经论丛》2017 年第 8 期。

141. 刘小鸽、司海平、庞嘉伟：《地区代际流动与居民幸福感：基于代际教育流动性的考察》，《世界经济》2018 年第 9 期。

142. 刘自敏等：《收入不平等、社会公正与认知幸福感》，《山西财经大学学报》2018 年第 5 期。

143. 路易吉诺·布鲁尼等：《经济学与幸福》，上海人民出版社 2007 年版。

144. 罗素：《西方哲学史》（下卷），马元德译，商务印书馆 1976 年版。

145. 罗志如等：《当代西方经济学说》（上册），北京大学出版社 1989 年版。

146. 洛克：《人类理解论》，商务印书馆 1983 年版。

147. 马尔萨斯：《人口论》，麦克米兰出版公司 1966 年版。

148. 马克·A. 卢兹：《经济学的人本化：溯源与发展》，西南财经大学出版社 2003 年版。

149. 马克·安尼尔斯基：《幸福经济学：创造真实财富》，社会科学文献出版社 2010 年版。

150. 马克·卢兹：《人本主义经济学的挑战》，西南财经大学出版社 2003

年版。

151. 马妮：《边沁功利主义幸福观刍议》，《天津社会科学》2016年第11期。
152. 马万超：《社会资本影响居民幸福感内在机制的实证研究》，《社会科学》2018年第2期。
153. 马歇尔：《经济学原理》，商务印书馆1997年版。
154. 马志远、刘珊珊：《中国国民幸福感的"镜像"与"原像"——基于国内外权威数据库的相互辅证与QCA适配路径分析》，《经济学家》2019年第10期。
155. 孟天琦、胡艳：《政府亲贫式支出、家庭收入门槛与居民幸福感》，《安徽大学学报》（哲学社会科学版）2017年第7期。
156. 倪志良：《幸福经济学》，南开大学出版社2017年版。
157. 聂锦芳："何为幸福："从哲学上进行思考"——马克思早期文献〈伊壁鸠鲁哲学〉解读》，《马克思主义与现实》2016年第1期。
158. 潘护林、陈惠雄：《幸福导向的水资源配置理论模型与实证研究》，《商业经济与管理》2017年第4期。
159. 皮尔斯、沃福德：《世界无末日：经济学、环境与可持续发展》，中国财政经济出版社1996年版。
160. 青木昌彦：《并非失落的十年——转型中的日本经济》，《经济观察报》2003年9月20日。
161. 萨缪尔森等：《经济学》（上册），中国发展出版社1992年版。
162. 申云、贾晋：《收入差距、社会资本与幸福感的经验研究》，《公共管理学报》2016年第7期。
163. 沈颢、卡玛·尤拉：《国民幸福——一个国家发展的指标体系》，北京大学出版社2011年版。
164. 盛庆琜：《功利主义新论》，上海交通大学出版社1996年版。
165. 史晋川：《茶客风采》，《经济学茶座》2007年第4期。
166. 世界野生动物基金会（WWF）报告：《我们生活的星球》，《江南时报》，2002年7月8日。
167. 宋承先：《过渡经济学与中国经济》，上海财经大学出版社1996年版。
168. 苏玲玲等：《社区环境对居民主观幸福感的影响：时间维度的作用》，《城市发展研究》2019年第9期。
169. 孙计领、胡荣华：《收入水平、消费压力与幸福感》，《财贸研究》

2017 年第 3 期。

170. 孙计领、危薇：《经济福利与幸福感的关系研究》，《消费经济》2016 年第 6 期。
171. 孙英：《幸福论》，人民出版社 2004 年版。
172. 泰勒·本—沙哈尔：《幸福的方法》，当代中国出版社 2007 年版。
173. 陶在朴：《生态包袱与生态足迹》，经济科学出版社 2003 年版。
174. 提勃尔·西托夫斯基：《无快乐的经济——人类获得满足的心理学》，中国人民大学出版社 2008 年版。
175. 田国强等：《对"幸福—收入"之谜的一个解答》，《经济研究》2006 年第 11 期。
176. 田学科：《人类的利他行为与基因有关》，《科技日报》2005 年 1 月 25 日。
177. 汪丁丁、叶航：《理性的追问——关于经济学理性主义的对话》，广西师范大学出版社 2003 年版。
178. 汪丁丁：《行为、意义与经济学》，《经济研究》2003 年第 9 期。
179. 汪丁丁：《行为经济学讲义——演化论的视角》，上海人民出版社 2011 年版。
180. 王冰：《快乐经济学的发展及其公共政策内涵》，《光明日报》（理论版）2006 年 10 月 10 日。
181. 王诚：《从零散事实到典型化事实再到规律发现》，《经济研究》2007 年第 3 期。
182. 王方华：《从"幸福经济学"到"幸福管理学"》，《上海管理科学》2003 年第 3 期。
183. 王芳、陈福国：《主观幸福感的影响因素》，《中国行为医学科学》2005 年第 14 期。
184. 王堉：《幸福与德性：启蒙传统的现代价值意涵》，《哲学研究》2014 年第 2 期。
185. 王世荣：《幸福政治学论纲》，《宝鸡文理学院学报》（社会科学版）2017 年第 2 期。
186. 王艳萍：《幸福经济学研究新进展》，《经济学动态》2017 年第 10 期。
187. 王艺、程恩富：《马克思主义视野中的"幸福指数"探究》，《学术月刊》2013 年第 4 期。
188. 威廉·戴维斯：《幸福乌托邦：科学如何测量和控制人们的快乐》，

新华出版社 2016 年版。
189. 吴丽民、陈惠雄：《收入与幸福指数结构方程模型构建》，《中国农村经济》2010 年第 11 期。
190. 吴丽民、陈惠雄、黄琳：《婚姻、性别与幸福》，《浙江学刊》2007 年第 1 期。
191. 吴丽民、陈惠雄：《农村居民与城市居民主要苦乐源的比较》，《经济学家》2005 年第 4 期。
192. 西斯蒙第：《政治经济学新原理》，商务印书馆 1977 年版。
193. 奚恺元等：《从经济学到幸福学》，《上海管理科学》2003 年第 3 期。
194. 奚恺元等：《撬动幸福》，中信出版社 2008 年版。
195. 肖仲华：《西方幸福经济学理论研究》，中国社会科学出版社 2010 年版。
196. 邢占军：《测量幸福——主观幸福感测量研究》，人民出版社 2005 年版。
197. 邢占军：《主观幸福感测量研究综述》，《心理科学》2002 年第 3 期。
198. 邢占军：《主观幸福感研究：对幸福的实证探索》，《理论学刊》2002 年第 9 期。
199. 徐朝旭：《生态幸福视域下的发展理念创新》，《东南学术》2016 年第 11 期。
200. 徐广路、沈惠璋：《经济增长、幸福感与社会稳定》，《经济与管理研究》2015 年第 11 期。
201. 徐淑一、陈平：《收入、社会地位与幸福感——公平感知视角》，《管理科学学报》2017 年第 12 期。
202. 徐志坚：《马尔库塞的工业社会批判与人的解放》，《江西社会科学》2018 年第 4 期。
203. 许涤新：《政治经济学辞典》，人民出版社 1980 年版。
204. 许玲丽等：《幸福，赚钱还是花钱？》，《财经研究》2016 年第 6 期。
205. 亚当·斯密：《国民财富的性质和原因的研究》，商务印书馆 1981 年版。
206. 颜鹏飞：《西方经济学研究大纲》，《经济学动态》1996 年第 9 期。
207. 阳义南、章上峰：《收入不公平感、社会保险与中国国民幸福》，《金融研究》2016 年第 8 期。
208. 杨春学：《经济人的"再生"：对一种新综合的探讨与辩护》，《经济研究》2005 年第 11 期。

209. 杨春学：《利他主义经济学的追求》，《经济研究》2001 年第 4 期。
210. 杨小凯、黄有光：《专业化与经济组织》，经济科学出版社 1999 年版。
211. 叶航等：《作为内生偏好的利他行为及其经济学意义》，《经济研究》2005 年第 8 期。
212. 伊斯特林：《幸福感、经济增长和生命周期》，东北财经大学出版社 2017 年版，第 164 页。
213. 尹世杰：《关于"快乐经济学"的几个问题》，《经济学家》2008 年第 1 期。
214. 尹志超、杨超：《夫妻相对收入与幸福感》，《社会科学辑刊》2017 年第 11 期。
215. 于光远：《吃·喝·玩：生活与经济》，华东师范大学出版社 2001 年版。
216. 余红伟等：《中等收入阶层幸福感测度及影响因素研究》，《中国人口·资源与环境》2016 年第 11 期。
217. 袁亚平：《一项省级社会科学规划重点课题因调查快乐源受到广泛关注——浙江：快乐指数昭示和谐取向》，《人民日报》2005 年 10 月 13 日。
218. 袁岳：《一个需要快乐工作的时代》，《经理日报》2008 年 1 月 4 日。
219. 约翰·伊特韦尔等编：《新帕尔格雷夫经济学大辞典》，经济科学出版社 1996 年版。
220. 约翰·格雷：《人类幸福论》，商务印书馆 2009 年版。
221. 张孟杰、韩璞庚：《幸福科学与自然主义的"幸福学"》，《哲学研究》2016 年第 3 期。
222. 张五常：《经济解释——科学说需求》，花千树出版有限公司 2001 年版。
223. 郑雪等：《幸福心理学》，暨南大学出版社 2004 年版。
224. 周辅成：《西方伦理学名著选辑》，商务印书馆 1964 年版。
225. 周长城等：《社会发展与生活质量》，社会科学文献出版社 2001 年版。
226. 邹琼：《幸福感的两大研究取向及其整合的心理结构》，《首都师范大学学报》（社会科学版）2005 年第 3 期。
227. 《费尔巴哈哲学著作选集》，生活·读书·新知三联书店 1959 年版。
228. 《傅立叶选集》，商务印书馆 1979 年版。

229. 《国民幸福与快乐全国学术研讨会杭州宣言》,《杭州日报》2007年5月21日。
230. 《马克思恩格斯全集》(第24卷),人民出版社1972年版。
231. 《人民生活质量指标体系研究》课题组:《德国和瑞典的生活质量指标体系研究》,《江苏社会科学》2002年第3期。
232. 《西方法律思想史资料选编》,北京大学出版社1983年版。

后　记

此书为我主持的国家社会科学基金后期资助项目（批准号 18FJL007）。书的初稿起于 2010 年，是我在幸福理论、幸福指数研究基础上，鉴于国内外经济与幸福问题研究的理论进展，感觉有必要为此构建一个比较完整的学科框架而完成的理论专著。书稿前前后后写了近 10 年，其间补充了许多幸福研究的实证分析材料，初步建立了一个比较完整的幸福经济学理论体系。

幸福经济学是一个重要的经济学新兴研究领域与分支学科，它主要解释与解决经济发展究竟是为了什么的带方向性的重要理论问题。目前，国际上几乎还没有成学科体系的幸福经济学研究专著出版，本书是一个填补空白的研究努力。2006 年 11 月 20 日，《光明日报》理论版发表了我的《快乐经济学的理论难点、发展向度与现实价值》一文，因文章引起多方关注，其后《光明日报》开展了长达近一年的"经济学视野中的幸福与快乐"的理论大讨论，此题被选入"2007 年度中国十大学术热点"。2007 年 3 月 13 日，《光明日报》"新锐人物"栏目刊登了《陈惠雄与快乐经济学》人物专访。在这一年的 5 月、6 月，浙江财经学院和上海交通大学分别在杭州和上海召开了幸福理论全国（国际）学术研讨会。《光明日报》理论版刊发了我起草、宣读的《杭州幸福宣言》。幸福经济理论研究拉开了中国序幕。这隐约意味着，中国经济发展将要追求一种新的发展价值观——由 GDP 为中心转向以人民幸福为中心的发展。

在经过了多个主题研究和多篇论文写作后，终于写成此书。书稿写作过程中，除了我写作整个理论体系和主持绝大部分章节写作外，浙江财经大学工商管理学院蒲德祥副教授参加了部分研究工作，张维维副教授、吴丽民副教授、程怀文博士、潘护林博士等在前期研究中提供了很多帮助。2020 年 3 月我受聘于衢州学院特聘教授，书稿修订过程中得到了衢州学院商学院戚迪明博士的大力支持。现在，该书终于面世了。在此，谨向从小学来培养我的老师和所有关心、支持该书出版的朋友，致以深切的谢意！

衷心感谢中国社会科学出版社经济管理出版中心对书稿出版的大力支持，感谢出版中心原主任卢小生编审对这一选题的鼓励与肯定，感谢刘晓红编审为书稿编辑、校对、修葺付出的大量辛劳和悉心的工作指导。我们适逢于这样一个对发展价值观重新认知的经济学时代，撰下此书，并诚心求教于学界同仁师友。感谢所有研究幸福、向往幸福的人们阅读此书，并恳请多提宝贵意见。

陈惠雄

2020 年 8 月于白云寓所